匡时 法学系列

娱乐法

李清伟 主 编
李琰炜 余能军 副主编

上海财经大学出版社

图书在版编目(CIP)数据

娱乐法 / 李清伟主编. —上海:上海财经大学出版社,2020.5
(匡时·法学系列)
ISBN 978-7-5642-3415-7/F·3415

Ⅰ.①娱… Ⅱ.①李… Ⅲ.①文化事业-法律-中国-高等学校-教材 Ⅳ.①D922.16

中国版本图书馆 CIP 数据核字(2019)第 255439 号

责任编辑:李成军
封面设计:张克瑶
责任校对:卓 妍

娱乐法

著 作 者:	李清伟 主编
出版发行:	上海财经大学出版社有限公司
地 址:	上海市中山北一路 369 号(邮编 200083)
网 址:	http://www.sufep.com
经 销:	全国新华书店
印刷装订:	上海叶大印务发展有限公司
开 本:	787mm×1092mm 1/16
印 张:	23.75
字 数:	464 千字
版 次:	2020 年 5 月第 1 版
印 次:	2020 年 5 月第 1 次印刷
定 价:	68.00 元

前　言

呈现在各位读者面前的这本《娱乐法》，是上海大学从事娱乐法研究的学者和从事娱乐法律实务的律师们近年来潜心从事娱乐法研究的成果之一。

娱乐法是一门新兴的法律学科。当前，虽然娱乐法的学科定位仍然存在一定的争议，但可以预见，随着娱乐法研究和娱乐法律实践的不断丰富，娱乐法的学科地位终将确立。对娱乐法这一学科之地位的争议，总体上看，存在着娱乐产业与娱乐法实践比较丰富的地区，与娱乐产业不是那么发达的地区，对待娱乐法态度上的差异。比如，在我国娱乐产业高度发达的城市，如北京和上海，无论是学界还是实务部门，都乐于使用娱乐法这个术语，并认为娱乐法应成为一个独立的法律部门，原因在于其调整对象的独特性。[①]

在娱乐法问题上，更有人提出娱乐立法的必要性，认为在中国"娱乐法的载体中，除了电影方面有电影产业促进法外，其他方面都无专门的娱乐立法""已经进入市场化运作的娱乐领域，仍然主要靠行政规范来解决问题。因此，有必要通过娱乐立法在娱乐领域保护娱乐消费者进行娱乐活动和获得娱乐资源的权利，娱乐从业者制造娱乐资源并取得娱乐财产性收益与个人声望和名次的权利。"[②]

也有人认为娱乐法难以构成一个法律与学术门类，"娱乐法因娱乐产业的发展而产生，是对已有的多个部门法的规范进行的综合或大杂烩。被编入娱乐法的已有法律规则没有因此发生明显的改变，而只是从外部被贴上一个统一的标签，相互间缺乏特殊的体系性逻辑关联，娱乐法因此也难以构成一个具有核心概念和基本原则的法律与

[①] 北京大学、中国政法大学、北京理工大学、中国传媒大学、上海交通大学、华东师范大学、上海大学等从事娱乐法的学者，均主张采用"娱乐法"这一名称，分别开出了娱乐法的课程，发表娱乐法方面的文章，出版了娱乐法方面的著作，举办娱乐法会议，开办娱乐法论坛。所有这些都说明，在娱乐产业比较发达的地区，娱乐法已经得到了普遍的认同。

[②] 安妮·雅克：《英美两国娱乐法概论：有关演员声望和名次的法律的产生》，《环球法律评论》1999年第1期，第50页。

学术门类。总之,至少在中国,法律实践与学术没有必要创设一个娱乐法门类"①。持这种观点的学者可能忽视了一个基本事实,那就是娱乐法在深刻地改变着我们的生活和文化。随着人们对这一问题的认识不断深化,他们也可能像美国学者一样,从一开始不承认娱乐法,后来转向认可娱乐法。乔恩·M. 加龙(Jon M. Garon)教授早期曾不屑于给娱乐法下定义,在讲授娱乐法15年后,则改变了自己原初立场。他说:"每个学期都有数百名法学院的学生和数千名未来的媒体领域的从业者问我一个简单的问题:'什么是娱乐法?'我曾经都是这样回答:'娱乐法什么都不是,并不存在娱乐法'""我通过娱乐产业的视角,讲授版权、商标、隐私、第一修正案、职业责任、合同、商业协会、通信、雇佣和反垄断等法律问题。"不过,乔恩·M. 加龙后来改变了自己的观点,他说:"经过十年的反思,我最终改变了主意。或许我以前的回答太简单了。"实际上,"娱乐法一直在深度塑造着政治、法律和经济的现实"。他进一步说:"为了说明娱乐法是存在的,并且娱乐法已经形成了广泛适用的法律,我们必须掌握一个令人不安的事实,即娱乐有能力塑造我们的文化和法律。"②

娱乐法的产生和发展是法律对娱乐产业繁荣的一种必然回应。随着娱乐产业的快速发展,目前我国已成为世界第二大电影市场,2018年,全球移动游戏市场规模达3 758.1亿元,中国占36.8%;2019年全球移动游戏市场规模预计达4 157.3亿元,中国占43.5%。与中国娱乐产业市场的高速发展相比,调整娱乐产业的法律规范明显供应不足,到目前为止,我国尚无娱乐产业的基本法,就娱乐产业的单行法而言,也只有电影产业促进法,其他调整娱乐产业的规范,大多是行政法规或单行条例。与此形成对立的是,国家已经把文化产业确立为支柱产业,这就意味着娱乐产业的发展将成为必然,娱乐产业的发展内在地要求娱乐法的调整。因而,作为对娱乐产业发展的回应,娱乐法的兴起在情理之中。

由于娱乐产业法律供应的不足,导致司法实践中自由裁量的空间较大。比如,在网络游戏直播案件的审理中,如奇迹M案,法官创造性地提出"类电影作品"的概念,并在司法判决中保护网络游戏作品。③ 之所以做出这样的判决,根源在于现行的法律规范中找不到对应的法律规则。

---

① 周艳敏、宋慧献:《文化法学导论》,北京大学出版社2017年版,第55页。
② Jon M. Garon, Entertainment Law, *Tulane Law Review*, Vol. 76, 2002, pp. 561—562.
③ 上海市浦东新区人民法院(2015)浦民三(知)初字第529号民事判决书。

本书就是在娱乐产业快速发展,娱乐法兴起已成为必然的情势下应运而生的。它是娱乐产业快速发展的体现,也是娱乐法发展到一个新阶段的记录,带有明显的时代烙印,它既是我国娱乐法发展的一个阶段性总结,也是娱乐法体系化的一种尝试。本书采用总分结合的方式编排娱乐法所涉及的内容,既考虑到了娱乐法的共性,又关照到了娱乐法不同领域的个性。

还应该指出的是,这是一本供本科生或研究生以及法律实务界阅读的一本娱乐法读物,无论在体系上还是在内容上,它都是开放性的,而不是封闭的。随着人们对娱乐法研究的不断深入,以及学者们和律师们所聚焦的中心问题的变化,人们对娱乐法的主题的选择也会不断调整。我们深信不疑的是,本书中的许多内容经过若干年后一定会显得过时了,甚至被新的内容所代替了。这一天到来时,恰恰印证了娱乐法必然兴起并发展的论断。

李清伟

2020 年 3 月

目 录

前言 / 1

第一章 导论 / 1
第一节 娱乐法的概念 / 1
第二节 娱乐法的产生与发展 / 6
第三节 娱乐法的属性 / 10
第四节 娱乐法的原则 / 14

第二章 娱乐法律制度 / 21
第一节 娱乐行业的创意保护 / 21
第二节 娱乐行业与著作权 / 27
第三节 娱乐行业与商标权 / 45

第三章 电影产业法 / 62
第一节 电影产业及电影产业法概述 / 62
第二节 电影产业法 / 71
第三节 电影的分类 / 76
第四节 电影制作流程 / 79
第五节 电影宣传与发行 / 87
第六节 电影合同 / 91
第七节 电影侵权 / 97
第八节 电影产业法新问题 / 106

第四章　电视产业法　/ 110

第一节　电视产业与电视产业法概述　/ 110

第二节　电视产业的从业者及其权利　/ 115

第三节　电视产业合同　/ 119

第四节　移动互联网与电视产业　/ 131

第五章　音乐产业法　/ 136

第一节　音乐产业和音乐法　/ 136

第二节　音乐制作　/ 138

第三节　音乐产业的参与者　/ 139

第四节　音乐合同　/ 145

第五节　音乐相关权利及侵权　/ 149

第六节　音乐产业新问题　/ 155

第六章　游戏产业法　/ 161

第一节　游戏产业和游戏产业法概述　/ 161

第二节　游戏制作　/ 167

第三节　游戏产业的参与者　/ 171

第四节　游戏合同　/ 174

第五节　游戏侵权　/ 177

第六节　游戏产业的新问题　/ 185

第七章　体育法　/ 188

第一节　体育产业与体育法概述　/ 188

第二节　体育法上的行为　/ 199

第三节　体育法的参与者　/ 202

第四节　体育赛事　/ 204

第五节　体育侵权　/ 210

第八章　娱乐产业融资　/ 215

第一节　影视产业融资　/ 215

第二节　游戏产业融资　/ 220

第三节　音乐产业融资　/ 223

第四节　体育产业融资　/ 226

第九章　娱乐产业的审查制度　/ 231

第一节　电影审查　/ 231

第二节　电视审查　/ 242

第三节　音乐审查　/ 248

第四节　游戏审查　/ 251

第五节　娱乐产业审查制度的发展趋势　/ 253

第十章　娱乐产品的发行　/ 256

第一节　电影的发行　/ 256

第二节　电视剧发行　/ 260

第三节　音乐发行　/ 263

第四节　游戏发行　/ 265

第五节　出版发行　/ 268

第十一章　娱乐法上的代理制度　/ 271

第一节　娱乐法代理的概念与特征　/ 271

第二节　娱乐法经纪制度　/ 273

第三节　娱乐法律师　/ 284

第四节　娱乐法上的协会　/ 286

第五节　娱乐法代理制度的法律规制　/ 288

第十二章　娱乐法上的权利　/ 295

第一节　署名权　/ 295

第二节　获得报酬权　/ 304
第三节　明星身份　/ 311

第十三章　娱乐法上的纠纷及其解决　/ 323

第一节　娱乐纠纷概述　/ 323
第二节　娱乐合同纠纷　/ 325
第三节　娱乐侵权纠纷　/ 336
第四节　盗版及其解决　/ 349
第五节　娱乐纠纷与ADR　/ 357

后记　/364

参考文献　/366

第一章 导 论

第一节 娱乐法的概念

一、娱乐与娱乐产业

(一)娱乐的概念

在汉语中,"娱"与"乐"同义,故有:"娱,乐也。"[1]据《辞源》记载:"娱,欢乐,戏乐。《诗经·郑风·出其东门》:'缟衣茹,聊可与娱。'"[2]所谓"娱",指快乐或使人快乐;所谓"乐",意为欢喜和快活。因而,将"娱"与"乐"合在一起,其含义一般是指快乐而有趣味的活动。故,"娱乐"有"欢娱行乐"之谓。

除此之外,对娱乐的理解,也有把娱乐视为审美游戏。娱乐的原始含义是一种审美的游戏,是在游戏中获得审美快感。[3]

在英文中,"entertainment"一语解释为:"娱乐是吸引观众的注意力和兴趣,给观众带来快乐和愉悦的一种活动形式。它可以是一个想法或任务,但更有可能是数千年来演进而成的、为了保持观众的注意力而开发的一种活动或事件。"[4]

在现代社会中,作为一种行业的娱乐,实际上是一个设计用来给予观众乐趣的项目、表演或活动。比如电影、电视、戏剧、游戏、音乐、综艺节目等,都是人们有意识创造的作品,其目的在于通过作品这种形式愉悦观众,是满足社会精神消费的一种服务或

---

[1] 《说文解字》:娱,乐也。从女,吴声。《汉书·司马相如传上》:"娱游往来。"颜师古注:"娱,戏也。"九州出版社2006年版,第1017页。

[2] 《辞源》,商务印书馆1979年版,第755页。

[3] 周雪梅、张晶:《在审美与娱乐之间》,《现代传播》2003年第1期,第71页。

[4] *The Oxford English Dictionary*, Oxford University Press, 1971, Vol.1:213—214.

者产品。

娱乐具有社会功能。社会学研究表明,娱乐和生存性劳动呈反比。也就是说,一个社会的工作条件越优越,报酬越高,工作时间越短,娱乐的需求性就越高。娱乐和经济宽裕而不是经济贫乏有密切联系。

(二)娱乐产业及其发展

娱乐具有经济功能,因而娱乐产业化已成为许多国家经济发展中的必然选择。在美国,文化产业对经济的作用可与军事工业相比,约占美国总出口额的13%。据统计,从1996年到2001年,美国媒体娱乐产业增长率高达6.5%,而同期美国经济增长率平均为3.6%。2002年美国娱乐产业出口880亿美元,是第一大出口行业(Bizminer,2005)。娱乐业的巨大商机就可以说明娱乐不仅仅是提供享乐、休闲和逃避工作压力的机会。

娱乐产业(entertainment industries),通常被认为是文化产业(cultural industries)的属概念。"文化产业的概念通常包括文本、音乐、电视、电影制作和出版,以及手工艺和设计。对于一些国家,可以包括建筑、视觉和表演艺术、体育、广告和文化旅游,以增加内容的价值并为个人和社会创造价值。它们以知识为基础,属劳动密集型,创造就业和财富,通过培养创造力和促进创新,社会将保持文化多样性并提高经济绩效。"①

娱乐产业具体包括哪些内容?美国著名经济分析学家哈罗德·L.沃格尔(Harold L. Vogel)认为:娱乐产业包括媒体娱乐产业与现场娱乐产业两大部分,媒体娱乐产业包括电影、电视、广播、出版、音乐、玩具和游戏,现场娱乐产业包括博彩、体育运动、表演艺术和文化、游乐园和主题公园。②

娱乐产业的发展具有国际化的取向,其发展结果必然是全球娱乐产业的龙头企业的兴起。"世界各地的文化产业已经适应了新的数字技术以及国家、地区和国际监管政策。这些因素彻底改变了文化产品、服务和投资在国家间流动的背景,因此这些行业经历了国际化和渐进集中的过程,导致形成了一些大型企业集团:一种新的全球寡头垄断。"③

二、娱乐法的概念

娱乐法(entertainment law)一词是一个渐次发展而来的法律术语。在法律概念库中,娱乐法一词在不同的语境中出现的先后不同。在美国法上,娱乐法一词已经有

---

① https://en.wikipedia.org/wiki/Cultural_industry,最后访问日期:2018年12月10日。
② Harold L. Vogel. *Entertainment Industry Economics: A Guide for Financial Analysis*. Cambridge: Cambridge University Press, 2015.
③ https://en.wikipedia.org/wiki/Cultural_industry,最后访问日期:2018年12月10日。

近70年的历史。在美国,与娱乐法相关的概念最早见诸《加利福尼亚法律评论》1954年春季号。[1] 该号发表了"娱乐产业与法"(entertainment industry and law)专刊。该专刊所发表的论文,是1953年11月在法律与娱乐产业研究院(Institute on Law and Entertainment Industry)组织召开的学术会议上所发表论文的扩展版。[2] 这个时期还没有出现"娱乐法"术语。1960年出版的《权利与作者：文学作品与娱乐法手册》,则直接使用了"娱乐法"。[3] 这大概是美国法律作品中最早出现娱乐法这个词。

20世纪80年代,随着美国的规制政策、政治和媒体所有权关系的变化,娱乐产业迎来了前所未有的发展契机。伴随着娱乐产业的大发展,娱乐法这一概念也应运而生。1986年,梅尔文·西蒙斯基(Melvin Simensky)在《娱乐与体育律师》杂志上发表了《界定娱乐法》一文,首次界定了娱乐法的概念。他把娱乐法定义为"调整娱乐产业活动的原则体,娱乐产业包括电影、电视、现场表演、音乐和印刷出版"[4]。在这个概念中,梅尔文·西蒙斯基明确地把娱乐法的定义与娱乐产业连接在一起。他认为,"为了理解娱乐产业的原则问题,娱乐法律师必须首先理解娱乐产业不同分支的商业惯例。因而,娱乐法的原则仅仅是解决娱乐业商人之间发生的纠纷的辅助而已。为了有效地运用这一辅助,解决娱乐产业的纠纷,理解娱乐产业的问题就是最基本的"[5]。

也有学者从一开始不愿意给娱乐法下定义,但多年之后,转而认为娱乐法确有下定义的必要。乔恩·M.加龙教授就是一个早期不屑于给娱乐法下定义,在讲授娱乐法15年后,则改变了自己原初立场的人。他说:"每个学期都有数百名法学院的学生和数千名未来的媒体领域的从业者问我一个简单的问题:'什么是娱乐法?'我曾经都是这样回答:'娱乐法什么都不是,并不存在娱乐法'""我通过娱乐产业的视角,讲授版权、商标、隐私、第一修正案、职业责任、合同、商业协会、通信、雇佣和反垄断等法律问题。"不过,乔恩·M.加龙后来改变了自己的观点,他说:"经过十年的反思,我最终改变了主意。或许我以前的回答太简单了。"实际上,"娱乐法一直在深度塑造着政治、法律和经济的现实"。他进一步说:"为了说明娱乐法是存在的,并且娱乐法已经形成了广泛适用的法律,我们必须掌握一个令人不安的事实,即娱乐有能力塑造我们的文化和法律。"[6]

---

[1] Adrian A. Kragen, "Law and the Entertainment Industry: An Introduction", *California Law Review*, Vol. 42, 1954：1.
[2] 这一组文章中,没有一篇是以"entertainment law"作为关键词的,但其讨论的内容都与娱乐法相关。
[3] Zavin Harriet & Theodora Pipel, *Rights and Writers: A Handbook of Literary and Entertainment*, E. P. Dutton, 1960.
[4] Melvin Simensky, "Defining Entertainment Law", *Entertainment and Sports Lawyer*, Vol. 4, 1986：13.
[5] 同上。
[6] Jon M. Garon, "Entertainment Law", *Tulane Law Review*, Vol. 76, 2002：561-562.

安妮·雅克在《英美两国娱乐法概况:有关演员声望和名次的法律的产生》一文中指出:"在美国,法院已认识到,由于娱乐行业的特定问题和其业务实践的结果而产生的特种需要,要求把法律的不同部门集合到一起以达成一个更为紧凑的法律体""娱乐法是指适用于整个娱乐行业的不同领域法律的集合体。"① 在这个概念中,安妮·雅克强调娱乐法是一个"法律的集合体"。

当然,也有学者采取类似哈特在《法律的概念》中的做法,在名为《娱乐法》的专著中,并不给娱乐法是什么下一个定义。谢丽·L. 伯尔所著的《娱乐法》虽名为娱乐法,但全书并没有交代"什么是娱乐法"或"娱乐法的概念"。② 这也大概印证了英美法系国家法律研究不同于大陆法系国家法学研究的要点。

在《娱乐法》一书中,对"什么是娱乐法"的回答,体现了定义难题。"什么是娱乐法?很遗憾,对于包含娱乐业整体活动的法律体的全面描述是不可能真正准确地陈述的。因为'娱乐产业'是如此宽泛的一个术语,用来描述涉及音乐录制、现场音乐、图书、电影、电视、互联网及其多种副产品、戏剧、舞蹈等多种商业模式,以及其他设计用来娱乐、启迪的艺术模式,要界定调整所有这些变动中部分的法律体是困难的。""娱乐法以诸如合同、著作权和商标权、联邦和州条例,以及娱乐产业各部分运作中形成的各种习惯和做法为基础。"③ 这一定义方法,仍然沿用了并不界定娱乐法是什么的下定义的范式。

在网络数据库中,对"entertainment law"的解释,基本采用行业与法律相结合的界定路径。如维基百科之"entertainment law"词条,就是以娱乐产业领域为基础来界定娱乐法。"娱乐法涵盖不同类型的媒体(电视、电影、音乐、出版、广告、互联网和新闻媒体等)的法律领域,涉及各种法律领域,包括公司法、金融法、知识产权、形象权和隐私权,以及美国宪法的第一修正案。"④ "justipedia.com"对娱乐法的解释也不例外,其"entertainment law"词条认为:"娱乐法是调整娱乐产业所涉及的法律规则和条例的法律。娱乐产业包括戏剧、电影、舞蹈、音乐、艺术、歌剧、文学创作等。"⑤ "sensagent.com"之"entertainment law"词条,认为"娱乐法或媒体法是传统的法律分类的一个混合术语,聚焦于为娱乐产业提供法律服务。娱乐法的主要领域与传统的知识产权法重叠,但总的来说,娱乐法的实践往往涉及雇佣法、合同法、侵权法、劳动法、

---

① 安妮·雅克:《英美两国娱乐法概况:有关演员声望和名次的法律的产生》,莱夫译,《环球法律评论》1990年第1期。
② 谢丽·L. 伯尔:《娱乐法》,李清伟等译,上海财经大学出版社2018年版。
③ X. M. Frascogna, Jr., Shawnassey B. Howell, and H. Lee Hetherington, *Entertainment Law for the General Practioner*, American Bar Association, 2011:1.
④ https://en.wikipedia.org/wiki/Entertainment_law,最后访问日期:2019年3月24日。
⑤ https://www.justipedia.com/definition/20727/entertainment-law,最后访问日期:2020年1月15日。

破产法、移民法、证券法等、担保权益、代理、知识产权(特别是商标、版权和所谓的'形象权')、隐私权、诽谤、产品植入、广告、刑法、税法、国际法(特别是国际私法)和保险法"[1]。在这几个定义中,其基本样式是把娱乐产业与法律结合起来界定娱乐法,不同的是在娱乐产业的范围界定上存在一定的差异。

在中文中,北京大学的张平教授认为:"娱乐法作为一个法律概念并不是很清楚,从娱乐法所包含的内容上看,早期主要是著作权与邻接权有关的法律,后来涉及娱乐业有关的所有法律,近年来随着软件和网络娱乐产业的发展,像网吧、在线游戏等法律规范的内容也属于娱乐法的范围。就像网络法、音乐法、电子商务法的概念一样,娱乐法也是一些相关法律的集合。"[2]在这个概念中,娱乐法被认为是"法律的集合",而不是单一的法。

宋海燕女士吸收了美国法与中国法下定义的方法,提出:"娱乐法并非一门单独的法律学科,而是融合了合同法、著作权法、商标法、侵权责任法、劳动法,甚至破产法的跨部门的调整娱乐行业商业行为的法律规范的总和。"[3]其给娱乐法所下的定义包括三个要素:娱乐法的规范要素、娱乐法的行业要素、娱乐法的学科要素。

中国学者对娱乐法的界定仍然沿用已有的定义样式,遵循"法律乃规范之总和"的定义范式。如《中国娱乐法论纲》一文提出娱乐法是"娱乐行业良性运转和健康发展赖以依存的法律规范系统的总称"[4]。这是中国法学界下定义的传统方式,即把调整对象与规范体系结合起来下定义。也有人把娱乐法界定为行业法,认为娱乐法是"一门以解决娱乐法律问题为中心的行业法,基本上是能够被接受的娱乐与法律的'混血儿'"[5]。行业法的概念一般适用于经济法领域,行业法与部门法存在交叉与重合的问题。把娱乐法界定为行业法,必然面临如何与传统的法律部门相衔接的问题。

从以上分析可知,在界定娱乐法的概念时,学界普遍把娱乐法与娱乐产业结合在一起,认为娱乐法是调整娱乐行业活动的法律规范、原则和习惯。娱乐行业的范围有狭义和广义之分,狭义的娱乐行业仅包括电影、电视、游戏、音乐、出版等行业;广义的娱乐行业不仅包括电影、电视、游戏、音乐、出版,还包括艺术、体育等娱乐行业。娱乐法是调整娱乐行为及娱乐社会关系的法律规范的总和,这种规范普遍适用于娱乐行业,包括电影、电视、音乐、游戏、出版、艺术、体育等行业。

---

[1] https://dictionary.sensagent.com/Entertainment_law/en-en,最后访问日期:2019年4月5日。
[2] 张平:《版权、文化产业、娱乐法》,《中国版权》2003年第4期,第33页。
[3] 宋海燕:《娱乐法》,北京大学出版社2014年版。
[4] 刘承韪:《中国影视娱乐法论纲》,《法学杂志》2016年第12期,第46页。
[5] 余锋:《中国娱乐法》,北京大学出版社2017年版,第10页。

第二节 娱乐法的产生与发展

一、娱乐法的产生

美国是最早使用娱乐法这一概念的国家。回顾美国娱乐法发展史,可以清晰地看到技术进步、经济结构和消费结构的转型对娱乐产业的兴起起到的关键性作用。以技术进步为例,在20世纪20年代的美国,随着无线电和放映机技术的发展,美国的广播业和电影业开始萌芽并快速发展。1920年11月,美国第一家广播电台KNKA出现;也就是从这个时期开始,看电影成了美国人生活中的一项重要活动。到20世纪30年代,美国出现了八大电影公司一统天下的格局。① 八大电影公司控制好莱坞的主要市场,而独立制片公司则被排除在竞争之外,娱乐业市场出现了前所未有的垄断格局。1938年美国联邦贸易委员会受命调查大电影制片公司的垄断行为。20世纪40至50年代的美国,随着电视机的流行,与电视相关的纠纷也不断出现,形成了电视产业中特有的判例。从这一简要回顾中,可见技术进步是娱乐产业发展的驱动因素。每一次传媒技术上的进步,都直接导致娱乐产业的一场革命。② 娱乐产业的发展,为娱乐法奠定了基础。

在美国娱乐产业蓬勃发展之时,作为对娱乐产业需求的回应,娱乐法也开始萌芽。当然,由于美国法律传统使然,娱乐法在美国的勃兴不是通过法典完成的,而是判例法作用的结果。20世纪40年代,美国监管机构认为电影制片公司推行的纵向一体化模式,对电影行业的公平竞争不利。在新政时代,仍然怀疑它会增加市场准入的壁垒,从而形成垄断定价。③ 这种哲学直接导致1948年的美国政府诉派拉蒙案(United States v. Paramount Pictures,Inc.)。④ 在该案中,美国最高法院确认派拉蒙等电影公司固定价格、垄断影片发行的行为违反了谢尔曼法的规定,要求派拉蒙等大电影公司必须将影片的发行与放映功能分离。⑤ 由此开始,美国政府对大制片公司合并持敌视态度,

---

① 张慧娟:《美国文化产业发展的历程及启示》,《中国党政干部论坛》2011年第10期,第29页。
② 网络时代,网络技术与娱乐产业的结合,更是带来娱乐产业发展的新契机,网上娱乐已成为当下娱乐产业发展的新的驱动力。
③ Jennifer Holt,*Empires of Entertainment*,Rutgers University Press,2011:8.
④ 美国政府诉派拉蒙案是美国娱乐法发展史上的一个标志性判例,该案对美国好莱坞电影产业的经营模式产生了深远的影响。
⑤ U. S. v. Paramount Pictures,Inc. ,334 US 131(1948). 美国政府诉派拉蒙案是一种积极的监管方式的象征,该案是娱乐业最出名的反托拉斯案。

这种状况一直持续到20世纪60年代末。20世纪70年代,随着经济衰退的到来,一种更为宽松的政策开始实施。①

20世纪80年代,受芝加哥学派新制度经济学理论的影响,里根总统特别希望取消反垄断法作为调控商业的手段,从而帮助电影、广播和有线行业开启结构性集中。因而,他的经济政策对兼并、清算、合并、集中等特别宽容。② 正是在这个时期,美国的媒体产业经历了所有者集中、市场碎片化,以及生产、工业经济扩张和全球市场。此时,美国娱乐产业的不同领域正处在不同的发展阶段,有线电视正处在上升阶段,广播则开始下滑,电影则处在加速发展阶段,但是这些产业很快就整合成了媒体帝国的组成部分,从而结束了它们长期分离的状态。③

在美国娱乐产业发展过程中,娱乐产业从垄断走向分离,又从分离走向集中的变迁,始终伴随着娱乐法的兴起和发展。在美国政府诉派拉蒙案后,由于官方对垄断的敌视立场,娱乐产业垄断集团开始利用多种法律来捍卫自身的利益,以保全其在娱乐界中的地位,由此带来了娱乐法的发展。在放松管制的背景下,美国娱乐产业的并购与集中,同样带来了娱乐法的需求,促成了美国娱乐法的发展。④

与娱乐产业发展相伴随,美国大学法学院对娱乐行业的法律知识的供给也相伴而生,正是从20世纪50年代开始,美国大学的法学院开始创设娱乐法课程,并创办娱乐法研究的期刊,直到20世纪80年代,娱乐法开始成为法学研究的重要领域。如此,娱乐法首先在美国诞生。

二、中国娱乐法

中国娱乐法的诞生,也是对中国娱乐产业发展的回应。梳理中国娱乐法发展的历程,1990年《环球法律评论》上发表的题为《英美两国娱乐法概况:有关演员声望和名次的法律的产生》应为娱乐法领域最早出现的作品。⑤ 同期,对娱乐产业中的电影、电视与法律的研究,并不鲜见。如《电影与法律:现状、规范、理论》一书,虽然它不是一部以娱乐法命名的著作,但其内容就是娱乐法所涉及的电影法问题。⑥ 正是在这个时

---

① Jennifer Holt, *Empires of Entertainment*, Rutgers University Press, 2011:8-9.
② 同上,第9-11页。
③ 同上,第11-15页。
④ 在美国大学法学院中,娱乐法项目排在前十位的法学院,其娱乐法项目有的建立于20世纪50年代,有的则发轫于20世纪80年代;与娱乐法相关的期刊,也是在这个阶段相继出现的。
⑤ 该文发表于《环球法律评论》1990年第1期,从现有能够搜索到的文献看,这是中国首次以"娱乐法"作为专门术语而出现的作品。
⑥ 宋杰:《电影与法律:现状、规范、理论》,中国电影出版社1993年版。

期,中国立法机关开始讨论电影法的立法问题。[①]

进入21世纪之后,随着2003年电影法纳入立法规划,中国娱乐产业迎来了发展的契机。2005年出版的《影视法导论》一书,进一步把研究的范围拓展到"影视",而不再局限于"电影"。[②] 该书认为,影视法并不是以电影活动或电视活动为调整对象的专门法律文件,而是指行业需要遵循的全部法律规范;它跨越各个法律部门,涉及多种法律和其他各类法律性文件,表现为一个非常庞大的法律群。如此定义影视法,正如下文所述,几乎与娱乐法的概念相同,可以认为这是国内最早的娱乐法著作。

随着文化产业的大发展,娱乐产业将迎来前所未有的发展机遇,同时也会带来一些新的问题,这些问题亟待从理论上加以厘清。也正是在这个过程中,2010年之后,娱乐法应运而生。在娱乐产业高速增长的同时,娱乐产业的乱象时有发生,琼瑶与于正案的硝烟尚未散尽[③],2017年发生的袁立与《演员的诞生》事件战火已燃。[④] 崔永元与导演冯小刚、编辑刘震云、演员范冰冰事件,更是把电影产业的乱象揭露得淋漓尽致。知名演员为什么会拿到两份合同,其中暗含着娱乐合同谈判中的优势地位、潜规则和税收筹划等问题。尤其是明星的高收入问题,更是引发了人们对社会公平正义问题的拷问。[⑤]

当代中国,娱乐产业出现了前所未有的发展契机。这是娱乐产业最好的时代,也是娱乐法发展的绝好契机。正是在这一背景下,中国电影产业、电视产业、音乐产业、游戏产业的发展,呈现出快速发展的态势。就电影产业而言,与《电影产业促进法》的出台相伴随,中国电影市场已成为全球第二大市场。2018年第一季度,中国电影票房

---

① 从20世纪80年代开始筹划,经历过30余年的波折起伏,中国电影法从早期的《电影法》,到《电影促进法》,再到最终的《电影产业促进法》。早在1981年,《大众电影》就发表了《立电影法,杜绝横加干涉》的文章,呼吁电影立法;从1983年开始,导演谢铁骊从全国人大第六届到第九届都提出制定电影法的立法建议;直到2010年3月,国家广播电影电视总局网站报道国务院法制办拟定《电影产业促进法》立法工作计划,正式启动立法调研工作。但这部法律的立法过程,从立法准备、立法规划、立法草案、颁布实施,历时30余年。电影产业立法过程充分说明了电影产业发展对法律的需求,换句话说,《电影产业促进法》的最终出台,也是对中国电影产业发展的回应。

② 魏永征、李丹林主编:《影视法导论》,复旦大学出版社2005年版。

③ 琼瑶,系著名作家,编剧陈喆的笔名;于正,系编剧,制片人余征的笔名。于正创作的剧本《宫锁连城》,其多处剧情涉嫌抄袭琼瑶的小说《梅花烙》,由此引发一场娱乐法诉讼。法院判决认定于正抄袭琼瑶,构成侵权。于正不服,提起上诉,上诉法院维持了原判。但于正拒不向琼瑶道歉,最终,法院强制执行公布判决书中涉及于正向琼瑶道歉的部分。

④ 2017年10月16日,袁立受邀参加浙江电视台的电视节目真人秀——《演员的诞生》,由于事先没有签订合同,致使其催签合同和讨要薪酬;12月6日,节目尚未播出,袁立即转发了某营销号的微博,承认自己被淘汰,由此违反了保密协议。由此引发了袁立与浙江电视台之间的纷争。

⑤ 娱乐业本来就是人们关注的焦点,在公平问题受到普遍关注的当下,明星收入畸高一下子成了全社会普遍关注的焦点。这恰恰说明民众对电影产业中不同角色的作用还不甚了解,甚至也不愿意了解。殊不知,顶级明星的收入高是不争的事实,一部电影的成功与否,明星所发挥的作用普遍在95%以上,如果一部电影预算1亿元,明星收入占总预算的50%～60%,事实上应为正常水平。

首度超过美国,成为中国电影市场发展中的标志性事件。① 由于《电影产业促进法》出台并实施,也促发了音乐产业的从业者积极推动《音乐产业促进法》的立法进程,可以期待中国音乐产业也将进入立法时代。② 令人欣喜的还不止这些,早在2015年,中国的游戏产业已经成为全球最大的市场,略有遗憾的是中国的游戏产业并没有因此而成功超越。③ 所有这些都表明,中国娱乐产业已经迎来黄金时期。

娱乐产业的快速发展,将进一步引发行业对法律的需求,娱乐法必将回应这一现实,并为娱乐产业提供产业结构上的法律框架、问题解决方案。事实上,也正是在这个时期,娱乐法的智慧供给也悄然而至。宋海燕以其特殊的法律职业背景为基础,根据美国好莱坞娱乐法的知识,出版了国内第一部署名为娱乐法的专著。④ 如是娱乐法的创办人之一刘茏女士翻译了《好莱坞如何谈生意:电影、电视及新媒体的谈判技巧与合同模板》。⑤ 余锋先生出版的《中国娱乐法》是一本以中国为背景的娱乐法专著。⑥ 李清伟先生等翻译的谢丽·L.伯尔所著的《娱乐法》则以全景方式展现美国娱乐产业与娱乐法。⑦

不仅如此,技术进步必然带来新技术与娱乐的嫁接,互联网与娱乐产业天然的相容性,互联网公司跨界进入影视娱乐、游戏领域,"跨界"经营已成为常态。互联网文化娱乐产业的发展进入快车道,互联网游戏、数字影视、网络文学、动漫、数字音乐和互动,它们凭借强大的资本掌控力,开展了一轮又一轮的并购风潮,由此引爆中国娱乐产业相对集中,自由竞争的市场秩序受到一定程度的冲击,也成为娱乐产业发展中的突出问题。⑧

---

① 美国《综艺》杂志从中国官方和业内机构获得的数据显示,今年前三个月中国票房总收入高达202亿元人民币(约31.7亿美元)。相比之下,咨询服务机构ComScore的数据显示,北美(美国和加拿大)同期的票房总收入为28.9亿美元。《2018年第一季度中国电影票房收入首次超过北美》,见 http://k.sina.com.cn/article_6192937794_17120bb4202000dc41.html,最后访问日期:2018年4月8日。

② 全国政协委员徐沛东向全国政协十二届五次会议提案,建议制定《音乐产业促进法》,将音乐产业纳入国民经济和社会发展的顶层设计,使音乐产业成为拉动内需、促进就业、推动国民经济增长的重要产业。《建立制定〈音乐产业促进法〉的提案被提交政协会议》,见 http://ent.huanqiu.com/yuleyaowen/2017-03/10268355.html,最后访问日期:2018年5月30日。

③ 伦敦风险投资公司Atomico发布的报告显示,2016年全球游戏产业产值已首次突破1 000亿美元。按照市场规模计算,中国已取代美国,成为"全球玩家之都",http://tech.qq.com/a/20170601/039759.htm,最后访问日期:2018年5月30日。

④ 宋海燕:《娱乐法》,商务印书馆2014年版。根据作者自序所述,这部著作是作者应商务印书馆之邀而创作的。这也从侧面表明,出版界对娱乐法的敏锐观察。

⑤ 戴娜·阿普尔顿、丹尼尔·杨科利维兹:《好莱坞如何谈生意:电影、电视及新媒体的谈判技巧与合同模板》(第2版),北京联合出版社2016年版。

⑥ 余锋:《中国娱乐法》,北京大学出版社2017年版。

⑦ 谢丽·L.伯尔:《娱乐法》,李清伟等译,上海财经大学出版社2018年版。

⑧ 2018年3月8日,直播圈的历史留下了浓墨重彩的一笔,斗鱼宣布获得腾讯6.3亿美元独家投资;紧随其后,虎牙也宣布获得腾讯4.6亿美元独家投资。紧接着映客、花椒也都传出要IPO的消息。

娱乐产业的发展现状，与狄更斯在《双城记》开头所言"这是一个最好的时代，也是一个最坏的时代"极为契合。当下娱乐产业大发展所呈现出来的发展态势，表明娱乐产业迎来了发展的最好时期；但是，娱乐产业鱼龙混杂，乱象丛生，问题不少。在这个意义上，可以认为娱乐产业的发展及其发展过程中所出现的问题，必然导致对娱乐产业规制的强化，唯有如此，方能确保娱乐产业高速发展而又不失序。对此，最早把电影、广播和有线电视资产整合一起的泰德·特纳（Ted Turner）[1]曾经断言，在娱乐产业，"你需要控制一切……当政府干预你时，游戏就结束了。但此时，你已经赢了。当政府阻止你时，你应当知道你已经赢了"[2]。这句话充分说明了娱乐产业发展进程中从无序到有序、从自由市场到管制市场的发展过程。

中国娱乐产业发展与美国娱乐产业发展具有一定的相似性。比如，美国娱乐产业的发展所面临的竞争、垄断、融资、雇佣劳动、审查、发行等问题，在中国娱乐产业发展过程中同样会出现。当然，中国娱乐产业发展晚于美国，美国娱乐产业发展进程中所发生的问题，如果中国能够在借鉴的基础上加以规避，对于中国娱乐产业的发展而言，其意义可想而知。在这个意义上，吸收和借鉴包括美国好莱坞娱乐产业发展的模式，尤其是其调整娱乐产业的法律规则、原则、政策与方法，对于中国娱乐产业的稳健发展具有重要的意义。

第三节 娱乐法的属性

一、娱乐法是一个部门法

在传统的法律体系中，娱乐法是一个部门法吗？它能够成为法律体系意义上的法律部门吗？在此，不妨把这一基础问题放在一边，考察一下娱乐法所具有的特性，通过娱乐法的特性来界定娱乐法到底是不是法律体系中的一个部门。

首先，娱乐法具有典型的行业性特征，在这个意义上，可以把娱乐法界定为行业法。那么，什么是行业法呢？娱乐法是否具有行业法所具有的特性呢？有学者认为，行业法"是以国家涉及行业的法律为基础，通过政府涉及行业的行政法规和行政规章、地方立法机关以行业为背景的地方性法规等，从而形成的行业法体系的总称"。行业法这一术语的提出，其中一个理由在于"中国全国人大及其常委会的主要立法成果是

---

[1] Jennifer Holt, *Empires of Entertainment*, Rutgers University Press, 2011:1.
[2] Ken Auletta, *Media Man*, New York: W. W. Norton, 2004:63.

行业领域的立法,国务院和地方人大的主要立法成果也是行业领域的法规,那么,管理各行各业的国务院各部委的规章更是如此"①。在此,不妨按照行业法和部门法各自的逻辑分别给娱乐法下定义,由此甄别到底使用行业法好,还是使用部门法更妥帖。如果把娱乐法视为一种行业法,娱乐法可以表述为以一国的电影、电视、音乐、游戏、出版等行业的法律,以及涉及该行业的行政法规和地方性法规等形成的法律规范的总和;如果把娱乐法视为一种部门法,娱乐法可以表述为调整娱乐产业法律关系的法律规范的总和。比较两者的差异,就在于定义的结构中行业法强调了"行业",部门法则强调"法律关系",从下定义的抽象性、概括性上说,部门法更具优势。至于那种认为随着娱乐产业的发展,"传统的部门法的划分,不能适应行业法的发展要求,法律体系建成之后的部门法划分成为一个瓶颈问题"②,事实上这一问题并不存在。

通过对娱乐法特性的分析,就可以非常明晰地看到,娱乐法是一个独立的法律部门。

其一,从部门法的概念可知,"部门法又称法律部门,是指根据一定的原则和标准划分的一个国家的同类法律的总称"③。部门法往往是由许多个法律规范文件构成的,换句话说,规范性法律文件的存在是部门法的基础,没有足够多的法律规范的支持,难以支撑一个部门法。就娱乐法而言,可能存在这样一个问题,这就是作为部门法的娱乐法,并没有一个与娱乐法名称一致的规范性法律文件相对应,而是由多个规范性法律文件构成,比如有关电影、电视、音乐、游戏等产业的法律、法规包括《电影产业促进法》《中外合作摄制电影片管理规定》《电影剧本(梗概)备案、电影片管理规定》《电影管理条例》《音像制品管理条例》《音像制品制作管理规定》《关于制作数字化制品的著作权法规定》《娱乐场所管理办法》等。这些规范性法律文件所涉及的内容都是娱乐法调整的对象,但它们的名称中都没有娱乐法的字样,但是从娱乐产业的社会关系以及娱乐产业的法律法规的实际出发④,娱乐法作为一个独立的法律部门,具有坚实的社会关系基础和大量的法律法规支撑。

其二,从娱乐产业社会关系的稳定性以及娱乐法的内容和结构的稳定性上看,娱乐法成为一个法律部门也是必然。根据部门法划分的原理,作为一个部门法,其内容和结构不可能总是在变化,应保持其稳定性。从上文的分析中可知,娱乐法的范围包括电影、电视、音乐、游戏、出版、艺术等,这一范围基本稳定,其中所涉及的社会关系,比如制片人、编剧、导演、演员之间的关系,演员与经纪人、律师之间的关系,以及电影

---

① 孙笑侠:《论行业法》,《中国法学》2013年第1期,第54页。
② 同上。
③ 沈宗灵:《法理学》,北京大学出版社2014年版,第277页。
④ 在划分部门法的若干原则中,其中一项原则是"从法律法规的实际出发的原则",就是说,在划分部门法时,"要注意到法律调整的社会关系的广泛程度和现行法律、法规的数量"。沈宗灵:《法理学》,北京大学出版社2014年版,第280页。

公司与院线之间的关系等,都已经成为比较稳定的社会关系,而这些社会关系又具有娱乐行业的特殊性。正是这种稳定的社会关系,人们可以预期未来娱乐法的立法可能呈现出单行法的立法模式,如电影产业将形成以《电影产业促进法》为龙头的单行法;音乐产业将形成以《音乐产业促进法》为龙头的单行法模式。这些法律作为一个整体,构成娱乐法这一稳定的法律部门。

其三,从部门法的划分标准上说,无论是从首要标准即娱乐法调整的社会关系,还是从第二位标准即娱乐法调整机制上看,娱乐法都有成为部门法的基础。从社会关系的视角看,娱乐法调整娱乐产业运行过程中形成的各种社会关系,包括但不限于著作权关系、投融资关系、雇佣关系、合同关系、行政管理关系等,这些社会关系都具有娱乐产业的特殊性。它们发生在娱乐项目推进的过程中,从创意到最终作品的完成以及后期制作,乃至市场发行等各环节,每一个环节都需要相应的法律调整。因此,娱乐法是把整个娱乐作品运作过程中不同环节所适用的法律汇集在一起而形成的一个法律束。[①] 娱乐产品从制作到发行销售的不同阶段,需要从娱乐法这一法律束中抽取相应的条文,解决不同阶段可能遇到的问题,比如,在"娱乐产品制作期间,法律主要解决各方之间的合作问题,表现为一系列的雇佣合同、知识产权许可和转让合同;在娱乐产品的销售阶段,法律侧重保护制作人的合法权益,体现为复杂的娱乐制品知识产权保护等法律制度"[②]。从调整机制上说,由于对娱乐产品总体上采用发行前审查的机制,因而从娱乐项目运作意义上说,娱乐法对娱乐项目的调整机制表现为发行前主要以私法调整为主,许可发行环节则以公法调整为主,再到发行阶段以私法调整为主。娱乐法的这种调整机制不同于传统意义上的私法的调整机制,也不同于公法的调整机制。

通过以上分析可知,娱乐法以与娱乐产业相关的规范性法律文件大量存在为前提,娱乐法律关系参与者形成的社会关系相对稳定、可预期,再加上娱乐法调整机制的独特性等,都足以说明娱乐法具备法律部门的基础条件。当下,娱乐法这一法律部门正处在形成之中,随着娱乐产业的不断发展,娱乐法这一法律部门将逐渐为人们所认知,并对国家的司法实践产生深远影响。

二、娱乐法具有公私混合法的属性

娱乐法的内容既有私法的内容,又有公法的内容,是一种公私混合法。作为公私混合法,娱乐法兼具私法与公法的内容。从私法的视角看,娱乐法所调整的社会关系

[①] 法律束的含义是娱乐法作为一个整体散见于不同法律中的有关娱乐行业的条文,这些法律条文汇聚在一起,组成娱乐法这一部门。

[②] 朱海波:《娱乐法基本问题研究——以美国法为参照》,《宁波广播电视大学学报》2008年第4期,第48页。

领域具有自治性,倡导意思自治、平等自由、诚实守信等。

从公法的视角看,由于娱乐产业所涉及的领域,无论电影、电视、音乐、体育、游戏等,它们本身具有文化产品的属性,而文化产品具有塑造人的功能,体现不同价值的文化产品,塑造出来的人具有不同的品格和价值观,具有公共性。一部内容积极向上的娱乐作品能够促人奋进,带来积极的社会效果;一部充斥着暴力的作品可能导致一个国家或地区暴力事件频发,甚至犯罪率上升,甚至造成社会的混乱或无序。为了避免娱乐产品导致这种负效应,对娱乐产业进行必要的规制或治理就成为必然,现实情况表现为国家对电影产业、电视产业、音乐产业、游戏产业、体育产业、艺术产业、出版产业等的调整,适时发布与时代相适应的娱乐产业政策,以此调控娱乐产业的发展。在这个意义上,娱乐法又具有公法属性。以中国为例,中国对娱乐产业的政策取向仍然是激励性、鼓励性的政策,以至于中国电影产业的龙头法律也以电影产业促进法来命名[1],以此鼓励人们参与电影产业的发展。不仅如此,对电影、电视的许可制度、审查制度等,带有典型的公法属性。由此可知,娱乐法所涉及的内容涵盖了私法和公法的内容,具有公私混合法的属性。

三、娱乐法的国际法面向

娱乐法既涉及国内法,也涉及国际法,娱乐法具有国际化的面向。娱乐无国界,但娱乐市场却有国别,美国的娱乐市场不同于中国的娱乐市场,一国的娱乐产业既要受本国娱乐法的调整,如果希望进入他国娱乐市场,则又不得不接受他国娱乐法的制约。因而娱乐法首先是国内法,中国的娱乐产业由中国的娱乐法规制,别国的娱乐产业则受所在国娱乐法规制,比如美国好莱坞影片要进入中国电影市场,就必须接受中国的电影产业法律制度,如配额制度、审查制度等;不仅如此,娱乐产业及其法律规则中,也有一些国际通行的规则或惯例,这些规则具有国际法的属性,比如有关著作权的《伯尔尼公约》,就是典型的娱乐产业法中的国际法规范。如电影发行问题,就涉及海外发行问题。

事实上,从法律全球化的视角看,娱乐法是全球化程度较高的法律领域;其根源在于娱乐市场本身具有全球性,正是娱乐市场的全球性决定了娱乐法规则的全球化。娱乐法的全球化规则首先表现在娱乐产品全球发行的规则,比如美国好莱坞电影的全球发行,或者中国电影进军海外市场,都需要双边规则或者多边规则,这些规则本身具有国际法的属性。其次,随着娱乐产业的全球化发展,娱乐明星全球聘任已成为一种现实。在娱乐明星全球聘任的背景下,必然涉及与之相关的合同法、雇佣法等问题,这些

---

[1] 《中华人民共和国电影产业促进法》已由中华人民共和国第十二届全国人民代表大会常务委员会第二十四次会议于2016年11月7日通过,自2017年3月1日起施行。该法具有典型的促进法的取向。

问题既要考虑符合国内法要求,又要考虑国际惯例。再次,随着娱乐产业全球化的发展,娱乐产品的全球制作已经成为一种风尚,这种全球制作必然引发相应规则的国际化。最后,随着娱乐产业的全球化发展,娱乐产业投资也需要相应的规则,其中所涉及的法律也兼具国内法与国际法的内容。

第四节 娱乐法的原则

法律原则(principle of law)是贯穿法律始终的准则;娱乐法的原则可以界定为在娱乐产业中形成的贯穿娱乐法始终的准则,是从娱乐产业中概括出来的具有通用价值的准则。这些原则对娱乐产业的参与者(玩家)的行为及其条件有更大的覆盖面和抽象性,它们是对从社会生活或社会关系中概括出来的某一类行为、某一法律部门甚或全部法律体系均通用的价值准则。法律原则的意义在于"它们反映和表达了法律制度的潜在价值和传统:在某种意义上,也就是它潜在的政治哲学""原则控制了规则的可适用性""规则是为法律制度提供法律有效性明确标准的那些要素""原则在实践中也被法院认为是不可忽视的法律权威:它们是在难办案件中完成决策的必不可少的要素"[1]。

一、自主创新原则

娱乐产业以创新为原动力,没有了创新,没有了创意,娱乐产业就成了无源之水。而创新本身具有自主性,创新源于个人意志,创新是个人智力成果,属于私法调整的范围,而私法的基本属性决定了创新特别强调自治性、自主性,因而娱乐产业的创新活动首先遵循自治性原则。私人自治原则一般被界定为"个人通过其意思自主形成法律关系的原则""私人自治是人类自决这一普遍原则的一部分"[2]。

娱乐法以创新为基础,创新活动本身具有自主性。创意往往是娱乐产品的起点,而创意本身属于思想的范畴,著作权法并不保护思想,而只保护思想的表达方式。美国联邦最高法院大法官布兰迪(Brandeis)认为:"思想正如空气般是免费的。"[3]虽然创意不受著作权法保护,但这并不影响娱乐项目皆以创意为起点这一断言。因而,如果对创意不加保护,必然影响娱乐产业发展的原动力。

---

[1] 罗杰·科特瑞尔:《法理学的政治分析》,张晓宇译,北京大学出版社 2013 年版,第 172—175 页。
[2] Werner Flume, *Allgemeiner Teil Des Burgerlichen Rechts* Ⅱ *das Rechtsgesaft*, Springer - Verlag, 4. Agflage, 1992, Berlin, S. 1. 转引自易军:《私人自治与私法品性》,《法学研究》2012 年第 3 期,第 68 页。
[3] Justice Brandeis,"Ideas are as Free as the Air."参见 Int'l News Serv. V. Associated Press, 248 U. S. 215 (1918)。

那么，娱乐产业运行过程中是如何保护创意促成创新的呢？宋海燕在《娱乐法》一书中提到通过合同保护创意。[①] 在布劳斯坦诉伯顿（Blaustein v. Burton）一案中，法院特别强调制片方、作家、电影公司可以自由通过合同方式决定是否出售（购买）某作品的创意。[②] 既然创意是娱乐产品的起点，通过合同保护创意已经被司法实践所确认。而合同法的基本原则是意思自治、契约自由，契约自由本身暗含着当事人自主和自治。正是由于这一原理，在美国娱乐法的司法实践中，尤其是加利福尼亚州和纽约州地区法院，正在放宽对创意新颖性的要求。其根源就在于当事人自治这一基本原则。"根据合同自治原则，在不违背相关法律法规的前提下，合同双方享有充分自由谈判、签署合同条款的权利。"[③] 由此不难看出，在娱乐产业中，通过合同来保护创意，本质上就是以自主来促成创新原则的落实。

围绕着以自主促成创新这一原则，在判断一个娱乐产品是否具有创新性以及是否剽窃其他娱乐产品时，都暗含着娱乐法倡导人们自主创新的内涵。只有不断创新，才能产生越来越多的优秀作品；一部作品之所以能够配得上"优秀"，是因为其具有不同于其他作品的独特性。很难想象一部剽窃他人创意的电影、电视剧能够成为独特的作品。这种独特性之所以能够呈现出来，是因为作者从事创新性的自主性活动。正是在这个意义上，娱乐法始终贯穿着自主创新这一原则。

二、兼顾效率与公平原则

娱乐是一个产业，也是一种商业，娱乐产品依赖于不同的商业活动。娱乐产业以盈利为目的，这是娱乐产业作为一种商业的基本伦理；同时，娱乐产业又是一个特殊的产业，其产品具有特殊性，这种特殊性要求娱乐产业不能一味地追求盈利目的，还要兼顾公平在社会生活中的实现。因而，效率与公平之间的权衡始终是娱乐产业发展的一个基本准则。也正是基于这一原则，对娱乐产业中一些市场并不看好的项目，国家或地区都会出台相应的政策予以适当的补贴，以保持投入与产出之平衡。2018年前后因《手机2》发生的争议，一开始公众的注意力还都在《手机2》的主创人员侵犯崔永元权利问题上，后来剧情发生反转，一下子跳到了阴阳合同，把该事件引向更为宏大的社会关切上，这就是娱乐产业的效率与公平问题。众所周知，一部电影的成功，95%以上归因于能否找到一流的明星来出演，换句话说，明星对一部电影的成功的贡献度大概

[①] 宋海燕：《娱乐法》，商务印书馆2014年版，第174—181页。
[②] Blaustein v. Burton, 9 Cal. App. 3d 161(2d App. Dist. 1970)，转引自宋海燕：《娱乐法》，商务印书馆2014年版，第176页。
[③] 宋海燕：《娱乐法》，商务印书馆2014年版，第180页。

占到95％的权重。① 在这个意义上,如果按照一部大制作片预算1亿元人民币,明星取得6 000万元的酬劳,似乎与其贡献还不大匹配。② 在这个过程中,事实上已经做了效率与公平的平衡,这种安排已经不再是简单地按贡献分配财富、分配利益原则的机械套用了,其中已经渗入了不同角色、不同群体的利益衡量了。

在娱乐产业中,从效率的角度看,娱乐公司应以效率为依归,追求效率是娱乐企业的基本目的。根据这一原则,娱乐公司在投入与产出的计算上首先要考虑节约成本,以低成本制作出高质量的产品,并能获得公众的喜爱,电影能够获得高票房,电视能够获得高的收视率,在这个意义上,娱乐公司就是有效率的。同样,从公共产品的意义上说,娱乐公司制作的电影也好,电视也罢,其本身在追求效率的同时,又要考虑社会的公平问题。

娱乐产业中的公平与效率原则,至少可以从内部和外部两个视角分析。从内部看,效率与公平发生的第一层次是演员、导演、编剧、制片公司之间的效率的平衡问题。比如,中国电影电视行业中的编剧的权利问题,就存在效率与公平的难题。一部片子无论成功或者失败,编剧都可以置身事外。成功的电影,编剧也无权要求再分一杯羹;失败的电影,也不能因此指责编剧。根源就在于中国法律对编剧的二次取酬权并没有相应的规定。③ 不仅如此,制片人、导演、演员的不同关系模式,也直接影响内部的利益分配。比如制片人中心主义的模式和导演中心主义的模式,就会呈现不同的利益分配模式。

从外部看,娱乐产业的效率与公平问题体现在不同产业的平衡上。娱乐产业属于文化产业,文化产业的突出特性是其对人的高度依赖。娱乐产业具有特殊性,与其他行业不同,并不是所有人都能成为名演员,也并不是所有人都能成为体育明星,这是常识。正是由于对人的非常高的依赖度,造成了明星在娱乐产业中成为一种稀缺资源。稀缺影响着供求关系,影响着价格,并最终影响定价权。因而,经常会爆出明星演员的高片酬,甚至是畸高的片酬。事实上,这是娱乐行业的特性。中国的娱乐市场如此,美国的娱乐市场如此,其他国家的娱乐行业也是这样。在娱乐法上,只要当事人遵循意思自治原则,通过合同自主解决这些问题,不害及他人,不害及社会,就是别人的自由。④ 因而,在娱乐法上,效率与公平原则要求适度权衡不同行业之间的差异,并容忍

---

① 谢丽·L. 伯尔:《娱乐法》,李清伟等译,上海财经大学出版社2018年版,第18页。
② 在崔永元与《手机2》风波中,涉及范冰冰阴阳合同。根据这两份合同推算,演员范冰冰获得6 000万元的报酬,这还不包括其化妆所需费用。事实上,在娱乐法视野里,似乎也并不为怪。
③ 美国的编剧享有二次取酬权,中国的编剧至今并不享有这一权利。在美国编剧经过罢工获取这一权利之后,2008年中国编剧也发起了大规模的抗争运动,但这一问题至今没有解决。
④ 在这个问题上,应坚持自由的基本原则和理念,密尔规则即"伤害原则",自然适用于娱乐行业。

这种差异存在的合理性,只有这样才能营造文化产业大发展的社会环境。

三、自律与规制并重原则

娱乐产品具有公共性,是一种兼具公共产品属性的产品。提供公共产品这一使命决定了娱乐产业不同于一般产业,作为对娱乐产业回应的娱乐法,也必然不同于其他部门法的原则。在娱乐法领域,自律与他律、自律与监管始终贯穿行业发展的全过程,自律与规制并重成为娱乐法的基本原则。

在汉语中,"自律"指在没有人现场监督的情况下,通过自己要求自己,自觉地遵循法度,约束自己的言行。[1] 自律也指不受外界约束和情感支配,根据自己善良意志按自己信奉的道德行事的道德原则。把自律作为一种原则引入娱乐法,就要求娱乐行业的从业者按照一个国家或社会所信奉的基本道德从事娱乐创作活动。比如,歌手在现场表演中的举止、演员在电影中的行为等。

"规制"一词来源于英文"regulation",是规制部门通过对某些特定产业或企业的产品定价、产业进入与退出、投资决策、危害社会环境与安全等行为进行的监督与管理。作为一个原则,规制要求政府对娱乐行业进行必要的监督和管理,旨在保障娱乐产业健康、有序发展。"规制常常可以解决在众多个体相互交往的过程中满足个人愿望所遇到的难题。这些难题有时被称为协调和集体行动困境,经常可以通过政府的行动获得最好的解决。"[2]比如,低俗的电影、电视节目可能会吸引大量的观众者,但低俗的表演可能会影响优良道德的维系,引发经济效益与优良道德之间的冲突。规制的介入就能够有效解决这一问题,在娱乐法中,最直接的规制就是对电影、电视节目的审查制度。

在娱乐法中,自律原则和规制原则应当并重。自律强调娱乐行业中的行动自由,规制则意味着政府对娱乐行业行动的调控,二者之间存在自由与干预的冲突。对此,首先应当确立的是娱乐产业中的个人自治、自由或权利的实现。在电影、电视、音乐、电子游戏创作中,自由创作是其基石,对自由的信赖常常构成反对政府干预的根据。如果一部作品没有对他人造成伤害,就应当尊重甚至鼓励创作者的创作行动,"没有理由认为政府比个人更知道什么符合个人的利益,相反,却有相当的理由相信私人比政府更知道什么符合个人利益"[3]。在这种情况下,中立的政府是对自由的重要保证,也是对娱乐产业创新的最根本的保障。

同时,还应当考虑规制有可能促进而不是毁坏自由和福利,换句话说,规制行为有

---

[1] 《左传·哀公十六年》中提到"呜呼哀哉!尼父,无自律"。意思是失去了孔子,使我失去了效法的榜样。见《左传》,郭丹、程小清、李彬原译,中华书局2013年版,第2362页。
[2] 凯斯·R. 桑斯坦:《权利革命之后:重塑规制国》,钟瑞华等译,中国人民大学出版社2008年版,第2页。
[3] 同上,第39页。

可能促成社会的整体福利,并不毁坏自由的实现。比如,电影、电视的许可制度,这种制度设计是对电影、电视制作自由的一种限制,但这种限制并不是要从根本上扼杀电影、电视的创作,而是对电影、电视的创作自由进行一定程度的限制,旨在使公众免受低俗、色情、暴力、毒品等的侵扰,实现社会公众的利益,这是基于父爱主义原则对娱乐作品的创作自由进行的限制。美国国际问题专家布热津斯基在分析西方娱乐产品时指出,电视及其娱乐节目的低劣化,并非出自电视人的本性,而是由于电视节目的商品性与电视受众"人性的弱点"之合力,迫使电视媒介不得不屈从"劣币驱逐良币"这一经济学上的格雷欣法则。他一针见血地指出:"格雷欣法则不仅适用于优质和劣质货币,而且还适用于一味依赖广告和对观众有吸引力节目的安排。可悲的事实是,推销淫秽文化的电视制作商实际上对那些不这么干的电视制作者占有竞争优势。"[1]这是对娱乐产业规制的内在必然性,其要义在于维持娱乐产业的健康发展,同时维持公共伦理秩序。

在娱乐产业领域内,对创作自由的有限规制已成为全世界通行的规则。无论是在英美法系国家,还是在大陆法系国家,娱乐法上的自律与规制原则同时存在,并贯穿娱乐行业发展的始终。以美国为例,美国的电影、电视均采取了分级制管理,这种分级制管理的制度设计,本身就是集自由、自治和规制于一体的机制。应当看到这种干预不仅没有扼杀美国娱乐产业创新的动力,也没有给美国的娱乐业带来毁灭性的后果,相反,随着好莱坞电影走向全世界及纳什维尔乡村音乐的流行,加之迪士尼的风靡全球,美国的娱乐产业全面深入引领世界潮流。不仅如此,这种制度设计对保全社会所倡导的基本价值和道德起到了正向的、积极的意义,受到了家庭、社会的普遍欢迎。

四、公序良俗原则

娱乐产业所涉及的领域具有公共性、大众性的特征,娱乐明星的行为经常被粉丝模仿,这些模仿有些具有正向意义,有些则具有负面的影响。为了维护正常的社会秩序,不致出现道德滑坡,公众要求娱乐产业的从业者能够引导社会向优良的道德迈进,而不是相反。正是由于这一原因,国家有义务把善良风俗的维持和公共秩序保留,作为娱乐产业活动的准则,也是娱乐法的基本准则。

公序良俗原则在罗马法中就已经存在,基于违反善良风俗的法律行为,或是不能产生请求权,或是可以基于请求权提出恶意抗辩。[2] 法国《民法典》第 6 条规定:"任何人不得以特别约定违反有关公共秩序与善良风俗之法律。"[3]法国民法典在罗马法之

---

[1] 布热津斯基:《大失控与大混乱》,潘嘉玢,刘瑞祥译,中国社会科学出版社 1995 年版,第 82 页。
[2] 卡泽尔:《罗马私法》I§60 N.26 及注释,转引自[德]维尔纳·弗卢梅:《法律行为论》,迟颖译,法律出版社 2013 年版,第 430 页。
[3] 《法国民法典民事诉讼法典》,罗结珍译,国际文化出版公司 1997 年版,第 1 页。

"善良风俗"之外,又增加了"公共秩序",从而形成了公序良俗原则完整表达。由此以降,大陆法系民法典普遍规定公序良俗原则。中国《民法总则》第 8 条规定:"民事主体从事民事活动,不得违反法律,不得违背公序良俗。"

公序良俗原则贯穿娱乐产业的全过程,是娱乐产业的行动准则。为了落实这一准则,在娱乐产业发展过程中逐步形成了相应的审查制度,以确保电影、电视、音乐、游戏、图书等符合公序良俗的要求,促成社会道德进步,形成安定有序、健康向上的价值。

在审查过程中,为了落实公序良俗原则,已经形成了有关电影、电视、音乐、游戏、图书审查的一些基本规则,由这些规则构建起了娱乐法上的审查制度,其内容包括色情审查、暴力审查等。[①] 在这个过程中,重申自治性原则尤为重要,自治性原则实质上是一个消极意义上的自由,或否定性的自由,而"否定性的自由的黄金规则是:'己所不欲,勿施于人。'这一公式与'施于人'这样的肯定性的命令截然相反,它仅仅要求人不要干涉他人的选择"[②]。公序良俗原则要求个人在行使自由权利时,不得害及他人,也不得害及社会。因而,在电影、电视、网络、游戏审查制度中,都有暴力审查的内容,其要义在于"暴力内容已成为更让人担忧的事,因为某些人模仿电影中的危险行为"[③]。

公序良俗要求娱乐产品传播应充分考虑其大众性、公共性,以免引发行为失范效应。众所周知,娱乐产品具有传播思想、推销观点的功能,这一特性决定了娱乐产业法律不能缺席。2007 年 8 月 15 日,国家广电总局向全国各省市地区下发通报,叫停重庆电视台的选秀类节目《第一次心动》。原因是"评委言行举止失态""内容格调低下"等。[④] 2016 年,范冰冰在《武媚娘传奇》中的大 V 领低胸片段被要求强制剪辑。[⑤] 这些事件的发生都彰显着公共秩序的保留和善良风俗的维持,对娱乐产品应当进行公序良俗意义上的审查应成为娱乐法的使命。2017 年 3 月 1 日开始生效的《电影产业促进法》,在对电影审查标准部分,专门规定了公共道德审查的内容。[⑥]

五、民族性与世界性相统一原则

娱乐产业的发展具有民族性与世界性的特点,这种属性与娱乐产品兼具民族性与

[①] 电影审查制度并不是一开始就有的,在 1952 年之前的美国,电影放映之前还不需要接受政府部门的任何审查。从这一意义上说,电影审查制度其实只有 60 余年的历史。见 Albert W. Jr. Harris,"Censorship and the Supreme Court: What Next", *California Law Review*, 1954: 122.

[②] 布鲁诺·莱奥尼等:《自由与法律》,秋风译,吉林人民出版社 2004 年版,第 268 页。

[③] 谢丽·L.伯尔:《娱乐法》,李清伟等译,上海财经大学出版社 2018 年版,第 106 页。

[④] 孙冉:《第一次心动:失控选秀的典型性样本》,http://media.people.com.cn/GB/40606/6231795.html20180710。

[⑤] 2016 年 3 月,《武媚娘传奇》电视连续剧开播,范冰冰所饰演的角色大 V 领低胸出境,尺度很大,被强制剪辑。该事件充分说明娱乐产品应遵循公序良俗这一基本原则。

[⑥] 《电影产业促进法》第 16 条规定"禁止任何含有危害社会公德,扰乱社会秩序,破坏社会稳定,宣传淫秽、赌博、吸毒,渲染暴力、恐怖,教唆犯罪或者传授犯罪方法的内容"。

国际性双重属性密切相连,因而娱乐法在调整娱乐参与者所形成的各种社会关系时,必然要贯彻娱乐法上的民族性与世界性相统一原则。

娱乐法的民族性与世界性相统一原则,要求正确对待娱乐产品的民族性与世界性的关系。娱乐产品的世界性强调各种娱乐产品所具有的普遍属性,世界上多种娱乐产品的共性;娱乐法的民族性则强调不同文化的娱乐产品的个体性、独特性,它使世界上不同国家、不同地区的文化区别开来,由此形成了各国娱乐产品的多样性。

娱乐法上的民族性与世界性相统一原则,要求娱乐产品不能脱离民族性而存在,世界性寓于民族性之中,没有民族性就没有世界性。民族性和世界性的界限具有相对性,它们在一定条件下相互转化。鲁迅先生曾说过:"越是民族的,越是世界的。"事实也已说明,越是具有民族特色的文化产品,越是能够赢得其他国家的尊重和褒扬。比如,《大红灯笼高高挂》是由中国电影合作制片公司出品的剧情片,1991年12月20日,该片在法国上映。同年获得第48届威尼斯国际电影节银狮奖。1992年该片被提名奥斯卡金像奖最佳外语片,成为继《菊豆》后第二部提名该奖项的中国电影。随后,又获得意大利电影大卫奖最佳外语片,成为第一部获得该奖的中国电影。① 近年来,一些反映中华民族风情题材的电影也不断在国际电影节上获得好评。比如,在洛杉矶南海湾半岛举办的"2018年第15届世界民族电影节"上,由西藏自治区文学艺术界联合会、当雄县人民政府等单位联合摄制的藏族题材电影《天缘·纳木错》,荣获本届世界民族电影节最佳长篇故事片奖。② 所有这些都说明,优秀的民族文化作品,从世界范围上看,也是优秀的作品。不同国家和民族对待优秀文化产品的认知虽有差异,但大体的共识还是存在的。因此,娱乐法应坚持民族性与世界性相统一的原则。

 思考题

1. 简述娱乐法的概念。
2. 娱乐法有哪些属性?
3. 简述娱乐法的基本原则。

---

① 该部电影是国内第一部获得国际大奖的电影,由此开启了中国电影走向世界的历程。
② https://www.sohu.com/a/228857220_266317,最后访问日期:2018年10月20日。

第二章 娱乐法律制度

第一节 娱乐行业的创意保护

在娱乐行业中,创意既是娱乐行业发展的生产力,也是娱乐行业发展的助推器,离开创意,娱乐产业就失去了原动力。产品往往是同质的,而没有一种娱乐带来的快乐是相同的。[①] 因此,创意对娱乐行业发展具有重大影响。但是在现有的法律架构中,创意(思想)并不受著作权法保护,最终形成了这样一种尴尬的窘境,创意是娱乐产业中最重要的概念,却又是最模糊的概念。在这样一种法律架构下,如何保护创意是本章讨论的主要内容。

一、娱乐法上的创意

所谓创意,是指创造意识和创新意识。创意对于社会各个方面的进步都有极其重要的意义,创意本身就意味着进步。早在1986年,美国著名经济学家罗默(Romer)就曾对创意进行过经济学论述。他认为新创意会衍生出无穷的新产品、新市场和财富创造的新机会,所以新创意才是推动一国经济成长的原动力。[②] 在知识经济时代,创意本身比创意的载体具有更大的价值:在物质生产领域,创意是助推器,是生产力;而在精神文化生活领域,创意既是助推器又是产品,对于文化创意产业核心区的娱乐行业,创意的重要性不言自明。[③]

娱乐行业会产生哪些类型的创意,这些创意各有什么样的价值,这些创意如何生产、流通并演变,在此过程中创意又如何与法律发生关系,是否都能得到现有法律制度

[①] 邬靖洲:《陌生化理论与电视娱乐节目创意研究》,《现代交际》2017年第1期,第105页。
[②] 胡立彪:《创意制胜》,《中国质量报》2019年3月12日。
[③] 刘沛:《论创意的知识产权保护》,湖南师范大学,硕士学位论文2016年。

的有力保护?

二、娱乐产品创意分类

(一)根据创作对象分类

根据创意内容的功能属性,娱乐行业的创意可以分为方法创意、产品创意以及工具创意。方法创意是指生产某具体娱乐产品的结构、工艺、方法、流程、组织实施细节;而产品创意则是具体的娱乐产品。例如策划一种新型的歌舞剧表演方式是方法创意,而据此形成的某一具体剧目歌舞剧表演则是产品创意。

方法创意和产品创意分别位于娱乐产品生产的两个重要阶段。"工欲善其事,必先利其器",方法创意对于娱乐产品生产具有重要的意义。比如,同样是歌唱比赛,国内青歌赛等传统歌唱比赛虽然层次不低,但是其影响却一直限于专业范围内,非专业选手基本无缘;后来,由于方法的改变,将传统的选拔模式变为全民参与的海选模式,外加网络投票方式的助推,直接点燃了全民参与的热情,使得这个模式下生产的产品具备了其他同类产品无法企及的价值。[1]

同样,在全民超女的热度冷却后,好声音登上娱乐舞台的中心,占据了全国的荧屏。这同样来自方法创新给观众带来完全不同的感受,不仅有视听本身,还有更强的参与感,对未知结果的期待造成的压迫与刺激感。[2]

在娱乐行业,方法创意和产品创意又呈现出相互交错的状态。同样的方法可能运用于不同的产品;如今真人秀不只在综艺节目中运用,在电影产品中也引进了真人秀的方式,且无论质量或观众接受度如何,作为一种尝试还是有积极意义的。同样的产品和素材也可以在不同的方法下得以呈现和表达,传统的文学作品可以改编为电影、电视、舞台剧。

---

[1] CCTV青年歌手电视大奖赛,简称"青歌赛"。1984年开始举办,每两年一届。https://baike.baidu.com/item/CCTV%E9%9D%92%E5%B9%B4%E6%AD%8C%E6%89%8B%E7%94%B5%E8%A7%86%E5%A4%A7%E5%A5%96%E8%B5%9B/4696768?fromtitle=%E9%9D%92%E6%AD%8C%E8%B5%9B&fromid=951296,最后访问日期:2019年1月30日。

[2] 2010年,《荷兰之声》(The Voice of Holland)播出,吸纳荷兰总人口18.2%的观众;同年9月,浙江卫视注意到此节目。2010年浙江卫视针对"选秀"低谷提出"高端选秀"的口号以及"反选秀"概念,研发推出音乐综艺《非同凡响》。2011年浙江卫视跟版权引进公司IPCN洽谈版权,后来灿星制作也对节目有意向,IPCN面对一边是已预约的浙江卫视,一边是老客户,最后提出让两家合作,达成了"某种程度上共同投资、版权共用、共同制作、风险共担、利润共享"的形式。《中国好声音》这个名字是浙江卫视总监夏陈安起的,是在国家广电总局门口想出来的。一开始申报的名字是《中国之声》,《中国好声音》原版叫《荷兰之声》《德国之声》,但是这名字被总局否定了,理由是有一个电台就叫《中国之声》。夏陈安于是在总局门口想了很多名字,还想过叫《中国梦之声》,因为浙江卫视有个《中国梦想秀》。《中国好声音》就是夏陈安在这个时候一个急中生智的结果,朴实无华朗朗上口。见https://baike.baidu.com/item/%E4%B8%AD%E5%9B%BD%E5%A5%BD%E5%A3%B0%E9%9F%B3/4246136?fromtitle=%E5%A5%BD%E5%A3%B0%E9%9F%B3&fromid=19772476&fr=aladdin,最后访问日期:2019年1月30日。

在移动互联网时代,方法和产品的创新创意又都呈现出新的全民参与和传播等方式。

全民参与的娱乐创新最初都是产品创新,但客观上却推进方法的创新。十年前两个搞怪的同学录了一段模仿秀视频,在网络间传播;那时没有人会想到十年后这会成为一个巨大的产业,在摄像头前唱歌也能成为全国知名的明星。

人类区别于动物最大的能力在于制造和使用工具,在方法创意和产品创意之间还有一个重要创意范畴,即工具创意。工具创意既不同于方法与产品,在某些情况下又可能兼具方法与产品的属性。

人类最早的工具除了直接用于生产生活外,还可满足精神需求,各种占卜器具、祭祀用具、乐器、体育用具从娱乐的角度都是人类最早在娱乐领域进行的工具发明与创意。在浙江河姆渡遗址中,考古学家发现距今7000年前就有用骨头制作的骨哨。

娱乐行业中的工具与其他生产领域中有所不同,其他生产领域内的工具是作为生产消费品而存在,仅具工具属性;而娱乐行业中的工具大多同时具有工具与产品属性,这源自娱乐活动本身可能既有娱乐产品生产功能也有娱乐功能,例如乐器。

从演奏音乐的角度,乐器本身是工具,是产生音乐作品的器具;而乐器又同时具有提供演奏娱乐的产品功能,本身就通过其器具功能满足人们演奏与表达的欲望。

娱乐行业的工具也随着人类科学文明和生产力发展而不断发展。

在人类文明早期,可以运用的材料有限,多数取自自然,河姆渡遗址的骨笛就是迄今为止发现的东方文明中最早的管乐器代表,这也反映了当时的生产力发展状况:人类制造工具的水平和能力都还很低。

从工具角度来看,娱乐行业工具制造主要有文学、音乐、美术、戏剧、体育等主要门类的创作,而这其中与工具相关性最大的莫过于音乐与美术。

作为最具表现力的艺术形式,音乐和美术是人类最原始却生命力最强的表达方式。音乐不过是人类有意识的以声音表达情感的方式,而人类自身就能发出各种声音,因此自备工具属性。但是人类基于先天条件,制造声音的能力却千差万别;这就产生了对工具的需求,各种乐器应运而生。

美术方面也存在相同的情况,在旧石器时代我们的祖先就会利用各种工具对器物进行打磨、抛光、雕刻,不断提升器物形态与表面的美观程度,这也是最早的美术创作和工具应用。

创意属于思想的范畴,保护创意会垄断公有领域的思想,侵犯公众的合法权益。也因为同样的原因,现行法律对创意并没有给予相应的保护。[①] 不同的创意对象具有

---

① 刘沛:《论创意的知识产权保护》,湖南师范大学,硕士学位论文2016年。

不同的特质和属性,对于方法而言,创作者很难阻止他人模仿,从娱乐法既要保护创作者权益又要鼓励创新的角度来说,如何保持二者的平衡,如何界定相互的边界就变得尤为重要,娱乐法的任务即在于此。对于作品,娱乐法的保护比较明确,但是如何界定一张图片、一幅画、一首歌是否具有作品特征,是否达到需要保护的标准,则是法律的任务。至于娱乐行业中所用的工具,如何保护就更复杂了,由于其兼具工具与产品的双重属性,在产权上也兼具物权和知识产权的复合属性,也需要从物权与知识产权两个维度同时施以法律的适当保护。

(二)根据创意主体分类

互联网自诞生以来,以其开放生态、创新驱动等特征迅速得到普及和发展。[①] 互联网时代的创意对以往的创作模式带来了前所未有的改变,这种改变不仅在创作对象上,在创作主体上也呈现出地域分布、年龄结构、文化背景等方面的多样性,各种主体不断以各种方式交叉融合,极大提升了创意水平。

1. 个人

个人娱乐本是人类表达、宣泄情感的重要方式,从事文学、艺术创作的个人是娱乐创意最主要的生产者。在娱乐产业的每个领域都有丰富多彩的个人创意和相应的作品,个人创意也是娱乐行业最坚实的基础,是最广大的素材来源,也是各种新兴作品形式的来源。

随着人类进入互联网并深入移动互联网时代,越来越多原本属于集体创作形式的作品,个人也可以制作了。例如面向不特定观众群体的歌唱、舞蹈、相声等表演形式或作品,在传统媒体格局中,只有参加文艺团队的演出人员才有机会演出和传播,起码是职业表演人员才有机会;但是在移动互联网作为主要传播渠道的今天,任何人都可以成为娱乐产品的生产者,同时也是消费者;科技发展带来的传播媒介和传播形式的改变为大众开拓了更为广阔的创作空间[②],直接改变了娱乐产品的生产组织形式,催生了许多新的大众文化形式,也改变了娱乐产品的消费形式和消费场景。例如现在已经很难想象提前到影院排队买一部热门影片的电影票,而是只需一个二维码就可以完成预定、支付等消费购买行为;人们也可以网络付费或类付费行为点播任何一个网上娱乐产品,比如一段名人采访,也可能是一段素人模仿秀。可见消费模式的改变又进一步影响到生产端,非专业化演员的商业化表演找到了生存空间,这个市场变得更加丰富多彩;十年前我们都很难想象非专业歌手不是在电视台表演,而是在摄像头前唱唱

---

① 曹佳娃:《互联网+时代广告创意主体多元化现象解读》,《商场现代化》2015 年 17 期(总第 792 期),第 16 页。

② 许正林:《新媒体的崛起与大众文化新症候》,《徐州工程学院学报》(社会科学版)2011 年第 26 卷第 5 期,第 48 页。

跳跳就能成为号令万众粉丝的明星,消费场景改变了娱乐生态。

2. 团体或组合

娱乐行业团体创意生产者也是非常重要的力量,团体不同于企业,主要是人的组合,但团体本身通常不具有法律意义上的主体资格,团体通常通过经纪合同或其他形式与某个演出企业建立一定的合作关系,用以打理自己的演艺事业,但团体本身可能并不隶属于该企业;从娱乐行业看,团体也各有不同,行业之间、艺术形式之间存在较大差异。

自 20 世纪 80 年代以来,各种组合层出不穷:从现在已经鲜为人知的早期万马李王乐队(现已解散)到唐朝、黑豹等乐队;从主唱、键盘、贝斯、鼓手等工种齐全的摇滚乐队,如中国台湾摇滚乐团五月天,到只有主唱的各种歌唱组合,如对"70 后""80 后"影响很大的中国台湾组合小虎队、大陆歌唱组合羽泉等;从功能上说,这些团体或组合不仅有唱主角的表演团体,还有专业陪衬别的歌唱者或团体的绿叶团体,如成立于 1992 年的黑鸭子演唱组合,就是非常资深的和声演唱组合。①

随着娱乐行业的不断发展成熟,团体这种组织形式也在发生变化。传统的团体无论歌唱组合还是摇滚乐队,组合与成员密不可分,组合很难脱离成员而存在,一些淡出人们视野的组合就是因为主要成员的离开,如流行摇滚乐队零点乐队在成员吸毒事件后,主唱周晓鸥宣布退出乐队,虽乐队并未解散也经过重新组合,但零点乐队的辉煌已不再。进入娱乐快消时代,一些组合经营者开始倾向于强调组合淡化成员的经营模式,可以工厂化打造组合成员,批量化生产娱乐产品。例如,2001 年成立的"女子十二乐坊"②,其经营已经采取固定演出人数和非固定演员方式组织演出,取得了巨大成功,作为一个商业演出组织观众更加容易记住组合名字而不是某个演员,也更容易对组合而非演员产生认同。近年各种多人组合团体发展更快,例如上海一女子演唱组合成员更是达到了 48 人之多;当然,这种组织形式也有其固有缺陷,例如因为成员流失直接影响团体本身的稳定性和演出质量的稳定性,威胁团队的生存和发展。

---

① 黑鸭子演唱组合成立于 1992 年,由中国中央音乐学院的毕业生组成,中国最早的和声组合之一,最初正式成员为李蓉、陆莉莉、郭祁(陆莉莉出国后加入)、徐秀霞,其演唱组最擅长的是以优美和谐的声音叩开心扉,演唱风格以情带声,正规的音乐教育和系统的专业训练培养了她们良好的音乐素养。https://baike.baidu.com/item/%E9%BB%91%E9%B8%AD%E5%AD%90%E6%BC%94%E5%94%B1%E7%BB%84%E5%90%88/6253057? fr=aladdin,最后访问日期:2019 年 1 月 29 日。

② 女子十二乐坊是一个以流行音乐形式来演奏中国音乐的乐团,其表演形式有别于传统民乐演奏方式,给予观众新鲜感,极尽视听之娱。女子十二乐坊由王晓京于 2001 年 6 月 18 日创立,目前隶属于北京石乐皓风文化传播有限公司。成立初期人数不定,现已稳定在 12 人,演出时 12 人全体上场。其在日本出道成名,甚至日本出品的电玩游戏也采用了这个团体的演奏作品。https://baike.baidu.com/item/%E5%A5%B3%E5%AD%90%E5%8D%81%E4%BA%8C%E4%B9%90%E5%9D%8A/823058? fr=aladdin,最后访问日期:2019 年 4 月 3 日。

3. 企业

在娱乐行业中,企业也是非常重要的创意主体。在美国好莱坞模式下,电影公司垄断模式中,企业创意在娱乐产业占据重要地位。对于娱乐产品而言,企业的组织形式是生产组织形式最高水平的体现,以企业形态组织起来的娱乐产品研发、生产、销售具有效率高、质量稳定的特点,有利于完成大规模、高难度的作品,也有利于人才储备和培养。由于创意、创意权利和创意保护都具有极强的人身性,作为创意生产者的企业,在创意生产与创意权利分享中不能脱离个人而存在,这是由创意本身需要由"人"创作的属性决定的;当然,随着人工智能的发展,机器创作也并非没有可能,其中涉及的人工智能创作物是否属于作品、人工智能创作物权利如何归属以及侵犯人工智能创作物应承担何种法律责任等争议问题都值得探讨[①],那必将影响企业作为娱乐创意生产者的权利版图。

从创意主体角度看,不同主体对创意有不同的诉求和保护要求,不同主体本身的结构也会影响他们的诉求。

个人作为创意生产者主要有人身和经济利益两方面诉求;团体亦然,所不同的是团体对于在作品上如何体现人身权利、如何分配经济利益需要做更完整的安排;对于企业而言,通常更关注作品之上的经济利益,但在诸如作品署名等人身权利上,又可能与作品的实际创作者发生冲突和矛盾。

三、通过合同保护创意

作品来自创意,但从创意到作品还需要进一步的智力贡献,因而从创意到作品这个过程,法律对其保护程度有着明显的差异。在娱乐产品的生产过程中,娱乐作品"从'创意'(idea)到'剧本梗概'(outline/synopsis),再到'脚本'(treatment),直到最终的'剧本'(script),其创造性是逐渐提升的,而受著作权保护的程度也在不断增强"[②]。这一论断揭示了从创意到作品的生产过程中,权利保护的差异性。在娱乐产品生产的起点,即创意阶段,对其保护最弱。

在实践中,对创意的保护通常通过明示或者默示的合同来实现。"在明示合同中,当事人以言语的形式陈述,其中一方将赔偿另一方的信息披露和使用。在默示合同中,当事人用行为的方式表明合同存在。这就变成了一个事实问题,即双方是否同意一个人会对另一人秘密泄露的创意进行补偿。"[③]在这个意义上,创意被视为商业秘密,并借助合同法来保护创意,旨在保护创意不被剽窃,以此补偿创作者,以实现"生产

---

① 叶明、王岩:《人工智能创作物法律属性三题》,《人民法院报》2019年2月28日,第5版。
② 宋海燕:《娱乐法》,商务印书馆2014年版,第175页。
③ 谢丽·L.伯尔:《娱乐法》,李清伟等译,上海财经大学出版社2018年版,第134页。

创意的人应当得到补偿"的基本法理。

2000年以前,美国纽约州的法律对创意进行产权保护需要有财产利益。为了获得这种财产的利益,创意必须是新颖的、原创的、独一无二的。[①] 这一规则在穆雷(Murray)诉NBC一案中得到了阐释。在该案中,赫韦苏·穆雷(Hwesu Murray)起诉NBC,称NBC在创制《天才老爹》(The Cosby Show)时窃取了自己创作的《父亲节》的创意。第二巡回法庭认为,穆雷的创意缺乏新意和原创,因为比尔·科斯比(Bill Cosby)本人曾讨论过创作一个非刻板角色的黑人家庭的创意。虽然法庭承认穆雷的创意可以被认为是一个突破,但这个创意代表了许多美国黑人的成就,包括比尔·科斯比本人,因而并不是独一无二的。[②] 这个时期,美国法对创意保护采用了比较严格的标准,其对创意保护的标准无异于对作品保护的标准,甚至比对作品的保护要求还要高。

在纳德尔(Nadel)诉实况报道玩具和新奇公司(Play-By-Play Toys and Novelties Inc.)一案中,美国法上对创意的保护标准发生了重大转向,确立了通过合同法来保护创意的规则。法院认为:"一般意义上说,尽管一个创意可能不具有原创性或者不是小说,但它可能对一个不知情的特定买家有很大的价值,因此其仍愿意签订合同来获取并利用它""对买家的新颖性和原创性更容易证明""新颖性的发现提供了足够的约因来支持合同的索赔。"就此,该案就创造了对创意保护的"对购买方的新颖性"标准,废除了穆雷诉NBC案所确立的标准,以此建立了通过合同法来保护创意的目的。[③]

娱乐法上的创意也应是知识产权的保护领域,著作权、专利、商标等权利和维护产权人权益的法律手段都可以应用到娱乐法领域。娱乐行业创意与生产、贸易等传统领域甚至传统的文化产业领域的知识产权保护也存在较大差异。

第二节 娱乐行业与著作权

一、著作权的概念

在娱乐产业中,对著作权的保护处在最重要的地位。著作权是指文学、艺术和科学作品的作者对于其作品享有的不受他人侵犯的权利。对于这个概念主要有两个维度的界定:一个是从作品出发,另一个是从权利出发。

[①] 谢丽·L. 伯尔:《娱乐法》,李清伟等译,上海财经大学出版社2018年版,第134页。
[②] 同上。
[③] 同上。

从作品出发,即通过对作品概念的阐释来界定著作权,即哪些作品是著作权法所保护的作品;根据我国《著作权法》第三条之规定,在我国著作权上的作品主要包括:(1)文字作品;(2)口述作品;(3)音乐、戏剧、曲艺、舞蹈、杂技艺术作品;(4)美术、建筑作品;(5)摄影作品;(6)电影作品和以类似摄制电影的方法创作的作品;(7)工程设计图、产品设计图、地图、示意图等图形作品和模型作品;(8)计算机软件;(9)法律、行政法规规定的其他作品。从娱乐法角度这些方面的作品在娱乐行业都有出现,包括第(7)类的工程和产品设计图等,并不只限于传统生产领域,在娱乐行业同样有广泛的应用,以世界闻名的迪士尼为例,其就是一个不折不扣的科技公司,它的设计作品不仅包括呈现在大众眼前的美轮美奂的城堡构成的童话世界,也包括构造这些城堡的最初的设计图样、图纸。

从权利内涵来界定著作权,根据我国《著作权法》的规定,作者享有的权利包括:发表权、署名权、修改权、保护作品完整权、复制权、发行权、出租权、展览权、表演权、放映权、广播权、信息网络传播权、摄制权、改编权、翻译权、汇编权及其他应有权利。其中发表、署名、修改和保护作品完整权属于作者的人身权利,不可转让;其他权利属于作者对作品享有的经济权利,可以全部或部分转让并可以要求支付报酬。

在娱乐行业著作权的保护对象涵盖了很多产品类型,对其他产品类型也有至关重要的作用。以著作权形态出现的娱乐产品包括各类文学作品、音乐作品、电影电视作品以及以类似电影手法拍摄的作品。

娱乐行业各个板块的创作都会形成著作权作品,对于作品的应用和拓展又往往产生著作权纠纷;不仅在传统的影视剧板块对著作权的保护至关重要,在音乐产业、电子游戏、新兴的网络短视频和直播领域,著作权保护对于维护开发创作者的权益都发挥着极其重要的作用。

二、娱乐作品的改编和衍生

娱乐作品创意的来源,除了原创创意之外,一个重要的来源是改编已有作品。比如,根据电影改编成电视剧,根据小说改编成电影,根据电视剧改编为游戏产品等。随着我国文化产业及互联网的繁荣发展,各种改编在一定程度上既迎合了大众的消费需求,又加速了原作品的传播,更为被改编作品的原作者带来不菲的经济利益。[①] 改编作品属于衍生作品的一类,即在原作基础上的再加工,这种加工可能是形式上的变化,也可能作品形式未发生变化但确有独创性内容增加,或两者兼而有之。[②] 如从小说改

---

① 陈恭告:《影视作品改编中保护作品完整权与改编权的冲突与化解》,吉林大学硕士学位论文,2018年。
② 余婕晨:《改编作品与原创作品的法律分界》,《人民法治》2018年Z1期,第144页。

编为剧本,便是形式上的变化。相比小说而言,剧本这种形式兼具文学性和功能性,好的剧本既要能够传达原作的文学美,还能呈现极强的画面感,能够直接指导拍摄或舞台演出,这便可能成为兼具形式变化和独创内容增加的变化。

改编作品来自原创,应当尊重原创,首先就要尊重原创的各种法定权利。

由于法律对改编的内涵与外延并没有做出明确的规定,司法实践中对于一些作品究竟是"改编作品"还是"原创作品"的认定不尽相同。[①] 究竟哪些行为将被视为对一项在先作品的改编,例如以原作某些元素为基础创作是否涉及改编,这种元素运用的多寡在何种程度上会影响对于是否构成改编的认识和界定。

改编权与著作权所包含的相关权项存在一定的关联,加之学界对于改编的内涵和外延的认识也存在差异,这就给权利的行使造成一定困扰,例如改编权与修改权、保护作品完整权都包含改编作品的行为[②],但是何种形式与程度的改编是法律所容许而不会被认为侵犯原作者和他人的权利,究竟什么样的行为应当被界定为改编,没有完全确定的标准。

根据我国《著作权法》第 10 条规定,改编权是指改变作品,创作出具有独创性的新作品的权利;也就是说改编应当具有独创性并产生新作品。根据第 10 条之规定,可知改编应以原作为中心展开,以新作品为逻辑重点。在文学艺术作品创作过程中,不可避免地会运用到其他作品的表达元素,对于这种表达元素的运用达到何种程度会被视为改编没有统一的认识,在司法实践中也没有达成一致的标准,因此引发的纠纷不断出现。其中金庸诉江南"同人文"侵权一案、琼瑶诉于正侵犯剧本著作权案具有一定的代表性,争议的核心问题在于应用原作元素创作是否构成侵权以及是否构成对于原作者著作权的侵权。

金庸诉江南"同人文"案,是当下流行的"同人文"创作形式是否构成侵犯著作权的典型案例。江南所著《此间的少年》一书中人物名称皆来自金庸小说人物,金庸由此委托律师起诉其侵犯著作权,2018 年 8 月,广州市天河区人民法院做出一审判决,判决认定江南的创作不构成对金庸作品著作权的侵犯,但其未经许可运用金庸小说中的人物名称创作并牟利,构成不正当竞争,判令被告江南等人销毁侵权作品,停止侵害并赔偿损失。[③] 对于江南的创作行为是否构成侵犯著作权,法院认为,著作权保护应坚持"思想和表达二分法",必须明确所涉案要素究竟是思想还是基于思想的表达。作为文学作品典型形式的小说主要由人物、情节、环境三要素构成。人物是核心,人物关系、

[①] 余婕晨:《改编作品与原创作品的法律分界》,《人民法治》2018 年 Z1 期,第 144 页。
[②] 张玲玲、张传磊:《改编权相关问题及其侵权判定方法》,《知识产权》2015 年第 8 期。
[③] http://www.hxnews.com/news/yl/mxbg/201808/16/1590578.shtml,最后访问日期:2019 年 4 月 3 日。

性格特征、故事情节均围绕人物展开;情节是骨架,人物名称、人物关系、性格特征均通过故事情节塑造构建而成;环境是背景,包括自然环境与社会环境,时代背景与空间背景。当具有特定性格特征与人物关系的人物名称以具体的故事情节在一定的时空环境中展开时,其整体已经超越了抽象的思想,属于对思想的具体表达。反之而言,脱离了具体故事情节的人物名称、人物关系、性格特征的单纯要素,往往难以构成具体的表达。[①]

在司法实践中,关于被诉侵权作品是否构成侵犯原告著作权,法院在审理中认为应当比对涉案作品是否构成实质性相似。我国法律并没有关于"实质性相似"的明文规定,但这属于法院自由裁量的范围并成为我国司法实践中经常被使用的原则。如何判断两部作品构成表达上的实质性相似,在琼瑶诉于正一案之前,大多以直接的文字抄袭为判断依据。而琼瑶诉于正一案则重新定义了文学作品相似的定义[②],文学作品中,情节的前后衔接、逻辑顺序将全部情节紧密贯穿为完整的个性化表达,这种足够具体的人物设置、情节结构、内在逻辑关系的有机结合体可以成为著作权法保护的表达[③],即表达如果是基于故事情节推动、人物性格的需要而设置,则情节和性格的相似性仍构成作品实质性相似的判断依据。

在金庸诉江南著作权侵权一案中,这个标准进一步被定义,法院从多个方面对原作与涉案作品进行了比对:(1)人物性格比对。部分人物与原告作品同名人物的简单性格特征相似,如郭靖老实木讷、正直善良,黄蓉娇生惯养、古灵精怪;部分人物与原告作品的同名人物性格不同,二者存在不同的安排,如《天龙八部》中康敏阴险歹毒,不惜杀死自己的丈夫,而《此间的少年》中康敏率真、豪爽、领导能力强。其他一些人物并未展现原作人物的典型性格特征。(2)人物关系对比。部分人物与原告作品同名人物之间的简单人物关系相似,如郭靖与黄蓉的恋人关系、黄蓉与黄药师的父女关系;部分人物与原告作品的同名人物关系看似相同但实质关系不同,如《天龙八部》中康敏爱慕乔峰,因乔峰未回应而进行陷害;被告作品中康敏与乔峰关系较好,不因乔峰未回应而陷害,乔峰对康敏暗生情愫但不自知,与原作不一致。(3)情节发展对比。法院认为故事的主要情节、一般情节的起承转合、背景、具体描写上都有很大不同,不能视为对原作的侵权。[④]

[①] 参见广东省广州市天河区人民法院(2016)粤 0106 民初 12068 号民事判决书。

[②] 在琼瑶诉于正案中,北京市三中院法院针对琼瑶主张的剧本 21 个情节(小说主张 17 个情节),认定其中 3 个情节属于公知素材,即 3 个情节不构成著作权法保护的表达,而是属于公知素材,这其实就是抽象和过滤;9 个情节不构成实质性相似,即 9 个情节属于著作权法保护的表达,但是剧本《宫锁连城》的表达与其不构成实质性相似,9 个情节构成实质性相似,这其实就是对比。最后法院认定于正的作品剽窃了琼瑶具有独创性的表达构成了实质性相似。摘自:"思想表达二分法"在文学作品相似侵权判定中的适用。

[③] 参见北京市高级人民法院(2015)高民(知)终字第 1039 号民事判决书。

[④] 参见广东省广州市天河区人民法院(2016)粤 0106 民初 12068 号民事判决书。

三、角色的商业化使用权

除此之外,在金庸诉江南著作权侵权案中原告提出了角色商业化使用权问题,认为角色商业化使用权属于著作权法第 10 条第 1 款第(17)项规定的应当由著作权人享有的其他权利,主张《此间的少年》侵犯原告角色商业化使用权。对此法院认为,角色商业化使用权并非法定权利,通过文字作品塑造而成的角色形象与通过美术作品、商标标识或其他形式表现出来的角色形象相比,缺乏形象性与具体性,原告主张以角色商业化使用权获得著作权法的保护无法律依据,不予支持。[1]

虽然我国对于虚拟角色商品化权没有统一的定义,但该权利通常是基于消费者对于虚拟角色的喜爱和吸引,从而将虚拟角色进行二次开发、商业性利用的专有权或许可他人使用的权利[2],其权利主体对虚拟角色的商业化利用享有占有、使用、收益、处分的权利。近年来,实践中虚拟角色商品化权纠纷大量涌现,关于虚拟角色商品化,在知识产权不断丰富发展的社会,仅仅依靠著作权已经不足以保护作者的创作。任何优秀的作品都是由各种优秀的元素有机结合的产品,其中任何一个元素都是作者创造性思维的体现,包括对人物形象设计,而人物形象设计包括姓名、外号、家庭环境、生活境遇等构成人物形象的重要元素,其中姓名也是极其重要的创作,每个人如何取名既有作者的表达意图,又有人物设计的必要,还需要考虑人物所处环境,例如杨康的名字就因靖康之耻而设,这些都是作者反复构思的结果,具有独创性,应当受到知识产权的保护。但是在现行知识产权法中对此并没有明确的规定。以商标为例,郭靖、黄蓉这两个名字,如果单独存在似乎还不能与金庸作品产生必然的联系,但如果两个名字放在一起,人们就会自然想到是《射雕英雄传》里的郭靖与黄蓉;但是以郭靖和黄蓉为主体注册的商标却非常多,其中还有以"郭靖爱黄蓉"来做汉字注册的,商标局也准予注册,认为这样做不构成权利侵犯。这就与普通人的认识和作者在先权利形成了冲突。那么,对于作品中的人物名字或者一些具体的名称是否具有独占的权利,是否有进行商业化使用的独有权利,在理论上多数学者认为是肯定的。[3] 但具体应当从哪个角度认定这种角色应予保护的边界,以何种权利予以保护,用何种措施进行保护呢?

首先,对于运用名著所创设的人物姓名、地理名称、其他名称(如武术名称等)元素的借用如果达到使得一般读者产生与原著人物或事物联想的,即构成对原作者权益的侵犯。

这种借用在人物姓名和其他名称上会有差异。人物姓名如果只是单个出现尚不能确定是否引起读者联想,但作为组合出现,特别是以相同或类似的人物关系组合出

---

[1] 参见广东省广州市天河区人民法院(2016)粤 0106 民初 12068 号民事判决书。
[2] 李梦佳:《论商品化权的基本概念、性质及分类》,《山东科技大学学报》2019 年第 1 期,第 35 页。
[3] https://www.docin.com/p-1615131247.html,最后访问日期:2019 年 4 月 11 日。

现时则极易引起读者想象关联。例如,将女主人公起名黄蓉尚不足以认为就是金庸著作中人物,但如果同时加上郭靖、黄药师两个人物名字,就极易联想到这组人物借用了金庸小说中的人物名称,而无论其故事情节与经历是否与金庸著作中的三个人物相同或类似,在客观上已经可以引起金庸爱好者的关注和兴趣,在商业上能够起到促进销售的作用,这在我国通常以构成不正当竞争为规制方式。

而对于具有独创性的特殊名词则单个词亦可能构成这种侵犯,例如金庸小说中有很多奇特的名字或绰号,如金毛狮王、江南七怪、黄药师、梅超风、李莫愁,这些名词即便只出现一个,也很容易令人联想起金庸著作的人物,令人有攀附名著之嫌疑。当然在此问题上对于这些名词不同形式的运用可能会有不同的判断,例如一部武侠著作的作者如果将一个阴险毒辣的女魔头起名梅超风,或者作品名字就叫《梅超风外传》之类,那就很容易让读者联想这个人物原型出自金庸著作;相反,如果在小说情节推进中有人咒骂一个女人为梅超风、李莫愁,则更多是现实生活场景的再现,尚不足以认定有侵犯原著与作者权利的问题。

那么,另外一些形式的应用是否构成侵权同样值得思考,例如同为武侠迷的马云在企业文化构建过程中引入了金庸的武侠元素,自封风清扬,公司大大小小的管理人员也都有出自金庸小说中不同的花名。金庸先生与马云也是忘年交,显然他本人并不认为这是一种冒犯或侵权,但同样的情况如果发生在另一对主体身上又当如何?

其次,这种运用或借用的形式应当是商业性运用。有乞丐自称洪七公、有金庸爱好者将自己的住宅起名光明顶,金庸先生大概不会有意见。相反如果有企业将自己开发的楼盘区域标记为桃花岛、光明顶,则可能涉嫌侵权;又如一家饭店如果以笑傲江湖命名,各个包房则以绝情谷、黑木崖等金庸笔下的地名命名,显然也构成对原作权益的侵犯。

但是,就现行权利保护制度而言,无论是著作权法还是反不正当竞争法,都是在同种产品或业务形态下的侵权行为,而没有泛化为对所有商业行为的限制。

此外,对于著作元素的商业性运用,如何明确确定获益及赔偿基础?

由于商业使用权尚无明确定义,实践中多数以著作权有关作者可以获取报酬的权利为基础。例如在1997年上海市一中院"三毛"形象纠纷一案[①]中被告企业将原告方

---

① 张乐平自20世纪30年代起即创作了大脑袋、圆鼻子、头上仅有三根毛的"三毛"漫画形象,自1936年3月出版其漫画集《三毛第一集》起至1995年10月再版《三毛流浪记(全集)》止,先后出版各类"三毛"漫画集达33次之多,其代表作有《三毛从军记》《三毛流浪记》《三毛新事》等。1996年2月16日,上海市版权处对张乐平创作的美术作品"漫画三毛形象系列"予以登记。1996年初,张乐平妻子冯雏音发现江苏三毛集团公司销售产品上有"三毛"漫画形象,还将"三毛"漫画形象作为被告企业形象在户外广告、志愿名片、报刊、企业内部铭牌上使用。同时江苏三毛集团公司于1995年11月28日至1996年2月28日期间,共向国家工商行政管理局商标局申请38类有"三毛"漫画形象的商标。在此期间,共印制标有"三毛"漫画形象的商标111 030件。1996年4月15日,冯雏音等以侵犯著作权为由,向上海市第一中级人民法院提起诉讼。https://wenku.baidu.com/view/60fd798a6529647d272852f3.html,最后访问日期:2019年4月8日。

（原告丈夫、父亲张乐平）创作的三毛形象修改后作为商标申请了注册商标并使用到商业中，诉讼中，法院经审理认为该行为侵犯了原告方的财产权并判令停止使用该人物形象并赔偿人民币十万元。

但该案在当时引起了广泛的争论和思考，法院是从著作权的角度对于未经许可使用具有著作权的具体漫画作品行为做了否定评价，这在当时的法律上尚未有比较明确的依据；同时有人提出，对于一部作品中的其他元素，例如主人公名称的使用是否构成侵权？从保护创意的角度而言，法律应当对创作者的独创性成果包括作品中的各个元素施加保护，但就著作权法而言更多是对构成作品的成果施加保护，对于构成作品的元素则缺乏必要的保护机制。

关于文学艺术作品中的独创性元素的商品化权，显然比起具体完整的作品更加抽象，但是具有现实保护意义和理论依据，目前国内这方面的研究和实践案例也在不断丰富。

四、娱乐作品的思想与表达之拓展

近年来，在娱乐作品著作权保护上，对于思想和表达两分法也有了一些新的理论探索和进展。关于究竟何为思想，何为表达，二者相区分的边界何在，以改编形式借用故事情节或桥段是否构成对表达的剽窃而非思想的吸收？琼瑶诉于正一案的裁决，对这些问题都有一些反映。2014年原告陈喆（笔名琼瑶）向人民法院起诉称：原告于1992～1993年间创作完成了电视剧剧本及同名小说《梅花烙》，涉案作品在中国大陆地区多次出版、发行，拥有广泛的读者群、社会认知度、影响力。2012年至2013年间，被告未经原告许可采用涉案作品核心独创情节进行改编，创作电视剧剧本《宫锁连城》，湖南经视公司、东阳欢娱公司、万达公司、东阳星瑞公司共同摄制了电视剧《宫锁连城》，涉案作品全部核心人物关系与故事情节几乎被完整套用于该剧，严重侵害了陈喆依法享有的著作权。被告抗辩称：原告主张的原作与侵权作品间存在人物关系，桥段及桥段组合上的相似，这些元素属于特定场景、公有素材或有限表达，非著作权保护范畴；被告方系自行创作，不存在改编情形，情节存在相似处也纯属巧合。[①]

本案所涉及的问题是根本性的，或者说是基础性的，这就是著作权法保护表达而非思想的两分法。在司法实践中，这一思路已成为一种定式。这种定式可以从最高人

[①] 本案所涉及的当事人琼瑶是享誉中外的华人知名作家，于正是当下广受追捧的编剧和制作人，因而本案引起了娱乐圈、法律界的广泛关注。但在法院审理和判决之前，法律界对于琼瑶能否胜诉仅持观望态度，或认为胜诉希望不大，因为在此之前理论和实务中，对于著作权保护表达而非思想的两分法，已经根深蒂固。

民法院指导案例 81 号中看到。① 该指导性案例中,法院认为:我国著作权法所保护的是作品中作者具有独创性的表达,即思想或情感的表现形式,不包括作品中所反映的思想或情感本身。这里指的思想,包括对物质存在、客观事实、人类情感、思维方法的认识,是被描述、被表现的对象,属于主观范畴。思想者借助物质媒介,将构思诉诸形式表现出来,将意象转化为形象、将抽象转化为具体、将主观转化为客观、将无形转化为有形,为他人感知的过程即为创作,创作形成的有独创性的表达属于受著作权法保护的作品。著作权法保护的表达不仅指文字、色彩、线条等符号的最终形式,当作品的内容被用于体现作者的思想、情感时,内容也属于受著作权法保护的表达,但创意、素材或公有领域的信息、创作形式、必要场景或表达唯一或有限则被排除在著作权法的保护范围之外。必要场景指选择某一类主题进行创作时,不可避免而必须采取某些事件、角色、布局、场景,这种表现特定主题不可或缺的表达方式不受著作权法保护;表达唯一或有限,指一种思想只有唯一一种或有限的表达形式,这些表达视为思想,也不给予著作权保护。在判断两剧本是否构成实质性相似时,应比较两部作品中对于思想和情感的表达,看两部作品表达中作者的取舍、选择、安排、设计是否相同或相似,而不是离开表达看思想、情感、创意、对象等其他方面。②

但是,在琼瑶诉于正一案中,在某种意义上补充了表达与思想两分法的不足。法院认为:剧本《宫锁连城》相对于涉案作品在整体上的情节排布及推演过程基本一致,仅在部分情节的排布上存在顺序差异,但此类顺序变化并不引起剧本《宫锁连城》涉案情节间内在逻辑及情节推演的根本变化,剧本《宫锁连城》在情节排布及推演上与涉案作品高度近似,并结合具体情节的相似性选择及设置,构成了剧本《宫锁连城》与涉案作品整体上的相似性,导致与涉案作品相似的欣赏体验。而在于正等被告提交的证据中,并不存在其他作品与剧本《梅花烙》、小说《梅花烙》、剧本《宫锁连城》相似的情节设置及排布推演足以否定涉案作品的独创性或证明剧本《宫锁连城》的创作另有其他来源。

---

① 张晓燕诉雷献和、赵琪、山东爱书人音像图书有限公司著作权侵权纠纷案。张晓燕称其于 1999 年 12 月开始改编创作《高原骑兵连》剧本,2000 年 8 月根据该剧本筹拍 20 集电视连续剧《高原骑兵连》,2000 年 12 月该剧摄制完成,张晓燕系该剧著作权人。雷献和作为《高原骑兵连》的名誉制片人参与了该剧的摄制。后雷献和作为第一编剧和制片人,赵琪作为第二编剧拍摄了电视剧《最后的骑兵》。2009 年 7 月 1 日,张晓燕从山东爱书人音像图书有限公司购得《最后的骑兵》DVD 光盘,发现与《高原骑兵连》有很多雷同之处,主要人物关系、故事情节及其他方面相同或近似,认为《最后的骑兵》对《高原骑兵连》剧本及电视剧构成侵权,遂诉至法院。一审法院于2011 年 7 月 13 日做出(2010)济民三初字第 84 号民事判决:驳回张晓燕的全部诉讼请求。张晓燕不服,提起上诉,二审法院于 2012 年 6 月 14 日做出(2011)鲁民三终字第 194 号民事判决:驳回上诉,维持原判。张晓燕不服,向最高人民法院申请再审。最高人民法院经查,于 2014 年 11 月 28 日做出(2013)民申字第 1049 号民事裁定:驳回张晓燕的再审申请。参见最高人民法院(2013)民申字第 1049 号民事裁定书。
② https://www.jianshu.com/p/8643c17c11f1,最后访问日期:2019 年 4 月 9 日。

除了对情节进行整体比对外,该案判决中还对一些通常不会出现的相似细节进行了比对,以查明两部作品的相似性和承袭关系,类似抄袭他人作业却把名字一并抄录的低级错误。即判决中提到的作品中出现的不寻常的细节设计同一性也应纳入作品相似性比对的考量。如双方作品均提及福晋此前连生三女,但后续并未对该三女的命运做出安排和交代。①

同时,在本案的审理和判决中原告一方提交了新浪网的用户体验调查结果,法院对此予以认定并接受其为定案证据争议,这在著作权案件审理中也是具有开创性的做法。

在著作权侵权案件中,受众对于前后两作品之间的相似性感知及欣赏体验,也是侵权认定的重要考量因素。以相关受众观赏体验的相似度调查为参考,占据绝对优势比例的参与调查者均认为电视剧《宫锁连城》情节抄袭自《梅花烙》,可以推定,受众在观赏感受上,已经产生了较高的及具有相对共识的相似体验。综上,可以认定,剧本《宫锁连城》涉案情节与涉案作品的整体情节具有创作来源关系,构成对涉案作品的改编。②

被告不服一审判决,随上诉至北京市高级人民法院。上诉法院在判决中对作为判决依据的著作权思想表达两分法做了更具体的阐释:剧本《宫锁连城》相对于涉案作品在整体上的情节互动、推进及推演过程基本一致,仅在部分情节的推演上存在顺序差异,但并不引起剧本《宫锁连城》涉案情节间内在逻辑推演的根本变化,剧本《宫锁连城》在情节互动、推进及推演上与涉案作品高度近似,并结合具体情节的相似性选择及设置,构成了剧本《宫锁连城》与涉案作品整体上的相似性,导致与涉案作品相似的欣赏体验。③

本案终审判决做出后,影视编剧界和法律界都给该案的判决做出了积极的评价,认为法院在法律标准、审理思路、举证及判决说理等方面都多有创新与突破,进一步确立文学作品实质性相似的判断规则,将情节设置、逻辑发展等抽象元素作为表达元素而非思想元素,并认为应当归于著作权法的保护范畴。在本案中法院认为:文学作品中,情节的前后衔接、逻辑顺序将全部情节紧密贯穿为完整的个性化表达,这种足够具体的人物设置、情节结构、内在逻辑关系的有机结合体可以成为著作权法保护的表达。④

---

① 参见北京市高级人民法院(2015)高民(知)终字第1039号民事判决书。
② 同上。
③ 同上。
④ 参见北京市高级人民法院(2015)高民(知)终字第1039号民事判决书。

五、音乐作品著作权保护

音乐在人类文化的发展史上有着重要的地位。早在人类还没有产生语言之前,音乐就已经融入人类的生产生活,例如利用声音的高低、强弱等来表达自己的意思和感情。[1] 音乐既在生产活动中发挥实用性功能,又在人类表达情感的过程中发挥其艺术功能;这两种功能又往往是相互融合且互相促进的。

与文学作品著作权一样,音乐作品也是各类影视剧、个人娱乐和集体娱乐项目和产品的必要元素,音乐作品侵权引发的纠纷频仍。

在维护以音乐作品为主的音像制品作者合法权益的进程中中国音像著作权集体管理协会(以下简称"音集协")做出了重要的贡献。

中国音像著作权集体管理协会是经国家版权局正式批准成立、民政部注册登记的我国唯一音像集体管理组织,依法对音像节目的著作权以及与著作权有关的权利实施集体管理。

根据其规则,音集协与会员签订音像著作权集体管理合同,通过集体授权相关法律法规向音像制品的使用者收取使用费并向会员分配收取的音像著作权使用费;在管理作品遭受侵权时向侵权者提起维权要求,包括行政投诉、起诉与申请仲裁等。[2]

(一)KTV未经授权使用音乐作品

KTV是音乐作品被侵权的高发场景,自成立以来音集协代表会员向为数众多的KTV经营者提起诉讼,要求支付版权使用费。

在音集协起诉KTV经营者过程中绝大部分案件都取得了很好的效果,多数由法院审理判令侵权者停止侵权行为,赔偿音集协损失并支付合理费用,但由于各地KTV经营者本身的复杂性,因主体等问题导致的败诉也有发生。例如,2015年音集协诉通山县中康商业有限公司、至康国际酒店侵犯作品复制权、放映权纠纷一案,因被告至康酒店与原告诉称其作品放映权、复制权受到了侵害并无法律上的利害关系,原告起诉的被告不适格而被驳回起诉。[3]

在音乐作品遭受侵权提起的诉讼案件中,损害赔偿标准往往难以具体衡量,目前法律所规定的著作权人实际损失、侵权人违法所得、正常许可费等标准都难以具体计算或原告一方很难取得切实证据,因此司法实践中多以法院根据侵权情节,在法定标准以内酌情判处。以音集协在广州市天河区、越秀区人民法院提起诉讼并经审理做出

---

[1] https://baike.baidu.com/item/%E9%9F%B3%E4%B9%90/61907?fr=aladdin,最后访问日期:2019年4月12日。

[2] http://www.cavca.org/gyxh.php,最后访问日期:2019年4月12日。

[3] 参见湖北省咸宁市中级人民法院(2015)鄂咸宁中民初字第76号民事裁定书。

判决的侵权案件为例,在每首歌1 000~1 500元确定赔偿金额。案件审理的基本策略是"以判促调",大部分案件以调解撤诉结案。近年来音集协在天河、越秀两区的集中打击盗版行为,促使两区的诸多KTV企业与之签订了授权许可协议。天河区的许可价格一般为每天10元/包间,越秀区为每天8元/包间。这与广东省高院2012年出台的《广东省高级人民法院关于审理侵害影视和音乐作品著作权纠纷案件若干问题的办案指引》就著作权侵权的损害赔偿数额做了相应的指导有关[1],也说明在司法实践中已经形成了一种潜在的标准体系。

(二)音乐作品的网络侵权

随着网络特别是移动互联网的出现,音乐作品遭受网络侵权的情形越来越多,相比KTV等线下经营场所,网络侵权的形式更加多样化,主体更加复杂化,这给侵权行为的认定、侵权主体的确定以及损失计量都带来了新的法律问题,例如,搜索引擎提供音乐作品搜索服务是否构成侵权。

在浙江泛亚电子商务有限公司诉北京百度网讯科技有限公司、百度在线网络技术(北京)有限公司侵害著作权纠纷一案[2]中,法院经审理认为百度作为网络搜索引擎提供搜索服务仅提供地址链接,不同于提供作品本身,并非我国著作权法及信息网络传播权保护条例所规定的通过信息网络提供他人作品的行为,对于提供定位服务是否应当承担责任最高人民法院的判决中写道:"而对于提供信息定位等网络技术服务的网络服务提供者而言,由于其并不直接提供作品,对其应适用不同于内容提供者的归责标准,即只有其对他人利用其网络服务实施的侵权行为具有过错时才需要承担侵权责任,而且该过错的标准应结合网络的特点及网络传播作品的特点、所提供的服务及其行为、所涉及的作品以及技术现状等因素综合加以判定,避免使网络服务提供者承担过高的注意义务。"[3]

法院进一步分析:"百度网站提供的MP3搜索服务是一种网络技术服务,只有在明知或者应知所搜索链接到的作品为侵权作品仍然提供搜索链接的情况下才需要对第三方网站的侵权行为承担连带责任。故本案中,判断百度网讯公司、百度在线公司是否对搜索结果中某一链接为侵权的事实明知或者应知,是认定其是否承担责任的关

---

[1] 广州市南沙区人民法院组、谢惠加等:《知识产权系列案的司法应对措施研究——以损害赔偿问题为中心》,《法治论坛》2014年第2期,第87页。

[2] 2007年浙江泛亚电子商务有限公司向北京市高级人民法院起诉被告北京百度网讯科技有限公司及百度在线网络技术(北京)有限公司,原告诉称其对《你的选择》等351首歌曲享有著作权,被告通过百度网站的MP3搜索框和百度音乐盒产品向用户提供音乐搜索、试听、下载并提供歌词服务,而经过被告搜索所导入的这些链接为侵权作品存放地址,未经原告有效授权。原告同时强调,在其通过律师函等方式向被告提出要求删除有关搜索结果和链接之后,被告仍未采取有效措施以阻止原告损失的进一步扩大。

[3] 参见中华人民共和国最高人民法院(2009)民三终字第2号民事判决书。

键。网络上内容庞杂,数量巨大,搜索引擎服务旨在方便用户快捷、准确地找到其需要的内容,在目前的技术条件下,搜索引擎无法对所搜索内容的合法性,尤其是著作权方面的合法性进行预先判断,不能仅因为搜索结果中包含有侵权内容即认定其有过错,追究其侵权责任。百度网站的MP3搜索也是一样,其搜索针对的是MP3格式的音频文件,其在抓取、分析网络上指向MP3文件的链接、文字描述等周边信息的基础上建立索引库,在用户输入关键词之后,从中找到其认为相关的内容,以列表的形式返回用户。在此过程中,其是基于技术的安排自动地提供服务,并未对搜索结果进行主动干预,无从知晓搜索结果是否侵犯他人著作权,亦没有证据表明百度网站明知或者应知某搜索结果系侵犯他人著作权的情况下而仍然有意提供该结果的链接。故通常情况下基于空白搜索框的百度MP3搜索不因为搜索结果中包含有侵权链接而与第三方网站承担侵犯著作权的连带责任。"①

基于以上分析,法院认为在整个侵权案件中百度并不因没有直接提供侵权音乐产品而完全免责;特别是在原告已经告知被告其搜索结果导向侵权产品时被告未根据通知删除已经违反了信息网络传播条例对于网络经营者涉及侵权信息时应当履行的删除义务,百度显然没有尽到这样的义务,应当承担损失扩大的责任。

关于网络搜索引擎提供歌词搜索快照的行为,法院认为不同于提供侵权作品的链接行为,歌词快照作为百度的一种缓存服务,因其具有自身提供内容的性质且不属于《信息网络传播权保护条例》第二十一条所称的"自动存储"②的免责情形,故百度提供歌词快照的行为构成侵权。

在经过二审法院审理后,最高人民法院做出终审判决,认定百度构成部分侵权并向原告浙江泛亚电子商务有限公司支付经济损失赔偿及其他费用。

(三)移动互联网时代的音乐著作权保护

移动互联网的发展给了每一个普通人实现明星梦的机会,网络主播大行其道更是将这种机会更直接地展现在大家面前。网络直播原本只是一种个人行为,个人为娱乐和欣赏使用他人音乐作品并不构成侵权,但是当这种行为不断被赋予商业的色彩并不断与商业机构融合后,这个答案变得不再简单。

从网络主播个人角度看,其通过直播平台表演并通过网络打赏方式与平台分配收入的合作模式已经完全具备商业演出的性质,而在商业演出中使用他人作品的,显然

---

① 同上。
② 《信息网络传播权保护条例》第二十一条规定,网络服务提供者为提高传输效率,自动存储从其他网络服务提供者获得的作品、表演、录音录像制品,根据技术安排自动向服务对象提供,并具备下列条件的,不承担赔偿责任:(一)未改变自动存储的作品、表演、录音录像制品;(二)不影响提供作品、表演、录音录像制品的原网络服务提供者掌握服务对象获取该作品、表演、录音录像制品的情况;(三)在原网络服务提供者修改、删除或者屏蔽该作品、表演、录音录像制品时,根据技术安排自动予以修改、删除或者屏蔽。

应当获得授权并支付报酬。

就平台而言,无论其以何种方式与主播合作,只要平台通过这些表演获取了收入,这种表演性质就可认定为商业行为,也应当获得授权和支付报酬。

2017年7月10日,中国音乐著作权协会以花椒直播大量使用未经其授权的音乐作品涉嫌著作权侵权为由,以《少林,少林》《十五的月亮》《祝你平安》等10首经典老歌作为维权证据,将北京密境和风科技公司诉至北京市朝阳区人民法院,索赔30万余元。①

移动互联时代可能还有另一种广泛的侵权形式出现,即恶搞类侵权。在恶搞类表演中可能并无商业利益体现,但恶搞者通过歪曲原作侵害原作者保护作品完整权。

六、体育赛事直播与著作权

体育赛事直播节目是否享有著作权,是否具有以拍摄电影方式形成的作品性质并享有相应的权利?体育直播由于其不具有事先创作和按照既定脚本拍摄的性质而缺乏作品要素,这在"新浪诉凤凰案"中有充分的体现。

2014年新浪公司向北京市朝阳区人民法院起诉被告北京天盈九州网络技术有限公司。

原告称被告未经合法授权在其经营的凤凰网网站设置中超栏目,侵犯了新浪互联公司享有的涉案体育赛事节目作品著作权。

在审理中新浪公司提出涉案转播的赛事呈现的画面属于著作权法保护的作品范畴。新浪公司认为具有独创性并能以某种有形形式复制的智力成果,才可构成我国著作权法所保护的作品。

是否具有独创性,成为一审法院判断涉案赛事转播画面是否构成作品的关键。独创性意指独立创作且不具有对他人作品的模仿、抄袭。

从技术层面赛事的转播、制作是通过设置固定的、不固定的录制设备拍摄录制,形成用户、观众看到的最终画面。转播的制作程序既包括赛事现场的直播,还包括回看的播放、比赛及球员的特写、场内与场外、球员与观众、全场与局部的画面,同时有解说人员点评解说。

直播画面的形成,是编导运用各种技巧拣选、编排、取舍现场画面的过程,形成可供观赏的新的画面,是一种创造性劳动,具有其独创性,应当认定为作品。

而被告未经授权的转播行为侵犯了原告的作品著作权。

---

① http://ip.people.com.cn/n1/2018/0103/c136680-29743186.html,最后访问日期:2019年4月15日。

一审经审理认可原告主要观点,判令被告停止播放并赔偿新浪公司损失50万元[1],判决做出后被告方向北京市知识产权法院提起上诉。

北京市知识产权法院经审理认为:电视直播不同于电影创作,应当从固定性和独创性两个角度考察,从这两个角度考察涉案的赛事直播尚不能达到以类似拍摄电影方式拍摄作品的标准,尽管其中确实存在集锦、回放、特写、慢镜头等体现导播创作的元素,但不足以称为整个直播的主体部分,不能认定直播具有类似电影摄制方法拍摄的作品的性质,因此对其主张著作权作品保护的诉请不予支持,撤销了一审判决,驳回新浪网的全部诉请。[2]

对于体育赛事直播类节目因性质所限,其在较短的时间内无法将直播本身传递现场图像的主要功能改变为对现场画面进行组合创作的过程,其所承载的连续画面基本不存在独创性劳动,亦不可能形成具备类似电影作品性质的著作权意义上的作品。

实际上该案出现了一点诉讼技术上的问题,在一审中原告方同时提出了基于不正当竞争的诉请,但一审法院支持了原告基于著作权法的诉请而否定了不正当竞争诉请,此时如果原告能够意识到二审也可能被改判,那么应当同时提起上诉而不是接受这一判决,根据司法实践的实际案例来看,原告新浪如果坚持不正当竞争的诉讼策略,则具有更大的胜算概率。

七、电子游戏的著作权保护

电子游戏就其作品形式而言本质上是计算机软件的一种,因此可以作为著作权法意义上的作品享有著作权,由于计算机软件是多方面智力成果的相互融合,包括电脑技术、文字描写、美术设计等,因此对电子游戏的侵权也呈现多样化的特点[3],主要表现为以下几种形式:

(一)盗版软件

游戏产品的软件盗版问题是各大游戏开发公司最为头疼的问题,盗版软件存在量大、面广、维权成本高的问题。

即便在知识产权保护水平不断提升的今天,打开任何一个网络搜索引擎搜索"游戏盗版"等关键词,还会有很多破解版游戏下载之类的网站堂而皇之地占据榜首位置。

所以我们可以看到盗版猖獗,但诉诸法律的却不多,有关游戏盗版而引发的诉讼

---

[1] 参见北京市朝阳区人民法院(2014)朝民(知)初字第40334号民事判决书,已被北京知识产权法院2015京知民终字第1818号民事判决书撤销。

[2] 参见北京知识产权法院2015京知民终字第1818号民事判决书。

[3] 陆茜:《从国外关于计算机游戏侵权的判例看计算机游戏的著作权保护》,华东政法大学硕士学位论文,2013年。

案件更多的是网吧使用盗版软件侵权纠纷,这是因为网吧类主体存在使用量大,目标公开,长期持续进行盈利性盗版行为,这对于以诉讼方式维权而言具有流程、结果及成本可控的特点,适于以批量化方式进行诉讼维权。

例如原告软星科技(上海)有限公司于2014年5月在江苏兴化市集中起诉了多家网吧经营主体要求其对违法安装原告公司开发并享有软件著作权的行为停止侵害并承担损失。法院经审理认为该系列案件多家被告网吧经营主体侵犯了原告著作权,应当承担民事赔偿责任,判令停止侵害并赔偿数千元不等的损失。[1]

以这种方式维权虽然能够取得一定效果,但是仍然存在诸多问题,例如相较于行政举报与处罚程序,民事诉讼程序周期长、举证要求高、程序繁复、维权成本高,而维权所获补偿或赔偿却很有限,就软星科技起诉多家网吧而言,法院判决不过承担数千元损失补偿。

(二)游戏私服

所谓私服,是未经网络游戏软件著作权人或其授权的网络游戏软件运营商的授权,通过非法途径获得网络游戏软件的服务器端安装程序或其源程序之后,私自架设网络游戏服务器的行为。[2] 游戏私服是网络时代的盗版行为,是对游戏开发者或合法运营者权益的严重侵犯,其分流用户直接分割或减少了开发者或合法运营者的商业收入和利润。

游戏私服是电子游戏发展到网络时代后的产物,私服由于其身处网络,涉及面广,盈利性强,故危害极大。2003年新闻出版总署、信息产业部、国家工商行政管理总局等曾发布《关于开展对"私服""外挂"专项治理的通知》[3],后国家版权局在查处网络侵权盗版行动中,通报了陆小亮、陈亮网络侵权盗版团伙案、东北神话网私自架设服务器侵犯《传奇3》网络游戏权利人的著作权案、仙剑奇侠私服案等。[4]

在我国,以营利为目的,未经游戏软件著作权人或其授权的网络游戏软件运营商的授权,通过建立私自架设网络游戏服务器供网民游戏且违法所得数额巨大的,一般以侵犯著作权罪来进行刑事处罚。

邹小朋、邹亮侵犯"新丝路传说"网络游戏著作权案[5]中,被告人邹小朋、邹亮未经游艺春秋公司许可,私自建立网站(http://www.fysroad.net),提供名为《风云丝路》

---

[1] 参见裁判文书网相关判决。
[2] 寿步、陈跃华:《网络游戏法律政策研究》,上海交通大学出版社2005年版,第78页。
[3] 该专项治理活动是针对当时"私服""外挂"等违法行为蔓延的势头,将对"私服""外挂"等违法行为的专项治理行动纳入整顿、规范市场经济秩序和"扫黄""打非"斗争的整体部署,保护知识产权,维护著作权人、出版机构及游戏消费者的合法权益,维护互联网游戏出版正常秩序的治理活动。
[4] http://news.enorth.com.cn/system/2006/02/15/001233835.shtml,最后访问日期:2019年4月24日。
[5] 参见成都市中级人民法院(2016)川01刑终98号刑事判决书。

的私服游戏供他人玩耍,并出售游戏道具以获取利益。被告人邹小朋负责游戏的维护、充值网站后台的管理、客服维护管理。被告人邹亮负责在私服游戏内招揽玩家。二人开办《风云丝路》私服游戏共非法获利120余万元。经鉴定,http://www.fysroad.net 提供的《风云丝路》私服游戏客户端程序与游艺春秋公司官方运营的《新丝路传说》游戏客户端程序存在实质性相似,法院最终判决二人侵犯著作权罪。

陈科、张守正侵犯"天龙八部"网络游戏著作权案[1]中,陈科、张守正伙同"小明"(另案处理)等人以营利为目的,未经北京畅游时代数码技术有限公司许可或授权,在互联网上私自非法复制、发行、架设该公司研发和登记享有著作权的"天龙八部"网络游戏,供游戏玩家上网娱乐,共同牟利共计人民币414.008 5万元,法院最终判决二人侵犯著作权罪。

另外,游戏私服不只是侵害游戏开发商和合法运营商的权益,在其运行过程中还可能衍生出其他违法信息传输、非法结算、赌博、非法获取计算机信息系统数据等违法甚至犯罪行为。

2018年11月徐州市鼓楼区人民法院开庭审理了韩某等人非法经营一案,判处被告人有期徒刑并追缴违法所得。

2015年至2016年间,被告人韩某利用其私自搭建的230支付平台,为他人在网络上非法搭建的"天龙八部"网络游戏私服进行资金支付结算业务。他人以支付手续费的方式使用上述支付平台作为资金流转平台,非法经营数额合计人民币179万余元。

其间,被告人韩某还利用其私自搭建的230支付平台,为郑某在网络上非法搭建的乐透时时彩彩票赌博网站进行资金支付结算业务。郑某以支付手续费的方式使用上述支付平台作为资金流转平台,诱使他人在网站注册赌博,赌资流水达人民币257万余元。

法院认为:被告人韩某未经国家有关主管部门批准,非法从事资金支付结算业务,扰乱市场秩序,情节严重,其行为已触犯刑法,构成非法经营罪,依法应予刑事处罚。

2018年4月,西宁市城西区人民法院审理了国某、罗某等犯提供侵入、非法控制计算机信息系统的程序、工具罪判处被告有期徒刑并处罚金,没收作案工具。

2017年4月至6月,被告人国某搭建名为"破灭DDOS压力测试"网站,向他人提供DDOS软件及服务。同时,通过网络推广DDOS网络攻击服务,通过出售天卡、周卡、月卡及提供API接口的方式向他人提供DDOS网络攻击牟利。

---

[1] 参见红安县人民法院(2017)鄂1122刑初144号刑事判决书。

2017年5月至6月,被告人罗某从被告人国某处购买API接口连接"破灭DDOS压力测试网站"及被告人国某租用的境外服务器和发包机,并搭建名为"神盾DDOS官网",通过网络推广其DDOS网络攻击服务。

而这些服务的使用者很大部分就是私服管理员。

法院认为,经侦查机关侦查实验,涉案DDOS软件具有攻击的功能。涉案DDOS攻击程序对计算机信息系统实施控制,属于"专门用于侵入、非法控制计算机信息系统的程序、工具"。被告人行为均已构成提供侵入、非法控制计算机信息系统的程序、工具罪。

2018年2月徐州市泉山区人民法院经审理对金某等被告涉嫌利用网络赌博做出判决。

法院查明:2015年5月被告人金某入股金磊网络技术有限公司,与他人共同经营时代传奇网络私服游戏。后因游戏内通用虚拟货币"元某"消耗太慢,2015年年底,被告人金某授意被告人葛某某等人开发时代传奇游戏新版本并在其中安装赌博插件。被告人葛某某将具有赌博功能的游戏插件加入时代传奇游戏并组织赌博牟利。

法院认为,被告人金某、葛某某以营利为目的,建立赌博网站并接受他人投注,其行为均已构成开设赌场罪。

(三)游戏外挂

《关于开展对"私服""外挂"专项治理的通知》中将"私服""外挂"进行了混合定义。但实际上二者在功能、性质、技术特征上有明显的区别,应承担的法律责任也不相同。所谓游戏外挂,是可以改变玩家游戏交互数值,从而影响游戏效果(例如达到更快的升级速度)的一种软件或一系列网络技术的集合。游戏外挂未获得游戏开发者授权,实际是通过对原有程序的不当侵入或修改实现游戏作弊的目的,这种作弊不仅获得游戏等级或装备的提升,也可能涉及金钱利益而涉嫌诈骗。

在司法实践中,对于开发、使用、提供游戏外挂的判决涉及不同的罪名,这往往与外挂运作原理、功能特征的不同有关,例如有些外挂是可以突破游戏自身现实,破坏程序运行的,如射击类游戏中,开挂人物可以用子弹穿越墙壁,且百分之百命中,而玩家正常游戏,根本无法完成这些违反规则的操作;有些外挂仅修改一些不参与网络数据传送的次要内容,如修改角色的服饰、外表等;有些外挂可以帮玩家实现自动挂机,替玩家操作,这使得开挂玩家获得更多的"游戏金币"之类的虚拟资源,升级和收获的速率远高于普通玩家,导致游戏平衡性受到较严重破坏,对游戏公司利益造成损失。[①]

---

① 张鑫:《网络外挂的刑法适用分类分析》,《法制与经济》2018年第11期,第11页。

因此,司法实践中,在分析开发游戏外挂行为时,还需要深入分析外挂的类型、运作原理、侵犯利益等。

赵周华、张彬侵犯《战地之王》《英雄联盟》著作权案[①]中,赵周华针对《战地之王》制作了《海豚 AVA 辅助》外挂软件,该软件通过向《战地之王》客户端进程注入代码文件、读写游戏客户端进程内存数据的方式,实现在游戏客户端具备在不使用该软件时不具备的功能;同时,赵周华针对《英雄联盟》网络游戏已经存在的一款具备躲避技能等功能的《L♯》外挂软件,进行逆向破解,制作了具备防封号功能的《海豚 HaiTun》外挂软件,当《L♯》和《海豚 HaiTun》外挂软件捆绑使用时,游戏玩家既可用外挂程序提供的特殊功能又可逃避腾讯公司的安全检测,即不会被腾讯公司封闭账号。后赵周华邀请张彬帮其管理《英雄联盟》HaiTun 官方总交流群,负责解答群内使用外挂软件的会员提出的外挂软件安装、使用过程中出现的问题,在网站后台查看会员的充值情况,在确定支付宝订单到账后,将钱添加到后台。

法院经审理认为:赵周华以营利为目的,未经著作权人许可,制作、销售网络游戏外挂程序,违法所得达人民币 44 万余元,数额巨大,其行为构成侵犯著作权罪,是本案主犯。张彬为赵周华的犯罪行为提供帮助和辅助,其参与部分违法所得数额较大,系共同犯罪,均应当承担相应刑事责任。

韩笑、黄某、王某非法经营罪一案[②]中,韩笑于 2010 年 9 月至 2011 年 9 月间,未经网之易信息技术公司授权,编写以 SG 等名称命名的外挂程序,用于在《大唐无双》游戏中实现自动打怪、增开游戏窗口等功能。后韩笑将该外挂程序提供给被告人黄某,由黄某在未取得相关许可的情况下,通过互联网出售,两人共获利人民币 31 万余元。同样未经网之易信息技术公司授权,韩笑于 2011 年 6 月至 2012 年 1 月间编写以 QNSG 等名称命名的外挂程序,用于在《倩女幽魂》游戏中实现自动打怪、增开游戏窗口等功能。后韩笑将该外挂程序提供给被告人王某,由王某在未取得相关许可的情况下,通过互联网出售,两人共获利人民币 18 万余元。

法院经审理认为:韩笑伙同黄某、王某违反国家规定,未经许可或授权,破坏他人享有著作权的互联网游戏作品的技术保护措施,非法制作销售挂接互联网游戏运行的程序,牟取利益,扰乱市场秩序,情节特别严重,其行为已构成非法经营罪,应予惩处。

外挂程序并无法律定义,设计对外挂程序的改造或改变使用性能的程序或技术也可能构成外挂类违法犯罪行为,例如对于服务器禁止使用的外挂通过程序使得其具备

---

① 参见恩施土家族苗族自治州中级人民法院(2018)鄂 28 刑终 42 号刑事裁定书。
② 参见北京市海淀区人民法院(2014)海刑初字第 1346 号刑事判决书。

使用性也构成犯罪。

2014年3月,深圳市南山区人民法院经审理因提供侵入、非法控制计算机信息系统的程序、工具罪判处被告闫某等人有期徒刑并处罚金。[①]

《天堂》是腾讯公司从韩国引进的在线网络游戏,经国家新闻出版署批复同意发行后正式上线营运。LH是一款在网络上的针对上述《天堂》游戏的外挂软件。

2012年5月,被告人闫某发现腾讯公司使用的新的《天堂》网络游戏服务器限制了某外挂的使用,闫某便找到被告人王某开发一款程序软件,确保外挂可以在新服务器中使用,程序开发完成后命名为"天宝",具备辅助某外挂在服务器里使用功能。后二人将该软件出售牟利。

法院认为,被告提供专门用于侵入、控制计算机信息系统的程序,其构成提供侵入、非法控制计算机信息系统的程序、工具罪。

值得注意的是,本案中法院对于公诉机关指控罪名予以变更,认为本案被告行为不构成公诉机关指控的破坏计算机信息系统罪。

法院判决中写道:"公诉机关指控被告人构成破坏计算机信息系统罪罪名不当,本院依法予以纠正。依据《中华人民共和国刑法》第二百八十六条的规定,构成破坏计算机信息系统罪的前提是犯罪行为造成计算机信息系统不能正常运行……但未能证明本案被告人的行为已造成计算机信息系统不能正常运行。"

同在深圳南山法院审理的另一个类似案件中被告人却被判处"非法获取计算机信息系统数据罪",该案中被告人刘某为游戏公司职员,通过编写外挂程序非法获取其他游戏玩家的游戏币,并通过网络出售这些游戏币获利。如果抛开其对计算系统和数据的窃取以及虚拟财产与现实财产的性质差异,其行为可能构成盗窃罪。

可见,随着司法实践和理论研究的深入,对于游戏外挂等新型犯罪,法院审理的标准也在不断明晰和细化,以做到更加准确地定性,这对于正确适用法律和定罪量刑具有重要意义。

第三节 娱乐行业与商标权

一、娱乐产品与商标权

商标权是指商标所有人对其注册商标享有的独占与排他的权利。

[①] 参见深圳市南山区人民法院(2013)深南法刑初字第1222号刑事判决书。

与著作权因创作而享有不同，商标权须经注册方能享有独占使用及相关权利。当然，未经注册商标在通常情况下其使用并不被禁止，药品等特殊商品必须使用注册商标的除外。但本节所述皆指注册商标。

注册商标权具有以下特征：

第一，具有独占性。注册商标的所有权人具有权利上的独占性，即排除他人使用的权利，这种独占性主要表现在三个方面：自身独占使用，商标权人可以根据法律规定在自身经营的产品或服务上使用注册商标而无需征得他人同意，亦不受他人干涉；禁止他人使用，商标一经注册即获得禁止他人在同种类商品或服务上使用相同或类似商标的权利；许可他人使用的权利，即商标所有权人可以依据法律规定的形式在一定范围内依约定形式许可他人使用自己注册的商标。

第二，商标具有时效性。注册商标的专有权在有效期限之内受法律保护，超期如未续展则失效。对此各国的商标法都规定了商标专用权的保护期限。我国商标法规定的商标专用权的有效期为十年。《商标法》第四十条规定："注册商标有效期满，需要继续使用的，商标注册人应当在期满前十二个月内按照规定办理续展手续；在此期间未能办理的，可以给予六个月的宽展期。每次续展注册的有效期为十年，自该商标上一届有效期满次日起计算。期满未办理续展手续的，注销其注册商标。"

商标的时效性还表现在注册的时效性，即相同商标的申请与保护上，通常以注册申请时间为标准，先申请者可以获得注册商标而后申请者则会被拒绝。

第三，商标具有区域性。因为商标依据向政府主管部门申请而获得，因此其保护也具有区域性特征，各国商标保护只限于本法域内的保护，而无法直接延伸至域外；例如在中国注册的商标并不能当然获得外国法律的保护，这就产生了商标在国际上注册的需要，为衔接国内外商标注册，多数国家商标法规定了优先权，即在外国注册的商标在本国注册时享有一定时间的优先权。优先权是对时效性的一个限制，即优先权期限内假定享有优先权的主体申请在前，可以优先获得申请批准，取得注册商标。

在娱乐行业商标如何应用与保护娱乐产品？

（一）影视剧中的商标

影视剧作品会产生很多商标元素，这些商标元素都可以被注册为不同类型的商标，也可能成为不同类型的个人或企业的抢注对象。

以影视作品名称为例，法国 1958 年的《文学和艺术产权法》中规定："智力作品的标题只要有独创性，同作品一样受本法保护。"而英国则认为影视作品的名称在其作品公演之时，就进入共有领域，成为公共财产，除非有人将其作为商标注册，否则影视作品的名称并不会受到版权或其他形式的财产权的保护。但其对影视作品的名称进行商标注册的条件是：该影视作品的名称进行商标注册后，不会使消费者对商品来源产生混淆。① 我国对影视作品名称是否可以注册为商标没有明确规定,这使得实践中对于影视作品名称的商标注册、使用存在许多问题。当下广受欢迎的一些影视剧作品就存在被广泛注册以及抢注的情况。

例如,《如懿传》的制作方新丽传媒股份有限公司于 2017 年 5 月 9 日和 5 月 10 日在 20 个类别上申请了注册商标。

如果只看到这个部分,我们或许认为制作方的商标意识还是比较强的,但实际上新丽传媒的动作已经晚了一步。2016 年 1 月 29 日自然人田源就在 35 类和 41 类商标上提出了申请,并且获得了第 35 类注册商标所有权。之后又有多家公司和个人在各个类别上将"如懿传"三个字注册为商标。

其中最多的是上海紫风影视文化工作室,该公司在 2017 年 2 月向商标局提出了在 19 个类别上注册"如懿传"商标的申请。

进一步探究可以发现上海紫风影视文化工作室负责人为吴雪岚,正是《如懿传》剧本的作者,因此这家公司能够先于制作人新丽传媒申请注册商标也就能很好地解释了。

关于"如懿传"商标注册,最具看点的便是最重要的"如懿传"35 类商标被田源抢先申请注册,田源表示自己曾与新丽传媒就"如懿传"商标谈过价格,田源要价 1.5 亿元,但双方未谈拢。②《如懿传》官方对田源注册的 35 类"如懿传"商标提出了异议,但国家商标局并不认为这三个字具有独创性而侵犯到制作人新丽传媒的合法权益。后田源就《如懿传》电视剧侵犯其商标权为由,用@田源 YES 的微博账号发表声明,要求未经许可,禁止各类机构使用"如懿传"三个字开展的一切广告宣传和市场营销。这使得《如懿传》电视剧 IP 的后期运营受到严重影响。

如果说制作方新丽传媒与其他申请人之间是明抢(抢注),而制作人新丽传媒和剧本作者所在的上海紫风公司则是暗争,在这一点上显然上海紫风公司抢先一步,其比新丽传媒提早 3 个月提交了申请,这也导致新丽传媒只抢得一些边角类别注册。

就注册商标的作用而言,影视剧本身是非典型的商标主体,其注册商标的意义似乎不大;但相比 20 世纪 90 年代几乎无人意识到影视剧元素的商标价值而言,今天影视界对商标的价值认识与重视程度显然进步了许多。

以 20 世纪 90 年代的一批优秀影视剧作品为例,多数剧作家与制作单位都没有对剧名等元素申请商标保护,例如《我爱我家》作为国内早期室内情景喜剧在当时引起了极大反响,即便 20 多年后还被反复重播,但注册"我爱我家"商标的却多为家居用品公

---

① 林晖:《从商标法视角看著名影视作品名称的商标保护》,《法制与社会》2012 年第 11 期,第 276 页。
② https://baijiahao.baidu.com/s?id=16095820855516733680&wfr=spider&for=pc,最后访问日期:2019 年 4 月 26 日。

司。

影视作品中不止片名,各种商业元素都可能具有商标价值。商标形式主要有文字、图形、颜色、声音等,而这些元素本身也是构成影视剧作品的主要元素,可以说影视剧是商标素材宝库。

除了片名,影视剧里的各种名称都具有商标属性,通常来说价值比较大的是主人公名字、地理名称、物品名称、服务名称等。

各国对影视作品中角色名字能否成为商标也没有统一或标准的保护模式:美国的商标法对虚拟角色构成的商标进行扩大保护,特别指出受其保护的商标需要具备显著特征,通用的标识等并不能成为专有性商标。① 日本"大力水手案"②确立了影视动漫的名称受商标法保护的先例。德国则认为单纯的名称并未达到创作的高度,因此将对角色名称的使用视为公共领域的使用,从而对角色名称并未做过多保护。根据我国商标法规定,申请注册的商标只需具备显著特征,便于识别,并不得与他人在先取得的合法权利相冲突即可,并不需要具备独创性。③ 因此在实践中,存在诸多使用影视角色注册商标的情况。

一部《天下无贼》使王宝强火了,而片子主人公"傻根"的形象也广为流传,傻根成了憨厚、老实的代名词,因此很多商家意识到这两个字的价值,该剧播出以来10余年间一直有不同的企业和个人在申请注册"傻根"和含有这两个字的商标,就像一座宝藏不断有人光顾,遗憾的是并没有看到制作方和剧本创作者申请。

例如该剧中还有一位极具个性的角色黎叔,这个角色本身以及名字都具有很好的传播效应,极具广告价值,在播出后的2005年也有一家商标注册机构注册了这个名称,显然认为这个名称是具有潜在商业价值的。

一些影视作品中的地理名称④也被注册成了商标。例如清宫戏里往往有人被发配宁古塔桥段,虽然很多人都不知道宁古塔在哪里,但这不妨碍宁古塔这个名字很多人听过,具有注册商标的价值和意义,经查询,以"宁古塔"三字命名的商标多达38个。

影视剧中出现的一些节目名称也可以成为商标注册对象,例如电影《手机》里主人

---

① 周轶:《虚拟角色商品化权保护研究》,华东政法大学硕士学位论文,2014年。
② 1932年,大力水手动漫形象被搬上荧幕,为公众所熟知和喜爱。日本某公司在纺织类商品上注册了"大力水手"的文字图形组合的混合商标。后大力水手的原创作者以日本某公司侵犯其著作商标为由,要求其赔偿。但日本最高法院认为,大力水手这个影视动漫形象,因其受到世界范围内的关注,具备商标的显著性,能和其他影视动漫形象区分开来,其应当受到商标法的保护。
③ 我国现行《商标法》第9条规定:申请注册的商标应当有显著特征,便于识别,并不得与他人在先取得的合法权利相冲突。
④ 我国现行《商标法》第10条规定:下列标志不得作为商标使用:……(八)有害于社会主义道德风尚或者有其他不良影响的。县级以上行政区划的地名或者公众知晓的外国地名,不得作为商标。但是地名具有其他含义或者作为集体商标、证明商标组成部分的除外;已经注册的使用地名的商标继续有效。

公严守一主持的栏目叫《有一说一》，有人认为这模仿了崔永元的知名栏目《实话实说》，也受到商标注册者追捧，迄今已经有 40 项注册商标，但影视剧相关申请人则只有上海第一财经传媒有限公司。

而被认为是《有一说一》栏目原型的中央电视台栏目《实话实说》自 2001 年以来产生了 70 多项注册商标。

由于单字和词不具有著作权意义上的独创性和作品性质，因此只要在先申请不违反商标法本身规定即可注册成功，也因此不能认定所有申请注册者都受到有关影视剧的影响；但反过来可以使得影视剧本身的商业价值得到延伸。

总的来说，随着全社会对知识产权和商标价值的认识提升，越来越多影视剧作品元素商标价值正在被发现，价值被重估。

由于影视剧作为文化娱乐产品，单个影视剧具有生命周期短的特点，因此对影视剧本身进行商标保护的价值不大，因为单个产品很少持续推出，当然未来我们国内的制作人也可能制作出一些持续演 10 年的经典剧目，就像美剧中一些广受追捧的剧目，但这还需要整个创作模式的进步和创作水平的提升，真正达到工业级的影视剧制作水平。

就影视作品而言，将作品元素进行商标保护更多的是减少商业价值外溢和延伸文化作品的商业价值链条。一部影视剧作品产生后必定通过自身的传播对受众产生影响，但这种影响是持续而缓慢的，如果只是售卖版权和播出期间的广告，则远远不能收获应有的价值，而注册商标，并通过商标转让、授权使用、商标出资等方式则可以持续而稳定地获取商业利益。

影视剧元素商标化保护也存在一些问题。影视剧创作本身很复杂，横向跨度大，需要各个工种行业，包括编剧、导演、舞美、服装、灯光等协同配合；同时在其纵向上也具有创作周期长、业务环节多的特点。有的剧目从初步创意到剧本创作到最终拍摄制作完成甚至历时十年以上，可见其繁复。在此过程中各种元素的创作成型可能包含了不止一人的创意，那么谁作为商标申请与获益的主体可能就难以界定。例如《如懿传》由吴雪岚创作，因此其成立的企业上海紫风影视工作室将名称注册为商标似乎也无可厚非，但这部剧目制作人为新丽传媒股份有限公司，无论前者是受托完成剧本还是剧本完成后收购，剧本本身著作权已经发生转移，似乎新丽传媒股份有限公司应该获得剧本的所有权益，包括以其中元素申请注册商标的权利。但是商标法本身并未解决注册前谁先拥有在先权利的问题，而这些影视剧元素本身又缺乏独创性，并不具备在先确定权利归属的性质，因此都可能成为公共素材，可以为大众所使用，所以我们可以看到很多知名影视剧作品的元素反倒被其他行业申请为注册商标。

反言之，在影视剧创作过程中为了避免这种不明晰和降低这些影视剧元素商标化过程中的风险,通过创作合同和协议约定有关元素商标申请权归属并辅之以作品面世前的保密协议可以更好地使这些商标元素的价值内部化而非外溢。同样在影视剧作品投资项目中对于作品元素的商标化权益归属也应当进入考量范围,这可能直接影响一部影视剧作品的最终收益及分配,进而影响影视剧投资项目收益和有关金融产品的收益水平和实现渠道。

(二)舞台剧与其他舞台艺术的商标

与影视剧不同,舞台剧和其他舞台艺术产品在创作、表现形式和表演形式上都有较大的差异。影视作品是对拍摄素材进行编辑加工的创作形式,因此现场拍摄只是一个创作环节,相应的现场表演也只是整个影视剧生产中的一个环节、一道工序,最终呈现的成片是拍摄、剪辑和后期制作的产品;而舞台剧的表演则是现场表演艺术,不可回放、不可剪辑,因此对演出团队提出了更高的要求,也使得这一艺术形式具有更高的现场观赏价值。现场观赏与录音录像有完全不同的消费体验,现场表演的每一场次也都有不同的表现和感受,所以成功的剧目会反复上演,经久不衰;尽管各种传播渠道已经空前发达,但对于这种艺术形式有强烈兴趣的人仍然愿意到剧场观看,且随着人们生活水平的提升和消费能力的增长呈现不断上升的趋势。

与影视剧不同,商标权对于舞台剧以及其他舞台艺术的团体和剧目本身具有更重要的意义,因为其作为一种文化产品会持续较长时间,而且其商业价值通过表演和市场推广而附着到一定的符号上,包括团队名称、标识、节目名称、舞台服饰道具等。

当前很多著名团体都将自己的社团名称、主要演员名称进行了商标注册,可见其越来越重视这些元素的商标价值,但仍然存在很大的空间和空白地带。以德云社为例,他们注册了包括社团名称"德云社"、主要演员姓名"郭德纲"、主要作品名称、主要标志图形等商标合计292项。本山传媒集团对于商标的关注点显然与德云社有差异。迄今本山传媒集团合计申请注册了397项商标,主要集中在"本山""刘老根""本山快乐营""马大帅"等作品名称元素,还注册了一大批剧中人物名字,这一点与德云社只注册了"郭德纲"一个人物名字还存在很大的区别。即便本山传媒集团如此重视对影视角色的商标保护,将"刘老根"申请了商标,但还是有106个与"刘老根"相关的商标被其他人注册、使用。

特别值得一提的是本山传媒还将赵本山女儿的一个网络名称"球姐"和"社会你球姐"注册商标,看似无厘头的背后也反映了演出团体对于如何规划和实施商标保护以及如何进一步挖掘商标价值尚待成熟和完善。

相比著作权纠纷,演出团体与其他单位因商标权发生争议的案例较少,但也出现过一些争议,比较著名的包括"刘三姐"商标争议案。[①] 刘三姐是广西乃至全国知名的人物形象,而打造《印象刘三姐》演出的导演更是印象系列的教父级导演张艺谋;本案中两个演出机构围绕这个传说人物形象展开的商标之争也有诸多启示:

第一,反复表演的舞台类艺术产品具有极强的商标保护必要性。相比一般的艺术产品和形式,舞台艺术因其反复表演不断提升艺术水平和表现力,其艺术价值、欣赏价值在积累和提升,这种价值又可以附着和积累在商标上。最新的消息是《印象刘三姐》的运营公司已经因为经营不善濒临破产,但该注册商标价值却大幅升值,据悉目前已经估价超过 2 亿元。

这说明商标本身具有独立于产品和服务的价值,重视商标可以在文化类企业经营过程中将节目、品牌、明星等价值元素及公众认知度、美誉度形成的无形价值累积到商标上,避免无形价值的流失。

文化企业各种元素的商标价值需要长期累积到商标的载体上方能体现和实现其价值,如果缺失这样一个载体,就可能无法累积而导致无形资产于无形中流失。

[①] 2012 年 9 月 3 日,桂林广维文华旅游文化产业有限公司(简称广维文华公司)向国家工商行政管理总局商标评审委员会(简称商标评审委员会)提出复审申请。为证明引证商标二的知名度,广维文华公司提交了如下相关证据:

证据 1:国家工商行政管理总局商标局于 2011 年 5 月 27 日认定引证商标二为驰名商标的批复。

证据 2:中国演出家协会出具的证明,表明《印象刘三姐》是我国第一部实景演出,于 2003 年 10 月首次商业演出,2005 年 7 月被评为"第三届中国十大演出盛事奖""最佳导演奖",是全国旅游演出观众最多、影响力最大、年营业额最高的商业演出之一。

证据 3:文化部文教科发[2005]37 号文件证明广维文华公司的大型桂林山水实景演出《印象刘三姐》荣获首届文化部创新奖。2007 年 12 月《印象刘三姐》被中国品牌研究院评为标志性品牌演艺项目。2005 年 11 月广维文华公司荣获中国乡土艺术协会颁发的中国乡土文化艺术特别贡献奖。2004 年 11 月由文化部颁发证书,广维文华公司被命名为国家文化产业示范基地。

证据 4 和证据 5:2003 年至 2007 年、2009 年国务院副总理、全国人大常委会副委员长、全国政协副主席、中央政治局常委等国家领导人,以及欧洲旅游协会主席、美国纽约歌剧院院长、日本著名音乐家、中国香港地区亚洲电视总裁、世界旅游组织秘书长、美国前国务卿、密克罗尼西亚总统等观看《印象刘三姐》实景演出相关资料。

2015 年 4 月 11 日,商标评审委员会经审查做出商评字[2015]第 31529 号《关于第 7327227"印象刘三姐"商标异议复审裁定书》(简称被诉裁定)。

刘三姐公司不服商标评审委员会做出的被诉裁定并提起诉讼,请求撤销该裁定。

一审北京知识产权法院认为,广维文华公司提出复审的时间未超出法定期限。诉争商标的注册违反《商标法》第十三条第三款的规定,不应核准注册。综上,刘三姐公司的相关理由均不能成立,被诉裁定认定事实清楚,适用法律正确。北京知识产权法院依照《中华人民共和国行政诉讼法》第六十九条之规定,判决:驳回桂林市刘三姐投资集团有限公司的诉讼请求。

一审判决后刘三姐公司提起了上诉:请求撤销原审判决和被诉裁定,其主要上诉理由是诉争商标的注册未违反《商标法》第十三条第三款的规定,因此应当被核准注册。

二审法院经审理认为,《商标法》第十三条第三款规定:"就不相同或者不相类似商品申请注册的商标是复制、模仿或者翻译他人已经在中国注册的驰名商标,误导公众,致使该驰名商标注册人的利益可能受到损害的,不予注册并禁止使用。"对于已经在中国注册的驰名商标,在不相类似商品上确定其保护范围时,要注意与其驰名程度相适应。对于社会公众广为知晓的已经在中国注册的驰名商标,在不相类似商品上确定其保护范围时,要给予与其驰名程度相适应的较宽范围的保护。

第二，适度扩大商标注册类别具有重大意义。本案中广维文化以驰名商标为主要武器通过商标复审有效地阻止了其他主体注册同样商标的企图，从诉讼上说还是很成功的，但从商标规划布局与整体实施上看，则说明公司在初始阶段缺乏整体规划，对于必须和有必要注册商标种类尚未完全覆盖。这种情况下其他商标主体申请在其他类别上注册同一商标不会受到阻止，好在广维文化所注册的"印象刘三姐"取得了驰名商标认证，最终以驰名商标排除其他类注册的原则获得了支持，但并非每个商标均可取得驰名认证，即便取得驰名商标认证，能不能阻却其他类别上的注册也未可知，而且整个复审过程极其漫长，所耗费的人力、物力不可谓不高，相反，如果在注册之初就将其他类别注册，则可以节省很多精力。

第三，商标注册对于娱乐企业和娱乐产品而言还具有衍生品开发基础工具的作用。影视作品等主流娱乐产品，其本身具有极强的时效性，除了极少的经典作品外，多数寿命很短，很少被反复播放，但是其中一些元素则可以具有很强的生命力，流传甚广。例如《天下无贼》这部影片虽然经典，但已经很少重播，但"傻根"这个词却深深印在一代人的脑海里。同样，王宝强出演的另一部影响力极大的电视剧《士兵突击》中的主人公名为"许三多"，这个名字也成了笨鸟先飞、坚韧不拔的代称。相应的这两个词分别被多家企业和个人注册了数十项商标（"傻根"74项、"许三多"61项），注册类别几乎涵盖所有商标类别，可见诸多行业都认为这些词作为商标是极具商业价值的。如果原创单位意识到这些词语的商业价值并将之注册为商标，今天想要使用这些商标的企业就需要持续支付商标授权使用费了，可见对这些具有商标特质的元素进行商标注册具有经济价值和意义。

同时将商标元素和著作权元素进行综合运用将发挥更大的商业价值，迪士尼就是这种综合运用的成功范例。迪士尼将旗下的动画人物、名称等各种元素采取了无死角知识产权保护策略，并且通过综合运用这些元素打造了电影之外的动漫王国迪士尼乐园，成为该公司发展的又一巨大引擎。据统计，迪士尼主题公园的收入占到了集团总收入的30%以上，利润占比超过20%（2015年数据）。[①] 而反观我国的动漫产业，还处在衍生品的摸索阶段，如何综合利用各种元素打造一个新的产业模式尚未形成有效的模式和应用。

第四，在消极意义上，重视娱乐业商标问题也有助于避免纠纷和防范投资风险。

江苏电视台的知名栏目《非诚勿扰》就曾因为商标侵权被二审法院判令停止侵权而不得不改变节目名称。该案经广东省高院再审又恢复了一审判决，但两度变更给有

---

① https://wenku.baidu.com/view/81a1e1150812a21614791711cc7931b765ce7ba1.html，最后访问日期：2019年4月29日。

关方面也造成诸多困扰。

2013年原告金某向深圳市南山区人民法院起诉称其持有的注册商标"非诚勿扰"被江苏卫视及其合作伙伴珍爱网联合制作的电视节目《非诚勿扰》侵权。

一审查明，2009年2月16日，原告金某向国家商标局申请"非诚勿扰"商标。2010年6月6日，国家商标局发布了包括"非诚勿扰"商标在内的商标初步审定公告。2010年9月7日，原告获得第7199523号"非诚勿扰"商标注册证，有效期自2010年9月7日至2020年9月6日，核定服务项目为第45类，包括"交友服务、婚姻介绍所"等。

一审法院对于原告提交的被告一系列使用"非诚勿扰"作为节目名称及栏目标识等事实提供了证据，被告方对于证据真实性无异议。

原审法院认为，本案各方的主要争议焦点在于，被告江苏电视台、珍爱网公司是否侵犯原告的注册商标专用权。

首先，被告江苏电视台使用"非诚勿扰"是否为商标性使用。"非诚勿扰"既是被告江苏台电视节目的名称，也是一种商标，一种服务商标。如果仅仅将"非诚勿扰"定性为节目名称，而不承认其具有标识服务来源的功能，与大量节目名称注册为商标（包括被告江苏电视台也将电视节目名称注册为商标）的客观事实不相符，与被告江苏电视台在该电视节目中反复突出使用"非诚勿扰"并且进行广告招商等客观事实不相符。因此，被告江苏电视台使用"非诚勿扰"是商标性使用。其次，原告的文字商标"非诚勿扰"与被告江苏台电视节目的名称"非诚勿扰"是相同的。因此，两者的商标是相同的。关键在于两者对应的商品是否属于同类商品。

原告的注册商标"非诚勿扰"所对应的商品（服务）系"交友服务、婚姻介绍"，即第45类；而被告江苏电视台的商标"非诚勿扰"所对应的商品（服务）系"电视节目"，即第41类；而且从服务的目的、内容、方式、对象等方面综合考察，被告江苏电视台的"非诚勿扰"电视节目虽然与婚恋交友有关，但终究是电视节目，相关公众一般认为两者不存在特定联系，不容易造成公众混淆，两者属于不同类商品（服务），不构成侵权。

综上，原审法院依照《中华人民共和国商标法》第五十六条、五十七条之规定，并经其审判委员会讨论决定，判决：驳回原告金某的诉讼请求。[①]

金某不服，向深圳市中级人民法院提起上诉，二审经审理认为金某经国家商标行政管理部门核准，依法取得第7199523号"非诚勿扰"注册商标专用权，该商标处于法律规定的保护期之内，依法应受到法律的保护。第7199523号"非诚勿扰"注册商标核

---

① 参见广东省深圳市南山区人民法院（2013）深南法知民初字第208号民事判决书，该判决曾于2014年9月29日被深圳市中级人民法院撤销，后于2016年12月26日被广东省高级人民法院维持。

定服务项目为第45类,包括"交友服务、婚姻介绍所"等。原审法院认定江苏台电视节目的名称"非诚勿扰"与金某的文字商标"非诚勿扰"相同,江苏电视台使用"非诚勿扰"为商标性使用。因此,该案的关键问题在于江苏电视台使用"非诚勿扰"电视节目与金某第7199523号"非诚勿扰"注册商标核定服务类别是否相同或者近似,两被上诉人是否构成共同侵权。

在这两个问题上二审法院得出了不同的结论:本案上诉人第7199523号"非诚勿扰"注册商标已投入商业使用,由于被上诉人的行为影响了其商标正常使用,使之难以正常发挥应有的作用。由于被上诉人江苏电视台的知名度及节目的宣传,而使相关公众误以为权利人的注册商标使用与被上诉人产生错误认识及联系,造成反向混淆。江苏电视台通过江苏卫视播出《非诚勿扰》收取大量广告费用,也在节目后期通过收取短信费获利,足以证明系以盈利为目的的商业使用,其行为构成侵权。在判定本案被上诉人是否构成侵害商标权时,不能只考虑《非诚勿扰》在电视上播出的形式,更应当考虑该电视节目的内容和目的等,客观判定两者服务类别是否相同或者近似。原审法院认为"江苏电视台的《非诚勿扰》电视节目虽然与婚恋交友有关,但终究是电视节目,相关公众一般认为两者不存在特定联系,不容易造成公众混淆,两者属于不同类商品(服务),不构成侵权"的认定错误,本院予以纠正。上诉人指控被上诉人在《非诚勿扰》节目中使用"非诚勿扰"商标行为侵害其商标权。

关于是否构成共同侵权,法院认为侵害上诉人商标权的《非诚勿扰》节目由江苏电视台的江苏卫视负责筹划、播出、宣传等,被上诉人珍爱网公司参与了参加节目的嘉宾招募,以及举办"非常有爱 非诚勿扰——珍爱网单身男女寻缘派对"活动,也在其网站上宣传等,声称"江苏卫视和珍爱网联合主办"。就江苏卫视的《非诚勿扰》节目问题,江苏电视台与珍爱网公司还签订有合作协议书。上述事实证明江苏电视台和珍爱网公司共同实施了侵权行为,构成共同侵权。

基于此二审法院决定撤销一审判决,判令两被上诉人停止使用"非诚勿扰"作为节目名称并进行其他商业活动,判决做出后江苏卫视将节目名称修改为《缘来非诚勿扰》。①

二审判决后两被上诉人不服该判决向广东省高院提起再审。广东省高院经再审认为二审判决有误:

广东省高院经审查认为商标纠纷的审查仍然要回到商标的使用及其对应的服务类别,究其本质再审申请人的商标使用属于电视媒体和大众传播类别,不同于被申请

---

① 参见广东省深圳市中级人民法院(2015)深中法知民终字第927号民事判决书,该判决已于2016年12月26日被撤销。

人注册的婚介服务业,二者并不构成冲突和侵权,不会构成所谓反向混淆,据此撤销二审判决,维持一审判决。①

本案经两度改判,虽然最终否定了商标持有人的诉讼请求,但也令节目制作方和合作方珍爱网惊出一身冷汗;在司法实践中二审改判率极低,再审改判就更加谨慎。但对于电视台及合作方如果被判令侵权可能导致节目将被大幅调整乃至停播,那么相关节目制作以及与之相联系的所有营销与推广活动都需要调整,必将导致前期投入的沉没。

本案虽然江苏卫视及合作方珍爱网最终被判不构成侵权,但为应付这个官司已经付出了巨大的代价。如果江苏卫视和相关方在节目策划中就考虑到商标侵权问题,对可能涉及的类别,特别是婚恋中介等类别提前注册或者通过受让方式取得商标所有权,则完全可以避免这些损失。

(三)电子游戏与商标

商标在电子游戏领域应用广泛,游戏企业也非常注重商标维权和避免商标侵权。

《大富翁》在国内是一款知名度极高的电子游戏,但是多数人对这个游戏的商标权归属以及其中的过往就知之甚少了。围绕这个商标名称大宇资讯股份有限公司(下称大宇公司)与盛大网络游戏公司就曾对簿公堂。②

法院在一审中查明:

原告大宇公司于2005年3月21日在大陆注册了"大富翁"文字商标,核定服务项目第41类,范围包括"(在计算机网络上)提供在线游戏"等项目。大宇公司在其以往(该时间至少可追溯到1998年)开发的单机版游戏上使用过"大富翁"文字,如大宇公司及其全资子公司与案外人签订的协议中都把"大富翁"作为软件产品名称使用,同时在各款"大富翁"后又加序数词及其他区别性词汇,如"大富翁七游宝岛""大富翁八"等。

2000~2002年之间发行的报刊(如香港地区《经济日报》《东方日报》《星岛日报》等,内地出版的《大众软件》《家用电脑与游戏》《新潮电子》《电脑时空》等)显示,《大富翁》的名称在PC版游戏、网络游戏、手机游戏上均被广泛使用。

---

① 参见广东省高级人民法院(2016)粤民再447号再审民事判决书。
② 2007年,中国台湾地区大宇资讯股份有限公司向法院诉称:自1989年起,原告自主开发研制并销售了8款"大富翁"系列电子游戏软件,并于2005年经国家工商行政管理总局商标局核准,取得了"大富翁"文字商标,核定使用在第41类服务项目,其中包括"(在计算机网络上)提供在线游戏"项目。2005年6月,原告发现被告盛大公司通过计算机网络推出网络在线游戏《盛大富翁》,与原告的《大富翁》电子游戏同属"(在计算机网络上)提供在线游戏"的服务项目,且《盛大富翁》与《大富翁》在文字组合、含义、读音等方面均构成近似,《盛大富翁》并没有改变《大富翁》的基本含义,两者之间没有明显的区别性,客观上已经对众多游戏用户造成了混淆和误解,因此被告的行为侵犯了原告的商标专用权,要求判令被告立即停止侵权、赔偿经济损失人民币50万元及其他损失人民币4万余元。被告盛大公司则辩称:《大富翁》是同类游戏的通用名称,其拥有"盛大富翁"商标的合法权利。

被告盛大公司于 2003 年 9 月 28 日获得了"盛大"文字商标注册证,核定服务项目第 41 类,范围包括"(在计算机网络上)提供在线游戏"等项目。2005 年 8 月 22 日,国家版权局就软件名称为《盛大富翁》的网络游戏软件向盛趣公司颁发了计算机软件著作权登记证书。盛趣公司系盛大公司的关联公司,其授权盛大公司运营该游戏。

2005 年 7、8 月份,原告大宇公司发现被告盛大公司的两个网站(网址:http://rich.poptang.com、http://rich.sdo.com/webl.0/index.asp)上出现"盛大富翁"图文组合标识及盛大公司对《盛大富翁》游戏进行推介、在线指导时使用《盛大富翁》游戏名称的页面。主要使用方式为:在游戏文字介绍中作为游戏名称使用;在相关网页左上角显示相应标识或者在游戏画面右上角显示相应标识。网站上涉及游戏的介绍内容有"《盛大富翁》是一款开房间方式的对战类休闲网络游戏。玩家在游戏中掷骰子前进,目的是通过买地盖房等商业活动在经济上击败对手并成为大富翁"。

本案一审的争议焦点是:被告盛大公司在网站上使用"盛大富翁"标识和《盛大富翁》游戏名称的行为是否构成商标侵权。

上海市浦东新区人民法院一审认为:

"大富翁"是一类游戏的通用名称,原告大宇公司不能禁止他人对"大富翁"在表示一类"按骰子点数走棋的模拟现实经商之道的游戏"名称时的正当使用;另外,经比对,图文标识"盛大富翁"与文字商标"大富翁"不相近似,且被控侵权标识在网站上被使用时直接标明了服务来源,而大宇公司又至今未在商标核定使用的服务范围内进行过以"大富翁"为商标的经营,"大富翁"的显著性极其有限,故被告盛大公司在网站上使用"盛大富翁"标识和《盛大富翁》游戏名称的行为不构成商标侵权。

浦东新区人民法院于 2007 年 9 月 13 日做出一审判决:驳回原告大宇公司的诉讼请求。

后大宇公司向上海市一中院提出上诉,二审法院维持原判。[1]

该案曾选入最高人民法院公报案例作为这类案件的典型代表,在本案的审理过程中,法院进行了调查,发现在业内同行和普通大众的认知中,大富翁早已成为靠掷骰子模拟经商类型游戏的通用名称[2],其判决回归了商标的本质,使得原被告双方的商标可以各得其所,为侵权与合理使用划下一道合理的界限。在电子游戏和网络游戏服务提供商之间发生商标侵权纠纷时,如果涉诉的系争商标确实含有相关游戏或服务的通用名称,如果他人不是直接以区分商品服务类别的商标形式使用,只是在引用介绍商品或服务时使用到有关词语,则法院认为这种形式的使用不会造成相关使用者对产品

---

[1] 参见上海市第一中级人民法院(2007)沪一中民五(知)终字第 23 号民事判决书。

[2] 严剑漪:《"大富翁"争讼"盛大富翁"——沪首例引发"通用名称"争议的商标侵权案原告一审落败》,《中国审判》2008 年第 2 期,第 22 页。

或服务提供商的混淆,不视为侵犯商标权。

二、专利及其他

在娱乐产业中专利及商业秘密也是广泛应用的保护手段。

(一)娱乐产品与专利

专利是鼓励技术创新而进行法律保护的制度设计的成果。专利来自英文 patent,原意为国王签署的权利独占证书,即享有独占权利的资格证明文件。现代专利的核心也是对于某项技术的独占使用和许可使用的权利。在我国,专利分为发明、实用新型和外观设计三类。

类似于商标权,专利也具有排他性、区域性和时间性。专利的排他性也就是专利的独占性,这是专利的核心特质,是在专利法所覆盖的区域和时间内非经专利权人同意或许可,任何人不得实施专利的权利,所谓实施,包括为生产经营目的制造、使用、销售、许诺销售及进口含有专利技术的产品。专利的区域性是指专利通常只在法定区域范围内产生效力,例如国内企业或个人如果想要自己的专利在国外受到保护,就需要申请该国专利以获得其法律保护;同时专利还有时间性,即对一项技术的独占授权是有时间限制的;这是专利法律促进技术进步的表现,专利法通过保护发明人或创造者的创新需要创设权利人一定时期独占专利技术的权利,但又不能长期独占以免阻碍技术进步,同时还要促进这些技术进入公共领域,推动更新颖的技术的实现。

专利在娱乐行业主要有以下应用:

(1)对具有全新功能新颖性的娱乐设施的发明专利技术保护。例如迪士尼在娱乐设施方面的专利涵盖了包括机械、电子、光学等各个学科领域,专利数量更是惊人,迪士尼在 2016 年一共申请了美国专利商标局批准的 195 项专利。按照 IP Watchdog 提供的数据,这些技术专利中很少与主题公园有关,大部分都围绕电影技术和虚拟环境。[①]

(2)对于在技术实现方式和方法上达到一定新颖程度的装置或设备以实用新型专利实施保护。迪士尼的一项专利是基于对过山车上游客的情绪反应设计的系统。通过面部识别软件评估乘客的惊恐程度并据此调节过山车的节奏。这项技术的未来应用可以进一步利用传感器对游客心率、皮肤温度、面部表情、眼球运动、手势,甚至笑声或尖叫声的监测,通过对游客情绪的反应调节和控制娱乐系统,或者重新设置过山车的速度和轨道。[②]

---

① http://blog.sina.com.cn/s/blog_170a343320102xro3.html,最后访问日期:2019 年 4 月 29 日。
② 同上。

（3）对于在外观上具有显著特色的道具、器材和场地标志等元素还可以通过外观设计专利予以保护。例如在国内的综艺节目中经常会感觉节目从场地、布景到道具、灯光等各种元素大同小异，后来者明显存在抄袭的迹象，但可能被抄袭元素并未申请发明或实用新型专利，就有关元素本身的特质而言也尚未达到发明或实用新型所要求的功能性和新颖性标准，那么为避免抄袭，还可以通过申请外观设计专利予以保护。

（二）娱乐产品与商业秘密

商业秘密作为一种娱乐业知识产权保护手段，具有重要意义。

根据我国反不正当竞争法的规定，商业秘密是指不为公众所知悉、能为权利人带来经济利益，具有实用性并经权利人采取保密措施的技术信息和经营信息。

技术信息是指生产配方、工艺流程、技术诀窍、设计图纸等与生产技术相关的信息；经营信息则是指人事、财务、销售、发展战略、销售策略、客户信息等与经营管理相关的信息。

与商标、专利等权利不同，商业秘密不具有公开性和排他性。

商标的独占使用权通过注册获得，商标的使用必须公开，否则没有意义，商标的独占使用也是基于其公开使用而言；专利在独占和公开上也有相类似的性质，基于其对专利技术细节的公开，法律保护其在专利范围内独占实施，其他人尽管通过专利公开信息可以完全掌握专利方法，但依据法律在相应的时间范围内却不得使用，这是专利的保护特质。

商业秘密保护对于娱乐业，特别是电视综艺节目保护有重要意义。

由于著作权、商标权本身的保护在边界上有其局限性，对于综艺节目，特别是综艺节目的模式和创意难以起到有效的保护作用。

就著作权而言，综艺节目的名称、流程、模式由于本身不具有作品性质，难以获得著作权层面的保护；节目名称还可以通过商标注册的方式禁止其他类似节目使用相同名称，但对于节目的模式和推进方式则很难禁止其他节目的模仿，所以我们可以看到很多综艺节目具有雷同的流程和模式。

例如国内某卫视推出真人秀节目后不久就被韩国 MBC 电视指责该节目抄袭其知名娱乐节目《无限挑战》。该电视台还发布了一组两节目的对比图，称该节目从名字开始就与《无限挑战》类似，不仅创意雷同，包括镜头切换和字幕位置等细节也都高度一致[①]，在普通观众看来也可能认为两节目看上去很"像"。

综艺节目的抄袭可能还包括在节目中一些环节的类似或雷同，例如在某真人秀节目中出现的旧仓库、走红毯、人力拉飞机等场景和模式都与韩国的一档综艺节目《英雄

---

① http://www.sohu.com/a/144982118_638721，最后访问日期：2019 年 4 月 30 日。

豪杰》相似。

综艺节目模式是综艺节目创意、流程、规则、技术规定、主持风格等多种元素的综合体。综艺节目模式属于思想的范畴,不受著作权法的保护。[①] 虽然这些因素明显导致涉嫌抄袭节目可以通过"借鉴"他人节目模式而轻易获得流量和收入,但在先制作和创造一个节目模式的原创者却很难通过著作权等传统知识产权保护途径主张侵权。

在综艺节目的保护上还需要采取综合的手段和措施,其中包括以商业秘密手段加强保护效果。

一档综艺节目从策划到实施并最终成片需要超前的思维、对市场的精准定位、选择参与人员的标准与尺度的把握、对流程的精准控制、对现场的准确调控以及后期制作及与市场反馈的完美结合。从这个意义上讲,成功的综艺节目是一个集大纲、脚本、音乐、故事、舞美、后期等元素为一体的系统工程,整个节目的策划制作手册对于完成节目而言就是工程蓝图,没有完整详细的制作手册,则难以精准地完成一档优秀的综艺节目。显然对于每一个原创节目而言,这个制作手册就是核心商业机密,一旦被泄露则所有努力将毁于一旦。

根据《最高人民法院关于审理不正当竞争民事案件应用法律若干问题的解释》,秘密性是指有关信息不为其所属领域的有关人员普遍知悉和容易获得。这就需要考虑电视节目的公开播放是否会构成电视节目版式的公开。电视节目的公开播放会使节目的主题、环节、舞台设计等公之于众,但是通过观看电视节目不能获知的信息,如节目制作过程中类似于主持与嘉宾的选择、角色的分配、舞台的机位和灯光设置、节目的宣传和营销方案等很细小但是很关键的技术因素和商业因素就具有秘密性,其他电视节目制作者如果没有掌握这些因素,那只能是公开播放节目的低水平的模仿,而不能获得精髓。[②] 因此,除了核心的制作手册外,诸如分段拍摄计划、演职员表、场景布置、道具设置、串词、穿插节目等元素都是对于综艺节目的质量和播出效果极为关键而需要保密的元素。

另外,构成商业秘密还要求权利人采取保密措施对之进行管理。管理性是指权利人对有关信息采取了合理的保密措施,进行了必要的管理。[③] 如何进行商业秘密的保密操作,综艺节目的制作单位需要考虑以下诸多问题:

综艺节目制作与一个大型生产制造项目一样都有诸多单位参与,涉及人员广泛、层次多而混杂,任何一个环节都可能泄密。在项目策划之初就应当建立切实可行的保

---

① 参见北京市高级人民法院关于审理涉及综艺节目著作权纠纷案件若干问题的解答。
② 苗月:《电视节目版式的著作权法保护模式与商业秘密法保护模式的分析》,《传播与版权》2016 年第 8 期,第 184 页。
③ 张耕等:《商业秘密法》,厦门大学出版社 2012 年版,第 16 页。

密计划,保密计划的内容包括但不限于:保密信息范围、保密对象、保密措施、各阶段保密重点。

保密信息范围的确定是保密工作的出发点,对于节目创作过程中涉及的各种信息要素需要分类甄别,确定其保密密级、公开范围、公开阶段以及公开形式。

由于综艺节目制作过程的复杂性和合作性,必定涉及众多参加人员和单位,保密对象的划分主要针对这些可能接触秘密信息的单位人员,在划分保密信息密级和保密范围基础上须针对内部人员、外部人员、核心创作团队、辅助团队、外协单位及人员等不同主体和人员类别分别拟定不同的信息接触权限及特殊信息授权与脱密处理机制。

保密措施则包括项目开始前的保密教育与保密责任宣传,项目实施过程中对于内部人员要开展保密意识教育和保密责任教育。保密教育不能流于形式,在集中宣讲的基础上要签署保密责任承诺书,明确其违反保密义务或者疏于保密导致发生保密事故可能承担的民事和刑事责任,特别是刑事责任风险。对于外协单位也要通过签署保密协议来明确保密责任,对于外协单位的参与人员也同样要进行保密教育和责任教育,特别注意防范无意接触涉密信息并泄露的情况发生。

在保密措施上应从梳理保密信息、载体、形成环节、传递环节、披露环节、使用人员、披露对象等角度综合考虑。

娱乐行业的保密信息往往在有关信息和秘密产生时就出现了,在信息生产环节就需要对参与人员和这个阶段形成的信息和载体采取保密措施。例如在节目创意创作阶段的参与人员应当用特定保密信箱沟通交流,所用的文件或电脑应当具有防拷贝功能;所有会议文件应当分发前指定份数,会议结束后按份数回收,不允许携带出会议场所;在进行关键部分创作研讨活动时,可以禁止携带其他电子通信设备。

综艺节目的各种制作流程、计划又需要在协同的企业和个人之间传递,因此传递过程中的信息扩散往往成为泄密的漏洞。在文件传递中应根据需要对文件进行分解、拆分,根据不同功能部门分别分发不同的资料;同时资料还应尽可能根据不同阶段的进展分发,避免完整资料的扩散。

商业秘密的保护对综艺节目本身的成功具有重大意义。商业秘密保护也是一项系统工程,在整个综艺节目策划之初,就应当制定系统的保密计划与实施手册。

思考题

1. 简述创意保护的特殊性。
2. 简述著作权保护中的"思想表达二分法"。
3. 简述著作权保护中的"实质性相似"。

4. 简述娱乐行业中的商标权。
5. 简述专利在娱乐行业的作用。
6. 简述商业秘密对电视综艺节目保护的意义。

第三章　电影产业法

第一节　电影产业及电影产业法概述

从19世纪末期的第一部电影到现在世界电影的百花齐放，电影产业作为时代的镜子，通过光影记录时代变迁。由于自身独特的记录与娱乐功能，电影产业逐渐发展为一个独立产业，在世界各地生根发芽。与此同时，有关电影产业的法律也在完善，为电影产业的健康发展构筑法律框架。

一、电影产业的萌芽期

萌芽期的电影结合了当时最先进的技术，为人们打开了一扇娱乐新世界的大门。这时期的电影从可以移动的画面到有记事性的、民族特色的电影，初步显示出电影的记录与反映时代精神面貌的功能。

发明大王托马斯·爱迪生和他的助手威廉·迪克森发明了"活动电影摄影机"和"电影视镜"，前者可以拍摄连续、动态的照片，第一次使人们看到了动态的画面。"电影视镜"类似于西洋镜，它利用胶片的连续转动造成活动的幻觉，一次只能由一个人透过放大镜观看。爱迪生和迪克森的发明为电影的发展提供了最初的技术支持。

世界上第一部电影诞生于1895年12月28日的巴黎，是由卢米埃尔兄弟拍摄并公开放映的电影《工厂大门》。这部影片只有46秒，拍摄的是下班工人们的生活，记录当时工人的现实状况，具有朴素的艺术气息。现代人可能无法想象，当时的观众第一次看到活灵活现的电影是多么惊讶。1992年美国导演科波拉在《惊情四百年》中再现了人们最初看到火车在银幕上向自己驶来时仓皇逃窜的情景，用电影的方式表达对卢米埃尔兄弟的敬意。①

就在同期,中国电影产业也萌芽了。1905年北京丰泰照相馆拍摄的《定军山》是中国的第一部电影,其内容是中国京剧《定军山》的几个武打和舞台表演的动作。1909年中国第一家电影公司"亚细亚影戏公司"在上海设立,以张石川和郑正秋为代表的早期电影人开始崭露头角。亚细亚影戏公司先后拍摄了《难夫难妻》《五福临门》《茶花女》等反映旧习俗、生活状态的影片。20世纪30年代,中国电影公司已形成一定规模,出现了一批具有影响力的电影公司,如亚细亚影戏公司、新民电影公司、华美影片公司、上海影戏公司等。它们拍摄的电影不断丰富人们的生活,反映社会面貌,题材也从单纯纪录片到故事片,从短片到长片,从原生态表演到有技巧的表演,推动中国电影产业的成长。

二、电影产业的发展期

两次世界大战给参战国家带来经济、社会与精神上的多重打击,这一时期电影弥漫着反思战争、精神重建与迷茫,电影将这种气息通过艺术性而不是简单叙述性表达出来,是发展期电影的最大特点。同时,好莱坞的崛起成为世界电影的大事,世界各国的电影都不同程度地受到好莱坞的影响。

(一)法国:印象派与诗意电影

法国作为电影的诞生地,也是电影走向艺术之路的先驱,印象派电影是法国艺术电影的代表。在画面上,印象派电影主要受印象派绘画的影响,追求自然景观的真实与色彩,通过景观和光的变换衬托情节与人物情感,开艺术电影之先河。如马塞尔·莱皮埃的《黄金国》,女主角自杀时出现的那副映出舞女们巨大阴影的场景,一幅幅变形的印象派画家莫奈的油画表现出强烈的情感。在思想内容上,印象派电影导演把艺术视为传达艺术家个人视野的表现形式。他们认为,艺术并非制造真实而是创造经验,希望挖掘被拍摄物的特质,引发观众全新认知和情感的产生。简言之,艺术电影作品能够创造瞬间的感觉或印象。② 如电影《新居》(Menilmontant)中女主角娜迪亚·希柏斯凯(Nadia Sibirskaia)就用其含蓄细腻而又丰富的艺术性表演感染着观众,成为印象派电影表演的范例。

(二)美国好莱坞:制片厂模式与明星模式

色彩与声音进入电影为好莱坞的崛起发挥了重要的催化作用。因为有了色彩和声音,好莱坞电影可以表现更为复杂的情节和人物情感,使叙事更加自然,人物形象更

---

① 曹毅梅:《世界电影史概论》,河南大学出版社2010年版,第1页。
② 克莉丝汀·汤普森、大卫·波德维尔:《世界电影史》,陈旭光、何一薇译,北京大学出版社2004年版,第58页。

加饱满。20世纪30年代至40年代是好莱坞的"黄金时代"。在这一时期,经过技术改造和艺术探索,好莱坞建立起庞大的、以生产大众化商业影片为主的电影工业,形成了独特的叙事模式和风格。[①]

1930年,好莱坞形成了由八家公司垄断电影产业的局面,这八家公司为派拉蒙、米高梅、福克斯、华纳兄弟、雷电华(RKO)、环球、哥伦比亚和联美。除了八家巨头公司外,还有一些独立制作公司,但是八家公司创立的好莱坞制片厂模式使电影市场的垄断局面加剧,形成了好莱坞电影制作的制片人垄断模式。

所谓制片人垄断模式,是指在电影制作过程中,制片人具有支配地位的电影制作模式。首先,该模式实行制片人中心主义,其他电影创作人都要服从制片人的命令,形成一个流水线式的电影生产、发行、放映的流程。制片人独揽大权,即八家公司中的制片人决定题材、剧本创作、人员选择、影片拍摄与剪辑等事宜,有权更换不满意的人员。其次,制片人对电影的整个流程精细分工,每个人员各司其职:制片人提出电影创意,先由编剧部门编故事,再打磨出迎合观众审美的人物特色、对话语言与场景设计,再交由导演部门负责拍摄,每个环节都由制片人控制。最后,制片厂模式下八大公司拥有各自的摄制、宣发、放映的完整产业链,即拥有制作团队、宣传发行公司与电影院线,这种"自产自销"的一条龙模式保证了影片的稳定产出,每年吸引数亿次的观众观看。在制片人垄断模式下,小型的独立制片公司无力与之抗衡,要么破产倒闭,要么接受收购与兼并,由此进一步加剧了好莱坞八大公司的垄断程度。

随着好莱坞电影产业的发展,制片人逐渐发现明星效应的力量不容小觑。为了进一步获取利润,好莱坞制片公司开始开发并培养明星,给明星设立特定的影片与人物类型。明星模式成功造就了玛丽·碧克馥、查理·卓别林、约翰·韦恩等明星,他们的片酬由1910年之前的每天5~15美元,涨到每周2 000美元的天价。与此同时,明星模式的成功也给制片厂带来了巨大利益。但是明星模式的弊端也很明显,首先,制片厂会通过严苛和漫长的合同将明星牢牢控制住,使他们失去解约自由,听从制片厂的安排拍摄电影。其次,类型化的明星风险很大,一旦观众对此种类型失去兴趣,对明星的打击是致命的。经历了20世纪30年代到40年代的辉煌时代后,好莱坞明星制度开始走向没落。但直到今天,明星的效应都是不可忽视的,这不仅因为明星是影片思想的主要表现者,同时还因为他们迷人的银幕形象体现了人类的理性和梦幻。[②]

(三)德国:表现主义电影与纳粹

第一次世界大战后德国面临政治动荡和经济萧条,引发人们精神层面的不安与焦

[①] 曹毅梅:《世界电影史概论》,河南大学出版社2010年版,第100页。
[②] 同上,第104页。

虑,表现在艺术领域就是表现主义的诞生。表现主义起源于绘画,是一种反对印象主义和自然主义的流派,主张用夸张的色彩、动作、造型来展现人物的性格、心理与感情。1920 年,罗伯特·维内的《卡里加里博士》(The Cabinet of Dr. Caligari)可以说是表现主义电影的首秀。这部电影的布景非常风格化,它借用剧场的模式,用画在作为背景的画布或平板上的扭曲而怪异的建筑物来布景。演员并不着意于写实主义式的表演,反而是故意展示迅速的变动或舞蹈般的动作。① 之后的《大都会》(Metropolis)、《梅步斯博士艾戈》(Algol)等表现主义电影,通过幻想过去与未来,或者讽刺当代德国社会现象,用夸张、富有幻想的手法表现作者的强烈情感,以逃离现实,活在自己的幻想中。

第二次世界大战时期的德国纳粹不仅在行动上宣扬战争、迫害犹太人,更是在思想上给人民洗脑,比如《机智的德意志青年》(The Quicksilver Hitler Youth)、《汉斯·威斯玛》(Hans Westma)、《意志的胜利》等宣传纳粹思想的电影,希望通过赞颂纳粹英雄人物、展示纳粹雄厚的军事实力,获得更多人尤其是青年人的支持。第二次世界大战德国战败,许多为纳粹拍摄电影的导演等境遇不佳,如戈培尔自杀身亡,卡尔·李特流亡海外,其他人被调查、审判,有的被判刑,有的终身不得从事电影行业。

(四)苏联:蒙太奇电影

电影蒙太奇出现在 20 世纪初至 30 年代,是法文"montage"的音译,是将不相关的画面连接在一起,造成视觉和情感上的冲突,从而带给观众强烈的吸引力。苏联的蒙太奇电影是在苏联政府的支持下发展起来的,因为"十月革命"后需要宣传和教育广大国民,蒙太奇的强烈视觉冲击力使苏联文化水平较低的民众能够看懂,故得到了政府的大力支持。

蒙太奇电影多为现实题材,展示对战争与历史事件的记录与思考,有浓厚的大众艺术的倾向,反映了苏联宣传、鼓舞人心的需求。如爱森斯坦导演的代表作《战舰波将金号》就是根据 1905 年的真实事件改编拍摄的:沙皇政府的暴行激怒了全国人民,罢工浪潮席卷全国,连船上的水手都深受感染,奋起反抗沙皇军官。为了表现蒙太奇特有的冲突画面,爱森斯坦这样设计:推婴儿车的母亲画面对应中弹身亡的母亲和从台阶上滚落的婴儿车,一起看红旗的母子画面对应孩子中弹倒地、母亲哭嚎的表情,反差巨大的冲击性画面给观众带来潮涌般的感情变化,达到震撼人心、教育感化的效果。

蒙太奇的电影技巧影响深远,至今很多电影仍运用这种技巧,其为世界电影美学和电影发展做出了突出贡献。

(五)中国:探索时期

由于中国没有卷入第一次世界大战,而且各国列强无暇顾及中国,中国的民族资

---

① 克莉丝汀·汤普森、大卫·波德维尔:《世界电影史》,陈旭光、何一薇译,北京大学出版社 2004 年版,第 73 页。

本主义有了一个短暂发展的春天,电影行业同样迎来了发展黄金期。第一次世界大战时期中国的电影公司逐步增多,有明星影片股份有限公司、大中华百合影片公司、民新影业公司等。这个时期的电影突出商业性和娱乐性,虽然没有战争的纷扰,但时局动荡、运动频繁,人民依旧过着苦难的生活,他们希望电影能够带来片刻的解脱与共鸣。第一次世界大战时期中国电影呈现迎合观众、反映社会现状的特点,出现了《孤儿救祖记》《儿孙福》《天涯歌女》等影片。

第一次世界大战结束后,直到第二次世界大战期间,日本对中国发动侵略战争,中国社会的主要使命是救亡图存。这个时期中国电影的主题也以"救亡图存"为主要题材,史称"左翼电影运动"。"左翼电影运动"的代表人物有夏衍、田汉、郑正秋,电影题材多为现实主义题材,主题围绕着揭露时代的黑暗以及人们对革命的向往,现实主义、爱国主义色彩鲜明,主要为纪实性、叙事性的风格,如《女性的呐喊》《渔光曲》《马路天使》等。

三、电影产业的成熟期

电影产业从萌芽期、发展期进入成熟期,通常时间段为第二次世界大战结束后到20世纪90年代之前。这个时期电影的特点是不拘泥于传统电影的题材、技巧与相关电影制度,开始了创新运动,并逐步脱离政府的控制,将独立思考的创作与社会现实紧密结合。

(一)美国的新好莱坞运动

美国"麦肯锡主义"政策的实施、电视的冲击、越战、种族与民权问题的爆发引起了一系列的经济衰退和政治危机,好莱坞顺应时代变革,把电影的主题演变为反主流、反传统、性自由、违反规则等描写反叛心理的题材,《邦尼和克莱德》《毕业生》(1967)和《逍遥骑士》等反主流、叛逆彷徨的影片,开启了电影产业中的新好莱坞运动。

新好莱坞运动之"新",首先"新"在电影的表现方法。新好莱坞的银幕人物不是单一的,而是具有复杂、矛盾的性格特征,整个人物更加立体化,使得观众对人物产生复杂的情感与评价,更贴近现实生活。电影的叙事线也不再单一,而是有多条线、多个矛盾,一部影片可以容纳的时代背景、人物关系、情感纠葛较之以前更加丰富、深刻。其次,20世纪60年代的西方国家进入"后现代主义"时期,这一时期的文化呈现大众化的特征,高雅与通俗、上流与平民、传统与现代交织在一起,文化之间的界限越来越模糊,文化商品进入日常生活。好莱坞导演迅速抓住社会的这一风潮,成功使好莱坞电影完成商业性与艺术性的融合,迎合广大观众的需求。此外,好莱坞电影吸收、借鉴世界各国电影的优势,尤其是欧洲艺术电影的手法,仔细打磨人物性格的表现、画面的转换技巧以及色彩的渲染。新好莱坞运动时期的导演们不断推陈出新,紧跟时代潮流,集各国电影之长,使好莱坞电影保持活力,成为世界电影之翘楚。

新好莱坞运动时期人才辈出,拍摄了大量优秀作品,如弗朗西斯·福特·科波拉导演的《他已是小伙子》《巴顿将军》及《教父》系列,斯蒂芬·斯皮尔伯格的科幻电影《大白鲨》,斯科塞斯的《谁在敲我的门》等。新好莱坞运动的成功不仅仅在于美国是一个世界强国,经济发达、科技先进,更可归因于一代代好莱坞人创新与学习的精神、紧跟时代变迁的意识。

(二)法国的新浪潮与左岸电影

第二次世界大战后的法国,电影依旧保持着旧面貌:题材多为侦探片与爱情片,注重电影形式的华丽,缺乏反映现实社会的作品。这一时期的法国青年也走上了叛逆的道路,他们反对传统,要求变革现实,蔑视政治。在这种社会背景下,法国电影产业的"新浪潮"应运而生。

20世纪50年代末形成的法国"新浪潮"电影是非政治性的,不再拍摄战争、政权争斗等传统题材,开始关注社会中个人的精神世界。如电影《四百下》描写了一个得不到家庭与社会温暖的男孩安托万的内心世界,描写了他一步步走向犯罪的过程。首先,"新浪潮"电影不追求有意义的结尾,只展现当时年轻人的心境,而且强调导演的意志,充分发掘导演的想象力与创作力。其次,"新浪潮"电影更加写实,这是反传统电影的突出特征,它追求一种深入生活与现实、真实诚恳的风格。

与"新潮流"电影同时期的是"左岸派"电影。两者相比,"新思潮"追求挖掘现实,描写真实生活状况,"左岸派"重视人的精神世界,以人为中心。所以"左岸派"的电影更加深刻,艺术高度上略胜一筹。

(三)中国的现实主义电影

中华人民共和国成立后,中国电影的主要题材为现实题材影片,如反映战争的《冰山上的来客》《英雄儿女》,还有反映社会主义建设的电影,如《桥》《伤逝》,带有明显的教化色彩和时代风气。

"文革"时期,艺术界遭受毁灭性的打击,电影产业也不例外。一大批优秀的电影作品被全盘否定。这个时期的电影主要是"样板戏电影"。

"文革"结束后,中国电影迎来新生,一大批反映现实生活及生活中矛盾的影片出现,它们真实传达普通人的喜怒哀乐,描写普通人的感受。[①] 电影开始摆脱对政治的依赖,不再做政治"传声筒",开始关注生活、关注人性。这时期的代表作品有谢晋导演的《芙蓉镇》《青春》,张铮导演的《小花》,郑洞天导演的《邻居》等,代表中国电影开始走向成熟。

[①] 周星:《中国电影艺术史》,北京大学出版社2005年版,第246页。

四、电影产业的多元化发展期

20世纪90年代后,随着世界各国经济的发展,电影产业遍地开花,许多国家的电影均独具风格,电影产业呈现多元化的发展趋势。

(一)好莱坞与独立电影的并存发展

好莱坞在世界电影的霸主地位至今依旧稳固。自20世纪90年代开始,好莱坞开始注重海外市场的拓展,寻求与其他国家的电影人合作,拍摄了一批具有民族特色的影片,如《花木兰》《功夫熊猫》等。好莱坞在向海外输出影片的同时,也输出了美国的思想,这直接导致许多国家开始抵制"美国精神"对本国意识形态的渗透。

好莱坞电影十分重视品牌的开发和利用。如"漫威系列""蜘蛛侠系列""美国队长系列"等,因为有固定观众,所以收益非常稳定。在商业上成功的同时,系列电影也有明显不足:如创新性、艺术高度都可能不够,因而在奥斯卡奖项中,其一般难以入围。真正能够获得奥斯卡大奖的电影,多是一些独立电影。独立电影作为20世纪90年代兴起的新星,是真正继承"新好莱坞运动"的电影,在好莱坞电影逐步抛弃艺术而向商业进发时,独立电影仍执着关注现实,反映社会问题、人情世故、边缘化题材。

20世纪90年代后的好莱坞,不再是制片厂时代。美国反垄断机构把电影制作与电影发行分离开来,使制片公司专心于影片制作,由此也为电影发行的发展创造了空间。制作优秀的电影如果没有充分的宣传与发行,也可能出现根本无法为人所知的情况。所以,不论是好莱坞电影,还是独立电影,宣传和发行都是电影产业链中非常关键的环节,而财力是否雄厚是决定宣传与发行成功的核心要素。

(二)欧洲电影百花齐放

与好莱坞的商业片不同,欧洲电影则一直倡导艺术电影。其中,法国电影就是欧洲艺术电影的代表。法国电影发展的历程中,出现了印象派、新浪潮与左岸派等艺术流派。进入21世纪后,法国艺术电影依旧保持旺盛的生命力。法国的类型片发达,代表有纪录片、喜剧片、情色片、暴力片,如《帝企鹅日记》《这个杀手不太冷》《党同伐异》等,获得了许多国际性奖项。

世纪之交的俄罗斯,社会矛盾复杂、苏联解体、经济危机、好莱坞电影的冲击,使得俄罗斯电影水平急剧下降。1995年俄罗斯政府颁布了《关于保护和发展国产影片的发行及提高电影服务水平的措施》,决定扶持与振兴其民族电影。在这一政策支持下,俄罗斯产生了一些优秀的作品,如《小偷》(1997)、《西伯利亚的理发师》(1998)等。可见,国家的政策与支持对俄罗斯电影产业的发展发挥了积极作用。

意大利文化底蕴深厚,在经历了第二次世界大战的创伤后,电影产业于20世纪90年代复苏,创作了许多优秀影片,如《天堂电影院》(1989)、《美丽人生》(1997)、《海上钢琴师》(1998)、《西西里的美丽传说》(2000)等。意大利电影以喜剧著称,意大利导演擅长运用黑色幽默来演绎沉重、深刻的题材,如《美丽人生》的导演罗贝尔托·贝尼尼用模糊的镜头表现战争的残酷,用枪声表现人物的死亡。意大利电影普遍关注人性、关注人本身,充满了现实主义色彩,如《盗窃童心》《儿子的房间》等影片,就是典型的代表。

在20世纪90年代后,德国拍摄了多部战争反思片,如《斯大林格勒》(1993)、《再见,列宁》(2003)、《帝国的毁灭》(2004)、《希特勒的男孩》(2004)。这时期的德国战争片开始用冷静客观、从小人物出发的视角来看待第二次世界大战,更加注重写实与艺术性。《帝国的毁灭》描写了希特勒脆弱的一面,他爱吃巧克力蛋糕,经常牵着爱犬散步等,可以看出德国人在看待战争方面的心态日渐成熟。《再见,列宁》反映了柏林墙的倒塌对人们的影响:生活在民主德国的艾利克斯有一个想逃去联邦德国的父亲和一个热衷于社会主义的母亲,当柏林墙倒塌后,为了使有心脏病的母亲不受刺激,艾利克斯编织着善意的谎言,让民主德国继续存在于家里。

百花齐放的欧洲电影,既有写实主义的德国战争片,也有艺术氛围浓厚的法国与意大利电影,还有俄罗斯的民族电影,多元化的发展趋势表现得最为明显。

(三)亚洲电影异军突起

20世纪90年代以来,由于亚洲经济的快速发展,印度、韩国、日本等亚洲国家的电影发展迅速,日本的"新浪潮"电影运动、印度宝莱坞的歌舞片、韩国电影的崛起,使得亚洲电影散发出独特的文化魅力和耀眼的光芒。

印度电影以歌舞片著称,任何一部印度电影都有歌舞元素的加入,独具特色。印度电影的最大特点是反映本国当下的社会现状,反思传统观念,具有强烈的民族文化特色。如阿米尔·汗的《三傻大闹宝莱坞》(2009)、《摔跤吧,爸爸》(2016)和《神秘巨星》(2018),这些影片集中反映了印度存在的教育体制落后、社会阶级固化、歧视女性等社会问题。从20世纪20年代起,印度电影经历了英国殖民地时期的严格审查制度。直到20世纪50年代独立后,印度电影不断创造辉煌,在数量和质量上屡创佳绩。印度电影的画面制作精良、色彩丰富,赏心悦目的歌舞场景与电影内容搭配,表现出印度人乐观向上、追求美好的性格特点,成为民族特色非常鲜明的一类电影。

韩国电影是亚洲电影界的一颗明星。与韩国电视剧不同,韩国电影对社会现状和历史事件的关注程度更高,如反映"釜林事件"的《辩护人》,反映儿童性侵的《熔炉》等。韩国电影擅长从小人物的视角出发,表现宏大与残酷的社会事件,情感细腻、画面精致,引起观众的强烈情感共鸣。除了反映社会现实的电影之外,韩国电影在爱情片与喜剧片中也颇有成就,如《我的野蛮女友》《7号房的礼物》《阳光姐妹淘》等。韩国电影擅长打"情感牌",用细腻的情感和美好的构图,表现人物性格与主题思想。在奥斯卡奖和戛纳电影奖等国际性奖项中,韩国电影都有不俗的表现。

日本电影的永恒主题是"爱和死亡"。由于日本的地理环境,地震、台风频发,自然资源匮乏,日本人的危机意识很强,对生命的认识也更深刻。对爱与死亡的认识,让日本电影更具思想深度。不论是讲述纯爱的《初恋》,还是讲述不伦恋的《失乐园》,都通过时光、感情、生命的流逝,表达对爱和生死的感悟。此外,日本漫画电影也是其一大特色,以宫崎骏为代表的漫画家,以其丰富的想象力和美好画面的技术,使得漫画电影具备观赏性和人文价值,代表作有《天空之城》《龙猫》《千与千寻》。

(四)中国电影

20世纪90年代,正值中国改革开放初期,中国向世界敞开了大门,外国电影随之进入,如《泰坦尼克号》《茜茜公主》(三部曲)与《绝唱》《佐罗》等,中国观众的视野被打开了。随后,中国电影在借鉴外国电影的技术、艺术与表现手法的同时,结合中国的文化与民族特点,探索出独具中国特色的电影风格。

这个时期的中国电影分为三种:主旋律电影、商业电影和艺术电影。[①] 主旋律电影是配合国家政策而制作的电影,这种电影从中华人民共和国成立以来就存在,如《冰山上的来客》《上甘岭》《青春之歌》《鸡毛信》。随着改革开放的推进,人们意识形态变得多元化,主旋律电影的含义也不断丰富。2006年10月,国家广电总局副局长赵实在全国电影创作会上表态:一切反映真、善、美的影片都属于主旋律影片。可以说,表现积极向上、健康阳光、结局正义的电影都可以称为"主旋律电影",如《建国大业》《人在囧途》《中国合伙人》《战狼》等。

其次是商业电影,即面向市场、追求票房的电影。改革开放后中国电影市场面临外国电影的冲击,为在市场竞争中占据有利地位,中国导演开始向商业电影迈进。商业电影的代表导演有冯小刚、张艺谋、宁浩、徐峥等,其拍摄有《甲方乙方》《英雄》《疯狂的石头》《泰囧》等作品,成为中国商业电影的中流砥柱。初期,中国商业电影的特点是大投资、大制作、明星阵容庞大,带有明显的文化特色和社会特点,"大片"一词就来源于此时期。后来商业片逐渐发展成熟,除了注重技术制作、人员选择外,也对影片的内容与质量严格把关,不断学习、借鉴外国优秀商业片的优点,拍摄出了更多为公众喜闻乐见的电影。

最后,一枝独秀的艺术片。中国观众对于艺术片可能比较陌生,因为中国没有独立的"艺术院线"。最近的艺术电影有《荒城纪》《江湖儿女》《驴得水》《路边野餐》,前期的艺术电影有《大红灯笼高高挂》《盲井》《颐和园》《卡拉是条狗》。艺术电影的受众较

---

① 《论新世纪以来主旋律电影的发展》,https://www.douban.com/note/686749188,最后访问日期:2020年1月15日。

商业电影更狭窄,票房往往不高,成本也较低廉。但艺术电影表现的是编剧、导演、制片人、演员等主创人员的艺术品位与感受,是具有高度艺术价值的影片,将艺术与现实或超现实结合,其不讨好市场与观众,是艺术王国的"守门人"。

综观世界各国和中国的电影发展史,电影的类型、内容和风格与时代是密不可分的,能够反映时代特征与人们的精神面貌。与电影的时代特征相对应的是国家对电影的监管和引导,其使得电影能够更好地展现时代风貌,服务广大民众的精神世界。

第二节 电影产业法

改革开放以来,中国电影才正式进入市场经济发展阶段,生产出大量的优秀作品,使得电影产业成为提升国民生产总值的重要角色。2017年中国电影产业总票房为559.11亿元,同比增长13.45%。[1] 2018年上半年中国电影票房达到314亿元,其中票房超过10亿元的中外电影共有9部。[2] 中国电影产业的巨大产值与市场,对于促进经济发展、增强国家文化软实力都有着重要意义。随着娱乐产业的发展,中国已经形成以《电影产业促进法》为龙头,以其他法律中关于电影产业的法律规定为支撑,以电影产业行政法规为主体的电影产业法律规制体制。

一、电影产业的法律体系

随着电影产业的不断发展,电影产业缺乏一部专门法律的问题日渐突出,社会各界对电影法的立法工作普遍关注。2010年3月,国务院法制办正式启动《电影产业促进法》的立法调研工作,并于2011年12月12日公布了《电影产业促进法(征求意见稿)》,公开向社会征求意见。2016年11月7日,全国人大常委会通过了《电影产业促进法》,填补了中国电影产业的立法空白,从法律这一最高层面重视与规范电影产业,由此形成了中国电影产业法律调整的基本框架,即以宪法、法律调整为中心,以行政法规和政策调整为主体的电影产业法律调整体系。

(一)电影产业的法律调整

改革开放40多年来,中国调整电影产业的法律已经形成了以宪法、法律为中心的调整机制。众所周知,电影产业是文化产业的子系统,是文化产业的重要组成部分。

---

[1] 搜狐网:《2017中国电影年度调查报告》,https://www.sohu.com/a/214817145_99999600,最后访问日期:2018年7月22日。

[2] 搜狐网:《2018年上半年国产电影票房回顾:过亿影片有14部 过10亿影片仅有4部》,http://www.sohu.com/a/238130492_115178,最后访问日期:2018年7月22日。

在中国现行宪法的表述中,并没有使用"文化产业"这一术语,但这并不意味着文化产业促进法不以宪法为依据。现行宪法的确从不同侧面确认中国各族人民奋斗的文化成果,并对文化事业的最终管理权、公民从事文化活动的自由权,以及国家立法机构和行政机构等做出了明确的规定。这些确认和规定构成了文化产业活动的宪法依据,也是电影产业的宪法依据。

除了宪法之外,中国调整电影产业的法律主要包括《电影产业促进法》《著作权法》《商标法》《合同法》《劳动法》《税法》《刑法》等。

其中,《电影产业促进法》是一部调整和规范电影产业的专门法律,也是中国文化领域的第一部行业法。其主要确立了电影产业的基本原则、基本制度和机制等,为电影产业的发展提供了法律保障。这部法律规定比较全面,不但让电影创作、摄制、发行、放映等各个环节做到了有法可依,而且规定了电影从业者在法律层面的底线要求和相应法律责任。

《著作权法》在电影产业的发展中具有基础性作用,其与电影产业发展关系密切。电影是《著作权法》保护的作品之一,其核心权利也是著作权,如电影的剧本著作权、电影作品本身的著作权、电影海报的著作权、电影插曲的著作权等。《著作权法》详细规定了电影作品的人身权利与财产权利,全面保护作者和表演者的权利。

《合同法》在电影产业法中具有重要的地位。一部电影的拍摄需要人力、物力,需要构建庞大的权利与义务关系,《合同法》则是构建与维系电影产业参与者之间复杂关系的关键。比如,电影产业参与者的关系,制片人需要与编辑、导演、演员、摄影师等主创人员签订聘用合同,在聘用合同中约定双方的权利与义务。再比如,电影的制作过程需要庞大的资金支持,制片人需要与投资方签订项目合作或者融资合同,明确项目的内容、所需资金、物品的数额与种类等,便于电影物资的筹备;在电影的筹备、拍摄、宣传发行、权利维护等阶段,《合同法》的规定贯穿始终,不可或缺。

不仅如此,每一部电影产品的制作,都是由电影公司或电影制作工作室完成的。这些电影公司或制片工作室的运作都受到《公司法》《合伙企业法》的调整。许多制片公司在拍摄电影的过程中为了募集资金,有时会采用私募基金等方式融资,这个过程中,又涉及《金融法》《证券法》等的调整。

(二)调整电影产业的行政法规

由于电影产业法治发展的滞后性,在电影产业发展的过程中,行政法规、规章事实上发挥着规范和引导电影行业发展的核心作用,它们在电影的制作、发行、放映、税收、融资等领域发挥了积极的作用。

1993年,国家广播电影电视部颁布了《关于当前深化电影行业机制改革的若干意见》及其《实施细则》,业内称为"3号文件"。"3号文件"成为规范中国电影产业发展的主要政策依据,规定了电影制片主体可以按照自己的意愿将电影直接销售给省级发行公司,由省级发行公司向下级发放。1994年确立新的电影发行模式:分账发行模式。

就行政法规而言,1996年6月19日国务院发布了《电影管理条例》。2001年中国加入WTO之后,为落实中国政府在加入WTO时的承诺,2002年2月,国务院发布实施新的《电影管理条例》。该条例在《电影产业促进法》实施之前,一直是调整中国电影产业的基本规范,其规定了电影制作的主体,包括电影制片厂、电影制片公司、电视台等。政府对电影制作主体采取行政许可的方式,即电影制作主体的设立必须经过政府的审批,取得国家广电总局颁发的摄制电影许可证后,方可制作电影。[1] 不仅如此,电影制片公司的设立除了应根据《电影管理条例》第8条规定的条件外,还应当符合国务院广播电影电视行政部门制定的电影制片单位总量、布局和结构的规划。该条例还规定了非电影制作主体参与电影制作的问题。2002年之前,非电影制作主体,如金融公司、百货商店等要投资拍摄电影,必须与某个电影制作主体合作,挂上该电影制作主体的厂标,才允许拍摄和发行电影。2002年颁布的《电影管理条例》第16条规定,非电影制作主体可以独立从事电影的摄制业务,但需要经国务院电影电视行政部门的批准,领取该部门发布的摄制电影片许可证(单片),再到工商行政管理部门办理相应的登记手续。

2003年1月,国家广电总局为了细化非电影主体的准入规定,又颁布了《电影制片、发行、放映经营资格准入暂行规定》,2004年10月,又与商务部联合发布《电影企业经营资格准入暂行规定》。

为落实上述条例规定的电影审查制度,国家广播电影电视总局于2004年6月15日发布了《电影剧本(梗概)立项、电影片审查暂行规定》,自2004年8月10日起施行。电影的制作阶段也需要行政许可,包括两个阶段:一是在电影拍摄之前,对电影剧本(更改)进行备案审查,审查通过了,可以拍摄电影。二是电影拍摄完成后,报请电影审查机构审查。电影拍摄完成后的审查权在国家广电总局,内部设立电影审查委员会和电影复审委员会,负责电影的审查和复审工作。《电影片审查暂行规定》颁布后,省级广播影视行政部门经申请可以受广电总局委托,负责本行政区域内电影制片单位摄制的部分电影片的审查工作。[2]

---

[1] 《电影管理条例》第8条规定:设立电影制片单位,应当具备下列条件:(1)有电影制片单位的名称、章程;(2)有符合国务院广播电影电视行政部门认定的主办单位及其主管机关;(3)有确定的业务范围;(4)有适应业务范围需要的组织机构和专业人员;(5)有适应业务范围需要的资金、场所和设备;(6)法律、行政法规规定的其他条件。

[2] 《电影片审查暂行规定》第13条,https://baike.baidu.com/item/%E7%94%B5%E5%BD%B1%E7%89%87%E5%AE%A1%E6%9F%A5%E6%9A%82%E8%A1%8C%E8%A7%84%E5%AE%9A/12692869,最后访问日期:2018年7月23日。

为落实电影的放映机制改革,2001年12月18日,国家广播电影电视总局、文化部联合颁发了《关于改革电影发行放映机制的实施细则(试行)的通知》,提出了实行以院线为主的发行放映机制,减少发行层次,改变按行政区域计划供片模式,变单一的多层次发行为以院线为主的一级发行,制片单位和发行公司直接向院线公司供片。与此同时,《电影管理条例》颁布,在第36条和38条中规定了电影放映主体的设立资质,从此电影放映走向了市场化。2002年6月,中国首批30条院线正式成立运营,大多是由当地省、市电影公司转制而成。院线制的成立结束了中华人民共和国成立数十年来的计划经济体制放映模式,但在改革之初,大多数院线都是由当地省、市电影公司转制而成,随着市场准入的不断放宽,国家允许并鼓励民营资本进入院线领域,以万达院线为代表的一批民营院线逐渐崛起并已经形成了全国化的竞争格局。[①]

(三)电影产业的政策规制

改革开放后,中国电影产业正在从"政策调整为主,法律调整为辅",转向"法律调整为主,政策调整为辅",可以预期这将是一个长期的转变过程。"政策调整为主,法律调整为辅"模式的形成,主要原因是电影产业的立法滞后,也是对电影产业认识不足的结果。改革开放初期,由于电影产业立法空白,为了保障国产电影产业,扶持本国电影产业,中国政府出台了一系列政策,保护国产电影的放映。

改革开放初期,规定进口影片和港澳地区的影片进口均由中国电影发行放映公司引进。[②] 到了20世纪90年代中期,国家调整了这一政策,推行对境外影视剧播出时限的限制。[③] 进入21世纪之后,《电影管理条例》又把时限限制进一步调整为对放映单位放映国产电影片的时间总和管理制度。[④] 这一政策后来被写进了《电影产业促进法》,该法规定电影院应当放映国产电影,其时间不得低于年放映电影时间总和的三分之二。

在电影税收制度上,税收政策发挥了重要作用。改革开放初期,为了扶持民营电影企业的发展,国家制定了相应的减税、退税或者免税等税收优惠政策,减轻企业负担,促进电影行业的繁荣。[⑤] 随着电影行业的迅速发展,进入21世纪之后,国家调整

[①] 中国报告网:《2017年中国电影、电影院线与电影放映行业发展现状及趋势分析》,http://market.chinabaogao.com/chuanmei/06152U6042017.html,最后访问日期:2018年7月23日。

[②] 1981年文化部、海关总署联合发布《进口影片管理办法》。

[③] 1995年,原广播电影电视部颁布《关于进一步加强和改进境外影视剧引进和播出管理的通知》,规定每天19点至22点的黄金时间必须以播出国产影视剧为主,境外影视剧的播出不得超过15%

[④] 2002年实行的《电影管理条例》规定,电影放映单位年放映国产电影片的时间不得低于年放映电影片时间总和的三分之二。

[⑤] 2006年12月5日,财政部、国家税务总局印发《关于宣传文化增值税和营业税优惠政策的通知》(财税〔2006〕153号)规定:自2006年1月1日起至2008年12月31日,对经国务院或国务院广播影视行政主管部门批准成立的电影制片企业销售的电影拷贝收入免征增值税;对电影发行单位向放映单位收取的发行收入,免征营业税。

了这些政策,取消了电影行业企业的税收优惠政策。①

与此同时,国家启动了文化体制改革,为支持文化企业改制,相应地制定了一定的税收优惠政策。如2006年12月5日,财政部、国家税务总局印发《关于宣传文化增值税和营业税优惠政策的通知》(财税〔2006〕153号),规定自2006年1月1日起至2008年12月31日,对经国务院或国家广播影视行业行政主管部门批准成立的电影制片企业销售的电影拷贝收入免征增值税,对电影发行单位向放映单位收取的发行收入免征营业税。2008年10月12日,国务院办公厅发布《关于印发文化体制改革中经营性文化事业单位转制为企业和支持文化企业发展两个规定的通知》(国办发〔2008〕114号),为进一步深化文化体制改革,继续推进国有经营性文化事业单位转企改制,规定经营性文化事业单位转制为企业后,免征企业所得税;由财政部门拨付事业经费的经营性文化事业单位转制为企业,对其自用房产免征房产税。②

这个时期,对文化企业的税收政策主要是通过通知的形式完成的。如2009年3月27日,财政部、海关总署、国家税务总局联合发布《关于支持文化企业发展若干税收政策问题的通知》(财税〔2009〕31号)③;又如,2014年11月27日,财政部、海关总署、国家税务总局联合发布《关于继续实施支持文化企业发展若干税收政策问题的通知》(财税〔2014〕85号)④。这些通知对文化产业的税收政策实际上发挥着法律的作用。

在《电影产业促进法》实施后,对文化企业的税收优惠政策开始转向法律调整为主的轨道。该法第38条规定:国家实施必要的税收优惠政策,促进电影产业发展,具体办法由国务院财税主管部门依照税收法律、行政法规的规定制定。本法在遵循"税收法定"原则的基础上,规定具体税收细则由国务院财税主管部门制定。关于今后电影产业税收的行政法规、政策的制定,由国务院财税主管部门在法律的指导下订立,促进中国电影产业的新发展。

电影融资也是政策规制的重要领域。一部电影从创意到作品发行,需要大量的资

---

① 财政部、国家税务总局于2009年12月10日印发《关于继续实行宣传文化增值税和营业税优惠政策的通知》(财税〔2009〕147号)。

② 2014年4月2日,国务院办公厅《关于印发文化体制改革中经营性文化事业单位转制为企业和进一步支持文化企业发展两个规定的通知》(国办发〔2014〕15号),重申了上述税收优惠政策。

③ 该通知规定广播电影电视行政主管部门(包括中央、省、地市及县级)按照各自职能权限批准从事电影制片、发行、放映的电影集团公司(含成员企业)、电影制片厂及其他电影企业取得的销售电影拷贝收入、转让电影版权收入、电影发行收入以及在农村取得的电影放映收入免征增值税和营业税;出口图书、报纸、期刊、音像制品、电子出版物、电影和电视完成片按规定享受增值税出口退税政策。

④ 该通知规定,自2014年1月1日至2018年12月31日,新闻出版广电行政主管部门(包括中央、省、地市及县级)按照各自职能权限批准从事电影制片、发行、放映的电影集团公司(含成员企业)、电影制片厂及其他电影企业取得的销售电影拷贝(含数字拷贝)收入、转让电影版权(包括转让和许可使用)收入、电影发行收入以及在农村取得的电影放映收入免征增值税。一般纳税人提供的城市电影放映服务,可以按现行政策规定,选择按照简易计税办法计算缴纳增值税。

金投入。电影《英雄》开创了国产电影投资"大片"之先河,由此中国电影的制作成本不断攀升。在电影融资领域,主要的融资渠道也是政策规制的。

一般来说,影视产业的融资方式包括政策性融资、股权融资、债权融资、私募股权基金以及通过合拍影片项目融资,赞助、嵌入式广告等方式获得资金。[①] 其中,政策性融资包括中国电影专项基金和国家政策的鼓励与引导。中国电影专项基金主要来自两个方面,一是政府设立的专项基金,如电影专项资金、影视互济基金、进口片发行收入提成、重大题材影片专项补助等基金,支持电影行业的资金投入。另外还有民间基金,如中影青年导演计划、曲江助推金、亚洲新星导计划等,但范围较狭窄且资金数额有限。2009年7月22日,国务院常务会议通过《文化产业振兴规划》,鼓励银行业金融机构加大对文化企业的金融支持力度;积极倡导鼓励担保和再担保机构大力开发支持文化产业发展、文化企业"走出去"的贷款担保业务品种;支持有条件的文化企业进入主板、创业板上市融资,鼓励已上市文化企业通过公开增发、定向增发等再融资方式并购和重组,迅速做大做强;支持符合条件的文化企业发行企业债券。[②]《电影产业促进法》也鼓励金融机构向电影行业企业提供资金支持,鼓励保险行业和融资担保机构开发适合电影行业的风险分散业务,促进电影产业健康发展。

电影产业的发展经历了一百多年的历程,创作了许多优秀的电影作品,形成了各国、各民族独具特色的电影风格。中国电影起步虽晚,但随着社会主义市场经济的发展、国家法律法规与政策的规范,其潜力和活力不容小觑。中国应该在重视本国电影行业的基础上,借鉴外国电影行业的法律法规、政策和行业规范,探索适合本国的电影产业规范之路。

第三节 电影的分类

电影分类是指不同的题材、技巧和格调而形成的影片的范畴。[③] 对电影的分类有很多种方式,如IMDB中文网将电影分为28种:剧情、喜剧、短片、记录、动作、黑色、惊悚等[④],使得观众一看种类名称,就能大致明白电影的题材和风格。本书介绍几种常见的电影分类方法和类别,方便读者更深入理解电影的现实和艺术价值。

---

① 金冠军、王玉明:《电影产业概论》,复旦大学出版社2012年版。
② 中国政府网:《〈文化产业振兴规划〉全文发布》,http://www.gov.cn/jrzg/2009-09/26/content_1427394.htm,最后访问日期:2018年7月23日。
③ 叶永胜、张公善:《电影:理论与鉴赏》,合肥工业大学出版社2006年版,第75页。
④ 《美国:R影片列表》,见http://www.imdb.cn/Sections/Certification/USA-R,最后访问日期:2018年7月30日。

一、按照电影内容的表现形式分类

电影内容的表现形式是指电影通过什么方式来表达中心思想、故事情节和艺术价值。根据这一标准,可将电影分为故事片、纪录片、动画片、歌舞片。故事片是通过表演影像来叙事,纪录片是以实录影像来叙事,动画片则是以造型影像来叙事,歌舞片是通过歌曲和肢体语言来叙事。[1]

故事片又称剧情片,通常运用现实生活中真实存在但往往不被大多数人所注意的事件而改编的故事性电影,揭露和深入发掘事件背后的人性,发人深省。如《肖申克的救赎》《辩护人》《我不是药神》,这类影片往往与社会事件和现象紧密联系,通过改编真人真事,增加艺术元素,拉近观众与影片的距离的同时,使观众产生共鸣和强烈的情感冲击,具有深刻的现实和艺术价值。

纪录片与剧情片相比,没有浓厚的社会时事和个人情感色彩,以纪实拍摄为主,在真实记录自然、人文景观的同时,展现事物本来的样子。当然,纪录片也会传递一定的价值观,如记录非洲大草原动物迁徙的纪录片,在展现自然美景和动物迁徙盛况的同时,呼吁人们热爱自然、保护动物,倡导人与自然和谐相处。纪录片的代表作有《舌尖上的中国》系列、《生门》《帝企鹅日记》。《舌尖上的中国》系列纪录片真实拍摄了中国各地的特色美食,不但拍摄食材的生长、采摘、烹饪过程,还拍摄其中的自然规律、人文情怀,整部纪录片充满了温情。

动画片是通过把人物的表情、动作、变化等分解后画成许多动作瞬间的画幅,再用摄影机连续拍摄成一系列画面,给视觉造成连续变化的图画。[2] 动画片往往与动漫作品紧密联系,日本动画片经常以动漫作品为脚本,将其拍摄成动态的电影作品,如《名侦探柯南》《哆啦A梦》《龙猫》。动画片的叙事和拍摄风格可以不受现实的束缚,既可以写实拍摄,也可以超现实拍摄,如《哆啦A梦》中虚构的哆啦A梦角色,达到影片想要表达的效果。

歌舞片是由大量歌唱和跳舞的形式组成故事情节的影片,大多是由纪录歌剧演出或根据歌剧改编而成的。歌舞片一般由演员通过舞蹈、歌唱展开故事情节、描绘人物形象,娱乐性和观赏性强。如中国早期拍摄的《歌女红牡丹》《马路天使》《刘三姐》,国外的《芝加哥》《音乐之声》《歌舞青春》系列,通过歌舞来升华、加深人物性格,推进故事进展。如《歌舞青春》系列电影通过男女主角的歌舞,进一步加深双方的感情,给观众带来美好的视听享受。在歌舞片渐渐没落的今天,印度电影对歌舞片的坚守成为其一

---

[1] 蓝凡:《电影类型新论》,《艺术百家》2012年第6期,第137页。
[2] 动画,见 https://baike.baidu.com/item/%E5%8A%A8%E7%94%BB/206564? fromtitle=%E5%8A%A8%E7%94%BB%E7%89%87&fromid=666841,最后访问日期:2018年7月30日。

大特色,如《三傻大闹宝莱坞》《神秘巨星》《起跑线》等印度歌舞电影依旧保留了歌舞特色,对故事情节起到了很好的烘托作用。

二、按照电影类型分类

类型片是由不同题材或技巧形成的不同的影片形态。类型电影有三个基本元素:一是公式化的情节,如西部片里的铁骑劫美、英雄解围;强盗片里的抢劫成功、终落法网;科幻片里的怪物出世、为害一时等。二是定型化的人物,如除暴安良的西部牛仔或警长,至死不屈的硬汉,仇视人类的科学家等。三是图解式的视觉形象,如代表邪恶凶险的森林,预示危险的宫堡或塔楼,象征灾害的实验室里冒泡的液体等。从艺术上说,这类公式化、概念化的东西是不可取的,相反往往颇有刺激性,所以很能引起观众的兴趣,哪怕见头知尾,仍然流连忘返。[1]

类型片的分类大家耳熟能详,一般在电影简介中出现。类型片分为西部片、公路片、战争片、武侠片、动作片、恐怖/悬疑片、科幻片、爱情片、青春片、历史片、喜剧片、人物传记、警匪/犯罪片、黑帮片、色情片等,观众一看电影类型就大致明白影片的内容和风格,这种简单明了的分类方式可以方便观众选择,也方便监管机关的管理,尤其在国外电影分级制度下,对电影的受众有严格的限制。比如恐怖/悬疑片、战争片、色情片等的受众有年龄的区分,18岁以下的未成年人不可以观看或者只能在父母的陪伴下观看。

三、按照偏好分类

按照是否迎合观众喜好,可以将电影分为商业片和文艺片。商业片是指以票房为终极目标,迎合大众口味和欣赏水准的影片。观众耳熟能详的好莱坞大片很多都属于商业片,这类影片的目标明确,会极力照顾观众的情感需求,故事情节上跌宕起伏,最终会使恶人受惩罚、好人得好报;视听上运用高科技,力求逼真、震撼,如《速度与激情》系列、《007》系列、《变形金刚》系列。由于观众喜欢,拍摄此类影片能得到丰厚的收益回报,世界各国的电影制作公司都热衷于商业片,甚至拍出系列电影。

文艺片与商业片相反,不以迎合观众喜好为目的,是以表达作者的价值观、艺术表现力和理解力、对事物的看法的电影,带有个人艺术色彩。文艺片的题材有时写实,有时荒诞;结局有时悲剧,有时喜剧,有时甚至有开放性结局;内容与情节有时清晰,有时模糊。文艺片与古典钢琴作曲家一样,活在作者自己的世界里,它是孤独的、思想独特的、意义深远的,但对世界、事物、感情的认识是深刻的,具有高度的艺术价值和人文价

---

[1] 邵牧君:《西方电影史概论》,中国电影出版社1982年版,第33页。

值。文艺片的代表作有《辛德勒的名单》《霸王别姬》《夜宴》《冈仁波齐》，比如《霸王别姬》中程蝶衣的坚守以及最后的自杀，可能不是大多数观众心目中的美好结局，但正是这种艺术性的结局，升华了程蝶衣一生对京剧的热爱与坚守，将影片推向高潮。

四、按照电影拍摄技术分类

随着科技的发展，电影制作与放映技术不断升级换代，由过去单一的 2D 技术升级至 3D、4D 技术，音效也更逼真，有立体环绕声、杜比音效等。

2D 电影就是平面电影，观众无需额外设备即可观看。在 3D 电影出现之前，我们观看的电影都是 2D 的，而 3D 电影也称立体电影，将两影像重合，产生三维立体效果，当观众戴上立体眼镜观看时，有身临其境的感觉。3D 电影增强了观众的观影效果，使观众的参与感增强，2008 年中国兴起 3D 电影后，3D 电影票房收入更高，《泰坦尼克号》为此专门制作 3D 版本，重新上映。3D 电影的代表作有《阿凡达》《少年派的奇幻漂流》《环太平洋》。

第四节　电影制作流程

一部电影的制作是一个复杂的工程，从前期的项目策划、融资到中期拍摄、后期制作、宣传与发行，为了和观众见面，这其中的任何一个环节都不可或缺，同时，应当看到电影制作的流程不是一成不变的，有时可能出现交叉进行的情况。

一、电影项目策划

电影的项目策划是指从创意到剧本的整体环节和过程。一般而言，就是这个电影值不值得拍、应该怎么拍、拍了以后票房与口碑状况如何，相当于电影制作的"成长单"，将电影从无到有地孕育出来。

首先，电影的策划人应当具备专业的市场灵敏度，通过对当今电影市场的深刻理解，针对电影市场所处的发展阶段，预测电影市场普遍接受和欢迎的题材、故事情节、电影团队，对电影剧本、电影制作团队、宣传与发行方式等有一个准确的定位，创造出一份吸引投资方和电影制作方的电影项目策划书。

其次，电影策划书的具体内容包含五个方面：融资方式、剧本题材、市场受众、宣传与发行类型、上映时间及平台。融资方式是指采取什么样的形式融资，包括合作模式、资金结构、比例控制、预期经济效益以及风险防范措施。

剧本是电影的基础，剧本的时空背景、主题、故事主线和人物设计对电影项目的成功与否至关重要。

市场受众。由于电影突出的是画面的综合效果,因此短时间内吸引观众是电影策划需要重点关注的。一般情况下,电影策划书中会调查和研究电影受众,从而明确受众类型是男性、女性还是成人、少年儿童,并根据受众的特点设计电影的情节、电影团队及宣传与发行方式。

电影的宣传与发行方式在新媒体盛行的今天尤为重要。目前流行的电影宣传方式就是新媒体下的新型宣传方式,一方面营造饥饿营销氛围,另一方面提前观看影片的观众会在各大社交平台宣传,宣传效果尤佳。这就使得具有争议性或话题性的电影题材容易受到观众的注意和讨论。

上映时间及方式也对电影票房的成功与否有影响,电影云集的时间一般在节假日,以贺岁档为例,此时大片云集,"贺岁片"一直领跑新年假期,不仅竞争激烈,且收益也很大。对于如何选择上映时间,电影策划人应该结合影片的特点及竞争力,量力而行。由于线上发行的流行,有些影片开始选择网络发行这一模式,使得受众可以自由选择观影时间,也得到一定观众的认可。

策划的实质是故事内容的策划、剧本的策划。重要的是用于制作人、投资方和董事会决定故事能否进行和终止,决定资金的筹备,以及项目何时启动以便立项。同时,策划也是写给制片人、编剧的,把随时出现的思路、灵感记录下来,用于项目的进行。重要的是,监制、制片、导演可以通过这些文案了解策划、编剧的创作初衷和基本意图,用于后续的创作和发展需要。[1]

二、电影融资

融资(financing)是一个企业筹集资金的行为与过程。电影融资是指为电影的制作寻找资金的活动。为了吸引投资人投资,电影策划人通常制作策划书,用它来说服投资方投资电影,为电影的拍摄提供资金支持。

(一)中国电影融资的历史发展

中国电影融资渠道从单一渠道走向多元化的市场融资,大体经历了三个发展阶段:国家垄断阶段、国家投资与社会投资相结合阶段、市场化投资与融资阶段。目前,中国电影融资正处于第三发展阶段。[2]

国家垄断电影融资是指只有国家才能投资制作电影的单一电影融资方式。从时间上看,从1958年到改革开放之前,中国电影融资基本上采用的都是国家垄断模式。

---

[1] 张会军、吉亚太、张樵:《电影前期制作方略》,《北京电影学院学报》2018年第1期,第173页。
[2] 张华、李素艳:《影视运营》,中国传媒大学出版社2015年版,第430—431页。

中华人民共和国成立以后,1949年王滨导演了第一部故事片《桥》,这也是中国第一次在银幕上正面塑造中国工人阶级的崇高形象。[①] 这个时期制作电影所需要的所有经费都来源于国家,由国家从事业经费中拨款解决,电影的拍摄、宣传与发行均不用担心融资问题,也不用担心没有市场,这个时期的电影融资是国家垄断的,不向社会募集资金制作电影。

中国电影融资发展的第二个阶段是国家投资与社会投资相结合的时期。这种模式打破了原来的电影融资单一体制,电影制作所需要的资金部分来自国家投资,部分来自从社会上募集的资金。这个时期大致为从1979年起到20世纪90年代后期。改革开放后,中国逐步开放各个领域,电影行业也渐渐允许非国有资本进入,真正意义上的电影市场开始形成。这一时期的电影融资,国家投资仍然占据电影资本的主要部分,电影资本越来越多地来源于非公有制经济,甚至是港澳台地区的投资与外国投资,电影投资的主体开始从单一走向多元,形成了以国家投资为主、以社会投资为辅的电影融资模式。

中国电影产业融资发展的第三阶段,即以市场为主的电影融资模式。这个阶段大体从20世纪90年代后期开始,一直到现在。20世纪90年代后期,中国改革开放的程度不断加深,2001年中国加入WTO,中国政府为加入WTO做出一系列承诺,由此导致国家法律和政策的许多变化。在这个时期,多元化的资本开始进入影视行业,电影产业投资市场逐步形成,电影融资的主要来源由市场决定,所有市场主体均有机会参与电影的投融资。

(二)电影融资的方式

进入21世纪以来,由于电影制作的主体、电影题材等都发生了一些明显的变化,再加上金融领域的发展,传统的电影融资方式进一步拓展,出现了一些新兴的电影融资方式,以应对电影制作主体对拍摄电影所需资金的不同需求。

1. 政府投资及资助基金

政府投资拍摄电影是中国电影投资市场最传统的方式,包括政府直接或间接投资两种方式。直接投资是指政府直接把资金投向具体电影的制作;间接投资是指政府不直接把资金投向具体某一部电影,而是通过设立电影产业基金的方式资助电影拍摄。政府投资拍摄的电影从题材上看大多为主旋律题材,制作方也以国有制片公司为主,如中影集团、上影集团、珠影集团等。

这些影片制作完成后,一般被视为"重点影片",并获得一些特殊政策进入院线,或者通过"优秀国产影片展映月"等形式半强制性地进入院线放映,或者可以通过电视频

---

① 《桥》,https://baike.baidu.com/item/%E6%A1%A5/2565807,最后访问日期:2018年8月6日。

道以及其他包场等非市场化形式在区域范围、二级市场获得一定回报。①

除了政府直接投资电影之外,从20世纪90年代初开始,中国设立了电影资助基金以扶持电影产业的发展。自1991年起,政府为了扶持国产电影设立了电影资助基金:国家电影专项基金,基金来源于从县级及以上城市电影院电影票房收入中提取5%份额;影视互助资金,资金来源于中央或地方电视台广告纯收入的3%;中外影片互济基金,从进口影片收入中提取部分资金。② 政府提供的电影资助基金一般针对具有正能量、有思想、有一定艺术高度的影片,更加注重电影的社会效益,商业属性不是其关注的重点。比如,2017年7月,国家电影事业发展专项资金管理委员会发布通知,对2016年公映的20部国产影片给予电影事业发展专项资金资助,包括《长城》《我们诞生在中国》《美人鱼》《大鱼海棠》等影片。③

现在政府投资电影的模式也在不断创新,由单纯赞助商的身份逐渐往投资商的身份转变,即以投资收益为目的加入电影的制作与发行中,和其他投资方一起共担风险、共享收益,这也标志着电影市场的逐步成熟。

2. 金融机构贷款

金融机构贷款是比较传统的电影融资渠道,但在中国,将金融机构贷款作为电影融资主要渠道的电影并不多见。造成这种局面的原因至少有二:其一,金融机构贷款虽然是电影融资的一种方式,但是由于国内金融机构中缺少专业的影视项目审核专家,很难对电影项目的前景做出专业判断,因而,金融机构一般不愿意冒风险为电影项目发放大笔贷款;其二,电影通常源于创意,根据中国银行贷款的相关规定,创意不能作为抵押贷款的标的物,因而没有贷款的空间。

有些大型影视制作公司计划拍摄的电影,如果有大导演和大明星的加入,会增加贷款成功的概率。从金融机构贷款通常需要提供担保。中国电影贷款有四种担保方式。一种是选择担保者,担保者通常为有实力的电影发行商,由发行商担保电影发行后的一定时间内偿还金融机构贷款的本金及利息。制片方能够得到的贷款数额及利率很大程度上取决于发行商的信誉,即电影能够发行成功。④ 第二种是抵押贷款,很多影视公司经常大手笔购买古玩字画等艺术品,有一些艺术品就是用来向金融机构贷款抵押所用。第三种担保方式就是制片方负责人的无限连带责任抵押,国内最早的一

---

① 王东、王爽:《中国电影产业融资方式发展研究》,《北京电影学院学报》2009年第1期,第27页。
② 邵奇:《中国电影制作融资渠道的策略分析》,《当代电影》2006年第6期,第15页。如电影《建国大业》和《邹碧华》就是在行政机关和事业单位中发放电影票,鼓励行政人员观影。
③ 《20部国产影片获资助》,http://www.chinaxwcb.com/2017-08/01/content_358927.htm,最后访问日期:2018年8月6日。
④ 张华、李素艳:《影视运营》,中国传媒大学出版社2015年版,第438页。

笔电影企业贷款,即华谊 2004 年开拍《夜宴》时以"企业负责人个人无限财产质押"获得深圳发展银行贷款 5 000 万元。① 第四种是"版权质押",即用电影作品的版权作为抵押物,抵押物的价值为电影版权的预期收益。2007 年筹备电影《集结号》时,华谊兄弟就是以"版权质押"的方式获得招商银行 5 000 万元的贷款,这也是国内银行首次承认"版权抵押"。② 在准备向金融机构贷款时,制片方除了拥有一种合格的担保方式外,还需要向金融机构提交拍摄计划、允许拍摄的相关证明文件、相关合同复印件、详细预算、投资该电影的其他投资人的财务状况等信息。③

3. 私募股权融资

私募股权投资电影制作的历史不长,它兴起于 2004 年,当时美国好莱坞电影融资迎来了第三次浪潮,其标志性事件是华尔街的私募基金介入电影投资领域,电影投资基金应运而生。私募基金青睐电影产业的原因在于这些电影基金的平均投资回报率高,一般都超过 20%;电影回报与宏观经济形势的关联度不高,收益相对稳定,对投资基金吸引力很大。

中国私募股权基金投资电影产业发展迅速。私募股权电影融资的投资者来自各行各业,不仅限于影视制作公司,还包括金融租赁公司、保险公司、信托投资公司、广告公司、证券公司、基金公司及其他企业。这些投资人并不是电影制作的行家里手,他们通常聘请电影行业的专业人士作为制片人总体负责电影的拍摄、创作人员的聘用及管理、宣传和发行。在这种模式下,制片人通常不承担投资运营的风险,而是由投资方承担电影投资的风险,共享电影投资的收益。

4. 电影众筹

随着互联网科技的发展,新型融资方式借助"互联网+"的趋势蓬勃发展。互联网融资模式开始改变传统的电影融资,打破融资相对封闭的渠道,向公众开放投资渠道,众筹融资应运而生。

"众筹"一词译自 crowdfunding,即大众筹资,是指用团购与预购相结合的形式,向网友募集项目资金的模式。众筹通常利用互联网和 SNS 传播的特性,让影视公司、艺术家或个人向公众展示他们的创意,争取大家的关注和支持,进而获得所需要的制作资金。以阿里巴巴推出的"娱乐宝"为例,用户通过线上购买娱乐宝推出的电影投资项目,每个项目都有规模上限和预期年化收益率,投资期限大多为一年,预期年化收益

---

① 《华谊融资样本:版权质押附加个人连带担保》https://www.aliyun.com/zixun/content/2_6_1092338.html,最后访问日期:2018 年 8 月 6 日。
② 同上。
③ 张华、李素艳:《影视运营》,中国传媒大学出版社 2015 年版,第 438—439 页。

率为6%~7%不等,不保证收益。① 首先,对广大投资者来说,通过购买娱乐宝,能够获得投资影片预期7%的收益,还能获得与所投电影相匹配的各种权益,如主创见面会、独家幕后花絮、主演签名照等电影的衍生品,这是颇具吸引力的福利。对融资者来说,娱乐宝的资金筹集速度很快,其首款产品《黄金时代》推出后短时间内就抢购一空,实际销售额为1 800.236万元。② 其次,借助娱乐宝的平台,宣传和推广影片,有利于票房的增长。再次,娱乐宝的"众筹"模式降低了投资门槛和融资成本,鼓励广大民众参与投资,融资方无须联系与接洽各大投资机构,即可获得充足资金。对于中小制片方和小众电影制片人来说优势更为明显,因为如果没有大导演或者大明星加盟,中小制片人很难得到传统投资方的支持,而互联网的投资低门槛为其融资创造了条件。

5. 植入广告

电影中植入广告是普遍存在的一种现象,制片方会根据电影剧情和题材,选择合适的企业产品、商标、服务等,融入电影的剧情,使之与电影融为一体,通过这种方式,获得电影制作所需的资金。这种方式,又被称为"软广告"。

植入广告是一种软广告,它不同于硬广告。"硬广告"与电影剧情无关,一般在电影放映前播放。与硬广告和电影的内容无关不同,植入广告通常通过电影情节的推进,把电影中所使用的各种道具的商标凸显出来,达成广告效应。植入广告为电影制作带来的融资,比硬广告更为丰厚。如冯小刚拍摄《天下无贼》,共植入品牌商标12个,获得丰厚的资金,仅广告收入就突破了4 000万元,电影还没上映就已经回本,堪称电影植入广告的成功案例。③

植入广告如运用不恰当,有时就很难达成预期效果,因而植入广告的数量和方式要慎重选择,不能给电影的剧情带来负面影响,避免观众对植入广告的反感,影响票房收入。如徐静蕾导演的电影《杜拉拉升职记》,整部作品据统计植入广告高达40多个,如此高密度的广告植入也会引起观影者的反感。

6. 海外版权预售

海外预售融资,就是在影片制作完成之前,制片公司基于剧本、导演和演员的阵容,向海外电影发行公司预先销售影片在海外的发行权、放映权,收取定金或"保底发行金"以支持影片制作的融资方式。④ 电影制片公司在预售融资时,需要准备一套关于电影的基本信息的资料,包括剧本、导演及主要演员信息,随后制片公司可通过海外

---

① 李石:《互联网融资模式在电影制片行业中的应用》,《上海金融》2016年第8期,第86页。
② 同上。
③ 《论〈天下无贼〉中的植入式广告》,https://wenku.baidu.com/view/5f900eaed1f34693daef3e87.html,最后访问日期:2018年8月6日。
④ 宋海燕:《娱乐法》,商务印书馆2014年版,第219页。

版权发行公司,委托其寻找适合的海外发行方。在该过程中,制片公司与海外发行方需要订立融资合同等文本,同时为保证影片能够按计划顺利拍摄完成,合同中通常会约定一项重要条款:"若原定参与本电影拍摄的导演、演员无法从事该影片的拍摄工作,且制片公司未能寻找到具有同等影响力的演员或者导演代替,发行方有权解除合同。"

海外预售融资作为舶来品,逐渐在中国实行,目前中国主要的海外预售地为日本,比如电影《夜宴》《墨攻》在日本的预售融资分别达到500万美元和350万美元,《梅兰芳》在日本融资300万美元。[1] 随着海外预售在中国的发展,越来越多的电影会选择此种方式融资。

随着电影市场化程度的加深,电影的融资渠道和方式会更加多元化,大多数电影会选择多种融资渠道,最大限度增加资金数量,拍摄出更多优秀的影片。

三、创作团队的组建

电影融资成功后,制作人就开始组建创作团队了。如果说电影策划和融资是地基,创作团队的具体拍摄和制作就是地上高楼大厦的建设。电影创作团队分为制片部门、导演部门、摄影部门、录音部门和美术部门,有的电影还有特效部门。每个部门各司其职、分工明确,为完成一部电影而共同努力。

(一)制片部门

制片部门的主要职责是电影项目运营。电影策划描绘了一个美好的蓝图,由制片部门总领负责实施。该部门以制片人为核心,由执行制片人、外联制片、现场制片、生活制片、财务人员等组成,计划、统筹管理和监督其他部门的拍摄和后期制作。制片人的职责是:代表出品方及投资方全权管理摄制项目;监督剧本的创作与修改;确定拍摄周期及制作成本;选定导演和主要演职人员;制定宣传、发行销售方案;保证投资收回并赢得利润。执行制片人的职责是:受制片人的委托,制定剧组工作纪律、管理制度;监督并控制经费支出;监督拍摄计划的制定。现场制片是指协助执行制片人具体处理、安排拍摄工作,协调各部门的关系,处理突发情况,保障拍摄工作顺利进行。[2] 可见制片人是对投资方负责的,其职责范围涉及电影拍摄与宣传发行的整个过程,并对整个过程设立总方向和计划,其核心地位可见一斑。

(二)导演部门

制片人可以保证整部影片完整、顺利地拍摄完成,而导演是电影质量的核心,一部

---

[1] 王东、王爽:《中国电影产业融资方式发展研究》,《北京电影学院学报》2009年第1期,第26页。
[2] 张华、李素艳:《影视运营》,中国传媒大学出版社2015年版,第468页。

影片的商业性、艺术性的基调和实现,导演是总负责人。通常情况下,制作人会先选择导演,由导演挑选其他人员。导演部门包括总导演、副导演、执行导演等。导演就像乐队指挥,统筹整个部门人员的职责,带领大家将文字剧本转化成视听语言,使静态的文字变成动态的画面。

(三)技术部门

技术部门是为电影的制作提供技术支持的人员,包括摄影部门、录音部门和美工部门。摄影部门主要包括摄影师、灯光师,与导演配合建立电影画面的风格和基调,决定镜头和灯光的使用,以达到电影的最佳表现力。

录音部门包括录音师和配音演员,录音师负责配合导演部门的配乐师,达到配乐师理想的效果,并负责录音和后期制作。配音演员负责相关角色的配音,以符合角色和场景的要求。

美工部门包括化妆师、造型师、服装师、美术师、道具师等。前三者主要为演员服务,根据角色特点设计演员的服装、造星和妆容,并负责拍摄过程中的造型维护。美术师设计全剧的场景布置,有的剧组需要搭建的拍摄现场,就是美术师设计的。道具就是根据美术师的设计做出具体的实物,并负责道具的搭建、转移。

四、开机拍摄

创作团队到位后,电影便可以开机拍摄了。电影的拍摄包括制定拍摄计划、拍摄质量控制。

(一)制定拍摄计划

制定拍摄计划是导演部门的职责,通常由导演与其他导演开会讨论,确定拍摄的整体计划,包括前期筹备、中期拍摄、后期制作,还要确定电影开拍的起点和终点,目的是与其他人员的日程表相配合,更是为了财务人员根据创作团队人员的工作时间发放薪资报酬。整体计划制定后,每月计划、周计划以及日计划一般由执行导演负责,有时副导演也会参与其中。执行导演在制定具体计划时,要综合考虑各个人员的进组时间、场景搭建和转移的次数与时间、季节与天气的变更等因素,让人员在高效率、低成本、合作密切的状态下拍摄。各种意外因素都有可能影响拍摄计划,所以执行导演还要在日计划中设计替代方案,如果场景不能按时搭建完成,可以拍摄其他无需该场景的部分。

计划制定完毕,执行导演的另一任务就是监督计划的实施。全体创作人员必须严格执行每日计划,任何部门、任何人员都必须无条件完成。对于因意外事故无法继续拍摄的情况,执行导演除了执行替代方案外,还要协调人员和时间,找时间补拍。

(二)拍摄质量控制

拍摄不仅要严格遵循拍摄计划,更要控制拍摄质量。质量控制的主体是制片部门的执行制片人和现场制片人。两位制片人要保证导演的创作思路始终与投资人的理念相符,协调双方的艺术与商业追求。例如拍摄主旋律影片时,导演对人性光辉的追求与相关部门对国家利益的维护要相协调。在拍摄电影《红海行动》时,制片方与导演就将战士的人性与中国的军事实力相结合,既突出了大国风貌,也闪耀着人性光辉。

对于技术部门的质量控制,制片人要重点把控画面效果、音乐音响效果,力求精益求精。如电影《敦刻尔克》的导演克里斯托弗·诺兰希望该片能够为观众提供身临其境的体验,向观众展示战争的残酷和恐怖,因此全片皆以 IMAX 摄影机拍摄,再加上汉斯·季默的配音,该片在 2018 年 3 月 5 日获得第 90 届奥斯卡金像奖最佳音效剪辑奖、最佳音响效果奖和最佳剪辑奖。[①]

五、后期制作

一部影片拍摄完成不代表大功告成,面对长达三四个小时的素材,导演和剪辑师需要完成对电影的剪辑。通常情况下,导演和制片人观看完全部素材后,统一剪辑意见,告知剪辑师,由剪辑师负责粗剪。粗剪过后再由导演、制片人和剪辑师共同讨论,修改粗剪的片子,直至三方满意。如果是科幻、悬疑等需要特技的电影,剪辑后要将片子送至特效部门添加特效。不需要特效的片子将送至技术部门,由配乐师和配音师进行声音编辑,增强电影的表现力。好的配乐是电影的点睛之笔,首先要插入优秀的音乐作品,可以是以前的作品,也可以是新作品,比如电影《唐人街探案》系列的配乐赵英俊灵活运用经典老歌《粉红色的回忆》和《往事只能回味》,使影片增添了更多喜剧色彩。接下来影片将送至专门的后期制作公司进行画面美化、调光调色,使电影画面更符合所要表现的精神。在所有画面、声音工作完成后,最后一步就是上字幕,什么地方、什么时候应该有字幕,字幕的大小、格式和位置应当与影片的整体状况相符,一般会最后插入。

第五节 电影宣传与发行

电影制作完成后,如何选择宣传与发行公司,就是电影票房成功与否的关键。目

---

① 《敦刻尔克》,2https://baike.baidu.com/item/%E6%95%A6%E5%88%BB%E5%B0%94%E5%85%8B/19194732? fr=aladdin#4,最后访问日期:2018 年 8 月 12 日。

前电影市场竞争激烈,良好的宣传与发行有时将决定一部影片的"生死"。在国外,电影的宣传与发行一般委托给专业的宣传与发行公司,在中国,独立的宣传与发行公司并不多见,一般由大型影视制作集团下属部门或宣传与发行团队负责,如华谊兄弟、光线传媒旗下的宣传与发行公司。这是因为宣传与发行需要资源,而大型影视制作集团的媒体、网络和商业资源丰富,团队人员也更专业。

一、电影宣传的步骤与方式

电影宣传一般分为前期筹备、中期电影制作与后期上映三个大阶段。前期筹备阶段即电影未开机拍摄期间,宣传与发行公司可以通过发布定妆照、采访主创人员、在各大平台发布宣传稿等方式提前预热,调动大众的期待感。开机发布仪式上,可向媒体和观众介绍主创人员及影片的主要情节,让观众进一步了解影片。在电影制作阶段,可以通过媒体探班、曝光拍摄花絮等方式,满足观众的窥探欲和好奇心。杀青后,电影的宣传最为密集。此时,可以公布上映时间、电影预告片以及电影主题曲,如《后来的我们》公布的主题曲《爱了很久的朋友》,着实火爆各大音乐平台,为电影预热起到了很好的效果。

电影宣传的方式多种多样,目前主要的方式有新闻采访、网络推文、广告宣传、预告片及主题曲、电影发布会和宣传会。新闻采访的对象主要是主创人员,比如采访导演讲述整个拍摄的过程,采访演员讲述对角色的认知和感想,通过视频平台和社交平台发布,积累人气。网络推文贯穿电影宣传的全部:前期的文章可以注重电影的选题和人员选择上,不能过多"剧透";中期的文章多包含拍摄的趣闻和主创人员的勤奋,让观众了解到这是一部制作精良的电影;后期的文章多集中在影评上,结合观众、媒体、专业影评人的评论进行口碑传播。广告宣传是一种传统的宣传方式,通过张贴海报、发布广告牌、公共交通播放视频,还可以选择贴片广告进行宣传。预告片及主题曲宣传也是传统的宣传方式,一般会在主流媒体和音乐平台发布,然后依托这些媒体再辐射和发散到更多的媒体。电影发布会和宣传会是媒体和粉丝接近电影的最佳方式,制片方会邀请众多媒体参加发布会和宣传会,还会支付媒体"车马费",希望媒体能多多撰写电影的宣传文章。目前还有一种新的宣传方式叫作"点映",即在影片正式上映前,提前向一定数量的观众播出,以测试市场对电影的反响。如《我不是药神》点映播出的几天时间,票房和口碑直线上升,在正式上映后更是大获全胜,不得不说点映的宣传方式可助推票房大获成功。

电影如果想取得票房的胜利,除了"打铁还需自身硬"外,宣传的步骤和方式必不可少。归根结底,宣传方的核心就是寻找观众的需求:观众想看什么、想在什么样的场景下看,探究观众的心理,尽可能满足观众的个性化需求和情感变化。如何选择电影的宣传方式,还需要专业的宣传团队对电影及市场准确把握和精准投入。

二、电影发行的主体和方式

电影宣传与发行是密不可分的,通常由一个宣传与发行公司负责完成。电影宣传的任务是让更多的人了解电影,进而愿意购票观看电影;电影发行是电影走进电影院、网络播放平台的最后一步。电影发行的内容包括确定上映时间及档期;与院线协商,争取更多的放映场次(即排片率)和放映档期;确定国内院线与其他发行渠道的关系,确定国内与国外院线发行的顺序与时间。

目前中国的电影发行市场主体包括三大阵营,第一大阵营是"霸主级别"的发行公司,包括中影、华夏、华谊、光线、博纳等,都是全产业链型的电影公司,即包含电影制作、宣传、发行全过程的公司,与好莱坞制片厂时代相同。其中,中影和华夏是传统的国有发行公司,对进口电影拥有独家发行权,在国产电影的发行方面得天独厚、资源丰富,常年保持着发行数量和票房上的领先地位。以中影为例,2017年该公司主导或参与发行国产影片410部,累计票房119.48亿元;发行进口影片109部,票房150.32亿元,其中《战狼2》《速度与激情8》等全国票房排名前十影片均为其主导或联合发行。[①] 除了上述实力雄厚的国有发行公司外,2017年排名前15的民营发行公司贡献了全年国产总票房的87%,即华谊、光线、博纳等民营公司,也是一股不容小觑的力量。[②] 第二大发行阵营是新兴的互联网公司,包括阿里影业旗下的淘票票和腾讯入股的猫眼微影,并在市场上形成了线上票务平分天下的格局。目前,在线购票已成为观众的习惯,根据《2017年上半年中国在线电影购票市场研究报告》,2017年第二季度用户在线购买电影票占比已高达78.2%。[③] 预售票房更是可以"倒逼"院线排片,第二大发行阵营的影响力日益扩大。拥有互联网背景的淘票票和猫眼微影,可以凭借自身强大的用户资源,在线上营销中拔得头筹。根据艺恩网的统计,两家全面参与了以《战狼2》《羞羞的铁拳》为代表的2017全年TOP10影片的发行。另据艺恩网的统计,2017年猫眼微影主发6部影片,累计26.2亿元票房,在民营发行公司排行榜中位列第3位,淘票票主发4部影片,累计票房7.7亿元,排名第11位。[④] 第三种阵营是院线联盟,即院线聚集在一起形成势力,如五洲发行、四海发行、华影天下。这种联盟在影片放映终端上优势明显,能为影片提供更高的排片率和营销资源。但是如果利益分配不均衡、不透明,

---

[①] 艺恩网:《电影发行市场正在发生什么变化?我们帮您梳理一下》,http://www.entgroup.cn/news/Markets/0245681.shtml,最后访问日期:2018年8月19日。
[②] 同上。
[③] 同上。
[④] 艺恩网:《2017年国产电影发行市场盘点:影联首次夺魁,博纳、猫眼、光线、和和影业位列前五》,http://www.entgroup.cn/Views/45350.shtml,最后访问日期:2018年8月19日。

很难做到持久的合作。如四海发行为了强化成员的合作,有意成立一个公司,公司名称暂定为"华语电影影业有限公司",原有成员中上影退出,新增珠江影业传媒股份有限公司。

从整体上看,中国的发行市场被三股力量所控制,其他公司想要进入该市场,压力很大。在好莱坞也是如此,六大发行公司掌握着主要的发行渠道,市场份额达76.5%,其他公司的生存空间狭小。

电影的发行方式有多种,如表3.1所示。①

表3.1

发行方式	具体操作	案 例
分账发行	发行部门与放映部门对于电影票房收入或影片租价而发生的经济核算方式和分配比例。目前,中国的大部分发行部门与放映部门之间的分成比例是5∶5	在中国放映的好莱坞大片,多数是分账大片
买断发行	发行公司以一定价格买断影片在中国市场的放映权	一般是好莱坞以外的进口影片,国产片《泰囧》由光线传媒以3 000万元买断发行
保底发行	一般由发行方对影片进行市场预估,制定一个保底金额。即使影片的票房没有达到保底金额,发行方也会按照这个数字分账给制片方。如果票房超过了保底金额,发行方将拿到更高的分账比例	《战狼2》还未制作完成时,北京文化和聚合影联两家公司就联合宣布保底,保底价格为8亿元
雇用发行	雇用有实力的发行团队,并支付代理发行费,由该团队对影片发行进行操作	国产小成本影片惯常采用的发行模式

由于网络电影票房的发展对地网发行造成了致命的冲击,网络预售的"倒逼排片",即网络预售的数额可以让院线提前感知市场热度,进而在排片上做出积极回应,但一些违规操作会破坏市场秩序。2018年五一上映的电影《后来的我们》官方微博宣布,影片预售票房达1.2亿元,进入预售票房前十。但是电影首映当天下午就发生了大规模线上退票事件,怀疑是发行方为了"倒逼排片",造假预售票房"绑架"院线排片,严重影响市场秩序。

电影的发行主体和模式多种多样,实力强大的发行主体遇上互联网强大的票务力量,再加上正确的发行模式,一部影片的发行才可能走向成功。但是中国电影发行市场的法律法规欠缺,《电影产业促进法》中对电影发行的规定较为笼统,且没有发行方的行为准则。一旦出现了不当发行行为,通常需要电影局约谈发行主体,但随后的处

---

① 艺恩网:《电影发行市场正在发生什么变化?我们帮您梳理一下》,http://www.entgroup.cn/news/Markets/0245681.shtml,最后访问日期:2018年8月19日。

理结果并不公开，所以起不到规范电影发行市场秩序的作用。

第六节　电影合同

一部电影的拍摄是集体劳动和智慧的结果，作为电影制作核心的制片人的主要职责就是寻找和组织人员，将他们的资金、劳动聚集在一起，拍摄一部优秀的电影。为了明确制片人同代理方、投资方、主创人员、宣传与发行公司等主体的权利义务，防止一方不履行约定或者履行不合格，签订合同成为规范双方合作的最佳方式。电影中的合同根据电影所处的不同阶段有所不同，本书选取其中的融资阶段、剧本开发阶段、主创人员聘用阶段和宣传与发行阶段的合同，详细介绍这些合同的内涵及要点。

一、电影融资代理合同

电影的拍摄需要大量的人力、物力和财力，制片人往往无法独立承受，此时寻找投资方成为当务之急。下面主要介绍一种融资时需要的合同：电影融资代理合同。

电影的投融资是专业性较强的活动，除了掌握专业知识，还要掌握融资渠道和信息，所谓"专业的人做专业的事"，因此将电影融资分派给代理机构，成为业内常态。这时电影制作公司就需要和融资代理方签订电影融资代理合同。甲方为电影制作公司，乙方为融资代理方。

（一）合同主要内容

在本合同主要内容之前，应该写明需要融资的电影项目名称（可用暂用名）、项目类型（国产片还是进口片）和摄制电影许可证编号。一来是保证本电影已经进入初步制作阶段，防止融资成功后电影搁浅；二来明确需要融资的电影基本信息，给投资方一个初步的认识。下面设计本合同的主要内容。

第一，甲乙双方要对本合同签订的目的、甲方的基本需求及乙方的核心任务做一个简短说明，起到统领全文内容的功能。第二，详细列举乙方"融资代理"服务的内容，包括协助甲方制作商业计划书、为甲方寻找合格投资人、促进甲方与投资方的沟通和谈判、帮助甲方审理和修改相应投资合同等项目。第三，乙方融资成功的标准：甲方或其关联公司的银行账户收到乙方推荐的投资方的相关投资，视为乙方就该项目融资成功。此时，乙方有权要求甲方支付佣金，一般为项目总金额的5%。第四，独占条款。甲方不得在本合同期限内与第三方签订项目融资协议，但甲方可以通过自有渠道融资，同时乙方不得将融资活动交给第三方。这样的条款有利于乙方，防止甲方委托他人寻找投资方而不需要自己的服务。第五，如果本合同到期，而甲方已经与乙方推荐的投资方磋商,但未达成投资合同,之后又达成合作一致的,乙方的佣金权益如何保障呢？双方可以约定,在本合同终止后的6个月内,如果甲方在本合同期限内接触乙方推荐的投资人并获得投资的,仍需按照合同约定向乙方支付佣金。最后,署名权。融资成功了,乙方享有电影的署名权。一般设计为"影视融资顾问"或者"独家融资代理机构",署名的具体位置、大小、格式由甲方决定。双方可以协商乙方未融资成功的署名权问题,如果乙方为融资做了大量工作,但由于其他原因未能融资成功,甲方可以视情况决定是否保留乙方的署名权。

(二)客户归属

之所以规定投资客户的归属问题,是因为投资人的数量和本身质量影响双方的利益。首先,合格投资人。乙方推荐的投资人是否符合国家法律法规的规定,是否有不良职业记录,是否符合影视行业投资门槛,都是需要乙方予以考察、论证的,同时,可以约定乙方对投资者的合法投资负连带责任。乙方向甲方通报拟合作的投资方,甲方有权决定是否与该投资方合作。其次,该投资人是不是甲方曾经接触过的,是不是完全由乙方推荐的,事关乙方的佣金比例。例如甲乙双方同时接触了相同的投资方,可以通过确认双方在融资中的作用比例,从而确认乙方的佣金数目。最后,乙方推荐的投资方,由其统一接洽,甲方不得擅自与投资方联系,防止甲方与投资方私下做出对乙方不利的举动。

(三)双方的其他权利与义务

首先,甲方的义务就是保证电影制作的合法合规,不存在侵犯他人知识产权、财产权、人身权等情况。其次,乙方不对投资内容承担责任,甲方与投资方的合同履行与乙方无关。同时乙方有权查阅甲方和乙方推荐的投资方的投资合同,保障自己的知情权和佣金权益。再次,双方都有义务按时向对方通报投资方联络、谈判、合同签订等情况,保证合作的透明、公平。最后,如果乙方推荐的投资方在投入资金后撤资的,且撤资原因与乙方无关,一般乙方的佣金是不予退还的,乙方的署名权也不受影响。

电影制作的专业化、精细化、规模化增强,只会增加对资本的需求,而相关融资代理的业务将成为每部电影必备的要素。根据电影制作方和融资代理方的需求,律师应该深入参与双方的谈判与协商,才能拟定合格的合同,促进合作,减少风险。

二、剧本开发合同

剧本的来源一般有二:其一是根据创意创作剧本;其二是根据现有的故事改编为剧本。不管采取哪种方式,都涉及把创意或故事创作为剧本的过程。

在实践中,通常是一方有创意相关素材,另一方有编剧和导演资源,两者合作完成一部电影从创意到制作的过程,因而,电影剧本联合开发是一种普遍存在的现象。与此相适应,剧本开发合同也就应运而生。

在剧本开发合同中,由于创意和剧本经常有差别,编剧不一定严格按照创意提供者的思路创作,因而,为了约束双方,以便尽可能使双方意见趋同,剧本开发合同对其中的一些细节问题必须加以约定。通常,提供创意者是剧本开发合同的甲方,创作剧本和拍摄电影的一方为乙方。电影剧本联合开发合同的通用条款,一般约定双方合作的前提、合作内容、期限、收益分配、权利归属、违约责任等内容。

(一)知识产权条款

在剧本开发合同中,由于所有权利和利益皆源于创意和剧本,因此,剧本开发合同的核心条款就是著作权的归属问题。

甲乙双方对知识产权的归属有:一方独有、双方共有。如果一方独有,一般为乙方(剧本写作者)独有,这时对甲方不利,剧本都是乙方自己的了,甲方只能要求一次性支付创意和素材的价值,对剧本以后的开发收益没有权利要求。如果双方共有,甲方就有权要求基于剧本产生的收益,如根据剧本改编的小说、主题游戏、电影等的收益。对于乙方来说,自己写的剧本产生的收益被别人分走一部分,心里多少会不满。所以,乙方会尽量限制甲方的权利,比如规定"乙方系唯一有权就剧本自行或授权、联合他人进行电影摄制的一方。乙方拍摄的电影版权归乙方独有,电影产生的著作权、商标权、邻接权等知识产权及衍生权利归乙方独有",将拍摄的电影知识产权牢牢握在手里。

甲方提供的创意和素材是不是自己的,有没有权利争议和侵权呢?这是乙方很关心的。如果甲方的素材是抄袭别人的,或者他人已经写过剧本、拍出了电影,对乙方来说一是商业价值大打折扣,二是有侵犯他人权利的可能。所以,合同里要约定,甲方保证提供的素材没有权利纠纷、侵权,且没有授权给第三方使用过,如果出现侵权纠纷,由甲方独自承担法律责任。

(二)电影的运营与开发

电影的运营与开发包括寻找投资方、联合他方拍摄电影、招标广告、申报政府资助资金、参加比赛等。如果站在乙方的角度,乙方要充分开发剧本,肯定希望自己的独立权更大,上述权利能独享,还不受甲方授权期限的限制。相应地,甲方要协商,希望自己能从电影运营与开发中分一杯羹。

(三)收益分配

这是知识产权之外最重要的条款。本合同有两个知识产权核心:剧本和电影的知识产权。对于剧本,可以改编成小说、电视剧、主题游戏等,如果双方共同享有剧本的知识产权,那么双方按照一定比例分配剧本产生的经济效益。应特别注意,经济效益是一个宽泛的词语,具体包括哪些经济效益必须写清楚。我们限定:经济效益包括但不限于剧本版权买断收入、剧本参赛奖金收入、剧本维权收入等,这些收入扣除乙方开发运营的支出和电影制作成本后，由双方分配。

根据剧本拍摄的电影，甲乙双方都要分享收益。可以如此设计："双方同意，发行方于全球范围内发行电影而获得的发行收益扣除宣传与发行成本、发行代理费等成本及税金后，乙方因此获得的发行利润扣除电影摄制成本后，按照甲方40%、乙方60%分配收益。"对于乙方来说，一定要扣除自己的电影摄制成本再分配收益，对甲方来说，分配比例是需要争取的。

电影剧本联合开发是业内常态，越来越多的制作方需要通过合作完成一部影片，尤其是大成本、大制作的影片，剧本联合开发是合作的基础，还涉及投资开发、联合拍摄、宣传与发行合作等。所以，联合开发、合作的合同还有很多，需要律师结合业界动态设计与审查。

三、主创人员聘用合同

正如本书上文所述，电影的主创人员众多，制片方要雇用他们，就要同他们签订聘用合同。一些主创人员有自己的经纪公司，那么制片人就要同该经纪公司签合同。本书选取了其中演员的聘用合同进行介绍。

（一）签约主体

从字面上理解，演员聘用合同的签约主体应该是电影制作主体和演员。那么，电影制作主体是谁呢？我们经常在电影的片头看到"出品人""联合出品人""制片人"等头衔，"出品人"通俗地说就是投资影视作品的主体，"联合出品人"就是几个出品人联合投资一部影视作品。"制片人"是著作权法的法定名称，是指拥有影视作品著作权的主体，但在影视行业中，"制片人"是指具体执行出品人意志、指导影视作品拍摄的自然人或者执行机构。因此，一般的签约主体是出品人，因为出品人是影视作品的投资者、发起者和著作权所有者。

合同的另一方主体是演员，有的演员有自己的工作室或经纪公司，或者就是"孤家寡人"。如果同演员个人签订合同的，除了写明演员的个人身份信息之外，还需要演员出具一份声明，表明自己不存在其他任何的代理公司，如经纪公司、艺人工作室等，当然出品方也要审查。如果是同演员的工作室或经纪公司签约，要将工作室或者经纪公司和演员都纳入合同的签订主体，表明这是两者的意思自治，并且需要演员出具声明，保证工作室或者经纪公司有权限代理演员拍摄影视作品。

（二）工作内容

这是本合同的核心条款。演员的工作内容是否涵盖影视作品的筹备期、拍摄期、后期制作期、宣传与发行期，如果未约定明确，演员有权拒绝后期制作的补拍、补录，以及宣传阶段的宣传工作。因此，按照影视作品的制作阶段，要明确约定演员的工作内容。在筹备期,演员应该配合试装、试镜、拍摄定妆照等;在拍摄期,服从导演和制片人的安排,尽职尽责地拍摄;在后期制作期,演员应该配合补拍、补录;在宣传与发行期,演员应该配合制片人的宣传计划,参加线上与线下的宣传活动,此处应当明确列出宣传活动,并写明演员的参加次数,以及超过次数后的约定。

上述工作内容要与酬金一一对应,在不同阶段的工作是否与酬金挂钩。比如后期制作期、宣传与发行期,演员是否有额外的酬金,其来回的交通费、食宿费、误工费由谁承担,应当在合同中写明。

(三)工作期限

工作期限不应该简单地约定起止时间,还要考虑到节假日是否正常执行、是否有假期、演员请假等事宜。一般情况下,剧组是不执行节假日的,但不代表剧组人员必须"连轴转",这是不合理的。因此,合同要约定演员的假期天数、频率。如果演员请假,应当向执行制片人提出,在3日内给予答复,最多可以请假3天,请3次假。演员的工作期限相应顺延,并且可约定酬金不变。

(四)酬金及其他费用

这也是核心条款。首先要写明演员的总酬金,写明含税价。其次,一般情况下酬金是分期支付的,分筹备期(定金)、开机期、拍摄中期、上映期四期支付,可以在不同阶段起到激励演员的作用。再次,纳税义务的约定。如果是同演员个人签订的,出品方作为扣缴义务人,为演员履行纳税义务。如果是同工作室或者经纪公司签订的,由出品人按照法律法规的规定代扣代缴个人所得税,演员的个人所得税金由工作室或者经纪公司负责缴纳。最后,演员往返的交通费、食宿费、服装费、化妆费、造型费等费用由出品人承担,演员先行支付的交通费需要提供正规发票并经出品方审核后支付。这里需要将演员的待遇标准列明,比如交通工具类型及等级(飞机商务舱1张)、住宿标准(套房1间)、餐饮标准(四菜一汤)。

(五)知识产权

影视作品知识产权条款也是核心条款,一般情况下出品方除了拥有影视作品的著作权外,还规定享有相关衍生作品的权利,包括但不限于电视剧、电影、录影带、影碟、互动电视剧、互动电视、互联网以及未知的所有播放、播送、播映之媒介或媒体等一切权益。演员享有署名权,但不享有影视作品的其他著作权。出品方在影视作品的制作与宣传中,有权合理使用演员的姓名、肖像、声音而无需经过演员同意和支付费用。

(六)其他

首先要约定"污点艺人"的责任,一旦成为"污点艺人",将给影视作品带来重大损失。如《小时代3》中顾源的扮演者柯震东因吸毒事件,导致电影大幅度删减,给影片的完整性带来巨大伤害,商业价值随之减少。所以,应明确较重的违约责任,一来警示演员谨言慎行,二来防止出品方损失过重。

其次,关于演员遭遇意外事件的处理方式。即如果演员在合同有效期内发生车祸、重大疾病、航班延误等事宜,应如何处理。此时,要对演员的停工日期做一规定,顺延相应期限;如果演员无法继续履行合同,演员及其经纪公司不但要退还全部酬金,还要承担相应损失,双方也可以另行协商处理;演员遭遇意外事故的医药费、护理费、营养费等出品方可以先行垫付,事后追究相关责任方的赔偿责任。

再次,关于评奖与获奖的约定。影视作品可能会参与评奖,这时应当约定出品方有权申请评奖、决定参与的奖项,并拥有团体奖项的奖杯和奖金。若演员因饰演本片而获得国内外各类影视作品展览、评奖中的"演员个人奖项"的,相关奖杯、奖状、证书的原件归演员所有,原件所有人应给予另一方复制品,奖金归演员与出品方共同所有。

最后,演员的聘用合同不代表双方建立了劳动合同关系,应当是劳务关系,这一条也要明确规定。

总之,演员的聘用合同较为复杂,不仅涉及影视作品本身,还涉及演员自身的言行约定。事前双方将细节约定清晰,万一发生意外,双方可以快速处理,减少纠纷。

四、宣传与发行合同

电影拍摄制作完成后即面临宣传与发行,通常情况下宣传与发行由一家公司负责,为论述方便,将其分开解读,分别介绍宣传合同与发行合同。

(一)宣传合同

宣传合同的目的是让更多的观众了解电影,从而产生观影欲望,增加电影票房收入。宣传合同由出品方和宣传公司签订,通常为两家独立法人。为了保证签约双方有权利和资质订立合同,宣传合同中应设计一条"保证条款",要求双方保证是符合中国法律法规而合法存续的法人,具有拍摄电影或者宣传电影的相关资质且未到期,能够独立承担法律责任。此"保证条款"同样适用于发行合同。

宣传合同首先要对电影宣传的主要内容做一简单陈述,如:为了××电影的上映及良好票房收益,乙方(通常为宣传方)为甲方(通常为出品方)提供××电影的宣传策划与实施服务,然后规定服务期限。随后规定宣传方的具体工作内容,包括提供电影宣传策划书或者具体的宣传内容。这里的宣传内容可以写进电影宣传策划书里,不必在合同中体现;如果要在合同中体现出来,则应当包括宣传平台、宣传方式、需要主创人员参与的内容及时间,此外还应列明宣传阶段。

对于宣传策划方案及内容的决定权,一般约定为出品方享有,即宣传方所有的策划方案、文稿等应提交出品方书面同意后方可执行和发布。合同还应当约定宣传中所涉及的知识产权归属于出品方,宣传方除了电影宣传的必要,未经出品方允许不得使用。保密义务是必不可少的。在电影上映前,除了宣传的必要透露之外,宣传方应当严格遵守保密义务,不得以任何方式、通过任何途径透露电影的相关内容。此外,鉴于影视作品抄袭之风盛行,引发的争议纠纷会造成不良影响,宣传合同中还应该约定宣传方不得抄袭、盗用第三方已发表的作品的知识产权,保证宣传中创作的作品为原创或者经过授权,否则宣传方应当承担违约责任。

(二)发行合同

发行是电影走进电影院的最后一步,通常由具有发行资质的公司负责发行。发行合同的签订双方为出品方(甲方)与发行公司(乙方),除了写明电影的基本信息、发行服务期限及上映时间外,首先要明确发行授权的范围是独家授权、排他许可授权还是普通授权,发行公司在相应的授权范围内提供发行服务。其次,约定发行权限、发行地域和发行时间。发行权限包括影院发行放映权及其他公开发行放映权、信息网络传播权、广播权和音像制品发行权及各自的发行时间。有的影片包含点映,此时对于点映发行和正式首映的时间均应约定明确。再次,比较重要的一条就是利益分配条款。电影发行的利益分配方式包括分账发行、保底发行、买断发行。如果约定电影分账发行的,应当事先商定比例,按影片的票房收入分成,以使制片方、发行机构和放映单位利益共享,风险共担。约定保底发行的,应当写明保底金额及其所占票房收入的比例,并约定不论该片实际票房收入多少,双方均不得要求增加或者减少保底金额。买断发行的,通常用于引进的国外电影,约定买断发行的金额,并约定不论该片实际票房收入多少,双方均不得要求增加或者减少买断金额。

电影中的合同种类与数量众多,都是为了电影的顺利拍摄、上映而服务。出品方和律师应当注重合同的订立和审核,防范风险、减少纠纷,使更多优秀电影作品丰富人们的精神世界,同时用票房奖励具有"工匠精神"的创作者及投资者。

第七节　电影侵权

电影作为著作权法保护的作品,受法律保护,第三人不得侵犯作者的合法权益。对电影作品的侵权行为,主要表现为抄袭、不正当竞争以及侵犯人身权等。

一、电影侵权行为之抄袭

影视作品的基础是剧本,对电影作品的抄袭行为也主要发生在剧本中。对电影作品的抄袭行为,国内最典型的案例是最高院发布的指导性案例,即"琼瑶诉于正著作权侵权一案"[①]。

"琼瑶诉于正著作权侵权一案"经过一审、二审程序,被最高人民法院作为指导性案例发布。一审原告陈喆(笔名"琼瑶")起诉余征(笔名"于正")的《宫锁连城》剧本、电视剧与自己创作的小说及剧本《梅花烙》存在实质性相似,构成抄袭,侵犯了自己的著作权,要求于正赔偿损失并赔礼道歉。琼瑶为了证明于正的抄袭,将双方的作品在人物设置、人物关系、具体情节及情节整体创编上的相似性,向北京市第三中级人民法院提交了人物关系对比图、情节相似对比图。

北京市第三中级人民法院经审查认为《宫锁连城》电视剧及剧本与《梅花烙》小说及剧本在人物设置、人物关系及情节上均相似。首先,琼瑶的《梅花烙》剧本于1992年10月创作完成,共计21集,依据该剧本拍摄的电视剧《梅花烙》内容与剧本高度一致;该剧1993年10月13日起在中国台湾地区首次电视播出,并于1994年4月13日起在中国大陆(湖南电视一台)首次电视播出。被告于正等人均具有接触电视剧《梅花烙》的机会和可能,故满足了侵害著作权中的接触要件。其次,法院根据琼瑶提供的双方剧本的对比,认为剧本《宫锁连城》相对于涉案作品在整体上的情节排布及推演过程基本一致,仅在部分情节的排布上存在顺序差异,这些差异并不引起剧本《宫锁连城》涉案情节内在逻辑及情节推演的根本变化,因此剧本《宫锁连城》在情节安排上与剧本《梅花烙》高度近似。再次,在认定著作权侵权案件中,受众对于前后两作品之间的相似性感知及欣赏体验,也是侵权认定的重要考量因素。以相关受众观赏体验的相似度调查为参考,占据绝对优势比例的参与调查者均认为电视剧《宫锁连城》情节抄袭自《梅花烙》,可以推定,受众在欣赏感受上,已经产生了较高的及具有相对共识的相似体验。最后,陈喆作为涉案作品的作者、著作权人,依法享有的改编权受法律保护。于正接触了涉案作品的内容,实质性使用了涉案作品的人物设置、人物关系、具有较强独创性的情节以及故事情节的串联并整体进行改编,形成新作品《宫锁连城》剧本,上述行为超越了合理使用的范畴,构成对涉案作品的改编,侵害了琼瑶基于作品享有的改编权,依法应当承担相应的侵权责任。一审判决做出之后,于正提起上诉至北京市高级人民法院。二审法院经审理,维持了一审判决。

可见,影视剧本的抄袭主要判断标准有二:一是看是否有接触作品的可能性;二是作品在人物设置、人物关系、情节逻辑上是否存在相似之处。关于是否有接触的可能性,则主要结合涉案剧本的发表时间、发表范围、影响力来评判。关于作品在人物设置、人物关系、情节逻辑上是否存在相似之处,争议比较大,原因在于剧本属于文学作

[①] 《陈喆诉余征、湖南经视文化传播有限公司、东阳欢娱影视文化有限公司、东阳星瑞影视文化传播有限公司侵害著作权纠纷案》,(2015)高民(知)终字第1039号。

品,著作权法保护思想的表达而不保护思想的原则,由此给实践中如何区分作品在人物设置、人物关系、情节逻辑上是否存在相似之处带来了困难。在本案中,文学作品的表达,不仅表现为文字性的表达,也包括文字所表达的内容,即人物设置及特征、人物关系、故事的脉络。只有具体到一定程度,即该剧本的情节选择、人物设计、剧情推进反映出作者独特的选择、判断、取舍,才能成为著作权法保护的表达。

二、电影行业的不正当竞争

近年来,随着电影行业竞争的不断加剧,电影作品间的不正当竞争行为越来越突出。在电影制作的过程中,如果没有得到充分的授权,可能侵犯他人的合法权益,构成不正当竞争行为。"人在囧途系列"之不正当竞争案件[①],就是典型的例证。

(一)电影作品是否属于知名商品?

在电影行业引入不正当竞争行为,其前提是电影作品是否能够成为知名商品,否则,就没有不正当竞争行为的空间。

2010年5月13日,电影局颁发《人在囧途》电影片公映许可证,出品单位为华旗公司、北京中映联合影视文化发展有限公司(简称中映联合公司)、湖北省电影发行放映总公司。次日,又颁发了《人在囧途》数字电影片技术合格证。电影《人在囧途》于2010年6月公映。同年8月3日,华旗公司与田羽生签订剧本委托创作合同。合同约定,华旗公司委托田羽生创作电影《人在囧途2》剧本,华旗公司享有除编剧署名权外的其他著作权。

2012年8月9日,北京市广播电影电视局做出批复,同意光线影业公司电影《泰囧》片名变更为《人再囧途之泰囧》。根据《人再囧途之泰囧》电影片公映许可证,该片出品单位为光线影业公司、影艺通公司、真乐道公司、黄渤(上海)影视文化工作室。同年12月,电影《人再囧途之泰囧》公映,电影片头显示:光线影业公司、影艺通公司、真乐道公司、黄渤工作室出品;出品人为王长田、李晓萍;制片人为陈祉希、徐林;领衔主演为徐峥、王宝强、黄渤。

原告华旗公司向北京市高级人民法院(简称"一审法院")起诉称华旗公司认为被告的行为构成不正当竞争。

该案的前提性问题是"人在囧途"是否为知名商品的名称?根据《最高人民法院关于审理不正当竞争民事案件应用法律若干问题的解释》第一条规定,在中国境内具有一定的市场知名度、为相关公众所知悉的商品,应当认定为《反不正当竞争法》第五条

---

① 《北京光线传媒股份有限公司、北京光线影业有限公司商业贿赂不正当竞争纠纷二审民事判决书》,案号:(2015)民三终字第4号。

第(二)项规定的"知名商品"。人民法院认定知名商品,应当考虑该商品的销售时间、销售区域、销售额和销售对象,进行任何宣传的持续时间、程度和地域范围,作为知名商品受保护的情况等因素综合判断。

问题在于以上认定标准通常是针对普通商品的,而本案所涉及的不是普通商品,而是电影作品,电影作品是商品吗？它能被认定为知名商品吗？众所周知,电影作品不是一般商品,具有特殊性。电影一般在特定的档期集中播放,档期结束后,出品方不会再组织大规模的宣传,且一般情况下多数人不会重复观看同一部电影,因此,在认定电影作品是否属于知名商品时,不应过分强调持续宣传时间、销售时间等,而应当注重考察电影作品投入市场前后的宣传情况、所获得的票房成绩包括制作成本、制作过程与经济收益的关系、相关公众的评价以及是否具有持续的影响力等相关因素。

根据《人在囧途》2010年6月公映后的票房成绩,《文汇报》《北京青年报》《北京日报》《南方都市报》、北京电视台、上海电视台、东方卫视等媒体的报道,"电影华表奖"优秀故事片提名、"喜剧片创作奖"等荣誉,《人再囧途之泰囧》的出品方、制片人及导演徐峥、演员黄渤等在接受采访时对《人在囧途》的市场知名度的认可等,以及网友对《人在囧途》给予高度评价等相关证据和事实,北京市高级人民法院最终认定《人在囧途》为"知名商品"。

(二)电影作品的名称与知名商品的特有名称

在确定了电影作品能够成为知名商品之后,接下来的问题就是电影作品的名称是否能够成为知名商品的名称？如果对这一问题的回答是肯定的,那么,未经同意使用电影作品名称则有构成不正当竞争行为的可能性。

在《人在囧途》一案中,北京市高级人民法院认为《人在囧途》为"知名商品"。接下来的问题则是"人在囧途"这四个字是否构成"知名商品名称"呢？根据中国《反不正当竞争法》第五条第二项规定的"知名商品特有名称"的"特有性",是指能够区别商品来源的显著性。判断某个名称是否具有显著特征,与名称本身、所使用商品、相关公众的认知习惯、商品所属行业的实际使用情况等因素相关。《人在囧途》作为电影商品的名称,并不仅直接表示电影的固有属性,而且反映电影内容是电影名称作为电影商品的一般要求,并不能据此认定该名称仅直接表示了电影的特点。"囧"字有尴尬之义,"人在囧途"概括反映出《人在囧途》这一电影商品的题材内容、喜剧特点,使该名称具有识别电影来源的能力。相关证据也表明,"人在囧途"经过大量使用、宣传,能够实际上发挥识别商品来源的作用。且在该电影制作上映时期,并没有证据表明其他电影采用相同或者类似的名称来反映相同或者类似的主题和类型。电影作为商品,包括创作、摄制、发行、放映的市场化过程,对于相关公众而言,电影名称识别的是电影本身,并非仅针对出品方,而是可能涉及电影的导演、编剧、主演、出品方,以及电影的题材、类型、叙事模式等综合性因素。

电影名称与电影的出品方是否具有对应关系,并不影响电影名称显著特征的判断。虽然不同的电影是单独的个体,每一部电影均需要单独创作摄制完成,电影名称一般仅与特定的某个电影相关。一般情况下,根据著作权法的要求,基于独创性的判断标准和电影作为作品的属性,其名称与其他作品名称一样,较难获得著作权法的保护,一般不宜禁止他人创作和使用相同或者近似电影名称表达相同或者近似的电影题材和类型。但是电影在商品化过程中,如知名电影的特有名称对相关公众在电影院线及其他市场交易渠道挑选和购买发挥识别来源作用,知名电影的特有名称就应受到反不正当竞争法的保护。尤其是当一个知名电影的特有名称可能反映了电影商品的题材延续性、内容类型化、叙事模式相对固定等特点时,其他经营者使用相同或者近似的电影名称,以同类型的题材和内容,采用近似的叙事模式从事电影活动,容易使相关公众对商品的来源产生误认,或者认为经营者之间具有特定联系。综上,"人在囧途"构成知名商品特殊名称。

(三)电影作品特有名称构成不正当竞争的要件

电影作品的名称既然可以被认定为知名商品的特有名称,其他电影作品的名称是否构成对其名称上的不正当竞争行为,还要权衡其他要素。这些要素中,核心要素是"近似性"。实践中,如果两部电影名称具有近似性,容易引起人们对作品的混淆,从而引起不公平竞争行为。

在《人在囧途》一案中,原告制作的电影《人在囧途》构成了知名商品特殊名称,被告未经允许擅自使用《人在囧途》作为自己电影的名称,如果引起公众对两部作品的混淆,被告的行为即构成不正当竞争。因此,被告在其电影名称中使用的"人再囧途"是否造成公众的混淆误认呢?这就涉及判断的标准。实践中,一般来说判断是否构成混淆,应当根据一般人的客观标准、标志之间的近似程度、受保护标志的市场声誉、使用商品的相关性、实际混淆的证据、商品销售渠道、相关消费者的识别能力、被告使用标志的主观意图等综合评价。在本案中,被告创作的电影原名为《泰囧》,后改为《人再囧途之泰囧》。比对"人再囧途之泰囧"与"人在囧途",就会发现前者所包含的"人再囧途"虽然使用的是"再"字,但其读音与"人在囧途"相同,从语义上看是"再次走上囧途"之意。不仅如此,两者都使用在电影名称上,因此,容易让人们产生两者为一个系列的错觉,两个名称是近似名称,容易造成混淆认识。

不仅如此,本案中存在着主创人员基本相同,被告所使用的宣传用语以及媒体报道又故意向《人在囧途》电影靠拢,造成观众对出品方来源的混淆,让观众产生光线传媒等公司与原告华旗公司有合作关系。① 因而,被告利用了华旗公司《人在囧途》的在先商誉,损害了原告的商业机会,构成了不正当竞争行为。

(四)电影作品之不正当竞争行为赔偿问题

根据反不正当竞争法之规定,违反不正当竞争法给其他经营者造成损害的,应当承担损害赔偿责任。② 根据这一法律规定,构成不正当竞争行为的一方如果给其他经营者造成了损害,应当承担损害赔偿责任。根据损害赔偿责任的一般原理,不正当竞争行为是否给其他经营者造成了损害,如果造成了损害,损害是多少,如何计算损失的数额,这些都成了比较现实的问题。

为此,《反不正当竞争法》第20条明确规定了被侵害的经营者的损失难以计算时,赔偿额如何确定,这样就解决了实践中的一个现实难题。"被侵害的经营者的损失难以计算的,赔偿额为侵权人在侵权期间因侵权所获得的利润,并应当承担被侵害的经营者因调查该经营者侵害其合法权益的不正当竞争行为所支付的合理费用。"③根据这一规定,在本案中,原告华旗公司一审诉讼请求为赔偿损失1亿元人民币,其索赔的依据主要为五个被告的获利。原告所提交的证据大多为光线传媒公司财务盈利及电影《人再囧途之泰囧》票房收入等,并不能直接证明被告因不正当竞争行为获利的数额,因此一审法院根据五个上诉人涉案不正当竞争行为的性质、持续时间、影响范围、主观过错程度,酌定被告赔偿原告500万元人民币。

三、电影的商标侵权

在电影产业法中,其核心是著作权法,但并不能因此忽略商标法在电影产业中的作用;在电影融资多元化的时代,植入广告融资本身就涉及商标权问题。

近年来,电影行业的商标侵权问题变得越来越突出。如2010年6月28日,陕西茂志娱乐公司经转让获得功夫熊猫及图在第41类教育、电影制作、图书出版等上的商标注册权,该商标的申请日期为2007年11月1日。动画电影KUNG FU PANDA(中文名称为《功夫熊猫》)、KUNG FU PANDA2(中文名称为《功夫熊猫2》)均由美国梦工场公司制作、派拉蒙影业公司发行,先后于2008年6月和2011年5月在中国大陆(内地)首映。2008年9月3日,中国国家版权局颁发登记号为2008-F-012323的著

---

① 《人再囧途之泰囧》导演、主演、出品方等在公开言论中将"人再囧途之泰囧"与"人在囧途"相联系,容易使消费者混淆误认。
② 《中华人民共和国反不正当竞争法》第20条规定:"经营者违反本法规定,给被侵害的经营者造成损害的,应当承担损害赔偿责任。"
③ 《中华人民共和国反不正当竞争法》第20条规定:"被侵害的经营者的损失难以计算的,赔偿额为侵权人在侵权期间因侵权所获得的利润,并应当承担被侵害的经营者因调查该经营者侵害其合法权益的不正当竞争行为所支付的合理费用。"

作权登记证书,其中载明:梦工场公司对其于2005年7月18日创作完成,并于2005年7月18日在美国首次发表的美术作品KUNG FU PANDA,以著作权人身份依法享有著作权。《功夫熊猫》电影由派拉蒙影业、中影公司发行,华影天映公司放映。①

陕西茂志娱乐公司认为,梦工厂公司、派拉蒙影业、中影公司及华影天映公司未经自己允许,使用"功夫熊猫"商标作为电影名称,侵犯了注册商标专有权。遂将四家公司起诉至北京市第二中级人民法院,要求被告停止侵权并承担本案诉讼费用。②

本案直至最高院,全部维持了一审判决。法院认为,本案的争议焦点在于被告是否构成侵害注册商标专用权的行为。根据中国相关法律规定,未经许可,在与注册商标核定使用商品或服务相同或者相类似的商品或服务上,使用与该注册商标相同或相近似的商标的,属于侵害注册商标专用权的行为。商标是区分商品或者服务来源的标识。凡具有区分商品或者服务来源功能的商业标记或者符号都属于商标。本案中,涉案被诉电影KUNG FU PANDA2及此前的KUNG FU PANDA在中国大陆(内地)公映时均使用"功夫熊猫"作为电影名称,并自2005年起就在新闻报道、海报等宣传材料中以"功夫熊猫"作为电影名称对上述电影进行了持续宣传。"功夫熊猫"作为该部电影作品的组成部分,系用以概括说明电影内容的表达主题,属于描述性使用,而并非用以区分电影的来源,即电影的制作主体。事实上,不同制作公司聘请不同的导演、组织不同的演员阵容,翻拍同一部作品形成不同版本的同名影视剧的做法在影视界普遍存在。电影和电影制作的相关公众为电影观众和电影产业的经营者。从相关公众一般认识的角度来看,相关公众具有甄别电影名称与电影制作公司(导演、演员)关系的常识、意识和能力,其是从电影制作公司(导演、演员)的角度识别电影的来源,而并非通过电影名称。

综上,电影名称不能起到商标所具有的区分服务来源的功能。因此,在涉案被诉电影及宣传材料中使用"功夫熊猫"作为电影名称并非商标性的使用,原告关于四被告涉案行为构成对其涉案"功夫熊猫及图"注册商标专用权的侵害的主张,不能成立。原告茂志公司要求四被告承担停止侵权的法律责任的诉讼请求,法院不予支持。③

四、人格权侵权

电影中的角色既可以是虚拟的,也可能是根据真实人物的故事创作的。在根据现实生活中的真实人物创造的电影作品中,即"根据真人真事改编"的电影,如果没有把握好改编的程度,可能对现实人物的名誉权、荣誉权等人身权造成损害,极易造成人格

---

① 中华人民共和国最高人民法院民事裁定书(2014)民申字第1033号。
② 同上。
③ 中华人民共和国最高人民法院民事裁定书(2014)民申字第1032号。

权侵犯问题。电影《我不是药神》在获得口碑和票房双赢的同时,该电影之原型陆勇发表声明,声称电影的内容与自己的真实经历和人物性格有较大出入,如陆勇不是卖"壮阳药"的,制片方事先未经过自己的允许就拍摄了电影,侵犯了自己的名誉权。① 无独有偶,由陈可辛执导、赵薇和黄渤等主演的电影《亲爱的》的女主角原型高永侠,她认为片中的女主角"李红琴"的虚构情节以及片尾对其个人信息的泄露容易引发误导,对自己的名誉权造成了伤害,公开表示欲起诉剧组。② 那么,根据真人真事改编的电影如何防范侵犯他人名誉权的法律风险呢?

(一)名誉权

名誉权是《民法总则》规定的公民人身权利之一,是人们依法享有的对自己所获得的客观社会评价、排除他人侵害的权利。公民拥有名誉权意味着有权利用自己良好的声誉获得更多的利益,有权维护自己的名誉免遭不正当的贬低,有权在名誉权受侵害时依法追究侵权人的法律责任。例如,明星可以利用自己良好的社会形象拍摄广告获利,可以公开澄清他人对自己的误解,也可以起诉他人侮辱、诽谤自己的言论。名誉权是公民能够体面生活的基本权利。

一般认为,侵犯名誉权是指以书面、口头等形式宣扬他人的隐私,或者捏造事实公然丑化他人人格,以及用侮辱、诽谤等方式损害他人名誉,造成他人社会评价降低的,应当认定为侵害公民名誉权的行为。名誉权的侵权行为方式多种多样,结果都是导致他人社会评价降低,即被人"指指点点""戳脊梁骨"。

(二)电影侵权防范

1. 真人真事改编

电影制片人知道根据真人真事改编的作品有侵犯他人权利的潜在风险,因而,一般采用在影片中或者合同中约定或说明,并在电影开头或结尾处特别署名"本片根据×××改编"以降低改编带来的风险。如电影《亲爱的》在影片结尾处特别注明"本片根据真人真事改编,部分情节并未真实发生";再如影片《我不是药神》,也有类似的声明。

尽管电影结尾处标注"部分情节并未真实发生",但这10个字的提示无法让观众区分哪些情节是真实故事,哪些情节是虚构的,也无法让观众把现实中的"人"与电影中的"角色"区分开来,正如观众很难把现实中的"高永侠"与《亲爱的》电影中的"李红琴"区分开来。所以,无论是高永侠本人还是观众,都会很自然地将这些虚构情节误认

---

① 《我不是药神》被指侵权,电影拍摄中著作权、名誉权的几个关键点了解下? https://baijiahao.baidu.com/s?id=1605244015177137565&wfr=spider&for=pc,最后访问日期:2018年11月30日。
② 《亲爱的》女主角欲诉侵权, https://www.guancha.cn/society/2015_03_07_311362.shtml,最后访问日期:2018年11月30日。

为就是高永侠的真实经历，电影中的李红琴基本等同于现实中的高永侠。因此，这些虚构的情节必然会被众多的观众视为高永侠真实经历的一部分。尽管制片方尽可能采用了一些方法避免电影对现实的影响，但显然效果欠佳。这种情况是否构成对高永侠"名誉权"的侵害呢？当事人高永侠来自观念较为保守的农村，而且一直生活在这样的环境中。所以，在分析本案时，应当将当事人特定的生活环境因素作为一个衡量标准，特别是这个地区对于虚构事件的态度、倾向。从现有材料看，其周遭的人对这些虚构事实的评价显然不是积极的，有可能给当事人带来长期的不利影响。所以，很有可能对高永侠构成名誉权侵权。

正是由于以上原因，在根据真人真事改编电影的实践中，电影制片人应特审慎，以免发生侵权后果。首先，剧本修改应坚持真实性，以真实性为基础改变，原因在于根据真人真事改编的电影一般涉及社会事实和历史事件，如果不顾事实，就必然偏离真实性，就可能招致不必要的纠纷。当然，对于历史人物的把握，还涉及反派人物的处理，这更为复杂，除了要尊重事实之外，还要考虑社会现实，否则，在电影审查过程中就可能遇到麻烦。

除此之外，如果真人还在世，在剧本完成后应当与其签订授权合同，约定真人授权、允许制片人拍摄根据自己经历改编的电影，并同意制片人为达到艺术效果所做的改编。如果真人已过世，制片人要取得其家属的书面同意。不征得家属同意，影片的拍摄和发行都有可能遇到麻烦甚至搁浅，巨额的投资可能会"打水漂"。

2. 历史人物形象权

根据历史人物，尤其是英雄烈士改编电影，在电影产业是一种常见的现象。在这类题材的电影中，这类电影纠纷也比较多。在历史人物改编电影中，其内容应符合《英雄烈士保护法》的规定，还要按照《电影剧本（梗概）备案须知》的规定，"涉及历史和文化名人的还需出具本人或亲属同意拍摄的书面意见"。这就意味着"历史和文化名人"本人或亲属同意就成了这类题材电影制作过程中的起点。电影《建军大业》公映前，叶挺孙子叶大鹰认为《建军大业》中叶挺将军的扮演者欧豪不符合历史人物的形象，有损叶挺将军的英雄气概。叶大鹰联名周恩来、贺龙等革命英烈家属签名，通过广电总局向《建军大业》制片方提出公开抗议，要求《建军大业》制片方对所有八一南昌起义主要参与者家属赔礼道歉。[①] 剧组在《建军大业》的官方微博上邀请叶大鹰观看电影，看完电影再评论不迟。可见剧组在拍摄前，并没有经过其后人同意，从而带来了不小的麻烦。

---

① "叶挺后人叶大鹰质疑选角《建军大业》'邀'其审片"，http://media.people.com.cn/n1/2017/0726/c40606-29428272.html，最后访问日期：2018年10月30日。

第八节　电影产业法新问题

2017年,中国电影总票房达559.11亿元,较上年同期增长13.45%,城市院线观影人次为16.2亿,比上年13.72亿元增长了18.08%。① 2017年中国电影产业进入快速发展时期,与2016年的"新常态"②相比,电影质量已成为电影产业发展的驱动力。回顾2017年的电影市场,总体上呈现先抑后扬的态势。上半年人们的观影热情趋冷,观影人次增长乏力。下半年随着《战狼2》《羞羞的铁拳》《芳华》的热映,观影人数剧增,电影市场热度提升。《中国影视产业发展报告》认为,此态势表明观众对低质量电影的识别度提高,愈加追求高质量电影,高质量电影是电影行业追求的目标。③ 当前中国电影市场已成为全球最大的电影市场之一。但也存在一些不容忽视的问题。

一、电影内容质量有待提高

从2016年的"内容为王"到2017年的"电影质量促进年"④,电影内容质量有待提高。这一点,首先,从电影票房上表现出来。2016年中国电影票房总额为457.12亿元,与2015年相比仅有3.7%的增长率。⑤ 这是因为电影质量在2016年大幅度下降,虽有《驴得水》《湄公河行动》《百鸟朝凤》等优秀电影作为亮点,但数量有限,更多的是低口碑、低评分的电影,导致观众缺乏观影动力,票房增长乏力。2017年总票房排名前十的影片豆瓣平均分为6.04分,基本达到及格,相比于2016年的5.87分整体有所进步。⑥

其次,中国电影的类型呈现出多样化的局面。"爱情"与"喜剧"的融合不再是高票房的"标配",个性更鲜明、时代感更强、节奏更紧凑的电影获得市场的认可。如《妖猫传》《风雨咒》等奇幻电影,《嘉年华》《我不是药神》等现实题材的电影,还有面向成人的动画《大护法》《大鱼海棠》。对于主旋律题材的电影,2017年和2018年都是转折年。

---

① 《中国电影晒出成绩单 2017年总票房559亿》,http://tj.people.com.cn/n2/2018/0103/c375366-31101409.html,最后访问日期:2018年9月16日。
② "新常态"指中国电影市场理性的回归,观众不断成熟,电影浮躁的"泡沫"逐渐消失,电影制作人更注重内容与质量的提升。
③ 《中国影视产业发展报告(2018):电影市场呈现先抑后扬态势》,http://www.ce.cn/culture/gd/201804/18/t20180418_28860478.shtml,最后访问日期:2018年9月16日。
④ 2017年年初召开的全国新闻出版广播影视工作会议,明确2017年为"电影质量促进年"。
⑤ 司若:《影视蓝皮书:中国影视产业发展报告(2017)》,社会科学文献出版社2017年版,第22页。
⑥ 《中国影视产业发展报告(2018):电影市场呈现先抑后扬态势》,http://www.ce.cn/culture/gd/201804/18/t20180418_28860478.shtml,最后访问日期:2018年9月16日。

这两年以"90后"为主体的观影人群对优秀主旋律题材电影反映强烈,如《湄公河行动》《战狼2》《红海行动》等。这样的变化充分说明,在电影市场上,题材并不是阻挡电影口碑的主要因素,内容和质量才是硬道理。

最后,文艺片开始得到市场认可。2017～2018年是文艺片发展的转折年,但是文艺片质量参差不齐,小成本文艺片更在投资和制作上面临严重的资金困难。2017年优秀的文艺片获得了高口碑,如《二十二》《嘉年华》《相亲相爱》等。2018年上映的《暴裂无声》《邪不压正》均获得了观众认可,给文艺片市场开了个好头。2018下半年,《江湖儿女》《地球最后的晚餐》等备受瞩目的文艺片上映。《后来的我们》的豆瓣评分止步于5.9分,没有及格,虽然有刘若英的"回忆杀"加盟,以及田壮壮、周冬雨、井柏然等实力演员的参演,但依旧没有挽回低口碑的局面。

二、电影产业的"IP"热

在当下的电影产业市场上,"IP"已成为电影公司的核心竞争力。但总体上看,中国电影市场还存在供需结构不平衡、整体供大于求、高质量产品供不应求与低质量产品供给严重过剩的局面。[①] 同时,随着网络电影的发展、时间成本的增加,观众有更多的选择权,这就要求电影行业提高作品质量、淘汰低劣作品,实现产业结构优化。

2018年电影产业结构优化的方式有两个方面。第一,把握政策导向,响应国家号召。《电影产业促进法》的颁布为电影市场环境的优化与规范奠定了法治基础,未来,政府将以《电影产业促进法》为蓝本,根据市场现状,制定细则加强规范和保障。第二,政府应该加强精准扶持力度,精准鼓励有创新、有优质作品的制作公司和个人。第三,针对自身存在的生产过剩、优秀作品较少的现状,电影产业应该痛定思痛,调整结构,继续坚持供给侧改革,不断开拓新类型、新风格,提高电影作品的质量。第四,理性开发"IP"。自2016年以来,IP的热度逐年下降,2017年的"大IP"电影,如《西游伏妖篇》《心理罪》《三生三世十里桃花》等电影,豆瓣评分均在6分以下,票房也不尽如人意,尤其是《三生三世十里桃花》虽然有"大IP＋流量明星",但是在内容质量、特效与演员演技方面争议很大,导致票房与口碑均惨遭失败,最终票房没有达到预期的8亿元。虽然2017年的电影对IP的依赖性依旧很大,但是观众已经渐趋理性,不再因为是"大IP"而趋之若鹜,而是更加理性地选择质量高的电影。电影人期望凭借"大IP"就能使票房立于不败之地的想法,应该有所改变。

三、电影产业的行业自律

2017年3月1日实施的《电影产业促进法》第一次将"加强自律"写入法律,将行

---

① 司若:《影视蓝皮书:中国影视产业发展报告(2017)》,社会科学文献出版社2017年版,第21页。

业自律的建设上升为法律层面。2014年国家广电总局颁布了《关于加强有关广播电视节目、影视剧和网络视听节目制作传播管理的通知》，该通知俗称"劣迹艺人封杀令"。该通知规定："暂停播出有吸毒、嫖娼等违法犯罪行为者作为主创人员参与制作的电影、电视剧、各类广播电视节目以及代言的广告节目。"由此开启了中国从政府层面对"污点"艺人的监管政策，标志着对"污点"艺人的惩戒已经从市场选择走向政府规制。

2018年，影视行业演员"高片酬"现象引起全社会的普遍关注。在范冰冰事件发生后[①]，公众普遍关注电影明星的高报酬以及税收问题。中国广播电影电视社会组织联合会电视制片委员会、中国广播电影电视社会组织联合会演员委员会、中国电视剧制作产业协会、中国网络试听节目服务协会联合发布《关于电视剧网络剧制作成本配置比例的意见》，规定了演员的片酬限度：全部演员的总片酬不超过制作总成本的40%，其中，主要演员不超过总片酬的70%，其他演员不低于总片酬的30%。行业协会的该自律规则对整个行业的行为规范起到了很好的方向指引作用。

针对"劣迹艺人""高片酬""阴阳合同""偷税漏税"等违法违规行为，现主要依赖行政机关的监管，行业组织的自律较为缺失。可以预期，在娱乐产业未来发展的过程中，行业自律将成为行业监管的主要形式。行业自律具有熟悉行业业态，了解行业行规、行业发展动态、具有行业权威地位等优势，从行业协会层面规范行业参与者的行为，有利于行业参与者和行业的健全发展。因此，在电影产业规制的模式上，未来将逐步形成行业自律为主、政府监管为辅的行业管理模式。

四、网络电影

一般而论，中低端的电影越来越多地选择网络放映，观众普遍认为网络电影的内容、技术制作与院线电影相比差距甚大，这主要是因为网络电影的审查处于空白状态。这种状况自2017年《电影产业促进法》颁布后，已有极大改观，这是因为《电影产业促进法》规定网络电影与院线电影的审查标准统一。不仅如此，国家新闻出版广电总局发布的《网络试听节目内容审核通则》，对网络视听节目的监管对象中列举了网络剧、微电影、网络电影作为审查的内容，并规定了内容审核的基本原则为先审后播和审核到位。由此可知，对网络电影的监管已经进入法治的轨道。

质量与制作水平仍然是网络电影的硬伤，除了《灵魂摆渡黄泉》《镇魂法师》等少数

---

① 2018年5月28日，原央视节目主持人崔永元在其微博上曝光了一份合同，疑似是范冰冰的演艺合同，该合同支付给艺人的报酬高达6 000万元人民币，并采用阴阳合同的方法逃避税收；10月3日，官方发布已查清阴阳合同的案件事实，责令范冰冰在限期内缴清近8.84亿元。由此，该案开启了2018年国内娱乐产业整治的序幕。

电影以外，大部分网络电影免不了被划归"粗制滥造"的行列。其次，网络大电影制作方的"头部效应"明显，爱奇艺、优酷、腾讯视频、芒果TV、搜狐视频、乐视视频六大视频平台已经稳稳占据头部地位，其他平台与主体的生存空间狭小。

与网络电视剧和网络综艺相比，网络电影的短板明显，口碑相对较差，要想打个漂亮的"翻身仗"，还需痛定思痛，提升质量与制作水平，用优秀的作品赢得口碑与收视率。

思考题

1. 电影能否成为"知名商品"？电影名称是不是"知名商品名称"？
2. 简述我国电影产业法律体系。
3. 根据真人真事改编的电影应该如何避免侵犯他人名誉权？

第四章 电视产业法

第一节 电视产业与电视产业法概述

一、电视产业的兴起

电视原理早在19世纪后期已经被发现。1883年圣诞节,德国电气工程师尼普科夫用他发明的"尼普科夫圆盘"使用机械扫描方法,做了首次发射图像的实验。1925年,英国的约翰·洛奇·贝尔德根据"尼普科夫圆盘"开展了新的研究工作,发明机械扫描式电视摄像机和接收机。1927年贝尔德通过电话电缆首次进行机电式电视试播、首次短波电视试验;此后英国广播公司开始长期连续播放电视节目,电视开始进入商业运用时代。1936年英国广播公司采用贝尔德机电式电视广播,第一次播出了具有较高清晰度、步入实用阶段的电视图像。此后电视技术在拍摄、传播、接收技术上不断进步,20世纪50年代以后,电视成为家庭娱乐生活的主要媒介。

在中国,电视从稀罕物走向普通百姓家庭,则是1978年改革开放后的十年间,但中华人民共和国电视产业发展历史则要早得多。1958年中央电视台的前身北京电视台成立,同年上海电视台、哈尔滨电视台也相继成立。1983年全国广电系统工作会议明确"四级办电视",实行中央、省、有条件的地(市)和县均可以办广播电视的政策,中国电视行业迎来第一次突破性发展机遇。[1] 目前,从省级电视台到县乡级电视台,从新闻资讯到教育科技的专业电视台,层次和门类都极为齐全。

随着中国电视的发展,电视的各项元素,包括电视台、电视节目、电视从业人员、电视产业结构都发生了巨大的变化。早期的电视功能定位是结合丰富人民群众文化生

---

[1] 熊波:《新媒体时代中国电视产业发展研究》,武汉大学博士学位论文,2013年。

活和国家宣传政策功能来制定的,具有鲜明的政治色彩,因此电视台由政府出资设立,电视从业人员是政府财政供养,节目制作由电视台完成,费用由政府财政支付,这也是计划经济时代各行业的一个缩影。随着改革开放的到来,经济的发展为新成立的地方台、城市台提供了稳定的财源和市场机遇,电视台的定位、功能、运营到人事管理都发生了重大变化,电视台逐步转变为"事业单位,企业经营"[①]的新运营模式。1979年上海电视台就播出了全国第一条商业广告。[②]

随着电视在商业活动中扮演着越来越重要的角色,中国的电视台也开启了从事业单位转制设立媒体企业集团的道路,各地都在省级电视台基础上整合电视、广播、报纸等媒体资源,组成传媒集团,挖掘传媒资源商业价值。

至此,我国电视产业完成了从完全行政垄断(1956年到20世纪80年代初)到行政性垄断与相对自由竞争并存(20世纪80年代初至90年代中期)再到相对自由竞争向垄断竞争过渡(20世纪90年代中期至今)的转变。[③]

与此同时,电视节目制作也发生了重大变革,制播分离的观念不断得到强化并逐步推进,进一步加强电视产品市场化和差异化生产。20世纪80年代在英国电视业界委托制片制度开始出现,电视公司通过外部公司制作的节目以降低成本,增加节目的多样性。在美国,娱乐性电视节目主要通过市场交易获取,电视台并不直接生产娱乐节目。但是美国哥伦比亚、福克斯等主要电视台的新闻节目则仍然保留自制电视节目的传统。美国比较著名的电视节目制作商包括时代华纳(Time Warner)、迪士尼(Disney)、发现频道(Discovery)等。

在行政与市场双重力量的支配下,我国的"制播体制改革走走停停"[④]。20世纪90年代就开始了"制播分离"[⑤]的探索,随着经济发展和电视行业本身的不断成熟,制播分离也在不断深化当中。近年来各地电视台和传媒企业也在做出各种尝试:如中央人民广播电台音乐之声栏目实行制播分离[⑥];上海文广集团炫动卡通组建专业节目制作公司,实现人财物独立,频道在全国20多个城市落地,其制作的动画片超过10 000

[①] 肖晓琳:《一个飞跃性、浓缩性的历程——中国电视产业发展简述》,《电视研究》2002年第8期,第32页。
[②] 朱亮:《中国大陆第一条电视商业广告》,《装饰》2008年第3期,第71页。
[③] 肖晓琳:《一个飞跃性、浓缩性的历程——中国电视产业发展简述》,《电视研究》2002年第8期,第32页。
[④] 唐世鼎等:《制播体制改革与电视业发展问题研究》,中国传媒大学出版社2005年版,第44页。
[⑤] 目前我国学术界对于"制播分离"的定义并没有达成共识。有的学者认为制播分离指电视节目的策划、投资、制作、播出等各个环节由两个或两个以上没有任何市场交易以外关系的法人主体分别运作的机制,有的学者认为它是一种制作和播出分属于不同单位或部门的广电系统操作模式,也有学者认为它是将广播电视节目制作从广播电视机构中以某种形式分离出来的一种市场化导向的节目交易制度。
[⑥] 中央广播电视总台央广音乐之声,是原中央人民广播电台的第三套节目,开播于2002年12月2日,以喜爱流行音乐的受众为目标服务群,专注播出流行音乐。2008年12月2日中国人民广播电台音乐之声开办6周年。同日,由中央人民广播电台控股的"央广智库广告有限公司"挂牌成立。音乐之声实行制播分离,成为中央电视台制播分离的最早实践者。

分钟[1];浙江卫视的《中国好声音》是非典型意义上的制播分离[2]。

二、电视节目类型

随着电视产业的发展,电视节目类型呈现出"百花齐放,百家争鸣"的态势,各家电视台和节目制作单位都在节目类型上不断推陈出新,丰富了荧屏。按照节目的主题内容来分类,电视节目类型大体分为以下几类:

第一,新闻类栏目。包括播报类新闻、视频新闻、专题采访及访谈调查类新闻节目。

第二,教育类节目。以文化教育和社会教育为主,很多地方电视台都设置了专门的教育电视台频道。

第三,文艺类节目。文艺类节目是电视节目中内容占比最大的一类节目,其娱乐性强、受众广,具有很好的经济效益。文艺类节目又可以划分为专题文艺节目,如中央电视台曾推出过戏曲类专题文艺节目《曲苑杂坛》,收视经久不衰;而综艺节目是目前关注度最高的节目形式之一,比如湖南卫视即以综艺立台,走出了地方卫视发展壮大的新道路;文艺晚会也是文艺类节目中广受欢迎的节目形式。中国的春晚就是典型的文艺晚会性质的电视节目。中央电视台 1983 年开始组织春节晚会以来,"春晚"就成了中国人年夜饭上的重头戏,也是央视最重要的品牌节目之一。

第四,体育类节目。在电视行业繁荣的数十年间,电视台依靠转播体育比赛和播放体育新闻获得了大量的广告收入;同样,电视的发展使得体育成为全球性活动,球队和运动队伍可以成为世界豪门,球员和其他运动员也可以成为在全球范围内广受追捧的明星,而在电视出现之前,这是不可想象的。体育类节目根据内容又可以划分为体育比赛、体育新闻、体育知识等,随着电脑技术和互联网发展,电子竞技类体育项目也在借助电视的传统媒体优势不断发挥其影响。在体育节目行业,央视第五频道和上海文广新闻集团旗下的五星体育都享有盛誉,以其节目质量高和形式新颖广受好评。

第五,生活服务类节目。生活服务类节目是电视服务广大群众生活的重头戏,涵盖了个人工作、家庭、感情生活的方方面面,节目形式多样、题材广泛、内容丰富,是各电视台争相推出优质作品的板块。生活服务类节目具体包括生活服务类、医疗健康

---

[1] https://baike.baidu.com/item/%E5%88%B6%E6%92%AD%E5%88%86%E7%A6%BB/203666?fr=aladdin,最后访问日期:2019 年 5 月 5 日。

[2] 2011 年浙江卫视跟版权引进公司 IPCN 国际传媒洽谈版权,后来灿星制作也对节目有意向,IPCN 面对一边是已预约的浙江卫视,一边是老客户,最后提出让两家合作,达成了"某种程度上共同投资、版权共用、共同制作、风险共担、利润共享"的形式。单纯的制播分离是播出平台向制作方买片,中间制作过程播出平台完全不管。而浙江卫视从头到尾参与了《中国好声音》,无论节目策划、编排,还是节目宣传,以及政府、上级部门的报批,到找选手、制作、后期处理,整条线浙江卫视都参与投入,浙江卫视对节目进行整体操盘。

类、职场工作类、情感征婚类、旅游交通、电视购物等。随着电视制作水平的不断提升，服务类节目也不断发展，其娱乐性、互动性和服务功能不断增强，观众的参与度高于多数电视节目类型，电视节目也不再仅仅是文化产品，反而具有社会服务平台功能，例如通过节目进行健康咨询、通过节目相亲征婚解决现实的情感问题、通过节目求职以及通过电视购物节目购物，这些都是其他节目所没有的特质。这些在节目中植入服务或商业行为的发展也使得电视节目、有关电视台和合作主体有了更复杂的身份和法律关系，其中也蕴藏着很多法律问题。如在电视节目中进行健康咨询是否与医疗行为相交叉，是否需要对咨询意见承担责任，是否需要取得相应资质，是否存在欺诈，如果发生类似情况法律会做出怎样的评价，法院对于这些纠纷会如何裁决？2010年的"张悟本事件"[1]就极大地凸显了此类节目存在的问题。而电视购物频道如果出现质量问题或者产品质量侵权问题又应该如何认定各方责任，电视台作为播出方与节目制作方是否构成共同侵权？在"马树根诉青海广播电视台等电视购物合同纠纷案"中，法院认为按照《最高人民法院关于审理食品药品纠纷案件适用法律若干问题的规定》第11条"消费者因虚假广告推荐的食品、药品存在质量问题遭受损害，依据消费者权益保护法等法律相关规定请求广告经营者、广告发布者承担连带责任的，人民法院应予支持"的规定，威海紫光公司应承担违约赔偿责任，青海广播电视台应承担连带责任。[2]

三、电视制作流程

电视节目根据播出方式有直播节目与录播节目；根据内容可以分为影视剧、综艺娱乐、时政新闻、专访通讯类节目。

一般来说，电视节目的制作主要有几个基本流程和环节：策划与选题、拍摄、后期制作。

策划即解决栏目内容方向和板块问题，如何制作以及如何搭配有关资源并实现栏目组的运转和生产出产品的总体规划过程。电视节目的策划既要考虑到以正确的舆论引导观众，又要考虑观众的需求，把握两头，上下通气，巧妙结合。[3] 电视节目策划越完善，后期的拍摄与制作会越顺利。

---

[1] 伪养生食疗专家张悟本2010年2月参加湖南卫视《百科全说》后知名度显著提高，其著有《把吃出来的病吃回去》，书中宣扬"绿豆治百病大法"引发市场绿豆涨价，其食疗理念也遭到专家质疑。2010年5月有媒体报道其有学历造假的嫌疑。"中华中医药协会健康分会"理事、"中国中医科学院中医药科技合作中心"研究员称号，被两家单位指认子虚乌有。曾有一名多年患类风湿疾病、动脉硬化的患者在看到张悟本关于养生知识的宣传后，到其坐堂的食医堂看病。当时挂号费为1 200元，其按张悟本出具的食疗健康方案购买了1 094元的钙粉，服用后症状并未好转。该患者将张悟本及食医堂所属公司告上法庭，后该患者撤诉，并向媒体表示其诉讼要求已通过协商方式得到满足。

[2] 参见吉林省桦甸市人民法院（2015）桦民二初字第316号民事判决书。

[3] https://baike.baidu.com/item/%E7%94%B5%E8%A7%86%E8%8A%82%E7%9B%AE%E7%AD%96%E5%88%92/341181?fr=aladdin，最后访问日期：2019年5月5日。

选题就是确定话题或者具体某一集或某一期的关注问题和焦点。选题根据节目性质不同而有不同的侧重点和具体规律,例如,新闻类节目要始终紧扣热点,文艺类节目则紧跟流行,但同时也要考虑少部分人的需要,流行歌曲很好,传统戏曲也要;同时选题又要推陈出新,富有创意而不落俗套。大家都在追捧当季明星时做一个怀旧的经典回放可能也是另辟蹊径。

选题确定后就要具体实施,节目可能需要找嘉宾、搭舞台、出外景;选题的实施部分是对选题的深入和具体展现,也是后期制作的素材生产阶段,直接关系到成片质量。

实施阶段的工作分为拍摄和后期制作。拍摄为成片提供素材,同样的素材经过后期制作会呈现出不同的作品,具有不同的表现力和观众认可度,因此后期制作是整个生产过程中的关键环节。得益于近年来真人秀节目的发展,我国综艺节目后期制作的作用被凸现出来。后期制作是对拍摄素材的二次创作,良好的后期制作能够为节目带来意想不到的效果,否则即使节目选题为人喜爱,观众的观看体验也会下降。[①]

电视节目制作中涉及各个部门、人员、各种节目要素,这些部门、人员、要素围绕节目展开活动,势必产生各种法律关系,也可能产生法律纠纷。

节目制作中需要用到的素材可能是他人享有著作权和其他权利的文章、剧本和照片,如何有效取得授权,对于避免不必要的纠纷很重要。在《向往的生活》(第三季)中,虽然由歌曲的原唱周笔畅亲自献唱,但是由于节目未取得《最美的期待》权利方[②]的许可,为避免产生纠纷,节目播出时该段演出直接被消音快进。

节目组也是人的组合,制作节目的过程也是一个劳动过程,这个过程势必产生劳动或劳务关系,无论时间长短,工作量大小,都要有明确的约定,否则也可能引起纠纷;中央电视台就曾经因为在海南录制一档节目时聘请了当地的翻译在节目连线时为主持人和中亚某国总统的通话做翻译,后该翻译起诉央视,要求确认双方劳动关系并支付报酬。

有些节目的制作拍摄还有可能产生人身危险,如何运用保险等金融产品转嫁节目风险带来的或有损失;如何事先约定发生事故时的处理流程、处置预案、责任分担对于顺利处理意外事件、确保节目正常进行具有积极的作用。

---

① 《爸爸去哪儿》是湖南卫视引进的大型亲子户外真人秀节目,通过五位明星爸爸在72小时的户外体验中单独照顾子女的饮食起居,共同完成节目组设置的一系列任务。该节目的后期制作可以用"神仙级制作"来形容,为节目增添了很多笑点、泪点,为观众所热捧。《王牌对王牌》是浙江卫视推出的大型原创室内竞技真人秀节目,节目在选择主持和嘉宾上很用心,有众多实力笑星及流量明星加盟。但是该节目的后期制作导致节目段落与段落间没有衔接,且一些环节莫名被删减,节目流畅度大打折扣,也被网友吐槽"剪辑的混乱简直登峰造极"。

② 歌曲《最美的期待》是电视剧《茧镇奇缘》的片头曲,由南征北战创作词曲,周笔畅演唱。后该歌曲在某抖音平台上走红,并获得流行音乐全金榜2018年上半年20大金曲奖。《向往的生活》(第三季)第一集播出后,《最美的期待》被消音事件立刻引起了网友的热议。

第二节　电视产业的从业者及其权利

一、电视产业从业者

电视产业从业者也可以统称为电视媒体人。其范围极其广泛,既包括我们能看到的前台主持、嘉宾,而更多的是我们观众看不到的幕后人员,包括制片、编导、摄像、导播、场务、音效、编辑等各个工种和人员。

制片人通常是整个电视节目的总负责人,制片人负责确定节目方向、格调与内容,筹措资金,组建节目组,协调组织拍摄制作,组织推广发行的全部工作。

编导是具体执行节目策划和拍摄的人,根据节目整体规划具体负责选取题材、制定制作计划、实施制作计划推进,应具备广播电视节目策划、创作、制作等方面的专业知识。

负责电视节目拍摄的人在不同节目中有不同组合,现场室内采访或大型综艺节目中摄像由专门人员担任,而在外景拍摄、新闻实况采访中也可能由编导本人一并承担。

在电视台的节目录制中通常有数量不等的多台摄像机同时参与拍摄,形成不同角度的画面,这些画面同时传输到视频切换台,而导播负责选择这些传输至视频切换台的画面,在一个时点和时段上播放一台摄像机传输的画面,并根据节目进展切换不同摄像机传输画面,增强节目画面的丰富程度和表现力。

场务是现场管理人员,根据导演要求从事通知演职人员、协调演出时间场所、协调管理现场拍摄等事务性工作。

灯光师也是电视节目创作人员之一,灯光效果直接影响拍摄和成片画面。

音效师是电视节目制作中的重要角色,负责录制声音、控制音响效果、完成录音剪辑和效果调整、维护录音设备等工作。

电视节目从初稿到成片都需要后期剪辑制作。剪辑是在初稿素材的基础上选择画面、编排、加入特效等,使得呈现的画面符合观众观赏需求,经过编辑的成片应当画面完整、故事性强,在紧随观众思路的同时又要引导观众思路,因此,编导也需要具备很高的艺术鉴赏力。

二、电视产业从业者的权利

电视节目是集体智慧的结晶。参与电视节目的主创人员均享有相应的权利,这些权利至少包括署名权、获得报酬权、形象权、隐私权等。

(一)署名权

电视节目的主创人员作为电视台或节目组的聘用人员享有在作品上署名的权利。近年来,我国一些热播剧经历了署名权之争。在电视剧《北平无战事》编剧署名权之争[1]中,虽然"北平无战事",但法庭却起硝烟:胡强、刘桉称其二人分别与天风海煦公司签署了编剧合同,合同约定天风海煦公司聘请二人作为其法定代表人刘和平的编剧助手,参与电视剧《北平无战事》的剧本创作,二人享有该剧在电视剧播出时的编剧署名权,后向刘和平和天风海煦公司交付了故事梗概、人物小传、分集梗概及三集完整剧本。电视剧《北平无战事》首播后二人发现相关署名仅为"编剧/总制片人刘和平",并未对二人进行编剧署名。法院经审理认为胡强、刘桉对涉案《北平无战事》并不享有编剧署名权,驳回了其诉讼请求。

署名权在我国著作权法中被列入不可转让的人身权利之列。实际上署名权本身也具有经济属性。在好莱坞署名一直是各大明星聘用合同争议的焦点,也历来纠纷不断。

"与电影行业相同,个人在电视节目中演职员表的位置决定了他在节目中的重要性并将影响他未来的收入。"[2]

在现实情况中署名位置可能会对未来收入造成一定影响,明星或主持人可能为了署名位置付出经济代价,包括接受较低价格的出场费用。

在史密瑟(Smithers)诉米高梅电影公司一案中,米高梅电影公司承诺史密瑟给予其最优惠报酬待遇,即除合同已经确定的三位演员外,其他演员报酬不得高于史密瑟,否则史密瑟可以获得相应的差价补偿;此外,任何人不得取得比史密瑟更好的署名位置或条件。后来史密瑟发现在作品中他的署名与合同要求存在差异,于是诉诸法院;经审理陪审团认定米高梅公司没有履行合同,应当对斯密瑟给予赔偿。[3]

国内节目制作方与主持人因为报酬和署名发生纠纷的也时有发生,如耿子涵诉北京摇太阳文化艺术传播有限公司(下称摇太阳文化艺术公司)等侵犯著作邻接权纠纷案。[4]

法院经审理认为:涉案争议的《健康伴你行》节目属于以类似摄制电影的方法创作

---

[1] 参见北京市朝阳区人民法院(2015)朝民(知)初字第4495号民事判决书。
[2] 谢丽·L.伯尔:《娱乐法》,李清伟等译,上海财经大学出版社2018年版,第224页。
[3] 同上。
[4] 2002年耿子涵接受摇太阳文化艺术公司法定代表人邀请,为《健康伴你行》栏目录制了《2002我们一同走过》《预防艾滋病从我做起》《居室扫雷》(上、下集)等节目。在节目中,耿子涵作为主持人与嘉宾探讨有关话题。2003年上述节目在海南旅游卫视节目中播出并两次重播。但是在《2002我们一同走过》上集的片头,字幕显示为"主持人子涵(实习)",其他各集节目没有上述字幕。在涉案各集节目片尾部分,字幕均显示为"本栏目广告由摇太阳广告公司独家代理""摇太阳文化艺术公司制作"。耿子涵将北京摇太阳文化艺术传播有限公司等诉至法院。参见北京市高级人民法院(2004)高民终字第153号民事判决书。

的作品。耿子涵作为涉案节目的主持人,其作为表演者的相关权利受法律保护。虽然双方未就拍摄涉案节目事宜签订书面合同,但是从相关因素综合判断,可以认定耿子涵同意摇太阳文化艺术公司将其表演录音录像。

涉案节目仅在《2002 我们一同走过》上集的片头字幕中列明了耿子涵的名字,表明了原告作为表演者的身份,其他各集节目均未表明耿子涵作为表演者的身份。摇太阳文化艺术公司侵犯了耿子涵作为表演者享有的表明身份的权利,应承担相应的法律责任。

摇太阳文化艺术公司未向耿子涵支付报酬,亦未取得公开传送其表演的许可,侵犯了耿子涵享有的许可他人公开传送表演并获得报酬的权利,应承担相应的法律责任。

耿子涵为涉案节目的著作邻接权人,不享有该作品的表演权、广播权和保护作品完整权。

北京市第二中级人民法院判决:(1)摇太阳文化艺术公司未经许可不得公开传送涉案侵权节目;(2)摇太阳文化艺术公司就涉案侵权行为在《法制日报》上向耿子涵发表致歉声明;(3)摇太阳文化艺术公司赔偿耿子涵经济损失 2 万元;(4)驳回耿子涵的其他诉讼请求。[①]

对此判决,北京摇太阳文化艺术传播有限公司表示不服,向北京市高级人民法院提起上诉。

二审法院审理认定的基本事实与一审法院一致,但是在是否构成对原告表明表演者身份权利的问题上,二审法院做出不同的认定:以类似摄制电影的方法创作的作品以类似摄制电影的方法制作,通常是在编剧的基础上,经过导演、演员、摄影、剪辑、服装、灯光、特技、合成等独创性活动产生的。涉案节目是对景象、形象、声音进行机械录制产生的,它只是忠实地录制现存的音像,并不具有创作的成分,没有体现出制作者应有的创造性劳动,不构成著作权法保护的作品。原审判决认定涉案《健康伴你行》节目属于以类似摄制电影的方法创作的作品是错误的。

耿子涵作为涉案节目的主持人,其作为表演者的相关权利受法律保护。表演者对其表演享有表明表演者身份的权利。表明表演者身份的目的在于使表演者与其表演之间建立起联系,使他人知悉实施表演行为的表演者的身份。因此,只要以他人能够得知的适当形式让他人知悉实施表演的表演者为谁,即达到了表明表演者身份的要求。在摇太阳文化艺术公司制作的涉案每一集节目开头,耿子涵对自己身份向听众、

[①] 参见北京市第二中级人民法院(2003)二中民初字第 06279 号民事判决书,该判决书已于 2004 年 4 月 29 日被北京市高级人民法院(2004)高民终字第 153 号民事判决书撤销。

观众所做的介绍是一种表明其主持人身份的形式。因此,应认为摇太阳文化艺术公司已以适当形式表明耿子涵的身份,耿子涵的表明表演者身份的权利已得到实现。原审判决认定摇太阳文化艺术公司侵犯了耿子涵享有的表明表演者身份的权利不符合法律规定。

表演者依法享有许可他人对其表演录音录像、公开传送其表演并获得报酬的权利。从相关因素综合判断,耿子涵是知道其所录制的节目是以播出为目的的;其参与录制该节目,表明其同意摇太阳文化艺术公司将其表演录音录像并公开传送。摇太阳文化艺术公司播出涉案节目无须再行经过耿子涵的许可。原审判决认定耿子涵同意摇太阳文化艺术公司将其表演录音录像是正确的,但认为摇太阳文化艺术公司传送该节目应另行取得耿子涵同意但摇太阳文化艺术公司没有取得许可、构成侵权是错误的。

表演者对其表演享有许可他人使用并获得报酬的权利。摇太阳文化艺术公司应向耿子涵支付其作为表演者参与录制节目应获得的报酬。

据此二审法院撤销了一审法院认为被告构成侵犯表演者表明身份的权利的判决,改判支付报酬1万元。

这个案件厘清了主持人作为电视节目参与者是否享有著作权及相关署名权问题。

判决表明,电视节目的创作和录制与电影创作不同,是对现场访谈行为的录制,访谈或讨论内容并非经事先创作固定下来,因此电视节目并不构成类似摄制电影方法产生的作品,不享有著作权;这类电视节目更接近表演类作品,对于出演人员适用表演者权利,表演者对于自己的表演作品具有表明身份的权利,表演者表明身份权利与署名权有所差异,可以适当形式表明,例如在节目中介绍或在成片中以字幕形式呈现。

(二)获得报酬权

电视节目主创人员的劳动报酬又根据其与制片方电视台或节目组法律关系的差异有不同表现形式。

如果与电视台或其他制片方签订劳动合同,建立劳动关系,则其根据电视台的指派担任节目主创人员是履行劳动合同的行为,电视台或其他制品方作为用人单位应当根据劳动合同规定支付工资、加班费等劳动报酬。

如果没有与电视台建立劳动关系,只是根据合作协议临时或非固定地担任节目的主创人员,则双方根据劳务合同或其他约定支付劳动报酬。

由于主持人这一工作的特殊性,主持人与雇用单位之间的劳动纠纷也时有发生,而在这类劳动关系认定的纠纷中,由于行业特殊性往往难以做出认定。如柯某诉上海银爵文化传播有限公司劳动合同纠纷案[①],原告诉称:2007年7月4日,其进入被告公司工作,担任执行制片人及导演。银爵公司口头约定柯某试用期为3个月,月薪为12 000元,转正后月薪为20 000元,但迟迟未与柯某签订书面劳动合同。柯某在银爵公司工作期间,银爵公司从未支付柯某月薪,也未为柯某缴纳综合保险,柯某多次与银爵公司交涉,银爵公司均以各种理由搪塞。2008年3月20日柯某无法忍受银爵公司的一再欺骗,以银爵公司拖欠工资为由离职,并诉至法院。

银爵公司则声称被告是合作方派蒙公司员工,是应派蒙公司委派参与节目组,原被告之间不存在劳动关系,无需支付工资及其他款项。

法院经审理认为:因证据原因不能认定原告主张的整个期间双方具备劳动关系,但可以认定在原告进入节目组一段时间后的2017年12月7日双方建立了劳动关系,被告承诺向其发放工资,因此两审法院均判令被告承担相应期间的工资支付义务及拖欠工资的补偿金及违法解除劳动合同补偿金。

第三节 电视产业合同

电视行业经过百年发展已经形成一个庞大的产业,以节目制作播出为中心衍生出节目制作单位、播出单位、广告经营单位、体育赛事组织单位、文艺团体等上下游各种经营主体,这些主体之间会发生各种商业合作,这些合作都以商业合同为基础展开。

电视行业常用合同包括:电视剧本创作合同、电视剧版权交易合同、电视剧合作拍摄合同、电视剧投资合同、电视剧融资合同等。

一、电视剧本创作合同

电视发展到今天电视剧仍然是荧屏主角,电视剧的起点又来自剧本。剧本创作合同是在剧本委托方与剧本创作方之间订立的关于创作剧本的协议。学界对于委托创作合同的法律性质存在争议。在众多学说中,委托合同说和承揽合同说是理论界关于委托创作合同法律性质的两种主流学说。[②]

委托合同说学者认为委托创作合同属于合同法规定的委托合同,如吴汉东教授认为"委托作品之创作根据委托合同"[③],实践中也存在依据此观点判决的案例,如"沈钰

---

① 参见上海市第二中级人民法院(2010)沪二中民一(民)终字第85号民事判决书。
② 王海桃:《论委托创作合同的法律性质》,浙江大学硕士学位论文,2017年。
③ 吴汉东:《知识产权法学》,北京大学出版社2005年版,第53页。

与北京海牧天和文化传媒有限公司委托创作合同纠纷案"[1]中,法院依据《合同法》第410条"委托人或者受托人可以随时解除委托合同"的规定确认涉案合同已于2014年3月22日解除。

承揽合同说认为委托创作合同就是我国合同法规定的承揽合同,如张今认为"委托人签订合同的目的、支付报酬的对价是获得作者按照其指示创作完成的工作成果,而非单纯的创作行为"[2],实践中同样存在依据此观点判决的案例,如"王放放等诉中国文采声像出版公司著作权许可使用及委托创作合同纠纷案"[3]的法官认为涉案合同"就合同性质而言,属于著作权许可使用合同与委托创作合同的混合合同,故应适用著作权法有关著作权许可使用合同、委托创作合同的规定,不明确之处可以适用或类推适用合同法有关买卖合同和承揽合同的规定"。

因剧本委托创作发生的纠纷往往表现为以下特征:

第一,主体不清。由于电视剧创作和拍摄往往同步进行,在创作过程中可能投资和拍摄主体发生了变化,但原先的剧本创作合同没有做出相应的变更,如果发生报酬支付问题,可能会涉及多方当事人。

第二,创作细节约定不明。在签订合同时双方对于合同可能涉及的问题、可能出现的情况往往没有充分的估计和全面的预测,在出现问题之前也没有及时补充修订。在委托创作中,最容易出现争议的是剧本质量标准问题。剧本质量是一个非常主观的判断,很难客观评价,比如按章节数目、场次数量、文字数量去衡量,因而,通常在剧本创作协议中将委托方同意和认可作为验收标准。如果委托方非因质量原因而故意拖延验收,对剧本质量不做正面表态,就会使情况变得复杂。例如,在编剧沈钰和海牧天和公司关于委托创作剧本的合同纠纷案件中,编剧一方认为自己已经按合同约定完成剧本创作主要工作并交付了一稿,也获得了海牧天和公司确认,海牧天和公司解除合同的要求不能成立,应该支付违约金。海牧天和公司则认为沈钰无法完成创作工作,未能按期交付工作成果。双方对此各执一词,给法院调查事实造成了很大的难度。

第三,剧本内容变更较多。委托剧本创作是一个创作过程,不过这一创作过程不是作者单独完成的,在创作过程中,作者要始终围绕委托方的需求展开,围绕待拍摄的电视题材展开,也要关注市场的动态变化,原先的情节设计可能被要求替换或删减,原先的人物设计可能遇到增删,这些增删变更都可能引起工作量和工作难度的变化而偏离原本的合同约定,但双方往往没有就此是否影响合同继续履行进行讨论和协商,合

---

[1] 参见北京市第三中级人民法院(2014)三中民(知)初字第12048号民事判决书。
[2] 张今:《中国文化产业合同案例精选与评析》,知识产权出版社2011年版,第224页。
[3] 参见北京市海淀区人民法院(2007)海民初字第18296号民事判决书。

作者之间的矛盾也在这些变更的过程中不断累积,形成纠纷的概率比较高。"广东博牛文化传播有限公司(下称博牛公司)诉中国香港国际影视艺术学院有限公司(下称香港影视公司)、李力持承揽合同案"[1]就非常典型。

2014年5月30日,博牛公司与中国香港影视公司、李力持签订一份电影导演编剧合同(合同编号为博牛—影第0503号)约定,博牛公司决定投资出品三部电影,香港影视公司指派李力持先生负责三部电影的导演和编剧工作,直至完成每部影片的后期制作。甲方在此聘用乙方,而乙方则按照本协议之条款和条件完成该制作的导演和编剧工作。于签约日起计,每年完成一部电影作品,三年内完成三部电影作品。同日,博牛公司与香港影视公司、李力持还签订一份电影项目负责人聘用合同,主要约定:博牛公司聘用香港影视公司委派李力持先生担任电影项目负责人,负责电影剧本创作、摄制、后期剪辑制作直至该影片获取国家广电总局公映许可证为止。

合同签订后,博牛公司于2014年6月11日委托案外人向李力持支付了定金150万元。李力持出具相应书面收据予以确认。随后,香港影视公司开始影片的故事创作,出具了古装戏剧大戏《陈梦吉传奇之状师榜》的故事梗概、七个版本的故事大纲、六个版本的初步分场剧本、《陈梦吉传奇之状师榜》剧本初稿和修改内部意见,并于2014年12月15日通过电子邮件的方式交付给博牛公司。在香港影视公司交付剧本之后,分别于2014年12月29日、2015年3月2日向博牛公司指定联系人秦瑞明询问关于剧本的修改意见,以便其下一步修改,秦瑞明均表示征求公司老板意见后再协商。之后,香港影视公司还继续开展第二部电影《宗师梁赞》的创作工作,完成了故事大纲,并通过电子邮件交付给博牛公司。2015年6月6日,博牛公司向香港影视公司、李力持发出了一份《关于解除〈电影导演编剧合同〉的通知》,认为香港影视公司、李力持未能自2014年5月30日起一年内完成第一部电影的筹备、摄制及后期制作工作,违反了合同的约定,通知解除电影导演编剧合同,并要求在收到通知后10日内返还定金150万元,否则将依法主张双方返还定金300万元。

法院经审理查明,香港影视公司就上述合同的履行并不存在违约行为,相反却是博牛公司存在违约行为,遂判决驳回博牛公司的诉讼请求。

二、电视剧版权交易合同

自我国电视剧制作向民营资本开放后,我国电视剧市场出现了供大于求的现象,这使得电视剧版权交易领域出现了很多法律问题,甚至出现为了使作品在收视率高的电视台的黄金时段播出的行贿受贿的犯罪行为。

---

[1] 参见江门市蓬江区人民法院(2016)粤0703民初5786号民事判决书。

电视剧版权交易合同是关于电视节目作品版权交易的协议,不论是版权的许可还是转让,都一定要注意版权合同生效的前提,即转让方(或许可方)已经获得题材规划立项或通过公示备案或获得发行许可证。[①] 版权交易合同的核心是交易标的即交易的对象和交易条件。与电视节目相关的版权交易合同对象通常是为制作电视剧或电视节目所需的剧本或脚本、电视剧成片或电视节目成片以及其他电视节目相关的版权产品。

交易内容可以包括作品的全部可转让的著作权权利,也可以是部分权利;交易的方式可以是一次性购买,也可以是特定期间授权使用。交易条件可以是现金或现金等价物,也可以是不违反法律规定的其他交易或合作方式。

根据不同的合作需求,各方也可以提出其他条件或要求:例如是否允许购买或被授权一方修改或再授权或出售;是否赋予出售方或授权方一定条件下收回或终止授权的权利。此外在版权交易过程中可能还涉及第三方参与,第三方往往作为信息中介方并可能同时具有融资功能,在此情形下合同交易结构发生变化,合同性质也可能具有服务与融资双重功能,这种合同性质的变化可能会影响合同效力的判断。例如在"西安电视剧版权交易中心有限公司与上海天誉影视文化传媒有限公司(下称天誉公司)等服务合同纠纷案"[②]中,西安电视剧版权交易中心不仅提供交易中介服务,还预先向出售方支付合同款项,实际具有融资功能。天誉公司在诉讼中也表示涉案两份版权交易服务协议并无版权交易服务事实,而是版权交易公司假借国家资金,在法定经营范围之外推行"融剧宝"产品,收取巨额资金回报。版权交易公司实质是充当了银行放款、实施金融融资产品等功能。涉案两份合同应属于合法形式掩盖非法目的而无效。

应该说被告提出的问题并非毫无道理,原告的服务中无论是形式还是实际上都创设了一种新的金融服务,而这个服务本身是否属于原告经营范围,原被告之间的合同是否具备法律效力,原告收取的服务费用是普通的版权交易中介服务费用还是金融服务费用以及融资利息,在双方发生纠纷的情况下应当进入法院审判的视野。

本案中两审法院也都对涉案合同性质进行了认定,"合同约定及合同履行的基本情况表明,双方之间基于版权交易服务协议建立的是版权交易服务合同关系,本案为版权交易服务合同纠纷。涉案两份版权交易服务协议存在的基础和前提、签约双方的权利义务关系及平衡机制,均区别于金融机构提供的金融服务,而该两份版权交易服务协议与陕西文化产业投资控股(集团)有限公司网站上对融剧宝介绍内容的关联性,并不影响上述对本案所涉民事法律关系、两份版权交易服务协议的性质的分析和判

---

① 李丹林:《电视剧法律问题研究》,中国传媒大学出版社2007年版,第153页。
② 参见陕西省高级人民法院(2017)陕民终1045号民事判决书。

断",因此法院对天誉公司有关涉案协议为金融产品的主张不予支持。

电视节目版权交易还可能因为节目收视率不佳而发生。"西安电视剧版权交易中心有限公司诉陕西广播电视台广播电视播放合同纠纷案"[1]中,版权公司诉称:2014年6月18日,电视台与版权公司就电视剧《良心》签订了电视节目播映权许可使用合同书,约定版权公司将《良心》陕西卫星频道首轮电视播映权及发行权有偿许可给电视台使用,但电视台未依合同约定按时、足额向版权公司支付许可使用费。基于此,原告提起诉讼要求被告支付各项欠款及违约金。对于基本事实被告未提出过多辩解,但表示该剧电视台仅播出过一次,收视率低,原告方提出的违约金也过高。

显然被告的抗辩对于合同纠纷的审判而言并不构成有效和有力的抗辩,法院未予采信,判决支持了原告的各项诉讼请求。

本案中提出的一个问题是电视节目的版权采购中是否可能或者可以因为播出效果问题而产生对质量问题的判断,是否可以据此要求调整解除合同或调整合同价款?

在现行的合同法立法与司法实践模式下,对于合同明确约定的价款以及欠付的违约金很难要求降低或调整;但从事前防范的角度则可以延伸到交易环节,对交易条件和价款做出更多具体的约定;实际上本案中的合同就有关于授权播放期间的约定,这显然是对出让一方有利的安排;但作为采购方的电视台显然没有在这份合同中取得更为有利的条件和地位,实际上在合同交易条件的安排和设置上,采购一方完全可以在收视不足导致的播放量不足的情况下要求降低合同价款。

实践中还应注意区分剧本版权与电视剧版权的不同。剧本版权是独立于按照该剧本设置的电视连续剧版权的一种著作权,其权利人为剧本作者。同理,还应区别电视剧版权与词曲等个别著作权的区别,并明确各种著作权的权利归属,以避免发生争议。[2]

三、电视剧合作拍摄合同

电视剧合作拍摄合同以及电视节目的合作制作合同(以下合称电视合作合同)也是电视产业中的重要合同形式。随着制播分离模式的不断演进,很多电视剧或者电视节目都有两个以上单位或制作主体参与,如何约定好参与各方的权利和义务,以确保最终产品顺利完成具有重要意义。

电视合作合同根据合作内容与目的又大致包括:投资合作合同、创作合作合同、联合制作合同、制作与发行合作合同等。

---

[1] 参见西安市中级人民法院(2017)陕01民初40号民事判决书。
[2] 张今:《中国文化产业合同案例精选与评析》,知识产权出版社2011年版,第311页。

投资合作合同通常是在制片方有了好的剧本项目或节目初始创意后寻求资金方合作,由资金方提供资金,制片方完成制作,双方共享利润并共担风险的合作协议。

投资合作合同主要内容包括:双方合作投资的对象是影视剧还是电视节目;合作投资预算及承担方式是否全部由资金方承担,超过预算的情况如何处理,是由制片方自行解决还是投资方补足;资金投放与管理是一次投资到位还是分批投入,资金是由制片方自行管理还是制片方根据拍摄制作计划向投资方申请;拍摄制作计划与安排,制片方须制定完整严密的拍摄计划及相应的资金使用计划;制作期间风险承担,在制作期间如果发生意外导致赔偿责任由哪一方承担,影响拍摄和制作进程如何处理,损失由哪一方承担或如何分担;是否需要通过意外保险及影片或节目的完片担保等形式转嫁风险和损失;发行与宣传、制作完成的发行与宣传如何组织,费用如何承担;权利划分与收益分配,双方如何分配成片权利,是按一般融资协议方式由制片方以本金加利息方式返还还是双方按比例分配所有收益;无法立即变现的收益如何处理,是在后期收入实现后再行分配还是由其中一方笼统收购;产品的周边收益如何分配,对于产品进行二次开发产生的收益如何处理;情况变更与违约责任,投资影视是一项风险极高的活动,政策变化、资金市场的变化、观影市场变化、观众喜好改变、热门题材的变动都可能影响项目的顺利完成,如果其间发生变化是否有暂停、终止或退出机制的安排;如果选择终止项目,是否有善后措施与有关形成的成果的处置和安排措施。违约责任与争议管辖,对于影视项目而言往往很难有明确的履行细节,一旦发生纠纷双方都认为对方违约,具体而明确地约定违约行为和违约责任对于后期快速处理纠纷和争议,避免长期拖延导致的项目损失很有必要;同时由于履行行为本身的复杂性,约定明确的争议处理机构也很重要,从合同拟定的角度,拟定合同也尽可能选择本地法院或仲裁机构为争议解决机构。另外,合同中应该对拟合作拍摄电视剧本著作权归属、成片著作权归属、拍摄制作进度、署名先后、作品宣传、合同内容变更、权利义务的转让等问题做详尽的规定。[1]

在合作投资电视类项目中常常发生的纠纷包括剧本或脚本版权纠纷、合同欺诈纠纷、投资款支付迟延纠纷、制作进度与质量问题纠纷、收益分配与退出纠纷等类型。

在"上海晋鑫影视发展有限公司(下称晋鑫公司)与北京金色里程文化艺术有限公司(下称金色里程公司)合作创作合同纠纷案"[2]中,晋鑫公司与金色里程公司签订电视剧《你是一条河》(暂定名)联合摄制合同(以下简称合同一),约定双方共同投资摄制20集电视连续剧《你是一条河》。明确涉案电视剧总投资为 3 333 700 元,晋鑫公司投

---

[1] 北京市律师协会:《影视合同范本与风险防范》,北京大学出版社 2012 年版,第 13—22 页。
[2] 参见江苏省高级人民法院(2009)苏民三终字第 0175 号民事判决书。

资 2 683 700 元,金色里程公司以劳务出资 650 000 元,若超出预算,由晋鑫公司追加投资,金色里程公司不再追加任何投资。

2006 年 10 月 14 日,晋鑫公司法定代表人及双方委派全权负责工作的谢某、李某签订了承诺书,约定:"《天情》(原名《你是一条河》)制作成本预算为 300 万元(上不超过 300 万元的 15%)。若此承诺书内容有和谢总和李文秀签署的'电视剧《你是一条河》(暂定名)联合摄制合同'有冲突之处,以本承诺书为准。"

2006 年 11 月 22 日,双方签订合同二。该合同约定:该剧总投资为 3 333 700 元,金色里程公司劳务出资 496 000 元,其余由晋鑫公司出资,若超出预算,由晋鑫公司追加投资,金色里程公司不再追加任何投资。

2006 年 12 月 12 日,晋鑫公司与艺动力公司签订音视频制作合同。由艺动力公司负责涉案电视剧的音视频整体制作工程,制作费用为人民币 16 万元。

2007 年 1 月 17 日,李文秀、谢晋向晋鑫公司邮寄后期费用申请书,要求晋鑫公司支付音视频制作合同相关款项 117 100 元。晋鑫公司拒绝支付上述款项。

2007 年 2 月 25 日,金色里程公司与中天和公司签订了版权质押典当合同,将《天情》版权和原剧本的电视剧使用权作质押,后双方又签订了绝当协议书,明确金色里程公司将《天下父母心》(原名《天情》)的版权及原剧本的电视剧使用权、发行权和唯一的电视剧摄制数码母带移交给中天公司。

法院经审理认为:晋鑫公司在制作成本超过预算的情况下负有追加投资的义务。在晋鑫公司拒绝追加投资的情况下,金色里程公司垫付了相关费用,其有权向晋鑫公司主张据此形成的合同债权。虽然金色里程与中天公司签订了绝当协议,但债权请求权并未因绝当而移转给中天公司,金色里程公司依然是债权人,有权要求晋鑫公司向其支付相关垫付费用。

在影视剧合作拍摄过程中如果一方在与另一方建立合同关系的同时又与他方建立合作协议,同时就剧目的署名等权益同时分别单独许诺给他方,导致他方认为自己是唯一合作方而实际制作过程中可能出现多方署名及参与权益分配时如何处置?

在"马景涛与南京紫金山影业有限公司(下称紫金山公司)合作合同纠纷案"[①]中,马景涛与紫金山公司签订电视剧合作摄制合同,约定双方合作摄制 20 集电视连续剧《一路夫妻》,双方确认该剧投资总额预计为 1 000 万元,双方投资比例分别为紫金山公司(甲方)340 万元,马景涛(乙方)660 万元(包括现金 500 万元及演出费用 160 万元)。合同还具体约定了投资总额的构成、投入资金时间方式以及收益分配方式等。合同签订后马景涛按约足额缴纳了投资款,并依双方另行签订的演员聘用合同出演了

---

① 参见江苏省高级人民法院(2009)苏民三终字第 0193 号民事判决书。

男主角。在签订合同并缴纳投资款后,马景涛发现紫金山公司就此电视剧与徐州广播电视台、建平公司、津源公司等分别签订了相似的电视剧合作摄制合同,紫金山公司以拍摄同一电视连续剧为由分别与多个单位和个人签订合同以骗取投资款,向马景涛隐瞒了事实真相,造成马景涛的经济损失,构成合同欺诈,故诉到法院。

法院查明:紫金山公司先于马景涛分别与徐州广播电视台、建平公司等签订与马景涛合同内容相类似的合同,且采取的是背对背的方式,马景涛与建平公司、徐州广播电视台就与紫金山公司合作拍摄电视剧《一路夫妻》的情况在签订合作合同时并不相互知晓。

一二审法院均认为在紫金山公司已经与他人就《一路夫妻》签订了合作摄制合同,并就该剧署名方式、发行权以及收益分配等做出了约定的情况下,马景涛与紫金山公司所签订的合作合同中所约定的有关该剧的署名方式、发行权以及收益分配等权益安排是无法按约实现的。马景涛该等权益与其他合作方的权益存在冲突与矛盾。几份合同履行过程中实际亦出现了冲突与矛盾,而这些冲突与矛盾造成了对马景涛权益的损害。如实际已对外公开发行的电视剧的署名未按本案讼争合作摄制合同中约定的"紫金山公司、世天影业有限公司联合摄制"的形式,而加入其他合作方,对马景涛的署名权造成损害;被告与案外人纠纷导致电视剧《一路夫妻》的母带被查封也实际影响了马景涛包括发行权在内的相关权益。

据此判令解除双方合作摄制协议并由被告紫金山公司返还原告投资款。

四、电视剧投资合同

随着电视产业市场化的不断发展,作为最早进入市场的电视节目类型,电视剧的生产方式也完成了市场化转变,形形色色的投资商、越来越多的社会资金开始进入电视投资领域。但是与欧美、日韩成熟的电视产业相比,我国电视行业中虽偶有制作精良、口碑良好的作品,但从整体来看还是产品过多、过滥。同时由于资本高速流动的需求,越来越多的项目匆忙上马,也造成了"跟风戏""滥戏"越来越多,污染荧屏的同时也浪费了投资人的钱。

与美国电视剧在生产之前有一套完整的商业计划书不同[①],我国电视剧项目参与制作的各方主体间信息不对称,作品播出渠道、政策环境、制作水平等不确定因素太多。因此,不论是电视剧投资方、制片方还是主创团队,对于电视剧项目投融资和版权交易的判断和评估,往往是以制片人的经验、明星的人气和团队的默契作为主要参考

---

① 郭莉:《电视剧投资盛宴还缺哪一环》,《投资北京》2007年第9期。

标准。[①] 这使得电视项目投资更像是一场"豪赌",其投资回报率和利润水平很难预测,既有可能获得可观利润,也有可能血本无归。2017年,国家新闻出版广电总局等五部委联合下发了《关于支持电视剧繁荣发展若干政策的通知》,要求建立和完善科学合理的电视剧投入分配机制,通过行业组织出台电视剧成本配置比例指导意见,引导制作企业合理安排电视剧投入成本结构,优化片酬分配机制,维护行业健康发展。[②]

在电视投资合作中,经常会发生各种争议,尤其是随着人们投资意识逐渐增强,一些自然人也逐渐成为电视投资的主体,但受专业、认识的限制,所谓的电视投资很有可能陷入"名为投资,实为借贷"的尴尬局面。

在"马振民与沈阳金百纳传媒有限公司等民间借贷纠纷案"[③]中,虽然马振民与沈阳金百纳传媒有限公司及电视连续剧《大矿山》摄制组签订了投资协议,但是经法院审理后发现,双方签订的投资协议是以高额回报诱使马振民借款5万元,但马振民投资却不参与经营,也不承担风险责任,不论盈亏均按期收回本金及高额利息,故该投资协议书的性质名为投资,实为借贷。

另外,对于投资收益分配顺序理解不同也可能发生纠纷。

"黑龙江省农垦总局与北京完美时代国际影视文化有限公司(下称北京完美公司)等合同纠纷"[④]案中,中共黑龙江省委宣传部、黑龙江省农垦总局和北京完美公司共同签订三十集电视连续剧《食为天》(后更名为《夺粮剿匪记》)三方合作拍摄协议书。约定该剧预计投资总额为1 800万元,黑龙江省农垦总局投资500万元,北京完美公司投资1 300万元。该剧以在中央台黄金时段首播为主要发行方向,三方须为此共同努力,中央台购买价格由黑龙江省农垦总局、北京完美公司双方按投资比例分配,按投资比例利益共享、风险共担,作为主要投资方北京完美公司为第一回款单位。

拍摄完成后发生成本2 072万元,作品向中央电视台出售版权获得收入1 250万元;但北京完美公司在收到款项后未向原告分配收益。

原告认为根据合同约定各方应当共享收益,在收益实现的情况下应当按合同约定的投资和收益分享比例分配;被告则提出根据合同约定,北京完美公司为第一回款单位,这就意味着在北京完美公司未收回其全部投资前,其他投资方无权分配收益。

法院经审理认为:涉案协议约定"购买节目款项到达北京完美公司账号后,北京完

[①] 赵丹、宋培义:《电视剧项目投融资模式与风险控制对策》,《电视研究》2018年第1期。
[②] 为贯彻落实《中共中央关于繁荣发展社会主义文艺的意见》,推出更多思想精深、艺术精湛、制作精良的优秀电视剧,丰富人民群众精神文化生活,2017年9月4日,国家新闻出版广电总局、发展改革委、财政部、商务部、人力资源和社会保障部五部委联合下发了《关于支持电视剧繁荣发展若干政策的通知》。
[③] 参见沈阳市大东区人民法院(2013)大东民三初字第150号民事判决书。
[④] 参见黑龙江省农垦中级人民法院(2018)黑81民终396号民事判决书。

美公司需及时按投资比例将节目款汇至黑龙江省农垦总局指定账户"。按照该约定内容,北京完美公司应当按照投资比例及时返还黑龙江省农垦总局的投资款及投资收益。本案中,总投资款大于涉诉电视剧的实际销售价款,上诉人应以实际销售价款为基数,按照投资比例及时返还被上诉人投资款,双方投资亏损部分,按照投资比例分担。

由于合同文本是当事人权利义务关系的体现,因此文字形式究竟包含怎样的意义,合同当事人的理解是否一致,都与当事人的利益密切相关。[①] 本案中提出了一个合同条款问题,即合同条款模糊和定义不清可能带来的潜在纠纷。在合同明确约定"风险共担,收益共享"的前提下另行设置回款顺序是否有违风险共担原则,如果对这个回款顺序的解释确实是其中一方先行取得收益补偿成本,其他方顺序劣后,两项条款出现在同一合同中时如何认定各自的效力。

五、电视剧融资合同

电视剧融资是一种以制作单位为主体,根据电视剧生产经营的需要,通过融资渠道或金融市场,运用各种方式有效筹措资金的活动。[②] 处于萌芽期的电视剧产业,其制作经费主要来源于赞助、合拍、拍广告或节目带广告收费;随着广播电视产业定位的明确,外部融资渠道得到了拓展,例如银行贷款、向社会募集资金、植入广告[③];随着电视产业的不断成熟,服务电视行业的金融产品也愈加丰富,包括上市融资、产业基金融资、版权融资、导演融资[④]、政府综合投资[⑤]等,这有力地促进了电视产业的发展和繁荣。

就传统的融资方式来说,电视产业融资包括股权投资和债权投资,在股权融资和债权融资的基本模式基础上又衍生出股加债的复合模式以及股权加债权的结构化融资模式。此外也有比较小众的融资模式(如众筹)。

股权融资以出让权益为融资条件,制片方或项目方根据预算设置双方投资比例和

---

① 李丹林:《电视剧法律问题研究》,中国传媒大学出版社2007年版,第217页。
② 杨旦修:《规制与发展——中国电视剧产业化进程研究》,南京大学博士学位论文,2011年。
③ 世界上最早进行商业化运作的植入广告是1929年的动画片《大力水手》,这部动画片由一家生产罐头菠菜的企业赞助拍摄,作为回报,其生产的菠菜被植入影片,20世纪30年代,美国的菠菜销量增加了33%。国内率先使用植入广告的是中央电视台的《正大综艺》,该节目由泰国正大集团冠名赞助,"正大"这一品牌正是随着《正大综艺》的播出而被中国人所熟知。
④ 2009年12月18日,中国电视剧导演工作委员会与中国民生银行联合举办"中国电视剧导演集体授信签约暨新闻发布会",包括杨亚洲、李少红、张国立等23名导演共获得1亿多元的授信额度及授信证书。这种"电视剧导演融资新模式"将用于导演本人或其公司投资制作精品电视剧。
⑤ 随着政府职能的转变,政府意识到完善电视剧产业政策和周边产业服务才是电视剧产业良好发展的基础,各地政府通过后期奖励、场地支持、历史文化形象支持、税收优惠、生产电视剧外景产品等模式,实现地方经济与电视剧产业的共同发展。

投资形式,双方按照投资比例承担风险和分享收益;与投资合作拍摄类项目中合作双方一般都是影视制作人或单位的情况有所差异,电视项目融资多数针对专业金融投资机构,其目的是通过投入项目实现资金收益,一般不参与项目管理。上市融资、产业基金融资都属于股权类融资。

股权融资的实现模式包括:契约模式,即双方通过签订合同约定融资项目、融资额、风险承担形式与收益分享、退出机制等主要内容;合伙模式,项目方和投资方组成有限合伙企业,由合伙企业作为项目主体,实施整个项目的投资计划,包括立项、创作、拍摄、后期制作、宣传与发行、投资收益回收与分配;合伙的优点是结构简单,决策效率高,管理简便,适合信任度高的少数主体之间合作;股权融资最完整的模式仍然是公司模式,投融资双方以设立项目公司的形式开展合作,项目公司的优点在于机构完整,决策科学,适合于项目复杂、投资大、周期长且人员机构较多的融资项目。

债权融资则是通过对项目借款并约定固定利息收益的融资方式,银行贷款、版权融资、导演融资都属于债权融资。

股权加债权模式是指在项目预算中部分以股权款形式投资,双方根据投资比例约定共担风险并共享收益;股权出资之外预算之内的差额资金则由投资方以债权形式投入,收取固定利息;在实现投资收益后先行支付债权部分本金及利息,再扣除成本后根据实际实现的收益分配股权部分。

结构化融资类似股加债模式,不同的是在结构化融资模式中分为优先和劣后投资者,优先级投资者可以先行获取固定收益,如果固定收益之外还有投资收益部分,还可以根据约定取得一定比例的股权投资收益。

众筹模式的融资是以集合大众资金实施某个项目,在中国的法律体系下众筹很容易与非法集资等违法行为产生联系,因此已经不再是一种广泛接受的融资方式;但在演艺类项目上通过众筹门票的方式发起演出项目仍有一定的可行性。

影视融资合同常常因为投资亏损或未达预期收益而在项目方和投资方之间以及各方投资人之间产生纠纷。以"重庆电影集团有限公司与上海合禾影视投资有限公司合同纠纷案"[1]为例,重庆电影集团有限公司(乙方)与上海合禾影视投资有限公司(甲方)签订了联合拍摄电影《大轰炸》协议书,约定:双方以投资权益转让方式合作,甲方向乙方出让400万元投资权益,双方均系电影《大轰炸》的联合出品方;本协议书签订后5日内,乙方须向甲方支付电影《大轰炸》权益出让金400万元;乙方以固定收益方式享有电影《大轰炸》权益转让的投资回报;甲方向乙方支付的固定收益为甲方向乙方支付的400万元投资权益转让费的15%,即60万元,自该片首映之日起两个月内,甲

---

[1] 参见重庆市渝北区人民法院(2017)渝0112民初7085号民事判决书。

方一次性向乙方给付投资本金及权益收益金合计460万元。2015年9月11日,原告向被告转账支付400万元投资款,被告向原告出具了收据。2016年9月13日,原告委托律师向被告寄送律师函,要求被告依约返还投资款及收益460万元。后原告诉至法院。

法院经审理认为,原被告签订的联合摄制协议系双方当事人的真实意思表示,合法有效。双方当事人均应按照合同约定行使权利并履行义务。原告已经按约支付了投资款400万元,被告应当按照约定返还投资本金400万元及收益金60万元。被告未按约返还投资款及投资收益,构成根本违约。据此法院判决解除双方合同,判令被告支付原告投资款及收益460万元,按年利率24%的标准支付迟延付款期间违约金。

本案案情简单,由于被告未能到庭参加诉讼,庭审和判决也相应比较简单。但从判决显示的合同内容来看双方的合作关系更符合借款关系而非电影合作拍摄的关系,投资一方按投资金额的固定比例取得固定收益,而无论项目是否投资成功并取得投资收益,符合名为投资实为借贷的关系认定。而企业间借贷按照中国人民银行贷款规则等有关规定是不能收取利息的,因此多数企业间融资如涉及利息约定通常以银行委托贷款方式出借。

在按照实际收益分配的融资合同关系下,如何确定影片上映后的实际收益和利润容易引发纠纷,哪些成本应当扣除,哪些成本已经进入投资预算不能重复扣除,往往容易引发争议。

在"江苏瑞华影视传媒有限公司与大地时代文化传播(北京)有限公司(下称大地时代文传公司)合同纠纷案"中,原告与被告就联合投资影片《东成西就2011》签订合同,原告依据投资300万元。合同约定被告应将影片收益的6%分配给原告。影片发行后,共取得国内外发行收益4 400余万元,但被告在分配发行收益时,单方扣除发行代理费逾500万元,仅按3 981万元分配收益。原告认为,影片宣传发行费用预算为1 000万元,该费用已包括发行代理费,被告分配收益时扣除发行代理费并无事实和法律依据。

被告大地时代文传公司辩称:被告作为所有制片方(投资方)委托的资金管理方和结算方,其向各个投资方分配收益的基数是制片方应取得的影片收益;发行代理费是影片发行方的收入,不能作为制片方的收益分配。

本案的争议焦点在于合同待分配"收益"是否应扣除发行代理费;如果应该扣除发行代理费,应按什么基数和比例扣除。

法院认为,当事人对合同条款的理解有争议的,应当按照合同所使用的词句、合同的有关条款、合同的目的、交易习惯以及诚实信用原则,确定该条款的真实意思。多份合同之间具有关联性,在解释其中任一合同条款时,应根据其所属的整个合同以及其他关联合同、关联条款,并结合相关行业的交易习惯、待解释条款和表述在所涉交易中通常被赋予的含义予以解释。

由于对收益定义和计算方式原被告各执一词,法院采取了行业通说的认定和说理方式。"无论是作为国内影视行业领军企业的华谊兄弟传媒股份有限公司的说明,还是作为国内最大的电影发行公司之一的中国电影股份有限公司北京电影发行分公司的答复,以及本案中多份关联合同的约定,都可以证明存在扣除发行代理费(以院线影院分账之后的收入按一定比例收取)的交易习惯。投资方能够分配的收益,就国内票房收入来说,应该是扣除电影专项资金、相关税费、院线影院分成以及电影发行商应获得的发行代理费后的净收益。从另一个角度讲,发行代理费是电影发行商的收入(利润),与宣传发行费用是不同的概念。原告如果认为分配收益时不应扣除发行代理费,那么按照同样的理由,原告也可以要求在分配收益时不应扣除院线和影院的分成甚至是国家电影专项资金和相关税费,这显然与我国现行体制下电影产业收益分配模式不符。因此在分配影片投资收益时扣除发行代理费有事实和法律依据。"

对于是否应当扣除院线收入,法院从两个角度研究和阐释了这个问题,首先法院咨询了行业机构关于发行代理费的普遍标准,有业内人士认为按全部票房收入收取发行代理费畸高;同时法院从被告一方的披露义务进行分析认为在解释上应当倾向原告一方解释较为合理。法院认为"对于多份相互关联的合同而言,具有披露义务的一方当事人在订立合同时未将其他关联合同内载明的重要信息披露给对方当事人,对方当事人不知且无法合理期待其知道该重要信息,从而导致双方当事人对合同条款有不同理解的,则应根据责任法原理,结合诚实信用和公平交易原则,以一个与各方当事人具有同等资格的、通情达理的人处于相同情况下时,对该合同条款和表述所应有的理解来解释。"

据此,法院认定应当以扣减院线分成后获得的票房收入为发行代理费计算标准,支持了原告部分请求。

第四节 移动互联网与电视产业

随着互联网特别是移动互联网的迅速发展,其几乎完全占据了人们的空余时间,传统媒体包括电视似乎正在变得式微,是否电视已经失去了在未来媒体竞争中的主导地位呢?

毫无疑问,随着移动互联网时代的来临,传统电视行业正在面临巨大挑战和考验。随着以互联网媒体为中心的媒体融合进程加快,电视行业与其他传统媒体行业一样面临观众数量、收入和行业人才下滑的问题;2013~2016年间,电视媒体的日到达率总体呈下降趋势,截至2016年上半年,电视的日到达率为69.9%,同比降低了5.4个百分点,环比增长率为-7%,电视媒体的日接触时间自2013年上半年来一直处于波动下降状态,2016年上半年下降到145分钟;2016年上半年移动互联网的日到达率达到67.2%,与2013年上半年相比增长了67.1%,其间,移动互联网的日到达率一直保持高增长态势,在移动互联网网民增长的同时,移动互联网日均使用时长也保持了高速增长。① 与此同时,电视受众"多屏收看"的现象仍在加剧,观众的注意力资源被稀释,网络已经挤占了个人的媒体关注时间,基于移动互联网技术的各种新媒体终于成为电视业的降维打击者。

尽管移动互联网时代到来已经是不可逆转的趋势,但并不意味着电视即将消亡;究其根本互联网更大程度上改变的是人类获取信息及做出反馈的途径,传统电视节目如果能以全新的姿态拥抱互联网时代,实现移动互联网下的新媒体为传统媒体引流,也可焕发生机。以互联网思维改造传统电视产业已经成为行业的共识,各大主流电视媒体也已经做出了很多尝试。以湖南广电集团为例,2018年湖南省全省广播电视行业总收入预计276.86亿元,同比增长约12.53%;湖南广播电视台2018年的总收入预计达到209.51亿元,同比增长约16.43%。2018年前三季度,芒果TV的运营主体快乐阳光实现营收40.10亿元,同比增长85.80%,净利润6.16亿元,同比增长103.72%。② 湖南广电集团能够突破移动互联网的重围取得这样的成绩实属不易。其实,电视是一种包容了一切话语方式——文字、声音和影像——的传播方式。从这个角度说,今天所有形式的新媒体内容相对于电视媒体而言在本质上并没有太大的不同。③

因此,无论在传统互联网时代抑或是已经到来的移动互联网时代,电视产业作为内容采集与制作主体仍然具有巨大的优势。现阶段,我国文化产品需求、交易日益增加,这一方面要求电视行业整合电视媒体资源并开展创新,实现自身的特色发展,另一方面要加强对电视行业的存量音频、视频版权资源和新增版权资源的版权保护。

与新闻出版④一样,电视产业也属于版权产业。版权是电视传媒的核心资产,能为权利主体带来长期、稳定的利益。在媒介融合的背景下,电视节目内容以及"电视内

---

① 李晏:《2016年受众媒体接触习惯调查报告》,http://www.doc88.com/p-6476356321785.html,最后访问日期:2019年5月9日。
② https://xueqiu.com/1475780427/120350899,最后访问日期:2019年5月10日。
③ 陈岳:《大屏之困:智能手机阴影下的电视业》,《新闻研究导刊》2019年第5期,第245页。
④ 2008年国务院印发的《关于印发国家知识产权战略纲要的通知》中明确将新闻出版定位为"版权产业",一些专家和学者认为电视产业的本质是版权产业。

容题材"或"电视内容创意"等的版权将逐渐成为电视内容产业最本质的销售主体。[1]就与电视节目相关的版权问题而言,从节目创意、制作到播出,整个过程都与版权形影相随。[2] 以近年来比较流行的怀旧类节目[3]为例,这些节目在制作的过程中,往往需要播放相关的影像资料、主题曲,这就涉及节目制作前相关影像资料、音乐、版权的购买或得到权利主体的授权;另外还可能将一些经典电视剧的主演邀请至现场表演,这就牵涉到作品的邻接权问题。

随着各大主流电视媒体不断做出新的尝试,形成自己的特色节目,未来我国电视媒体有望实现原创节目的对外输出,此时电视节目本身就形成了版权,这更要求国内电视产业在发展之初就增强自己的版权保护意识。

但是我国电视产业版权的保护却一直在"沉睡"。国际知识产权联盟[4]曾将我国列为重点观察对象。我国部分省级媒体的音频、视频的版权保护还停留在纯粹意义上的档案资料管理层面,节目播出后登记入库。保管形式经历了从胶片到磁带到数字带到光盘再到大数据云储存的转变。资料的运用往往是借用形式,用完后完璧归赵。[5]对版权的忽视自然也造成了版权权属不清的问题,这又增加了版权保护的难度。这些宝贵的无形资产就这样被当作资料束之高阁。这就需要我们不断提高电视节目版权保护意识,并综合开发电视节目产业链的版权,将这块巨大的资产盘活。

版权管理工作的专业性决定了必须由一批具备法律、媒体等相关领域知识的专业性人才登记、确权节目版权,这些基础性工作的开展不仅有利于节目播出时相关权利的保护,还有利于版权的二次利用和开发。

版权的二次利用和开发一方面可以使节目资源摆脱以往"播出后的再利用价值仅局限于新节目生产时的素材"[6]的窘境,另一方面可以改变电视节目仅依靠播出时的广告投放来盈利的模式。因此电视节目产业链版权的综合开发势在必行。近年来,各

---

[1] 彭祝斌:《中国电视内容产业链成长研究》,新华出版社2010年版,第75页。
[2] 路明涛:《开掘电视版权的富矿——兼论电视媒体的版权管理》,《南方电视学刊》2014年第5期,第99页。
[3] 以浙江卫视自制的综艺节目《王牌对王牌》来说,其中曾有几期节目邀请了《还珠格格》《天龙八部》(TVB版)与《新白娘子传奇》等经典电视剧的主要演员,到场的全部演员均按照电视剧中的人物形象化妆,并表演了相关片段或演唱了电视剧的主题曲。
[4] 国际知识产权联盟也称为"美国国际知识产权联盟"(International Intellectual Property Alliance,IIPA),成立于1984年,是美国版权产业的一个民间组织,宗旨是促进版权的国际保护,但主要代表美国大公司的利益,在全球范围内通过不断强化知识产权保护来获得更大收益。该联盟每年都要公布自己的特别301报告,主要内容是列出需要执行更严格的知识产权保护政策的国家。其最大的功能,也是最大的争议就是它常常扮演高于国家主权至上的角色,将原本通过法律和市场合理解决的知识产权问题政治化,变成国际政治问题,通过政治舆论和政治施压,达到自己的商业目的。
[5] 许建方、于良:《融媒体语境下的广电音频视频版权保护与开发》,《电视指南》2019年第6期,第52页。
[6] 王天霜:《内容资产版权的多重盈利空间》,《视听界》2014年第2期,第88页。

电视节目制作主体开始注重围绕电视节目的核心IP向产业链上下游纵深开发,围绕电视节目推出电影、游戏、出版物、电商、动漫、App等多种产品,如湖南卫视《爸爸去哪儿》推出了同名大电影,热播剧《楚乔传》推出了同款网络游戏及同名微博,东方卫视《女神的新衣》采用了"明星24小时制衣＋模特T台秀＋商家竞拍服装版权＋观众即时购买同款服装"①的模式。这些节目均是在完成节目本身之外,充分挖掘了多渠道的版权增值业务,实现了节目版权价值的最大化。

随着互联网传播技术的不断发展,电视节目上网在技术上已经没有任何障碍,几乎所有的移动智能终端都可以快捷流畅地收看电视节目,这也使电视节目的网络销售成为可能。某二手物品网络平台用户可以在平台上销售闲置的各种物品。经搜索可以发现这些"闲置物品"中还包括各种电视剧和爆红综艺节目②,价格十分便宜。如果这些卖家没有获得版权方的授权,就构成了对电视节目版权方的侵权。虽然为买家提供了便利,但这直接反映了我国对于电视节目、电视剧版权保护意识的淡薄。或许是因为出售价格很低而维权成本又较高,又或许是该类侵权行为尚未被版权方知晓,目前尚未搜索到因此引发的法律纠纷。若发生纠纷,根据我国侵权责任法的相关规定③,网站作为交易平台,也需要与卖方承担连带责任。

解决了传播问题,传统电视行业更应该思考受众的喜好和应用场景,从互联网短视频到限定时间的小视频风靡网络,可以看出在移动互联网的生态之下,对于内容生产也有很多创新;这些内容生产的创新与传统电视媒体的生产有着极大的区别,呈现出自媒体化和去中心化的特点。摄影摄像技术、音频视频及图文混编技术的发展,使得每个移动互联终端都成为移动的直播室,可以生产新闻、娱乐节目甚至综艺节目。随着新传播途径的拓展,新的侵权方式也在不断产生,例如一些短视频制作者未经授权表演、传播他人的影视、音乐作品;以合理使用的名义剪辑并传播他人的作品;利用网络公众号、应用程序转载使用他人的作品等。这都需要加强知识产权行政执法与司法的力度,并将二者有效衔接。

对于传统电视而言,互联网的互动性也是极其明显的优势,而借助网络的便利,电视节目不断增强互动性是具备技术条件的,需要研究的是如何在传统电视节目上增加

---

① 汤天甜、张梦妮:《从文化产业视角看电视节目衍生品的发展机遇与开发策略》,《声屏世界》2017年第7期,第8页。
② 登录平台,在搜索栏直接输入电视剧的名字,便会弹出诸多卖家列表供买家选择。
③ 《中华人民共和国侵权责任法》第三十六条:网络用户、网络服务提供者利用网络侵害他人民事权益的,应当承担侵权责任。网络用户利用网络服务实施侵权行为的,被侵权人有权通知网络服务提供者采取删除、屏蔽、断开链接等必要措施。网络服务提供者接到通知后未及时采取必要措施的,对损害的扩大部分与该网络用户承担连带责任。网络服务提供者知道网络用户利用其网络服务侵害他人民事权益,未采取必要措施的,与该网络用户承担连带责任。

互联网式的互动元素,使得观众能够直接获得与互联网一致的互动体验;传统电视一直不缺乏互动的概念,甚至在互联网出现之前就有了,例如短信留言、实时电话连线,但这种互动体验与互联网上的互动体验大概相当于拨号上网和宽带上网的体验差异,在技术上只是数字差异,在商业产品上就是胜出或被淘汰的差异。

总之,传统电视产业正在受到互联网的巨大冲击,但电视产业人仍然是新闻和娱乐信息的最大供应商,如何更好地与移动互联网结合且扬长避短是这个时代的电视人不可回避的课题。

思考题

1. 试述剧本创作合同的性质。
2. 简述剧本委托创作发生纠纷的特征。
3. 简述电视产业从业者的权利。
4. 试述电视剧融资的基本模式。

第五章 音乐产业法

第一节 音乐产业和音乐法

一、音乐产业的概念

音乐产业是文化创意产业之一,是艺术和商业、文化价值和商业价值结合的一种象征。目前,音乐产业并没有一个令所有人都信服的定义。联合国教科文组织对音乐产业的定义为,指创作、生产、发行推广、销售音乐、音乐相关商品及活动,以及其他将音乐、与音乐相关的物品、活动商业化的产业。[1] 音乐产业中包括了所有参与音乐创作、录制、发行、销售推广、表演演出等各类公司和个人之间的各种商业关系。音乐产业在狭义上包括各种形式的音乐生产、发行以及销售等。维基百科对"音乐产业"所下的定义是"音乐行业包括通过创作新歌曲和片段以及销售现场音乐会和表演、音频和视频录音、作曲和乐谱以及帮助和代表音乐创作者的组织和协会来赚钱的公司和个人"[2]。也有国内学者将"音乐产业"界定为:"为满足人们的精神文化需求,以市场化方式从事音乐产品生产和提供音乐艺术服务的活动的总称,它是围绕音乐产品的商业活动而形成的产业体系。"[3]

到目前为止,对于音乐产业的细分行业分类,仍莫衷一是。在美国,北美产业分类体系(NAICS)中,音乐的典型细分行业,包括软件与CD生产(音频/视频设备制造、软件,其他预录CD、磁带,唱片再版、乐器制造);零售和批发(各类耐久品批发、电子商

---

[1] https://baike.baidu.com/item/%E9%9F%B3%E4%B9%90%E4%BA%A7%E4%B8%9A/4519897?fr=aladdin,最后访问日期:2019年9月27日。
[2] https://en.wikipedia.org/wiki/Music_industry,最后访问日期:2018年10月9日。
[3] 赵沛:《中国音乐产业的概念界定及其发展现状》,《华中师范大学研究生学报》2008年第4期,第144页。

店、乐器/音乐供应商店);音乐制作与发行(唱片制作、集成唱片制作/发行音乐出版商、录音室、其他录音行业、广播电台、数据处理/主持、互联网出版、广播、其他消费品租赁);音乐教育;中介、经纪人、承办方(音乐团体和艺人表演艺术的承办方等,艺人中介或经纪人、独立艺人等)。英国政府文化传媒与体育部(British Government's Department for Culture Media and Sport)则将音乐产业划分为核心行业(core activities)、支持行业(supporting activities)和相关行业(related activities),其中,核心行业包括录音制品的生产、销售和零售,作品和录音版权管理,现场表演(非古典型的),管理和推广,作曲编曲;支持行业包括音乐新闻、多媒体内容、数字媒体、网络数字发行和销售、电脑游戏音乐、艺术和创意工作室、乐谱生产及发行和销售、乐器的生产和销售、短曲制作、摄影、音乐教育培训;相关行业包括互联网/电子商务、电视和广播、广告、表演艺术、互动娱乐软件、软件和计算机服务。

就中国而言,《2017音乐产业发展报告》(总报告)将音乐产业细分为核心层、关联层及拓展层。核心层包括音乐图书与音像出版产业、音乐演出产业、音乐版权经纪与管理、数字音乐产业;关联层行业包括乐器、音乐教育培训、专业音响;拓展层行业包括广播电视音乐、卡拉OK、影视剧、游戏、动漫音乐、国家音乐产业基地。[①]

总体言之,音乐纵向产业链上从上游到下游,包括音乐创作、录制、出版、复制、发行、进出口、版权交易、演出、教育培训、音乐衍生产品等,从横向上看包括音乐与广播、影视、动漫、游戏、网络、硬件播放设备、乐器生产等产业,纵向产业链连接横向产业链,形成音乐产业体系。

二、音乐产业法

音乐产业法是调整音乐产业参与者行为、参与者之间关系以及音乐与社会之间所形成的各种社会关系的规范的总称。音乐产业包罗万象,音乐产业的参加者既有作曲、作词、表演者,又有音乐作品的制作者,比如传统意义上的录音制作公司,还有广大的音乐作品消费者,他们之间所形成的社会关系种类繁多,内容复杂,需要相应的法律规则予以调整。音乐产业的参与者一般通过签订协议的方式参与各个环节,换句话说,正是通过各种协议将音乐产业参与方连接在一起。

就音乐的法律调整而言,中国尚无专门的音乐产业法,调整音乐产业中行为的规则散见于其他法律、行政法规中。在法律层面上,《著作权法》《刑法》《行政处罚法》是最常见的法律;在行政法规层面上,常见的有《著作权法实施条例》《信息网络传播权保

[①] 中国音像与数字出版协会音乐产业促进工作委员会:《2017音乐产业发展报告》,http://www.chnmusic.org/news/20171103223140550737.html,最后访问日期:2018年10月9日。

护条例》《广播电台电视台播放录音制品支付报酬暂行办法》《音像制品管理条例》等；部门规章主要有《录音法定许可付酬标准暂行规定》《作品自愿登记试行办法》《互联网著作权行政保护办法》《音像制品制作管理规定》等；部门规范性文件主要有《文化部关于网络音乐发展和管理的若干意见》《对〈关于卡拉 OK 歌厅使用音乐作品和音乐电视作品涉及著作权问题的请示〉的复函》《关于责令网络音乐服务商停止未经授权传播音乐的通知》等。

第二节　音乐制作

在音乐的制作过程中，最主要的角色为唱片公司、词曲创作者、乐器演奏者、演唱者、音乐制作人、录音师、混音工程师、母带工程师等。音乐的制作过程主要可分为初期阶段、创作产出阶段及后期制作阶段。

一、初期阶段

初期阶段的主要工作为艺人、词曲作者等的确定。这些工作通常由唱片公司主导，唱片公司的 A&R 部门会发掘、培养或者选择合适的艺人，并根据市场的流行趋势、艺人自身条件和个人风格等因素，定位相关音乐以及制定相应的发片计划。在词曲创作上，选择唱片公司的内部作词者、作曲者，或者由音乐词曲版权商根据唱片公司的需求向唱片公司提供歌曲，或者向外部独立词曲作者签约邀歌、邀词。目前，也有不少艺人建立自己的工作室，谱写并灌录歌曲。

二、创作产出阶段

由曲作者作曲，亦即向曲作者收歌，此为核心内容的创作之一，由唱片公司专人试听 Demo 并确定选定曲目后，由词作者填词。词曲确认后，向音乐版权公司或权利人取得相关授权。之后交由歌手和制作人等试听，确定歌曲表现方式、音域以及曲风。确定歌曲和曲风后，由专业工程师录制指引性音轨、节奏型乐器的演奏，加入和弦结构，随后录制歌手的演唱和旋律型乐器的演奏，编配和声，之后润色填充，最后对音轨进行编排并轨。

三、后期制作阶段

由混音工程师负责完成把前期录音的不同音轨混合。混音后由母带工程师使用均衡和动态增强对混音后的录音进行处理，完成歌曲母带录音制作。随后在成品母带录音的基础上设计专辑和服装造型、拍摄 MV 等,同时向国家版权保护中心中国标准录音制品编码中心申请歌曲的中国标准录音制品编码(ISRC 码)及向国家新闻出版广播电视总局申请音像电子出版物专用书号(ISBN 码),并提供给发行部门或发行公司制作专辑,最终形成完整的音乐单曲、EP、音乐专辑。

第三节　音乐产业的参与者

音乐出版产业链中主要的参与者包括作曲者、演奏者、演唱者、音乐制作人、唱片公司、录音师、经纪人、音乐词曲版权商、非营利音乐集体管理组织,演出产业链中主要包括音乐活动场地供应商、演出场所、票务预订商、活动联系;其他参与者包括播放音频、视频音乐内容的卫星、数字音乐平台、网络电台、广播电台、电视台、音乐记者和音乐评论家、唱片骑师、音乐教育工作者和教师、娱乐法律师、乐器制造商、零售和在线音乐商店等。

一、作者

歌曲的创作是音乐创作过程的起点,因而音乐的作者对于音乐而言至关重要。音乐作者指词曲作者,既包括作曲人(含编曲人),也包括词作者。作曲者是指创作音乐作品的专业人士;编曲者是指改编歌曲旋律的专业人士。作词者是指为音乐作品提供歌词的专业人士。有的歌曲作曲者和作词者为同一人,有的歌曲则分别由不同的专业人士合作创作,著名词曲作者包括林夕、黄伟文、方文山、施人诚、张简君伟等。

二、表演者

表演者是指表演、歌唱、演奏作品或以其他方式表演的歌唱家、音乐家、乐器演奏者等。"表演者用自己独特的声音或演奏技巧,将词作者的作品呈现出来。"[1]表演者和作者有时并不统一,表演者不参与所表演作品的词曲创作;有些则既是作者又是表演者,亦即所谓的唱作人。

三、乐队

乐队是指 2 人或以上人数进行器乐演奏或声乐表演的团体。通常乐队包括乐器演奏者、主唱,单纯的乐器合奏并不是乐队。单纯只有歌手组成的通常不视为乐队,而

---

[1] 谢丽·L. 伯尔:《娱乐法》,李清伟等译,上海财经大学出版社 2018 年版,第 64 页。

是合唱团体。知名乐队包括温拿乐队、Beyond 乐队、黑豹乐队、零点乐队、重塑雕像的权利、二手玫瑰、信乐团、苏打绿等。

四、音乐制作人

音乐制作人广义上包括录音制作人或唱片公司,指为出版或发行音乐而监督录制原始音乐素材、决定编曲、做技术决定、声音电子处理制作、编辑剪辑音乐,使其成为最终录音的专业人士。音乐制作人通常需要结合艺术角度和商业可行的模式录制音乐,以最终达到市场适销性。金牌制作人通常因为其专业水平可分得一张唱片录音收入的相当部分,另外还要加上佣金。

五、音乐词曲版权商

词曲的版权与录音的版权是完全不同的。录音的版权通常属于唱片公司,而词曲的版权则属于词曲作者。但是对音乐作品作者而言,首先,音乐作品的使用范围较为广泛,使用的地域和方式会较为零散,难以控制和掌握第三方对其音乐作品的使用情况;其次,如分别与每个希望使用其音乐作品的使用方商定单独的许可合同也显得并不切合实际。通常词曲作者会选择和音乐词曲版权商合作,由音乐词曲版权商行使、管理与音乐相关的权利,为作者节省时间成本和资源,词曲作者可以更加专注于音乐创作。因此,音乐词曲版权商又称为音乐词曲版权经纪,指为音乐著作权人管理与音乐相关的权利的主体,但是不会涉及出版和发行。有的唱片公司内设有承担音乐版权管理的部门(版权事业部),有的音乐版权公司是唱片公司的关联公司,有的则是独立性音乐版权公司。

音乐词曲版权商的主要责任是管理歌曲和保护歌曲作者的权利,词曲作者通常会签订协议,将相关的权利转让或许可给音乐词曲版权商,主要包括登记音乐作品,在国内和国际范围内向唱片公司和其他商业使用者推介其音乐作品,负责作品的授权许可使用、从使用他们的音乐或作品的各方收取版税,监督作品的使用;根据相关权利起诉任何滥用者或侵权方。

根据《著作权集体管理条例》,除著作权集体管理组织外,任何组织和个人不得从事与使用者订立著作权或者与著作权有关的权利许可使用合同、向使用者收取使用费、向权利人转付使用费、进行涉及著作权或者与著作权有关的权利的诉讼、仲裁等著作权集体管理活动。然而,由于著作权人授权他人代理的行为与集体管理的管理活动在性质和内容上的重合在目前法律框架下未有定性,加之目前著作权集体管理组织的垄断性,一定程度上抑制了授权的自由,因此,理论界和司法实务对此存在差异。2015

年,江苏省高级人民法院直接认定深圳市声影网络科技有限公司[①]实质行使著作权集体管理组织的相关职能及权利违反了《著作权集体管理条例》关于除著作权集体管理组织外,任何组织和个人不得从事著作权集体管理活动的禁止性规定。2016年广东省高级人民法院则认为深圳市声影网络科技有限公司[②]通过授权许可获得了涉案词曲作品包括复制权在内的相关著作权的专有使用权,"该权利属具有排他性质的实体权利,对他人未经声影公司的许可在卡拉OK等娱乐场所复制涉案词曲作品的行为,侵害了声影公司依法享有的专有使用权,其可以以自己的名义提起诉讼";但是关于管理性的权利,如"发放使用许可""以作品权利人的身份向使用者收取使用费",并基于管理性权利而约定的诉权,广东省高级人民法院认为其无权对涉案作品的著作权进行集体管理,并以自己名义提起诉讼。故在约定词曲著作权授权时,需要避免权利义务的约定与著作权集体管理著作的管理活动在性质、内容上实质性相同或者重合。

六、集体管理组织

正如上文所述,通常著作权人对其作品的全部使用进行管理不切合实际;而使用者也难以就不同的作品使用单独向每一个著作权人联系获得授权许可。实行音乐作品著作权集体管理,一方面能够帮助作者管理其音乐作品,并收取相应的版权费用;同时也可以帮助拟使用音乐作品者获得使用音乐作品的许可,直接向集体管理组织支付费用以获得集体管理组织授权目录中音乐作品的演出次数,既维护著作权人"难以行使或无法控制的权利"[③],又方便使用人通过"一揽子"许可协议使用音乐作品。

中国的音乐集体管理组织为中国音乐著作权协会,是由国家版权局和中国音乐家协会共同发起成立的目前中国大陆(内地)唯一的音乐著作权集体管理组织,是专门维护作曲者、作词者和其他音乐著作权人合法权益的非营利性机构。[④]根据音乐著作权协会2017年年报,截至2017年年底,有3 269名词作者和5 244名曲作者加入音乐著作权协会。著作权人授予中国音乐著作权协会包括表演权、复制权、广播权和信息网络传播权管理的权利,但不包括改编权,如涉及音乐作品的改编,则需要向著作权人获得授权。

[①] 深圳市声影网络科技有限公司与无锡市侨声娱乐有限公司侵害作品复制权纠纷、侵害作品表演权纠纷二审民事判决书(2015)苏知民终字第00100号;深圳市声影网络科技有限公司与无锡市水木乐歌文化娱乐有限公司著作权权属、侵权纠纷二审民事判决书(2015)苏知民终字第00082号。
[②] 广州大歌星餐饮娱乐有限公司与深圳市声影网络科技有限公司著作权权属、侵权纠纷再审复查与审判监督民事裁定书(2016)粤民申6691号。
[③] 著作权不仅仅是私权——国家版权局法规司司长王自强就著作权法修改草案热点答记者问。
[④] 中国音乐著作权协会官网基本会情,http://www.mcsc.com.cn/mIL-5.html,最后访问日期:2018年8月1日。

中国的音像集体管理组织是中国音像著作权集体管理协会,保护的是享有录音、录像制品和以类似摄制电影的方法创作的作品(音像节目)著作权或者与著作权有关的权利人利益的非营利性的社会组织,管理的权利包括音像节目表演权、放映权、广播权、出租权、信息网络传播权。根据《著作权集体管理条例》的规定,两个或者两个以上著作权集体管理组织就同一使用方式向同一使用者收取使用费,应当由其中一个著作权集体管理组织统一收取。

香港特别行政区的音乐著作权集体管理组织为香港作曲家及作词家协会,台湾地区的则为"中华音乐著作权中介协会"(后更名为"中华音乐著作权协会")。中国大陆(内地)和香港、台湾地区的音乐著作权集体管理组织会签订相互代表合同,约定两者互相授予对方在其管辖地域内所有公开表演带词或不带词音乐作品的专有权利。该授权包括以自己的名义或者以有利益关系的作者的名义,许可或者禁止公开表演对方协会作品库中的作品,并给予这些表演必要的授权;根据授权收取所有规定的费用,收取因未经授权表演有关作品而应予补偿或做出损害赔偿的所有费用;以自己的名义或以有利益关系的作者的名义,向应对有关作品的非法表演负责的所有自然人或法人和所有行政的或其他的当局提出法律措施;采取必要的任何其他行动以确保本合同涉及的作品的表演权得到保护。中国音乐著作权协会自1994年加入国际作者和作曲者协会联合会并成为其会员,在国际作者和作曲者协会联合会的框架下,中国音乐著作权也与协会41个会员签订相互代表协议。

七、唱片公司/音乐厂牌

唱片公司,或称音乐厂牌,即录音制品制作者,主要从事音乐录音和音乐录像的公司,包括词曲灌录、音乐录像的制作及其发行、销售、推广等,同时唱片公司A&R部门也会包括挖掘、培养新音乐人才,管理与唱片和音乐录影带相关的品牌和商标。艺人通常需要依托唱片公司录制其音乐并推销、发行,以扩大音乐的受众面,建立市场。音乐厂牌包括大型厂牌和独立厂牌。通常大型厂牌是商业的逐浪者,而独立厂牌通常注重自身风格,因此不少独立厂牌聚焦一种独立音乐流派。国际著名的大型厂牌包括索尼音乐娱乐公司(Sony Music Entertainment)、CEMA、BMG、PGD、WEA和UNI。环球音乐集团(Universal Music Group)、华纳音乐集团(Warner Music Group)、百代(EMI)、华纳音乐(Warner Music)均在中国开展业务。中国著名的音乐厂牌包括灿星制作、华谊兄弟、天娱传媒、太合音乐、麦田、中国香港英皇、中国台湾福茂唱片、中国台湾电子音乐厂牌回声唱片、内地电子/嘻哈厂牌SHFT、燃音乐、众乐纪等。

八、音乐发行商

音乐发行商，指的是发行销售实体音乐和数字音乐给消费者的主体。传统的发行通过音像店、音响柜台上架实体唱片，随着网络科技的发展，更多的是通过渗透率更高的自媒体、网络平台发行。因此从渠道上可将发行商分为实体发行商以及数字发行商。一些大的唱片公司内部会设置音乐发行部，也有音乐发行商是唱片公司的子公司或关联公司，还有一些不隶属于唱片公司的独立音乐发行商。

九、经纪人

经纪人是为艺人的职业生涯提供建议和意见，代理艺人处理与其职业相关的事务的主体，包括宣传、发展公关关系、规划艺人职业发展、建议或为艺人接受工作、代表其艺人与合作方签署经纪业务合同、建立和管理粉丝团、创建社交网络身份等。广义的经纪人包括个人经纪人及经纪公司。经纪人通常会从艺人发行音乐、参加商演等活动的收益中获取一定比例的佣金作为回报，佣金的比例取决于艺人的名气度、成功度。优秀的经纪人通过其资源、经验、管理及规划能力、谈判及沟通能力、宣传策略等帮助艺人更好地发展事业，有些优秀的经纪人甚至是艺人的"伯乐"，国内知名金牌经纪人有陈家瑛、陈淑芬、邱黎宽、霍汶希等，经纪公司则有乐华文化、星河文化经纪有限公司（北京拾捌文化经纪有限公司）、华谊兄弟、唐德影视、慈文传媒等。经纪人和艺人之间的关系较为紧密，他们的利益对外通常是一致的：艺人通过经纪人提升自身商业价值，经纪人通过艺人获得收益。在国外，音乐产业中还涉及音乐经理，但音乐经理通常只能代表艺人非正式地与第三方联系，无权协商合同；而经纪人有权为艺人与客户交易。

十、演唱会主办方

演唱会主办方指的是以盈利为目的，组织、承办现场音乐会或演唱会等相关表演活动。演唱会主办方通过与艺人经纪人联系，签订演出协议书，确定演出时间和场次，为艺人组织或安排音乐会活动演出。主办方负责预订合适的演出场地、演出的审核报批、为境外表演艺人申请工作签证、演唱会价格的洽谈、交通、演出的宣传推销、舞台管理、票务、安保、消防等，与所有为音乐会提供服务的供应商签订合同（除了那些艺人自行雇佣供应商）。

十一、音乐展演场所

音乐展演场所（live house）又称音乐展演空间，是小型的室内现场音乐演出场馆，通常有高质量音响等专业硬件设备和声场设计，演出者多是独立音乐人或独立乐团，演出流派和风格相对广泛,包括电子、民谣、摇滚等。当然也有国内外知名歌手乐队选择音乐展演场所作为演出场地。音乐展演场所的特点在于其具有强烈的地域性,受地域的音乐文化影响较大,因此通常音乐展演场所独具一种音乐流派。由于其场地规模较小,通常听众能够与演出者有较近距离的接触。国内知名的音乐展演场所有育音堂、愚公移山、微薄之盐、MAO Live House、中央车站、T House、Modernsky Lab 等。

十二、票务代理商

票务代理商为艺人与演出承办商提供售票服务,如大麦网、永乐票务、秀动、牛魔王票务等。选择票务代理商有助于节约营销成本、简化销售流程。票务代理商通常从一场预定演出的商定总费用中抽取佣金。

十三、国家音乐产业基地

2015 年 11 月 17 日,原国家新闻出版广电总局发布了《国家新闻出版广电总局关于大力推进中国音乐产业发展的若干意见》(新广出发[2015]81 号),为推进音乐产业的发展,整合音乐产业链,形成产业集聚和规模效应,相继批准建立了上海、北京、广东和成都四个国家级音乐产业基地。

上海国家音乐产业基地虹口园区是全国首个国家级音乐产业集聚区(2009 年 11 月批准组建,2010 年 7 月 16 日挂牌)。

广东国家音乐产业基地包括:广州南方广播影视传媒园区(2010 年 5 月 12 日批准组建,2010 年 12 月 13 日正式挂牌);广州飞晟园区(2010 年批准组建,2012 年 5 月 19 日正式挂牌);深圳 A08 数字音乐园区(2011 年 5 月 9 日批准组建,2011 年 5 月 13 日正式挂牌);深圳梅沙园区(2010 年 5 月 13 日挂牌)。

北京国家音乐产业基地包括:北京基地数字音乐园区(2011 年 12 月 26 日批准组建并挂牌);天桥园区(2011 年 12 月挂牌);中唱园区,位于北京西城区(2011 年 12 月批准组建与挂牌);中国乐谷园区(2011 年挂牌);1919 园区(2009 年 10 月批准组建,2012 年 12 月挂牌)。

成都国家音乐产业基地包括东郊记忆园区(2012 年 12 月 31 日批准组建,2013 年 8 月 28 日挂牌);中国移动无线音乐基地(现更名为"中国移动咪咕音乐有限公司")。

2018 年 1 月 19 日,浙江省新闻出版广电局(版权局)发布资讯,称国家新闻出版广电总局正式批复,同意建设浙江国家音乐产业基地萧山园区。[①]

[①] 《国家音乐产业基地落户杭州萧山》,http://www.zrt.gov.cn/art/2018/1/19/art_629_22119.html,最后访问日期:2018 年 7 月 25 日。

第四节 音乐合同

一、词曲作者与音乐词曲版权商协议

词曲版权合同是音乐词曲版权商和词曲作者签订协议。词曲作者将过去、现在和将来创作的音乐的著作权转让给音乐词曲版权商,以使音乐词曲版权商能够有权决定以何种方式以及何时利用、使用音乐,并有权决定授权利用或使用音乐,包括让艺人录制音乐作品,负责作品的授权许可使用,并收取版税等,并约定在扣除商定的费用后,词曲作者在音乐词曲版权商收到版权后将收到报酬。作为回报,音乐版权商得到收到版税的一定比例,不同版税的比例不同。通常在协议里会约定授权费用、预付款和扣除额,音乐词曲版权商在获得收入之前支付一笔费用给词曲作者以满足歌曲作者的财务需求,在音乐词曲版权商获得利润后,歌曲作者才会收到版税,预付款的金额更多地取决于作者的市场竞争力。扣除额则是允许音乐词曲版权商从支付给作者的版税中收回预付款。另外,词曲版权合同还可约定返还条款。返还条款指在一定时期后,将音乐著作权返还至转让前的著作权人,例如,协议期限满后的一定时间内。

著作权授权使用协议。在这类协议中,词曲作者或其他音乐著作权人保留其歌曲的版权,但授予音乐出版商在一定时期内特定地区的音乐作品独家管理权。在该协议下,出版商通常不需要支付预付款或仅需支付较低的预付款,因此出版商的分成会相对较低。协议中还可约定首次使用条款,亦即词曲作者有权决定第一个录制特定歌曲的艺人。

音乐作品著作权转让协议,是由音乐作品著作权人将其音乐作品部分或者全部转移给音乐版权商,音乐版权商基于转让协议成为音乐作品的著作权人,由音乐版权商负责处理管理工作,并根据协议规定的收到的版税按比例支付给词曲作者。

创作代理协议指音乐出版公司委托词曲创作者在一定期限内创作音乐作品,并根据约定的方式向出版公司提交其音乐创作作品。合同重点条款通常包括创作期间、音乐作品的交付时间、交付内容、交付形式、著作权、署名权以及创作费用等。

二、艺人与经纪人协议

经纪人服务协议,通常约定在合同期限内经纪公司为艺人提供策划、包装、宣传、培训等服务,联系和协调艺人与活动方和内容提供商,获取收入。作为回报,经纪公司可以在艺人获得的报酬中提取佣金分成。协议通常会约定协议期限,包括是否加入可

选期,由于演艺行业的特殊性,期限会相对较长,通常不少于五年;约定区域范围;约定经纪公司提供的服务是否为独家服务模式,独家享有在合作范围内商业活动授权。独家服务模式通常要求签约艺人未经同意不得与第三方开展授权合作范围内的任何形式的合作,不得擅自处理自身的演艺或经纪事务;不得擅自接受第三方聘用参加演艺事务、歌曲录制活动或者同意接受任何演艺聘用意向,不授予任何第三方经纪权。协议重点条款通常还包括合作范围、是否包括培训、是否为艺人安排专属经纪人、分成比例安排(包括商业演出、非商业演出、品牌影响、演唱会的分成比例)、分成期限、经纪人和艺人各自的职责、期满后优先续约的独家权利、违约条款(如艺人违约,公司会要求支付赔偿金)。由于经纪公司通常在初期需要对艺人大量投资,因此在协议的拟定上会一定程度上限制艺人的权利,因此该类协议通常呈现出对单方较强的约束性。

三、乐队内部协议

乐队协议,系乐队成员之间关于乐队运作的协议。通常在约定形成当时就应当签订协议。约定收入的分配(现场演出、巡演、唱片出版发行等),尤其是联合创作者,以及创作者和非创作者之间的分配;如果歌曲由乐队共同完成,则要根据成员参与的情况约定著作权的份额比例;还有关于损失的承担、乐队名称的归属、乐队的领导者、离队成员是否能够使用乐队名称、乐队解散后该如何使用、其他权利及财产的分配、表决权的安排等。

四、艺人与唱片公司间的协议

唱片协议,系艺人与唱片公司签订的关于灌录词曲、专辑和/或合辑录音录像制品及版权的相关事宜。通常在协议中会约定唱片公司拥有录音录像制品的版权,以便发行音乐并取得相关收益,有的会同时约定音乐专辑所收录的音乐作品著作权归唱片公司所有。艺人将从实体唱片或数字歌曲等音乐销售、版税和其他收入中按照商定的分配比例获得收益。唱片公司通常会向艺人支付预付一定比例的款项,以使艺人能够专心创作、演奏和录制音乐,但预付款会从艺人之后获得的版税中予以扣除。合同期限同样也是唱片协议中的重点条款之一,一般在约定一段期间之外,还约定艺人在协议期间内需要录制的唱片数量,同时约定如果是由于艺人本身在合约期内未能按要求完成约定数量专辑与单曲录制,则唱片公司有权利将本合约有效期延长、续展,直至艺人完成合约约定专辑及单曲数量时为止。因此,唱片协议的重点条款包括协议的期限、灌录歌曲或专辑的数量、交付标准、制作唱片的预算、预付款、版税及其计算、结算周期、排他性条款、唱片发行或出售的区域、营销和推广的预算等。

样本唱片协议指的是唱片公司与艺人签订协议,约定唱片公司预付一定数量的样本唱片录音的费用。协议通常约定唱片公司在一定期限内享有与艺术家协商独家录音协议的权利。如果唱片公司已行使其首次协商权,且双方没有签订独家录音协议,则艺人有权与另一家唱片公司签订录音协议,但通常会约定艺人需要补偿提供经费制作样本唱片录音的唱片公司相应制作的成本。

360协议是一项全方位协议,又称多权协议,唱片公司通过与艺人签订多权协议,赋予唱片公司不仅涵盖独家录音权利,还赋予其额外的权利,包括商业开发推广、享有商品销售和商业宣传的艺人姓名、专有名称、艺名、肖像、形象以及声音的专有使用权、独家发行权、巡演权,还能安排出演影视剧配合影片制作等,且允许从传统唱片销售、音乐发行之外,还可从艺人的广告代言、巡回演唱会、周边产品销售、歌迷或粉丝群体等其他方面获得收益。360协议主要分为积极型协议和消极型合约两种模式,一种主要由大型厂牌作为合同一方,由于通常大型厂牌的资金雄厚及其业务涉及产业链多个环节,在360协议下,主动为艺人提供唱片录音、发行、代言、周边产品销售、巡演等服务;而另外一种协议主要由小型独立的厂牌作为合同一方,通常小型独立厂牌不提供除了唱片录音、发行以外的其他服务,但按照比例从艺人的其他代言、周边产品、演出等中受益。

五、集体管理协议

集体管理协议根据是否转移音乐作品的版权,分为著作权转让协议和著作权管理协议。在集体管理组织与著作权人的合同里,主要约定音乐作品著作权人同意将其音乐作品的表演权、复制权、广播权及信息网络传播权以信托方式授权集体管理组织集体管理,集体管理组织在合同期内行使前述权利。根据约定,可以集体管理组织的名义进行著作权的许可或者提起法律诉讼。双方合同关系是否终止通常需要一方提出异议,否则合同自动延续,不必经过重复签约。另外,依据《著作权集体管理条例》规定,著作权人与协会订立集体管理合同后,不得在合同约定期限内自己行使或者许可他人行使合同约定的、由协会行使的权利。在老孙文化公司就王菲演唱会演唱《传奇》起诉一案中[(2013)二中民初字第15756号],法院认为李健在仍然是中国音乐著作权协会会员的情况下,不得将已无保留或限制地授权给协会管理的音乐作品公开表演权、广播权和录制发行权再转授他人。法院不支持老孙文化公司依据其与李健签订的关于表演权转让约定的合作协议主张涉案演唱会演唱的涉案歌曲《传奇》的表演权。

六、著作权许可协议

著作权作为一种排他权,除了转让著作权以外,更普遍的方式就是授权他人相应的权利。著作权许可协议是由著作权人在保留著作权下,独家或者非独家许可另一方有权就作品在某个一定时间内进行某些特定行为,在音乐产业里,除了著作权转让外,更常见和普遍的方式就是授权许可他人特定的权利,包括许可复制作品、许可公开表演、许可改编作品、公开传播、公开播送、音乐同步使用权、信息网络传播权等。

机械版权许可协议,是就音乐作品的版权人或相关权利人向录音制品制作商所授的许可的约定。通常约定音乐作品的版权人或相关权利人允许录音制品制作商获取录制、复制和发行此录音中的作品的权利,并约定机械版税和费率,由录音制品制作商基于出售唱片支付给音乐作品著作权人或相关权利人相关费用作为获得许可的报酬。

同步许可协议,是关于音乐作品的版权人或相关权利人许可视听作品制片人,譬如广告、影视节目及视频游戏,使用音乐歌曲作为背景音乐或者配乐的协议,并约定对歌曲的使用方式以及同步许可所应当支付的费用。

信息网络传播权许可协议,是关于音乐作品的著作权人或相关权利人授权被许可人在特定时间内在约定的平台内独家专有或非独家、以有线或无线方式使用授权作品的片段或全曲等。通常该等平台包括计算机终端、手机等移动通信终端、手持数字影音播放设备、IPTV、PCweb平台及移动互联网平台的带互联网接入功能的播放设备等终端,由于科技发展日新月异,通常对平台还会约定所有现在及将来可能出现的软硬件终端平台向用户提供在线播放、下载、硬件设备的内置、预装、背景音乐、线上卡拉OK或其他可通过信息网络以及信息网络相关的方式使用授权作品等,以尽可能囊括。

一揽子许可协议,指集体管理组织为方便使用者的使用、便于授权管理,约定被许可方在支付一定数额的版权使用费后,有权在一定期限和特定地域范围内按照约定的使用方式集体管理其管理的全部作品,而不是特定作品的协议。

七、数字音乐独家授权合作协议

数字音乐独家授权合作协议是指拥有著作权的内容提供商,如唱片公司、词曲版权商、词曲作者,与数字音乐平台之间的合作协议。约定内容提供商同意在特定地区将拥有或代理之音乐著作、录音著作及视听著作在线播放、视听和下载等信息网络传播权,与线上背景音乐之使用,独家授权给运营数字音乐平台的公司,并按照约定的比例收取权利金。通常还会约定是否可以转授权及对侵权对象采取维权措施。

八、演出涉及的相关协议

演出涉及的协议通常有演出合同书、预订租场协议、场地租赁合同、票务代理协议、委托合同、舞美合同书、演出设备租赁安装制作合同书等,演出公司在与音乐节合作艺人或其所在经纪公司签订的常见重点条款包括活动名、具体演出时间、营收款项的归属、演出内容（歌曲数量和演出时长），主办方/承办方的权利义务，演出费用、营收的分配、演出署名权等。由于依法向当地行政主管部门申请办理演出活动许可批准事宜，行政审批未予通过的情况也时有发生，该情况是属于不可抗力还是免责条款，通常也应当予以协议约定。

第五节 音乐相关权利及侵权

音乐作品通常涉及词曲作品的著作权和表演、录音作品的相关权利。在没有其他相反证明的情况下，通常将在作品或制品上署名的自然人、法人或其他组织视为与著作权有关的权利人。

一、著作权

（一）词曲作者的著作权

音乐作品一经创作，并将其组合成任何表达媒介后，词曲作者便对其创作的作品拥有著作权，有权决定何时、何地、以何种方式使用音乐作品，或授权他人使用音乐作品。

词曲作品的著作权通常在无相反证明的情况下属于词曲创作者，但也可以通过协议、受赠、继承等方式将著作权转让给其他方，如音乐著作权管理组织或著作权管理公司。

虽然作品一经创作作者就自动获得著作权保护，但是在发生纠纷时，往往由于缺乏证据或者缺乏证明力而影响合法权益的保护。鉴于此，中国音乐著作权协会版权服务中心音乐版权系统应运而生。该系统是目前国内唯一的音乐作品版权在线注册系统，著作权人可以自愿选择在该系统登记其作品，其意义在于可为音乐词曲作者提供国际标准唯一编码版权保护识别临时码。该系统能准确区分注册用户的音乐版权归属，并通过 DRM 技术保护注册用户的音乐版权，且在纠纷产生之时提供精确到秒的注册时间等注册信息，有助于解决涉及著作权归属的争议。

（二）音乐录像者的著作权

唱片公司通常会在歌手演唱歌曲的同时也制作音乐录像，如果音乐录像是在一定的特定介质上，通过录音、摄影、剪辑、合成等创作活动制成一系列有伴音的相关画面，凝聚制作者的智力创作和创造性劳动，具有独创性，符合作品的构成要件，则属于以类似摄制电影的方法创作的作品。音乐录像者享有音乐录像的著作权。

但如果音乐录像的图像只能对歌曲起衬托、渲染效果，仅仅是对图像做不具备智力创作的简单剪辑合成,则该录像并未体现著作权法对作品"独创性"要求,属于录像制品。

(三)音乐著作权权利

音乐著作权包括人身权和财产权。

音乐著作权的人身权,包括发表权,即享有决定将作品公之于众的权利;修改权,即有权修改其作品或者授权他人修改;署名权,即作者享有在其作品中表明其身份的权利,并保护作品完整权,亦即享有禁止任何有损、歪曲及篡改其作品的权利。

音乐著作权的财产权主要指著作权所有权人有权从对音乐作品的使用中获得回报。根据中国现行著作权法,在音乐产业中,主要的财产权权利包括复制权、发行权、出租权、表演权、广播权、信息网络传播权、改编权等。复制权指的是以印刷、复印、录音、录像、翻录、翻拍等数字化方式将音乐作品制作成一份或以上的权利,影视作品的配乐、广告背景音乐等影音同步权也属于复制权的一种。发行权指的是以出售或者赠与方式向公众提供音乐作品的原件或者复制件的权利。表演权即公开表演作品,以及用各种手段公开播送作品的表演的权利,表演权包括现场表演权以及机械表演权。现场表演权,顾名思义,指的是演唱(出)者在现场向公众表演音乐作品的权利;机械表演权指的是通过物质载体的形式向公众公开播送音乐作品的权利。广播权即以无线方式公开广播或者传播音乐作品,以有线传播或者转播的方式向公众传播广播的作品,以及通过扩音器或者其他传送符号、声音、图像的类似工具向公众传播广播的作品的权利。信息网络传播权即以有线或无线方式向公众提供作品,使公众可以在其个人选定的时间和地点获得作品的权利。改编权即改编音乐作品,创作出具有独创性的新的音乐作品的权利。

二、音乐作品著作权的邻接权

在中国著作权法律体系下,录音录像制作者以及表演音乐作品者被赋予了著作权邻接权予以保护,亦即作品传播者传播作品享有的著作权相关权利。

(一)录音录像制品制作者权

录音录像制品的制作者是指首次负责制作音乐作品的主体,多数为唱片公司或厂牌。按照中国著作权法,录音录像制作者享有授权他人复制、发行、出租、通过信息网络向公众传播其制作的录音录像制品,并有权获得合理报酬的权利。所谓录音制品,是指对表演、演奏的声音的录制品,通常包括录音带、唱片、激光唱盘等。音乐录像制品是指由音频信号和视频信号录制的制品,其中构成该表演性音乐制品的全部或主要部分为音频信号,通常包括录音带、MTV、MV、唱片、激光唱盘和激光视盘等。

根据新闻出版广电总局《关于大力推进中国音乐产业发展的若干意见》及国标委

2009年9月30日颁布的《中国标准录音制品编码(ISRC)》，国内出版的每个音像出版物都需分配一个ISRC，ISRC是音像制品的国际性的唯一标识编码，可以有效维护录音制品权利者的权益。

(二)表演者权

按照中国著作权法，表演者权享有人身权和财产权，人身权包括署名权(表明表演者身份)，保护表演形象不受歪曲；财产权包括对其表演的现场直播或公开传送、录音录像、复制发行、信息网络传播。表演者权和表演权在中国现行著作权法体系下是针对不同主体给予的保护。表演权是词曲作者基于其作品而获得公开表演的作品，以及用各种手段公开播送作品的表演的权利，包括现场表演权和机械表演权；而表演者权是基于表演者的表演活动而产生前述权利。由于中国并未赋予表演者机械表演权，亦即表演者对其表演的二次使用的权利，借助技术设备等物质载体的形式再现作品表演，因此在实践活动中，如果通过音像制品等载体或通过广播或向公众传播表演者表演的音乐作品的，如在营业性场所播放背景音乐，或在KTV歌厅使用音乐作品，表演者无法对录有表演者表演的音像制品的播放获得报酬。另外，法律也并未赋予表演者同录音录像制作者同种的出租权。

1961年的《保护表演者、录音制品制作者和广播组织罗马公约》、1996年《世界知识产权组织表演和录音制品条约》(WPPT)、2012年《视听表演北京条约》均赋予了录音制作者和表演者享有因公开表演和广播而获得报酬的权利。中国分别于2007年及2012年加入了《世界知识产权组织表演和录音制品条约》及《视听表演北京条约》，然而中国在加入这两项条约时声明保留适用广播权和公开表演权的规定，意味着录音录像制作者和表演者在广播权和公开表演权的缺位。即便目前国际上有不少国家赋予录音录像制作者和表演者该等权利，根据条约应当给予其他缔约方的国民以国民待遇，但前提在于其他缔约方并未对该等权利声明予以保留，因此中国在这两项权利的缺位也导致中国录音制品如在国外使用，表演者和录音制品制作者未能获得与该国同等权利的保护。2017年12月25日，全国103家唱片公司共同发文呼吁，应赋予录音制作者的广播权和公开表演权[①]，2018年3月27日，国内唱片公司就著作权法修订中的录音制作者的广播权和公开表演权问题再次进行了讨论。

三、商标权

商标的功能在于识别商品或服务。在音乐产业中，不仅各大公司可将其名称及标

---

① 百家唱片公司呼吁赋予录音制作者广播权和公开表演权，http://www.iprchn.com/cipnews/news_content.aspx? newsId=104590，最后访问日期：2018年8月27日。

识作为商标注册,对具有一定知名度的艺人姓名或其艺名、乐队的名称可以作为商标注册,以加强对名称的专有使用权,可以避免在同行业中与其他音乐家使用同一名称,避免混淆和侵权的同时增强可识别性,同时可以避免他人擅自使用公司及艺人的名称开发各类产品。同样,公司或艺人所设计的 Logo、专辑封面等设计也可以作为商标注册,此后可将注册后的商标使用于发行专辑或者销售周边产品(如书籍、杂志、文具、明信片、服饰、海报、照片)。

四、对音乐产品著作权及领接权的限制

著作权及其邻接权在特定条件、特定领域下有所限制,亦即在特定条件下允许无需经过权利所有人授权的使用行为。根据是否需要向权利人支付报酬,该等使用行为分为合理使用及法定许可。无论是合理使用还是法定许可,均应当指明作者姓名、作品名称。

合理使用,是在特定条件下无需著作权人许可且无需向其支付报酬使用作品。对于合理使用的判断,主要从作品本身的性质、使用的范围、目的及是否损害权利人合法权利等判断。《伯尔尼公约》《与贸易有关的知识产权协议》《世界知识产权组织版权条约》《世界知识产权组织表演和录音制品条约》《视听表演北京条约》对合理使用做出了规定。"三步检验法"可作为"合理使用"的判断标准,即受保护作品的"合理使用"必须限制在某些特殊情形;不得与"作品的正常利用相抵触";且不得"不合理地损害权利人的合法权利"。在满足前述情况下,允许合理使用。现行《著作权法》第二十二条及《著作权法实施条例》第二十一条规定"合理使用"的情形,遵循了前述"三步检验法",但对作品的范围做了限制:合理使用的作品应当是已经发表的作品。《信息网络传播权保护条例》第六条也规定了网络环境下的合理使用。

法定许可,即在特定条件下无需著作权人许可,但应当在向其支付报酬后,方可使用作品。对于音乐作品的法定许可,现行《著作权法》第二十三条规定在教科书中汇编已经发表的作品片段或者短小音乐作品,可以不经著作权人许可下使用,但须支付报酬。现行《信息网络传播权保护条例》也相应规定了在网络环境下的音乐作品的法定许可。现行《著作权法》第四十条则规定录音制品的法定许可,录音制品的法定许可受两个要素限制,一是已使用的方式,二是作品种类。亦即该作品仅限于他人已经合法录制为录音制品的音乐作品。而对于录音制品的法定许可与录音录像制作者的权利的法律适用范围问题,在最高院再审洪如丁等诉广东大圣文化传播有限公司案[①]中,认为"该规定虽然只规定使用他人已合法录制为录音制品的音乐作品制作录音制品可

---

① 广东大圣文化传播有限公司诉洪如丁、韩伟著作权权属、侵权纠纷判决书(2008)民提字第 51 号。

以不经著作权人许可,但该规定的立法本意是为了便于和促进音乐作品的传播,对使用此类音乐作品制作的录音制品进行复制、发行,同样应适用《著作权法》第三十九条第三款法定许可的规定,而不应适用第四十一条第二款的规定"。因此,如果著作权人许可制作的音乐作品的录音制品一旦公开,其他人再使用该音乐作品另行制作录音制品并复制、发行,适用的是录音制品的法定许可。

五、音乐侵权

音乐行业内的侵权现象屡见不鲜,从被侵权的主体上看,侵权分成对著作权人的侵权、对录音录像者的侵权、对表演者的侵权等。从被侵权的客体上看,可分为侵犯改编权、侵犯复制权、侵犯发行权、侵犯出租权、侵犯信息网络传播权。下面分析几种实践中较为常见的侵权类型。

(一)音乐作品的曲谱抄袭

所谓音乐作品抄袭,是指未经著作权人的同意,重复制作著作权人的作品,包括原封不动地照抄全部或部分内容,或者在作品上做变动修改。音乐作品的抄袭无视著作权人的劳动成果,严重侵犯了著作权人的权益。

对音乐作品的曲谱、歌词抄袭的行为的评判,中国现行的著作权法并没有具体的认定标准。在音乐行业内,通常采取"8小节雷同"的标准来判断是否抄袭音乐作品曲谱。在司法实践中,则逐渐形成了"接触+实质性相似"标准来作为认定抄袭的要件。这种标准要求证明被指控侵权的人曾经接触过作品,以及两作品有实质上的相似。在2000年广东太阳神集团有限公司诉可口可乐(中国)饮料有限公司著作权侵权、不正当竞争纠纷案中,中国版权研究会版权鉴定专业委员会对涉案歌曲的词曲是否相同或相似进行鉴定。中国版权研究会版权鉴定专业委员会在其2003年7月23日出具的鉴定书内容提及"音乐通常以七声阶为基础,构成旋律、曲调。而节奏、速度等也同样是音乐的重要因素。音乐的个性是组织起七个音符的调式、施法、节奏、速度、和声、织体上的不同,表现不同风格、情绪和感受,这是区别两首作品是否相同的重要标志"[①]。

(二)商业性翻唱侵权

翻唱,与原唱相对,是指在原先已经发表的音乐作品的基础上,由他人重新演绎。商业性翻唱和法定许可下的翻唱的区别在于是否需要取得著作权人的认可。商业性翻唱的行为长期存在于乐坛。根据音乐作品是否经过重大修改,翻唱包括未经改编的直接演唱,以及在对歌曲的调式、节奏、旋律编排的基础上的改编翻唱,即对音乐作品再创作后演唱。随着音乐节目、网络类音乐平台的盛行,翻唱机会和翻唱服务日益增

[①] 北京市高级人民法院(2000)高知初字第19号。

加,涉及的侵权现象也日益增多,譬如旭日阳刚翻唱《春天里》被汪峰指控侵权,李代沫在《中国好声音》节目里翻唱《我的歌声里》被曲婉婷指责侵权,冯提莫在斗鱼直播间直播演唱歌曲被控侵权,羽泉在《我是歌手》里翻唱《烛光里的妈妈》被指侵权,李志指控毛不易在未取得其同意下在《明日之子》中翻唱《关于郑州的回忆》。除了直接翻唱的人员外,节目主办方、翻唱类音乐网站网络服务提供者未经著作权人许可且未支付报酬时,也同样构成侵权。

(三)复制发行盗版音乐制品

复制发行盗版音乐制品通常是指复制品的发行者在没有获得权利人授权许可的情况下,擅自复制激光数码储存片并进行再发行。根据中国现行《音像制品管理条例》《关于实施激光数码储存片来源识别码(SID码)的通知》,除另经批准外,凡在市场上公开销售激光数码储存片应当有SID码。通过SID码能够识别厂家生产的产品。如激光数码储存片盘芯没有蚀刻SID码,除国家另有批准外,均属盗版制品。销售盗版光盘的行为侵犯了权利人的复制权、发行权。因销售盗版所得数额较大或者有其他严重情节的,会触犯中国现行刑法的侵犯著作权罪。

(四)侵犯机械表演权

营业性场所譬如超市、商场、饭店等或者当下一些选秀类节目,通常会使用背景音乐以营造更舒适的氛围。营业者在经营场所、主办方在商业节目中使用音乐之前应当征得音乐著作权人或相关权利人,如集体管理组织的授权许可,并且应当向权利人支付著作权使用费。上海易初莲花连锁超市有限公司[①]、苏宁易购(聚丰园店)[②]、达芙妮[③]在未经许可授权,未缴纳著作权使用费的情况下,擅自在其门店播放使用音乐著作权协会管理的歌曲作为其经营场所的背景音乐,侵犯了音乐作品的表演权,被判决赔偿权利方经济损失。

(五)侵犯音乐作品的影音同步使用权

在电影或者电视节目中使用音乐也应当获得权利人授权。在音乐著作权协会与福建周末电视有限公司、福建电视台电视剧制作中心著作权纠纷案[(2003)一中民初字第11687号]中,福建周末电视公司和被告福建电视剧中心联合摄制的22集电视连续剧《命运的承诺》中,在未经许可的情况下,在涉案电视剧的第六集使用了《青藏高原》作为背景音乐,时长为1分45秒;第十集使用了《我热恋的故乡》作为背景音乐,时

---

① 中国音乐著作权协会与上海易初莲花连锁超市有限公司侵害作品表演权纠纷一审民事判决书[(2016)沪0104民初24885号]。
② 中国音乐著作权协会与无锡市苏宁云商销售有限公司著作权权属、侵权纠纷一审民事裁定书[(2017)苏02民初527号]。
③ 中国音乐著作权协会与达芙妮投资(集团)有限公司、达芙妮投资(集团)有限公司上海分公司等侵害作品表演权纠纷一审民事判决书[(2014)杨民三(知)初字第22号]。

长为45秒,使用《辣妹子》作为背景音乐,时长亦为45秒;第十集使用《一无所有》作为插曲,时长为7秒。上述音乐作品的著作权人是音乐著作权协会的会员,因此音乐著作权协会对此提出诉讼,法院最终判决福建周末电视有限公司、被告福建电视台电视剧制作中心共同对中国音乐著作权协会做出赔偿。

第六节　音乐产业新问题

一、数字音乐产业

数字音乐系指使用数字化技术制作、传播及存储音乐,该音乐以数字编码/信号呈现,或者从声音转载数字,然后用数字式录音软件修改和录音记录。数字音乐可用于互联网下载或者数字发行。数字音乐是信息网络科技、传输、带宽科技、数字化技术发展的产物,革新了音乐作品发行形式,由传统的黑胶唱片、CD载体发展到数字音乐和数字音乐专辑。

数字音乐产业主要包括在线音乐和移动音乐产业。在线音乐业务主要是指通过互联网直接向计算机和其他数字存储设备传送音乐的商业活动。移动音乐主要是指通过移动增值服务向用户提供数字音乐。数字音乐产业细分行业主要包括数字音乐下载、网络电台、流媒体、电视音乐服务、手机铃声等。根据IFPI发布的2018年全球音乐报告产业年度状况,2017年全球数字收入增长19.1%,流媒体收入增长41.1%,付费订阅流媒体增长45.5%。《2017中国音乐产业发展报告》指出,2016年数字音乐产值达人民币529.26亿元,增幅为6.2%。得益于信息技术、带宽、数字化的发展,中国音乐产业正处于由传统实体唱片模式转型为以数字音乐为主的模式。在数字音乐产业链上的主体主要分为四类:内容提供商、版权管理方、服务提供商及消费用户。内容提供商主要是厂牌和独立音乐人;版权管理方为音乐著作权协会、音像著作权协会和商业版权代理方;服务提供商包括在线音乐平台、在线电台、直播、电信音乐增值业务、音乐商店等。国内的数字音乐平台包括阿里旗下的虾米音乐、阿里星球,腾讯旗下的QQ音乐、酷狗音乐、酷我音乐,网易旗下的网易云、多米音乐等;电信音乐增值业务包括咪咕音乐、沃音乐;电台包括豆瓣FM、喜马拉雅FM;直播平台包括抖音、斗鱼等。数字音乐产业的发展一定程度上也动摇了传统行业中唱片公司的垄断地位,目前不少音乐平台推出扶持音乐人的项目计划,从平台服务提供商向产业链上游延伸,如QQ音乐的"新声,力量",虾米音乐的"寻光计划",网易云音乐的"理想音乐人扶持计划""石头计划"等。

二、音乐产业新问题

数字音乐版权是数字音乐产业的核心之一。中国现行的《信息网络传播权保护条例》和《互联网著作权行政保护办法》是保护互联网著作权的行政法规和部门规章,从行政和司法双轨进行保护,明确了通过信息网络向公众提供作品的应当取得权利人许可,并支付报酬。但由于互联网发展势头迅猛,新技术和行业模式的不断涌现也使数字音乐产业面临一些新问题。

(一)数字音乐下载的性质的认定

数字音乐下载是将数字音乐下载储存至本地电脑或者其他各类设备,之后用播放器播放,对于数字音乐下载是属于唱片销售还是第三方授权使用,目前尚未有定论。认定数字音乐下载属于销售还是许可授权,其意义在于影响艺人和唱片公司之间的分成比例。传统的唱片销售中,唱片公司需承担唱片制作、生产等成本,因此在销售版税率的分成上占有优势,如认定数字音乐下载为销售,则唱片公司仍将版税率设定为与实体销售相同和相似的比例上,然而在数字音乐下载中,唱片公司并不需要像传统销售唱片一样复制生产实体唱片,不需要包装、仓储、运输,仅需要传输音乐作品至服务商,并不产生如传统销售一样的巨额成本。

(二)数字音乐的侵权现象

数字音乐盗版是数字音乐常见的侵权现象,指在未经授权,并且未向著作权及相邻权的权利人支付费用的情况下,制作并提供音乐下载服务或提供在线播放等服务。数字音乐盗版侵犯了著作权人或相邻权人的合法权利。著名案例为2005年被告人黄某、陈某因开设音乐网站非法向网民提供音乐下载服务获得非法收入,侵权歌曲数量达1万首,被判决侵犯著作权罪,承担刑事责任,该案是中国首例对非法提供网络音乐下载判决承担刑事责任案。[①] 2005年新艺宝唱片有限公司、环球唱片有限公司、华纳唱片有限公司、EMI集团中国香港有限公司等著名大型唱片公司起诉北京百度网讯科技有限公司的MP3链接下载和在线播放侵犯信息网络传播权。2007年华纳唱片有限公司诉阿里巴巴旗下雅虎网站提供歌曲链接,其试听和下载服务侵害了作品信息网络传播权。2007年,知名音乐人何勇起诉百度公司,称向网络用户提供其《垃圾场》等10首歌曲的mp3、rm、mid、flash等格式文件的在线播放和下载服务,且将歌曲《姑娘漂亮》作为网站彩铃供移动通信用户有偿下载,侵犯表演者权中的信息网络传播权。2014年腾讯公司向武汉市中级人民法院申请诉前禁令,请求责令网易云音乐立即停

---

① 《中国首例因提供非法音乐下载的审判案件》,http://www.cavca.org/news_show.php?un=xhxw&id=273&tn=%D0%AD%BB%E1%D0%C2%CE%C5,最后访问日期:2018年8月20日。

止向公众传播涉嫌侵权的 623 首音乐作品,法院裁定发布该诉前禁令措施。[1] 随后网易公司向武汉中院申请诉前禁令,请求武汉中院责令腾讯停止通过"QQ 音乐"平台向公众传播、提供由网易和网易雷火享有信息网络传播权的 201 首音乐作品。[2] 2014 年,由腾讯旗下 QQ 音乐联手相信音乐、华谊音乐、华研国际、杰威尔音乐等海内外知名唱片公司组建了"数字音乐联盟"起诉酷我音乐未经 QQ 音乐授权,向公众传播音乐作品的行为侵权。[3]

(三) P2P 下载侵权

P2P 下载,即 Peer to Peer,点对点传输下载,网络服务提供商提供 P2P 文件的搜索、链接、下载及在线播放服务。P2P 下载技术的特征在于即便互联网上标准资源的地址上的文件等资源业已删除,仍能通过原先已经下载过该资源的用户的电脑实行共享和下载。每个用户在 P2P 技术所形成的网络中,既是客户器又是服务器,因此是 P2P 的用户而非网络服务提供商直接将音乐作品、录音录像制品置于网络并予以交互式资源分享、传播,网络服务提供商不参与编辑、修改相关信息,仅基于 P2P 技术架构在搜寻资源的用户和拥有资源的用户搭建链接关系,因此,用户是信息网络传播行为的直接实施主体,是侵权方。而 P2P 软件或技术提供者是否也为侵权主体,司法实务中也有不同的认定,有的认为 P2P 软件或技术提供者是搜索资源的工具,提供所搜链接技术,本身并不提供内容,如根据《最高人民法院关于审理侵害信息网络传播权民事纠纷案件适用法律若干问题的规定》的服务器标准,网络服务提供商在无过错情况下,该行为也不构成侵害信息网络传播权的行为[王立丰与深圳市迅雷网络技术有限公司等著作权属、侵权纠纷二审民事判决书(2014)一中民终字第 5668 号]。也有法院认为,从事专业的文件传播网络服务提供商从主观上应当知道资源的来源是否合法,如没有合法上传的证明情况下,如网络服务提供商未采取删除、屏蔽、断开链接等必要措施,或者提供技术支持等帮助行为的,属于帮助侵权。关于 P2P 服务提供商的行为是否构成侵权,也亟待明确的认定标准。

(四) 搜索链接的性质认定

链接是指浏览者选择点击用来链接的对象(常见的譬如词、图像等格式)后,指向或者进入目标链接。根据是否脱离设链网站链接,链接分为普通链接和深度链接。普

---

[1] 《2014 年中国法院 10 大知识产权案件简介》,http://www.court.gov.cn/fuwu-xiangqing-14202.html,最后访问日期:2018 年 8 月 20 日。
[2] 《网易申请诉前禁令获准:QQ 音乐被禁播 192 首歌曲》,https://www.cnbeta.com/articles/tech/354923.htm,最后访问日期:2018 年 8 月 20 日。
[3] 《酷我涉嫌盗版侵权被索赔偿金上千万》,https://www.aliyun.com/zixun/content/2_6_13192.html,最后访问日期:2018 年 8 月 20 日。

通链接是指用户点击链接后会脱离设链网站,进入被链接网站的首页,用户可清晰感知被链接网站地址。深层链接则通常是对被链接网站中存储文件或者分页地址设置链接,用户点击后无需脱离设链网站,即可直接从被链接网站在线打开、下载或运行文件,由于绕过被链接网站,页面地址栏所显示的域名不会改变,被链接网站将不会显示在浏览器上,用户通常不会感知被链接网站。目前对于链接是否属于法律意义上的信息网络传播行为,尚无法律上具体的规定。中国著作权法中关于信息网络传播权的定义,是指以有线或者无线方式向公众提供作品,使公众可以在其个人选定的时间和地点获得作品的权利。《最高人民法院关于审理侵害信息网络传播权民事纠纷案件适用法律若干问题的规定》对于网络服务提供商的行为是否构成信息网络传播行为,以"服务器标准"予以认定,通过上传到网络服务器、设置共享文件或者利用文件分享软件等方式,将作品、表演、录音录像制品置于信息网络中,使公众能够在个人选定的时间和地点以下载、浏览或者其他方式获得。理论界、实务界对此也存在争论,有的人认为尽管链接客观上导致被链接作品或制品传播范围的扩大,但因没有将作品存储至本站服务器上,链接行为本身不构成对作品的传播,譬如百代唱片有限公司诉北京阿里巴巴信息技术有限公司侵害作品信息网络传播权纠纷案[①]。也有人认为应当采取实质替代的标准,不应仅采取服务器标准,司法实践中主要以设链者设链的技术方式、行为性质、主观恶意等因素来判断网络链接是否构成侵权以及侵权行为性质。设链的技术方式及行为性质主要看实际是否直接提供权利人的作品。如果仅是以其技术提供网络中间性服务的行为,亦即仅单纯抓取第三方链接,属于被动型提供的,则不属于实质替代。但如果该行为并非仅仅抓取第三方链接,设链者对搜索内容的有关信息进行了筛选、编排、编辑、整理等主动加工的,主动寻找并设置,有目的及针对性地链接到被链接网站,供网络用户点击播放或者下载,且未尽到注意义务的,则认定侵犯信息网络传播权,譬如新力唱片(香港)有限公司诉北京世纪悦博科技有限公司侵犯录音制品制作者权纠纷案[②]。

(五)流媒体翻录

不同于数字音乐下载,音乐流媒体指一系列数据元素形式的,以数字方式传递的音视频内容,用户在音乐平台上在线播放,而流媒体翻录则提供了一种将流媒体文件直接转化为可下载的格式,从服务器上下载到本地,IFPI发布的《2018全球音乐报告》也指出,"流媒体盗录"正在成为音乐产业面临的最新问题。

---

① 百代唱片有限公司诉北京阿里巴巴信息技术有限公司侵害作品信息网络传播权纠纷判决书[(2007)二中民初字第02631号]。

② 新力唱片(香港)有限公司诉北京世纪悦博科技有限公司侵犯录音制品制作者权纠纷案[(2004)一中民初字第428号]。

三、数字音乐版权保护现状

2005年5月30日,国家版权局印发了《互联网著作权行政保护办法》,加强互联网信息服务活动中信息网络传播权的行政保护,规范行政执法行为。

2006年7月1日,国务院发布了《信息网络传播权保护条例》,并在2013年予以修订规定,具体保护著作权人、表演者、录音录像制作者的信息网络传播权。

2012年12月17日,最高人民法院发布了《关于审理侵害信息网络传播权民事纠纷案件适用法律若干问题的规定》,为司法审判中调整权利人、网络服务提供商和作品用户之间的关系具体应用法律问题做出解释。

2015年1月29日,知名唱片公司、国内音乐平台、中国音乐著作权协会、词曲作家等近30家机构和多名音乐从业者在北京成立中国网络正版音乐促进联盟,并发布《中国网络正版音乐促进联盟自律公约》《中国网络正版音乐促进联盟反盗版宣言》,旨在保护音乐从业者的合法权利,营造良好的网络音乐产业版权环境。[1]

2015年6月10日,国家版权局、国家网信办、工信部、公安部启动"剑网2015"专项行动,打击网络侵权盗版,规范网络音乐版权。

在2015年7月8日,国家版权局发布《关于责令网络音乐服务商停止未经授权传播音乐作品的通知》,要求各网络音乐服务商停止未经授权传播音乐作品,并于2015年7月31日前将未经授权传播的音乐作品全部下线。该通知被业内认为是对版权乱象的网络音乐领域的重点整治。同年7月15日,国家版权局在京召开"网络音乐版权保护工作座谈会",通报了国家版权局重点开展网络音乐版权专项整治的有关情况和关于加强网络音乐版权保护的工作安排,各大网络音乐服务商签署了《网络音乐版权保护自律宣言》。[2]

2015年10月23日,文化部出台《关于进一步加强和改进网络音乐内容管理工作的通知》,建立线上音乐审核制度,进一步加强和改进网络音乐内容管理。

2015年10月26日,国务院办公厅印发了《关于加强互联网领域侵权假冒行为治理的意见》,打击网络侵权盗版。

四、数字音乐版权的授权现状

在国家版权局2015年7月下发《关于责令网络音乐服务商停止未经授权传播音

---

[1] 《中国网络正版音乐促进联盟二十九日成立——网络音乐收费,你买账吗?》,http://www.ncac.gov.cn/chinacopyright/contents/4509/242500.html,最后访问日期:2018年8月21日。

[2] 《国家版权局在京召开"网络音乐版权保护工作座谈会"》,http://www.ncac.gov.cn/chinacopyright/contents/520/256098.html,最后访问日期:2018年8月21日。

乐的通知》后,数字音乐市场又起一波版权资源争夺混战。各大数字音乐平台支付较高的费用或者提供优渥的其他条件取得歌曲、录音录像制品、音乐类视听作品所有权和相关权利或者独家代理权,以版权独占方式垄断式地使用音乐作品。虽然在这类数字音乐独家授权协议中通常允许被授权人有权将前述授权内容的信息网络传播权在授权期限内和区域内转授权给任何第三方,但由于取得独家代理权所花费之巨大,使得要获得转授权的成本也会增加,版权垄断不利于营造良好的网络音乐版权生态。因此,2017年9月12日及9月13日国家版权局先后约谈主要网络音乐服务商①及境内外音乐公司②,为推进音乐全面授权,明确要求音乐平台和唱片公司避免采取独家版权模式。随后,各大主流音乐平台陆续达成转授权合作,如腾讯音乐娱乐集团与太合音乐集团、唱吧、映客、快手、阿里音乐集团达成转授权合作。③ 2018年2月,腾讯音乐与网易云音乐相互授权音乐作品④;2018年3月,阿里音乐与网易云音乐也宣布达成音乐版权互相转授权的合作。⑤ 虽然网络音乐版权生态逐渐形成各平台共享音乐版权的态势,但有效的合作模式仍亟待探索。腾讯音乐娱乐集团在2018年4月5日宣布暂停与网易云音乐的合作,称网易云音乐合作期间屡次发生侵权及超出授权范围使用行为⑥。

思考题

1. 简述我国音乐产业法律体系。
2. 我国音乐作品表演权与表演者权有什么区别?
3. 简述音乐作品著作权及邻接权的限制。

---

① 国家版权局约谈主要网络音乐服务商,要求全面授权广泛传播音乐作品,购买音乐版权不得哄抬价格、恶性竞争,http://www.mcsc.com.cn/imS-14-1647.html,最后访问日期:2018年8月21日。

② 《国家版权局约谈境内外音乐公司,要求音乐授权公平合理,避免授予独家版权》,http://www.mcsc.com.cn/imS-14-1648.html,最后访问日期:2018年8月21日。

③ 《重磅!腾讯音乐娱乐阿里音乐双方达成版权转授权合作》,http://tech.qq.com/a/20170912/007601.htm,最后访问日期:2018年9月1日。

④ 《国家版权局推动腾讯音乐与网易云音乐达成版权合作》,https://baijiahao.baidu.com/s?id=1591931257758830321&wfr=spider&for=pc,最后访问日期:2018年9月1日。

⑤ 《网易云音乐和阿里音乐达成版权互授合作》,http://media.people.com.cn/n1/2018/0308/c14677-29856506.html,最后访问日期:2018年9月1日。

⑥ 《腾讯音乐发布声明:暂停与网易云音乐的转授权合作洽谈》,http://www.sohu.com/a/227350864_250147,最后访问日期:2018年9月1日。

第六章 游戏产业法

第一节 游戏产业和游戏产业法概述

游戏产业是集电子信息技术、网络技术、文艺传媒以及文化创新为一体的高度复合化产业。游戏产业是资金和智力密集型的产业，深得资本和市场青睐，也是风险资本和产业资本关注的重点投资领域。创新是推动游戏产业前进的助力器。中国网络游戏产业始于20世纪80年代末，随着社会现代化、电子化程度的不断推进，在物质层面日益得到满足的基础上，人们对于精神娱乐层面的需求不断提高，网络游戏基于其故事性、社会性和交流特性，已经成为当代人群休闲娱乐的主要方式之一。网络游戏的市场规模亦在不断扩大，随之而来的监管问题也日益严峻。

一、全球网络游戏市场发展概况

（一）全球网络游戏发展历程

20世纪60年代，在美国诞生了第一代网络游戏，专业的游戏开发商和发行商与运营商合作，推出第一批具有普及意义的网络游戏。随后网络游戏市场迅速发展，网络游戏进入付费时代。90年代中期开始，美国互联网产业的迅速发展带动网络游戏玩家规模和市场的快速成长，在政策形势向好以及利益驱动下，逐渐涌现出一大批与网络游戏相关的企业。到2005年，网络游戏行业步入新的发展时期，在这一阶段，游戏种类上出现了网页游戏、社交游戏、移动游戏等新型游戏。到2009年，网络游戏的营业收入呈现爆炸式增长，移动游戏利用用户对碎片化时间、场所的娱乐要求，市场占有率上升，成为网络游戏市场增长率的"领头羊"。网络游戏产业已成为全球经济不可忽视的增长点。

(二)全球网络游戏市场规模持续增长

网络的发展,电子产品更新换代速度之快,也推动着游戏市场规模的持续增长。据统计,2016年全球游戏市场规模达1 011亿美元,较2015年增长91.50亿美元,增长幅度为9.96%;预计到2020年全球游戏市场规模将达到1 285亿美元。[①] 从游戏产业细分市场上看,移动游戏产业发展迅速,成为增长最快、最具潜力的游戏产业,究其原因,得益于智能手机在全球范围的普及,而且智能手机的持有量将继续保持快速增长,游戏产业发展前景向好。

从各地区的细分市场上看,亚太地区在2017年市场规模达到512亿美元;北美市场市场规模为270亿美元;欧洲、中东、非洲地区市场规模约为262亿美元;拉丁美洲地区市场规模约为44亿美元。相比之下,亚太地区成为全球游戏市场的增长引擎。在亚太地区游戏市场,中日韩三国占据前三名。人口红利是推动游戏市场快速增长的重要因素,加之移动互联网的普及,游戏用户的不断渗透,将继续推进亚太市场的快速增长。

二、中国网络游戏产业发展概况

(一)中国游戏产业发展进程

(1)萌芽期(1994~1999年)。从1994年开始,中国内地(大陆)拥有了正式的游戏刊物和第一款自主研发的商业PC游戏产品,标志着中国游戏产业的进程正式开启。

(2)转型期(2000~2003年)。这一时期经历了网游的兴起与单机游戏的没落,中国内地(大陆)出现了游戏制作公司、发行公司、专业媒体,并且新闻出版总署作为监管机构开始逐步加强对游戏等电子出版物的管理。至此中国内地(大陆)真正意义上的游戏产业圈初步形成。

(3)网络游戏市场蓬勃发展期(2004~2009年)。中国自主研发的游戏产品,为市场提供创新与技术保障;政府积极调整网络游戏政策,监管与扶持并重,产业化逐渐形成。虽然经历金融危机,但中国游戏产业逆势而上,在2009年创造了销售额达1.05亿美元的纪录,29家中国企业、64款游戏进入世界市场,表明中国网络游戏市场逐步形成且具有一定的国际影响力。

(4)游戏产业化形成时期(2010年至今)。以互联网产业为代表的中国信息产业蓬勃发展,其中网络游戏产业的发展速度最快。按照细分市场看,客户端游戏仍然占

[①] 《2018年中国网络游戏行业发展现状及发展趋势分析》,http://www.chyxx.com/industry/201804/631654.html,最后访问日期:2019年10月23日。

据最主要的地位,移动游戏增长速度最快。客户端游戏经过多年发展,已处于产业成熟期,近些年增速趋于稳定。相较于客户端和网页游戏,移动游戏轻便、易上手且能充分利用碎片时间,用户更容易养成移动终端玩游戏的习惯,获取新用户能力较强。从全球市场上看,电视游戏位列世界主流游戏行列,但受政策影响,中国电视游戏刚刚处于起步状态,随着政策松绑,中国电视游戏市场逐步释放出发展势能,国外设备逐步进驻中国市场,以华为、中兴等为代表的内容研发商也开启布局电视游戏市场的步伐。

近年来,随着互联网、移动技术的快速兴起与发展,基础设施的完善,用户规模的迅速增长,中国网络游戏产业呈现迅速发展的态势。随着"十三五"规划中信息化战略的推进,带动互联网基础设施的进一步完善,网民规模以及潜在用户的快速增长,为网络游戏产业的持续增长提供了坚实的后盾。从市场规模上,中国网络游戏产业市场规模已经取代美国,成为全球最大的游戏市场。

(二)中国游戏产业规模

截至 2017 年 12 月,中国网络游戏用户规模达到 4.42 亿,较上年增长 2 457 万人,增长率为 5.9%,在网民中的使用率为 57.2%。手机网络游戏用户规模较上年底明显提升,达到 4.07 亿,较上年年底增长 5 543 万人,增长率为 15.8%,在手机网民中的使用率为 54.1%。2017 年中国网络游戏市场规模达到 2 031 亿元,同比增长 22.64%。[①] 随着中国网络游戏产业步入成熟期,增速将有所放缓,但市场规模将持续扩大。

根据中国互联网络信息中心,2018 年 1 月 31 日发布的《中国互联网络发展状况统计报告》显示,截至 2017 年 12 月,中国网民规模达 7.72 亿,网络普及率达到 55.8%,超过全球平均水平(51.7%)4.1 个百分点,超过亚洲平均水平(46.7%)9.1 个百分点。全年共计新增网民 4 074 万人,增长率为 5.6%,中国网民规模继续保持平稳增长。互联网商业模式不断创新,线上线下服务融合加速以及公共服务线上化步伐加快,成为网民规模增长的推动力。强大的互联网技术支撑体系与庞大的网民数量,为中国网络游戏提供了庞大的用户群体。

三、游戏产业法概述

随着中国网络游戏产业发展进程的加快,一些问题逐渐涌现,如网络游戏运营监管中存在网络游戏审查标准不一;网络游戏立法滞后、法律层级低、网络游戏分级标准不清;监管缺位;行业缺乏诚信体系;等等。游戏产业的发展秩序混乱,亟须加强网络

---

① CNNIC 发布第 41 次《中国互联网络发展状况统计报告》,http://sohu.com/a/220096817-162758,最后访问日期:2019 年 10 月 24 日。

游戏政府监管。网络游戏政府监管不仅促进了网络游戏行业的健康发展,也在一定程度上弥合了中国网络游戏因技术上的滞后所带来的不利影响。同时,网络游戏的政府监管还在一定程度上促进了网络游戏行业自治的发展。

(一)国外游戏产业法概况

1. 美国概况

美国作为网络游戏的发源地,其具有丰富的网络游戏监管经验,成为各国普遍效仿和参照的对象。

从美国对游戏产业的监管特点来看,无论是联邦政府还是州政府,都把网络游戏立法当作一项重要工作。美国先后制定了百余项法案,这些法案涵盖了电信、公共网络、电脑犯罪、未成年人保护等诸多领域。美国在网络游戏的版权和著作权方面的立法更是世界领先。法律保护的周延不仅极大地促进了网络游戏的发展,还形成了良好的网络游戏文化氛围。美国制定网络游戏分级制度,限定了不同年龄段未成年人的浏览权限,对网络游戏的内容和尺度设定了不同的等级。这种等级的划定不仅有利于对未成年人和监管对象的针对性管理,而且明确了网络游戏的性质和等级,有利于提高监管效率。

2. 欧盟概况

尽管欧盟各成员国之间的监管存在制度安排上的差异,但在打击网络游戏不良信息的侵害和跨境犯罪上具有高度的一致性。为了便于开展互联网格局下的联合行动,由欧洲互动软件协会(The Interactive Software Federation of Europe,ISFE)发展而来的泛欧洲游戏信息组织(Pan European Game Information,PEGI)作为一个欧洲通用的对电脑游戏分级的组织,于2003年4月启用。PEGI系统最开始应用于欧洲25个国家,对游戏的分级分为两个部分,其一是按照建议的最低年龄,其二是按照游戏内所包含的内容。

3. 韩国概况

作为网络游戏产业最为发达的亚洲国家,韩国的网络游戏市场经历了行业混乱到注重对网络游戏监管的阶段。在韩国游戏产业振兴相关法律(2008年修订)内设置了独立的"游戏文化振兴章节",包括构建游戏文化的基础是开发及实施游戏中毒等副作用的预防政策和设立并运营基于公共目的的游戏文化设施;游戏防沉迷的检验、治疗、预防和相关的一些工作;游戏产品的知识产权保护;游戏使用者权益的保护尤其是保护青少年;促进支持及培养互联网运动。通过采用网络预警的方式警告网络游戏运营商,从最初的事后监管转向监管各个环节,在网络游戏开发和设计之初就提出了备案审查制度,启动事前审议程序。严格审查内容单一、过分表现暴力和具有色情意味的画面和语言,对于有"前科"的网络游戏开发和运营商都提高了审查标准。

4. 日本概况

网络游戏与动漫一道构成了日本的支柱性文化产业。在日本,网络游戏的监管主要依靠分级审查和行业自律两种方式实现。日本设立了负责网络游戏内容审核活动的特别委员会,这一组织不仅负责审核网络游戏,还负责监管其他媒体产业,从而实现了对网络游戏延伸内容的有效监管。日本设立了分级审查制度(CERO),根据内容划分为适合"全年龄对象""12岁以上对象""15岁以上对象"以及"18岁以上对象"四个层次。日本政府也非常注重个人隐私,出台了《禁止非法读取信息法》,以保证网络游戏参与过程中运营商对个人信息的不当利用问题。日本也建立了公民举报制度。对于那些在网络游戏接触过程中所发现的问题,网络游戏玩家可直接在由监管机关设定的举报选项下投诉和举报,网络游戏监管机关能够快速发现问题并及时采取封号和禁止运营的措施处置网络游戏运营商。

5. 国外发达国家游戏产业监管的启示

从美国、欧盟、韩国、日本等国家对游戏产业法律监管的内容上看,这些国家在规制网络游戏方面都已经形成了较为完善的立法体系,普遍重视对未成年人的保护,如美国早在20世纪就出台了《未成年人在线保护法》,明确规定了未成年人参与网络游戏的限制条件、操作方法及惩罚措施,并明确严禁未成年人接触或参与有违公序良俗的网站或网络游戏;日本将对未成年人的保护作为学校和教师的重要职责,对于因网络游戏的不当接触所造成心理危害的未成年人安排了专门的组织进行心理疏通。

各国对游戏产业的监管模式具有多元化的特点,基本形成了以政府主导、社会多方参与的监管格局。各国实行网络游戏分级审查制度,从而有助于监测和管理监管对象,分配不同种类和层级的网络游戏资源;制定了网络游戏认证规范,考察网络游戏玩家的身份,与网络游戏分级制度结合;针对网络游戏成瘾问题建立反沉迷系统,督促网络游戏开发商在网络游戏设计的过程中对网络游戏玩家设定时限,并提示沉迷网络游戏的危害。

在加强政府监管的同时,也应认识到政府监管手段具有一定的局限性,尤其是面对庞大的网络游戏市场,还得依靠游戏行业自治——其不仅能提高企业的责任感和参与性,还能分担政府的监管责任,降低政府的监管成本。

(二)中国对游戏产业的监管

中国对网络游戏产业实行自律与监管相结合的管理体制。监管网络游戏行业的行政主管单位包括文化和旅游部、工业和信息化部、国家新闻出版广电总局等部门,以上部门在各自职责范围内依法对涉及特定领域或内容的互联网信息服务实施监督管理。游戏行业自律机构包括中国音像与数字出版协会游戏出版工作委员会和中国软件行业协会游戏软件分会。

文化和旅游部主要负责拟订游戏产业的发展规划并组织实施,指导协调游戏产业发展,监管网络游戏服务(不含网络游戏的网上出版前置审批)。

工业和信息化部主要负责拟订游戏产业发展战略、方针政策、总体规划和法律法规草案;依法监管电信与信息服务市场,实行必要的经营许可制度,监督服务质量。

国家新闻出版广电总局主要负责对游戏出版物的网上出版发行进行前置审批等工作。

中国软件行业协会游戏软件分会是隶属于工业和信息化部的全国性行业组织,主要职责是配合、协助政府的游戏产业主管部门协调和管理中国从事游戏产品开发、生产、运营、服务、传播、管理、培训活动的单位和个人。中国音像与数字出版协会游戏工作委员会是游戏相关企业自愿组成的全国性行业组织,其宗旨是维护游戏出版经营单位的合法权益,促进本行业的产业发展、学术交流、技术进步。

(三)中国游戏产业法

游戏产业法是调整游戏产业运行过程中所发生的社会关系的法律规范的总称。目前,中国颁布了针对游戏产业的一系列行政法规、行政规章;但还没有法律层面的游戏产业法。这些行政法规和行政规章主要包括:

2005年7月,原工信部和文化部联合发布《关于网络游戏发展和管理的若干意见》,规定了游戏产业享受软件产业优惠政策。

2007年3月,原文化部和信息产业部颁布《关于网络游戏发展和管理的若干意见》,提出支持网络游戏产业的发展,保证内容健康积极,具有民族独创性,具有中国特色并具有国际影响力的民族品牌。

2009年9月,国务院办公厅发布了《文化产业振兴规划》,明确动漫游戏企业将是文化创意产业的发展对象之一,对具有民族特色的网络游戏等产品和服务的出口业务加强扶持。

2009年9月,国家新闻出版总署发布《关于贯彻落实国务院〈"三定"规定〉和中央编办有关解释,进一步加强网络游戏前置审批和进口网络游戏审批管理的通知》(新出联[2009]13号),明确网络游戏的出版须严格履行前置审批,禁止外商以任何形式包括但不限于独资、合资、合作等方式在中国境内投资、控制或参与任何网络游戏运营服务。

2009年11月,文化部发布《关于改进和加强网络游戏内容管理工作的通知》,强调对网络游戏经营单位的监管制度,包括自我约束、强化社会监管与行业自律三方面。

2010年8月,文化部发布《网络游戏管理暂行办法》,首次对网络游戏的内容、市场主体、经营活动、运营活动和法律责任做出明确规定,明确从事网络游戏活动的基本原则,使用范围及"网络游戏""网络游戏上网运营""网络游戏虚拟货币"等概念。同时对网络游戏内容管理、未成年人保护、经营行为、虚拟货币等有关网络游戏市场的热点话题做出了明确的制度安排。

2016年2月,国家新闻出版广电总局和工信部发布《网络出版服务管理规定》(2016年3月10日起施行),规定从事网络出版服务,须依法经出版行政主管部门批准,取得网络出版服务许可证。2016年5月24日,国家新闻出版广电总局发布《关于移动游戏出版服务管理的通知》(新广出办发[2016]44号),规定游戏出版者负有审核移动游戏内容、申领游戏出版号、向省级出版行政主管部门申请等责任。并且自2016年7月1日起,移动游戏出版须经过国家新闻出版广电总局批准。

目前,游戏产业注重监管,从事游戏产业运营活动须事前审批,游戏产业整体属于强监管的领域。中国网络游戏虽然已经经历了十几年的发展,但是创新力仍显不足。因此,中国政府一直在鼓励中国企业自主研发,创造出具有中国特色的产业与服务。

第二节 游戏制作

游戏制作是指从游戏创意到成为商业产品的全过程。由于游戏的类型和规模不同,游戏制作所需的人员和时间有所不同。根据游戏容量的大小确定参与制作的人员结构,既要在给定的时间内完成任务,又要保障在整个制作过程中人员得以充分利用。在不同的游戏类型中,各环节的制作人员不同,如角色扮演类游戏中美术和文字工作量较大,应该在美术与文字方面增加人员,战略类游戏美术工作量相对较小,但数据量较大,且结构复杂,调整困难,应多安排人员协助策划做数据设定方面的工作。

一、游戏制作

游戏制作流程主要包括前期的市场调研、游戏策划、游戏美术制作、程序开发、游戏测试和运营上市几大阶段。

(一)前期的市场调研

在充分了解公司现有的技术资源和技术能力基础上,通过市场调研,分析目标消费群体,召开会议,讨论并确定游戏风格,确定基本玩法玩点、故事背景。

市场调研包括对现有游戏作品的调研、对用户需求的调研和对游戏产品时效性的调研。从对现有游戏作品的调研中了解目前游戏作品的类型,避免新作品有"跟风"之嫌,寻求新的吸引眼球点。从对用户需求的调研中了解玩家的需求及游戏心理,从而使策划人员进一步了解当下玩家的兴趣点和游戏动机,避免制作的盲目性。游戏产品的制作时长最短三五月、最长达一至两年,但游戏的销售期相对较短,尤其是在游戏更新换代速度飞快的今天,开发一个新游戏之前需要考虑新游戏的上市时间,根据已掌握的信息判断新游戏上市时是否会受到其他游戏的冲击,用户的偏好是否会因为技术的更新、新作品的上市而转移等问题。

游戏开发过程处于动态变化中,因此在前期调研的基础上应当首先制定工作计划,以应对变化。工作计划的主要内容包括确定游戏框架;拟定剧本;提出游戏元素并分析;预计开发周期;提出开发小组人员的构成名单;工作量预计;资金预算;分析宣传方法;可行性分析报告等。

(二)游戏策划

游戏策划是游戏制作的灵魂,也分执行策划、数据策划、表现策划、资源策划等。与电视编剧和导演类似,游戏策划设计游戏的背景故事、世界观、大陆布局、规则玩法、剧情对白、游戏人物等。游戏策划是游戏行业非常稀缺的人才,一款好的游戏不光是商业上的成功,更应紧跟潮流,尊重用户体验。

(三)游戏美术制作

游戏策划文档分为技术设计文档、背景艺术文档和商业计划文档。背景技术文档指导美术资源制作,包括原画设计、模型贴图、角色动画、特效制作。美术团队主要负责整个游戏的视觉风格以及人物模型动作等的设计。美术团队负责人根据策划要求的风格制订美术上的制作规则,包括游戏风格的整体描述,并根据这一描述招收适合的美术成员。

1. 游戏原画设定

游戏原画特指以游戏的内容进行计算机二维创作绘画或手绘制作,并以绘制的设计图为基础在后期工序中用三维软件创建虚拟实体化,在经过编程人员的努力后,最终成为游戏的一部分。将原画引入动画制作流程的人是日本漫画之父手冢治虫。游戏原画设定环节起着重要的作用,游戏中的人物形象、场景设计出自原画之手,原画的设定必须符合游戏的世界观。游戏原画分为场景原画、设定原画、CG 封面原画。场景原画是指按游戏文本设定场景内容或自我拟定创作内容,以作者对叙述内容的理解,创作出的游戏场景;设定原画是指游戏文本设定内容或个人对人物、装备或饰品、武器、补给品、动物(怪物)、植物、机器拟定想法,以游戏文本内容或自我创作对特定事物进行发挥创作绘画;CG 封面原画指以游戏文本或以原画的设定绘制封面,一般在游戏中会作为过场画面或游戏宣传封面。

2. 游戏的模型及贴图制作

设定原画之后,开始建模过程。模型师按照原画设定的风格,运用 3D 制作技术为游戏中的角色和场景建立模型,游戏的建模过程大体如下:(1)建立模型;(2)UV 展开;(3)绘制贴图;(4)骨骼动画。根据游戏类型不同(如网游与网页游戏),模型贴图的制作工艺要求和流程也有所不同。

3. 游戏角色动画

游戏角色动画又称为3D动画,是计算机游戏中伴随着软件和硬件的发展而产生的一种新兴技术。[①] 与传统意义的动画相比,游戏动画更依赖计算机软件。游戏动画设计师通过三维绘图软件根据游戏原画、角色模型及设定好的模型运动轨迹赋予游戏中的人物、怪物以及水流等逼真的形象,让玩家仿佛置身游戏中。

4. 游戏特效制作

游戏角色在打斗过程中呈现出的绚烂的视觉效果,便是游戏特效师的工作成果:他们从分镜设计、切片动画、特效、贴图制作、粒子特效制作到后期合成,将自己的设计思想融汇其中。

(四)程序开发

策划文档中的技术设计文档将运用于程序开发,该阶段包括图形引擎、声音引擎、物理引擎、游戏引擎、人工智能或游戏逻辑开发、游戏GUI界面(菜单)、游戏开发工具、支持局域网对战的网络引擎开发、支持互联网对战的网络引擎开发。程序开发人员是团队的骨干,主要负责确定程序的数据结构,确定策划方案的完成方法,将策划提出的各种需求用程序来实现,并为游戏开发过程提供良好的编辑工具。

(1)图形引擎。主要包含游戏中的场景(室内或室外)管理与渲染,角色的动作管理绘制,特效管理与渲染[粒子系统,自然模拟(如水纹、植物等模拟)],光照和材质处理,LOD(Level Object Detail)管理等,还有图形数据转换工具开发,这些工具主要用于把美工用DCC软件(如3DS Max,Maya,Soft XSI,Soft Image3D等)制作的模型和动作数据以及用Photoshop或Painter等工具制作的贴图,转化成游戏程序中的资源文件。

(2)声音引擎。主要包含音效、语音、背景音乐的播放。音效在游戏中频繁播放,且播放时间较短,但要求能及时且无延迟地播放。语音是指游戏中的语音或人声,这部分对声音品质要求较高,基本上用比较高的采样率录制和回放声音,但和音效一样要求能及时无延迟地播放。音效有时因为内存容量的问题,在不影响效果的前提下可能会降低采样率,但语音由于降低采样率对效果影响比较大,因此一般语音不采用降低采样率的做法。背景音乐是指游戏中一长段循环播放(也有不循环,只播放一次)的背景音乐,正是由于背景音乐的这种特性,一般游戏的背景音乐是读盘(光盘或硬盘)来播放。

---

① 孙豪:《夯实游戏角色动画基础知识,掌握常用技巧(上)——评〈游戏角色动画设计〉》,《中国教育学刊》2017年第11期,第118页。

(3)物理引擎。主要包含游戏世界中的物体之间、物体和场景之间发生碰撞后的力学模拟,以及发生碰撞后的物体骨骼运动的力学模拟。

(4)游戏引擎。主要是把图形引擎、声音引擎、物理引擎整合起来,针对某个游戏制作一个游戏系统,其包含游戏关卡编辑器,主要用途是可以可视化地调整场景,调整光照和雾化等效果,此外还可进行事件设置、道具摆放、NPC 设置,另外还有角色编辑器,主要用于编辑角色的属性和检查动作数据的正确性。

(5)人工智能和游戏逻辑开发。以日本为例,日本游戏公司一般通过一些语言的宏功能和编译器的特定功能来完成一个简单的脚本系统,所以一般这些脚本程序只能在游戏程序中调试,而不能在一个单独的脚本编辑和编译环境中开发。

(6)游戏 GUI 界面(菜单)。主要指游戏中用户界面设计,如 2D、3D 界面。

(7)游戏开发工具。主要包含关卡编辑器、角色编辑器、资源打包管理、DCC 软件的插件工具等开发。

(8)支持局域网对战的网络引擎开发。主要解决局域网网络发包和延迟处理,通信同步的问题,有同步通信和异步通信两种做法:异步通信用于那些对运行帧速要求比较高的游戏,同步通信相对异步通信来说效率相对较低,但同步通信的编程模型相对异步通信简单一些。

(9)支持互联网对战的网络引擎开发。大部分网游都是 C/S 结构的,另外还有一些网络系统是 C/S 和 P2P 两种结构混合的,如 XBOX Live 等。

(五)游戏测试和运营上市

测试发布流程主要包括两次大型正规的测试:Alpha 测试、Beta 测试。

Alpha 测试意味着游戏的功能和流程完整,QA 团队的测试主管会为游戏制定测试计划。测试员通过 bug 数据库提交游戏中的错误,开发团队会修正那些与他们工作相关的 bug。

Beta 测试意味着游戏中的资源已完成,产品已定型,开发团队只是修正 bug 而已。主要会产生四类 bug:A 类,导致游戏中断,游戏不能发行。B 类,引起许多玩家的挫败感,包括游戏玩法上的问题,如角色穿过其他模型。C 类:图形问题。D 类:改进意见。

二、游戏制作人的工作内容

游戏制作从广义上讲是指整个游戏制作过程,其中包括多个部门的人员配备。除以上提到的策划、美术、程序部门外,还有一个主要的角色,即制作人,其工作范围为进行游戏的外部统筹、市场调研、游戏开发进度、游戏版权、游戏宣传、游戏发布及音乐音效素材的管理等,在整个游戏制作过程中起到主导和保障作用。

对于游戏制作人来说,每个游戏从产生要消亡要经历各个阶段,以下是普遍适用的典型范例,但并不是每个游戏都要经历所有的时期。

(1)概念时期:即整个游戏概念的确定。要做什么样的游戏,主题线索是什么。

(2)原型开发时期:这一时期要制作游戏的原型,用来体验游戏的设计概念,从而纠正和改善不足之处。

(3)推广时期:此时是游戏开发方向出版方推广产品,向投资方展示游戏的设计概念、主要卖点、产品如何适应市场的需求、产品开发的可行性及具体的实现方案。

(4)准备时期:这一时期主要处理游戏项目所涉及的商务及法律方面的事务,比如游戏专利、剧本版权、品牌商标等,从而组织开发团队制作大致的方案,确定游戏开发所需要的工具及其他细节问题。

(5)制作时期:这一时期是游戏制作的主体时期,完成 3D 模型的制作、场景制作、过场动画、画面渲染及音效录制等,游戏引擎和资源在此时期将被完全整合到一起。

(6)质量保证时期:这一时期是游戏的 QA 或测试时期,主要用来保证游戏的各项功能是否完好,从而发现和修复各种 bug 和错误。

(7)母盘生成时期:这一时期是将游戏存盘交由平台厂商测试检测的时期,每个平台厂商的测试标准不尽相同,这个时期中也需要不断测试改进游戏,修复 bug,准备市场投放。

(8)运营维护时期:这一时期是游戏发布后持续运营,在运营过程中发现问题,修复并更新升级的长期过程。

第三节　游戏产业的参与者

近年来,随着网络游戏产业发展迅猛,游戏产品和服务供给的各个环节逐步完善,产业链初步成形。网络游戏产业链的结构可以清晰地分为三个层次:网络游戏开发商、网络游戏运营商和网络游戏用户。一般将游戏开发商视为游戏产业的上游,将运营商视为中游,将游戏用户视为下游。产业链的上游手握知识产权,负责技术的研发,也是中国发展相对较薄弱的环节。

一、网络游戏产业链的参与者

网络游戏产业链参与者主要包括 IP 提供商、游戏研发商、游戏评测机构、游戏发行商、游戏运营商、游戏渠道商、代理运营商、电信资源提供商、支付商、相关外包服务商、游戏投资商等。

(1)IP 提供商是游戏产业链的上游企业,是游戏的灵感源泉。通常所见的游戏形式一般来源于动漫、动画、网络文学、电视剧等。在追求 IP 的当下，IP 提供商占据着重要的地位，在游戏研究开发、运营上线及推广过程中扮演着重要的角色。

(2)游戏研发商(content provider)，也称内容提供商，在游戏产业链中主要负责游戏服务器端、客户端等软件的开发工作，制定游戏的开发计划、统筹各种资源，包括策划、美术、编程等，完成网络游戏的初级开发。通常大部分游戏开发企业不具备自主开发的能力，需要借助 IP 提供商、相关外包服务提供商和投资者的配合，才能完成游戏研发过程。传统客户端研发商包括腾讯、网易、畅游、巨人、盛大等，新型手游研发商包括顽石互动、4399、飞鱼科技等。

(3)游戏评测机构，主要负责对游戏产品的各项技术数据进行综合分析，分析结果不仅为游戏开发商提供游戏改进的专业意见，也为游戏发行商、运营商和渠道商提供游戏品质的参考意见，从而为游戏的选择提供辅助性的判断。游戏评测机构通过对游戏的深入体验，搜集游戏中的各类数据，分析和研究游戏的整体品质，进而得出分析结果。这就要求游戏评测机构具备丰富的游戏行业经验，精准把握游戏市场趋势，建立专业、科学的评测体系。

(4)游戏发行商主要负责网络游戏的代理发行和推广。在游戏研发商开发完成游戏之后，需要委托具有发行、游戏推广经验的专门的游戏发行商负责游戏发行、市场营销和推广，实现游戏在各个平台、渠道上的推广和运营。知名游戏发行商包括昆仑、游族、掌趣、YY 等。

(5)游戏运营商是指拥有互联网游戏出版资质，通过取得其他游戏开发企业授权运营网络游戏，以出售游戏时间、游戏道具或相关服务为用户提供增值服务的企业。网络游戏出版运营商也可以一体化运作，同时承担网络游戏的开发和运营工作，其通过游戏内置广告(IGA)获得收入。

(6)游戏渠道商，通过依托自身推广渠道，向游戏消费者提供游戏产品的咨询介绍、下载链接或使用界面等，协助游戏研发商、运营商一同推广产品。主要推广渠道包括应用商店(如 App Store、Google Play 等)、手机厂商(如华为、小米等)、广告联盟、主流 App(如微信等)、门户网站(如新浪网等)、手机浏览器(如今日头条等)、搜索引擎(如百度等)、社交媒体(如微博等)和传统媒体(如电视、报纸、杂志等)。

(7)电信资源提供商和支付商，前者主要提供互联网接入和移动电话等基础电信业务，以及提供服务器托管、带宽租用、服务器租用等 IDC 服务，国内代表性企业如中国电信、中国移动、中国联通、世纪互联以及阿里云等；后者主要提供电子支付平台服务，为玩家在游戏中的消费提供充值窗口，主要包括各类网络银行、支付宝、微信支付等。除此之外，美术、研发外包服务商以及游戏投资商也通过提供外包服务以及股权投资参与互联网游戏产业链分工。

(8)相关外包服务商负责游戏运行的整体支撑和跨界合作,包括电信运营商、游戏录像、游戏社区、游戏主播、游戏会展等。

(9)游戏投资商是资本的来源方,从理论上说,游戏投资商会将资金投向游戏产业链的任何一个环节。根据调查显示,最近几年的趋势表明大部分资金投向游戏技术与游戏平台公司,而且投资金额主要被大宗交易占据,交易宗数基本保持平稳。知名投资机构包括红杉资本、网易传媒等。

二、网络游戏产业参与者的联系

(一)游戏运营商

在网络游戏产业链中,游戏运营商直接面对上游的研发商、下游的销售渠道和用户,是整个产业链价值体系的核心。从决定开始运营网络游戏,游戏运营商代理或直接买断运营游戏产品,联系技术集成与服务支持商,架设游戏服务器,向电信运营商申请网络带宽服务,开通一定带宽的游戏服务器的互联网接入;面向广大游戏玩家,或与软件分销商结盟,或直接开辟销售渠道,通过行之有效的发行、宣传和销售,吸引游戏用户参与消费。此外,网络游戏运营商与媒体出版业、零售渠道甚至网吧亦有直接的关联,游戏的发行需要媒体出版业参与包装和宣传,销售则需要直接跟分销商甚至网吧发生联系,同时,零售渠道和网吧也是网络游戏广告宣传的重要阵地。网络游戏运营商的经济活动直接影响该产业内其他行业,不仅是连接用户的唯一途径,同时也是各种利益集团通向用户的"路由器",在产业链上占据核心地位。

(二)游戏用户:产业利益增长点

从整个网络游戏产业链条的走向来看,不管产业链条如何复杂,整个链条中各个环节、各个渠道的最终指向,不论是直接还是间接,都是网络游戏用户,也是产业利益点所在。整个产业的收入来源是游戏用户的消费支出,是消费者可支配收入中用于支付精神消费的那一部分。在网络游戏的整个供应链中,只有客户玩家贡献的正现金流是整个产业链的价值源泉,其余都是分享价值、增加价值。不管是会员收费还是广告销售抑或合作分成,无论哪一种收入方式,其利益源头归根结底来自网络游戏用户。因而网络游戏产业发展的关键是在现有的网络游戏市场结构下,相关行业和企业如何通过针对消费者的产品策略、价格策略、营销策略等市场行为,发展游戏新用户,稳定既有消费群体,提高绩效。

(三)游戏产业链各环节存在上下游的相互关联和制约关系

在整个产业链中,各个参与者之间相互依赖、拉动和制约。如运营商要受制于上游游戏开发商提供的游戏产品,获得代理权并与之分享运营收入,同时又依赖下游的经销商的宣传、推广和销售。为获取竞争优势,实行一体化战略,如研发和运营的一体化战略，有助于整合产业链资源。

中国多数网络游戏企业都通过代理运营的商业模式进行运营管理，在更大比重上扮演运营商的角色，从网游开发商手中通过出资代理或版权分成等方式获得网络游戏的代理权，并依靠其市场销售能力和拓展运营能力迅速将代理的游戏推销给游戏用户以获取利益。这种运营方式限制企业战略的部署与获得利润的能力。虽然中国游戏产业发展迅速，很多国内知名的网游企业开始加大对研发的投入，走自主产权的道路，但相比于韩国、日本等国家，中国仍处于劣势。中国游戏产业作为一个发展不过十几年的新兴产业，面临着无数的风险和机遇。

第四节　游戏合同

随着信息技术的快速发展，网络游戏运营中出现越来越多复杂的法律问题，合同无疑是调整民事权利义务关系的一种有效形式。其中网络运营商与网络游戏玩家签署的网络游戏服务合同最为常见，也是游戏合同中最基本的形式。

一、网络游戏服务合同的性质

网络游戏服务合同是游戏运营商与玩家之间签署的一项协议，约定由运营商向玩家提供网络游戏服务，玩家支付费用的一种形式。

网络游戏服务合同从性质上说是一份典型的服务合同。当玩家首次进入某个游戏时，界面上会出现用户协议，一般在协议的下方都会有"同意"和"拒绝"两个按钮，当玩家点击"同意"按钮，视为合同成立，游戏运营商与玩家之间正式确定服务关系。根据服务合同，服务提供者的义务是为对方提供服务，权利是要求对方为此支付代价即服务费；服务接受者的义务是向对方支付服务费，其权利是要求对方提供服务。[1] 尽管不同游戏的用户协议条款可能不同，但大多为运营商保留限制玩家交易和修改合同条款的权利。

当玩家不断投入金钱和时间于游戏中时，与游戏运营商之间产生一系列的合同，既可能是购买道具、角色形成的买卖合同，也有可能是按照游戏设定，在完成一项任务之后，获取相应的虚拟物品而缔结的一份服务合同。

网络游戏服务合同从形式上一般表现为电子合同，以网络为载体，实现合同的订立到履行的全过程。同时也是一份格式合同，运营商面对的是数以万计的玩家，为重

---

[1] 梁慧星：《为中国民法典而奋斗》，法律出版社2002年版，第124页。

复使用而需要预先拟订合同条款,在玩家进入游戏之前通过点击按钮,同意合同的条款。游戏合同的条款是由网络运营商单方制定,玩家不能修改,这些合同对玩家的要求比较苛刻,为自身规定大量的免责条款。为保障玩家的合法权益,文化部根据《网络游戏管理暂行规定》,制定了《网络游戏服务格式化协议必备条款》,要求网络游戏运营企业提供的网络服务协议的条款须包括该必备条款,并且规定运营商中止或终止对玩家提供部分或全部服务的,应负举证责任。

最后,按照合同法中对有名合同还是无名合同的划分,网络游戏服务合同不属于合同法明文规定的15类合同,因而属于无名合同,当网络运营商与玩家之间发生争议时,在双方协议无约定时,法院需要根据民法总则的规定,参照合同法分则或者其他法律最相类似的规定处理。这种情形下赋予法官相当大的自由裁量权,考验法官对待公平的认知。

二、合同的成立与效力

(一)合同的成立

合同的成立是指合同当事人就合同的主要条款达成合意,合同成立与否属于事实判断问题。合同生效是指已经成立的合同在当事人之间产生一定的法律约束力,合同生效与否是法律价值判断的问题。

一般认为,网络运营商提供网络游戏服务合同视为一种要约,玩家在用户协议界面上点击"同意"按钮的行为被视为承诺,点击行为发生的时间为合同成立的时间,因此这类合同又被称为"点击合同"。合同成立的构成要件之一是合同的当事人就合同的条款协商一致,而运营者提供的格式合同文本通常由运营者自行拟订,没有与玩家协商这一环节,玩家也无法修改其中的任何条款,提供格式合同的一方可能是出于对自身利益的考量,尽可能承担较少的责任,从而对对方当事人的利益造成侵害。而且格式合同的文本呈现形式上,未尽到提请注意的义务,没有对需要提醒玩家注意的条款使用特殊标志,这都对合同的成立与否提出了质疑。

(二)合同的效力

网络游戏服务合同是一份格式合同,格式合同除去节省交易成本提高交易效力之外,不可避免地扩大了合同提供方的权利,限制合同签订方的权利,造成不公平的现象。判断格式合同的效力问题需要从以下几个方面分析。

(1)违反公平原则的条款。主要表现在合同条款中要求玩家全部承担对网络接入服务(ISP)和他人侵入的风险,对玩家因网络服务造成的损失和他人侵入造成的损失,运营商不做任何赔偿的规定,严重违反了公平原则的条款,法院可以直接依据公平原则认定该格式条款无效或变更该条款。

(2)提供格式条款一方免除其责任,加重对方责任的条款。如《传奇》用户协议规定"盛大网络对任何直接、间接、偶然、特殊及继起的损害不负责任",《传奇3》用户协议规定:"在适用法律所允许的最大范围内,即使我们有过错、侵权(包括过失)、违约或违反保证的情况下,我们也不就因您使用我们的服务引起的或在任何方面与我们的服务有关的任何意外的、非直接的、特殊的、或间接的损害赔偿(包括但不限于因人身伤害、因隐私泄漏、因未能履行包括诚信或合理谨慎在内的任何责任、因过失和因任何其他金钱上的损失或其他损失而造成的损害赔偿)承担赔偿责任。"此类条款明显免除运营商自身的责任,加重玩家的责任,属于无效条款。

(3)游戏合同中"我们保留对本协议的最终解释权"之类的规定,属于无效条款。在合同条款发生争议时,应当按照通常理解予以解释,如有两种以上解释的,应当做出不利于提供格式条款的一方(运营商)的解释。

三、合同的变更与终止

(一)合同的变更

合同的变更须经双方协商一致,单方改变合同的行为无效,游戏运营商在游戏合同中对于合同变更的规定,形式主要表现为:"本公司保留随时改变协议中某项条款的权利,您继续使用本游戏的行为,视为您接受改变后的条款。"当网络运营商修改合同条款时,玩家继续进行游戏的行为视为同意变更,停止游戏的行为视为解除合同,而且运营商一般在用户协议中约定"如有必要,本公司将变更内容以公告等形式公布于网站的重要页面上",运营商的做法符合合同法的规定。即使合同变更,但不应影响当事人要求赔偿的权利。

(二)合同的终止

合同终止,即合同的权利义务终止,网络游戏服务合同终止的原因主要是合同解除。网络游戏服务合同的双方都有权解除合同,玩家可以行使任意解除权,解除合同的方式可能是注销或转让账号,也有可能是放置不管。有些游戏运营商可能在用户协议中规定,玩家持续一段时间未登录游戏,运营商有权注销游戏账号。

游戏运营商解除合同的原因可能是因玩家违反游戏规则,而注销其账号。现实中使用外挂扰乱正常的游戏秩序的现象屡见不鲜,可触发游戏运营商的解除权。但在合同终止后,游戏运营商仍应对为玩家提供服务过程中掌握知晓的个人隐私保密。

四、违约责任

合同当事人不履行或不适当履行合同债务而依法承担的法律责任,违约责任的归责原则以无过错责任原则为主,过错责任原则和过错推定原则为补充的归责体系。

运营商对游戏数据的保管负有责任,对于游戏数据毁损、灭失的,运营商只有在证明自身无过错时才不承担责任,即适用过错推定责任。

(一)玩家的违约责任

玩家的违约行为主要表现为不遵守游戏规则,一是行为违反技术规则,包括使用外挂的游戏程序,攻击提供游戏服务的相关服务器、路由器、交换机及其他设备的行为;二是行为违反网络道德,在游戏中散播危害国家、集体利益的信息,侵害他人合法权益的,违背社会风俗、社会责任和互联网一般道德的行为。这种行为下,运营商有权要求玩家承担违约责任。

(二)运营商的违约责任

运营商的违法行为主要包括服务不符合质量的瑕疵给付和造成玩家人身或财产损失的加害给付行为。运营商承担的违约责任方式一般是继续履行和赔偿损失。继续履行主要适用于游戏数据毁损或灭失时,运营商给予修复或重做。运营商加害给付的情况下,可能会产生违约责任与侵权责任的竞合。当玩家的权益受损时,相较于侵权责任,玩家更愿意选择寻求违约责任救济。在网络服务合同中,运营方相对于玩家处于绝对优势的地位,玩家需承担的举证责任减少,只要玩家能够简单确认违约事实的存在,运营商应当补偿玩家损失,如恢复用户的游戏数据、归还用户密码等。此外,违约之诉在诉讼成本和时间上相对侵权之诉轻松。

第五节　游戏侵权

网络游戏产业是目前全球范围内发展最为迅速的娱乐产业,但在其迅速发展背后却潜藏着网络游戏企业无序竞争、侵犯知识产权、财产权、信息隐私权的行为日益猖獗的乱象,或将成为阻碍未来游戏产业发展的瓶颈。网络游戏法律保护和侵权预防机制亟待加强。

一、侵犯财产权

(一)虚拟财产与虚拟财产权

虚拟财产是指网络游戏中能为玩家所支配的游戏资源,主要包括游戏账号、游戏金币、虚拟装备等。虚拟财产的性质目前尚存一定争议,不过虚拟财产可作为法律上权利受到保护,即虚拟财产权。网络游戏中的虚拟财产是物权的客体,最初来源于中国台湾地区的司法实践,网络游戏中的用户账号、游戏设备和技能参数由代码体现并记录存储于网络游戏的服务器上,玩家在客观上对其具有支配可能性和管理可能性。

相较于传统财产,虚拟财产形式上具有虚拟性,虚拟财产在网络环境中存在,以电子数据形式表现;又具备价值性,是玩家投入时间、精力、金钱获取的,并且在游戏过程中,通过使用道具、技能能够帮助玩家获取精神满足。最后,虚拟财产具有交换价值,能够在现实生活中用货币兑换。

(二)侵犯虚拟财产权责任的归责原则

归责原则解决侵权责任的归属问题,确定侵权责任分类、构成要件、举证责任的负担和分配。中国侵权责任法构建的归责原则体系中包括过错责任原则、无过错责任原则、过错推定原则。

过错责任原则是判定侵权行为构成的重要条件,虚拟财产侵权责任应适用过错责任原则。适用无过错责任原则的情形,是指侵权行为的成立不以行为人的故意或者过失为要件,而是法律规定应当承担民事责任的,行为人按照法律的规定承担民事责任,受害人只需简单证明责任人行为与损害之间存在因果关系即可,侵权行为即告成立。无过错原则的适用有严格的规定,只有在法律明确规定的特殊情况下才可适用,如高度危险行为等。虚拟财产侵权行为本质上是侵犯财产权利,不涉及法律规定的特殊情形,因此不适用于无过错责任原则。

对于虚拟财产侵权中的一种类型,网络运营商侵犯玩家虚拟财产权适用过错推定原则,即举证责任倒置。在侵权发生后,首先从损害的事实推定网络运营商有过错,如果运营商不能证明自己没有过错,就必须承担侵权责任,正当性在于:(1)运营商与玩家地位相比较,玩家处于弱势地位。虚拟财产具有强烈的技术依赖性,虚拟财产保存于网络运营商的服务器上,运营商提供避免虚拟财产损害的方法,这就导致运营商对玩家的虚拟财产处于掌控地位,侵犯的可能性越大。(2)当玩家虚拟财产被损害时,玩家的举证能力有限。当侵权事实发生后,基于网络技术的专业性,网络运营商的系统存在漏洞被利用,玩家的虚拟财产被盗取,或者网络运营商的操作人员操作存在失误,玩家自身无力证明,而且网络运营商出于自身考虑,不愿提供相关资料和记录供玩家查阅举证,调查举证成本过高,都将限制玩家的举证能力。(3)出于对风险收益一致性原则的考量,网络运营商通过游戏运营活动获取收益,应当保障玩家的权益。虚拟财产侵权案件通过网络技术手段达成,网络运营商在网络技术上处于优势地位,有责任并有能力控制并降低网络运作风险,保证网络运行安全。

(三)虚拟财产侵权责任之构成要件

从侵权的违法行为、损害事实、因果关系、主观过错四要件分析侵犯虚拟财产的侵权责任。

1. 违法行为

违法行为是指侵犯他人权利或合法权益的加害行为本身,无行为,无侵权责任。

关于行为的违法性,德国法律检验违法性有三个法定标准:违反法定义务、违反保护他人的法律和故意违背善良风俗加害于他人。违法行为的客观表现方式分为作为和不作为。作为义务来源于法律的直接规定,或来自业务或职务上的要求,或来自行为人先前的行为;不作为违法是指当事人未履行法定的义务。虚拟财产侵权行为既包括作为,也包括不作为。

(1)虚拟财产行为的违法性

侵害虚拟财产行为的违法性判断依据主要来自:第一,违反法律对公民财产权利的保护。《宪法》第13条规定,国家保护公民的合法收入、储蓄、房屋和其他合法财产的所有权。侵权责任法中规定网络用户、网络服务提供者利用网络侵害他人民事权益的,应当承担侵权责任。同时规定网络运营商在知道侵权人利用网络服务侵权后应采取必要措施的义务,并规定了网络服务被利用侵害虚拟财产时采取必要措施的义务。第二,违反维护网络空间秩序和网络环境安全的法律法规。2009年颁布的《文化部、商务部关于加强网络游戏虚拟货币管理工作的通知》,2000年9月20日国务院公布施行的《互联网信息服务管理办法》,2017年6月1日起施行的《中华人民共和国网络安全法》均规定计算机网络安全、社会公共利益,保护公民、法人和其他组织的合法权益。第三,网络运营商应承担的义务。网络运营商应向玩家提供符合数据完整的虚拟财产,保障玩家的虚拟财产权安全,不得随意删除和更改玩家的虚拟财产数据,应该提供符合正常标准的网络安全环境等。

(2)虚拟财产违法行为之类型

根据实际情况,侵犯虚拟财产的违法行为大致分为:

第一,盗窃虚拟财产的行为。行为人在虚拟财产所有者不知情的情况下,通过技术手段或其他非技术手段秘密地获取他人的网络游戏账号、密码、游戏道具等电子数据的行为,从而达到非法占有他人的网络虚拟财产的目的。技术手段主要表现为利用黑客技术手段入侵网络服务运营商所开发应用程序服务器直接窃取服务器内储存的虚拟财产,或者利用外挂手段或木马程序盗取玩家网络账号、密码,通过钓鱼链接、外挂工具等手段欺骗被害人输入个人账号和密码,行为人利用工具抓取被害人的账号和密码,从而进入被害人的账号,进而盗取账号内游戏金币和装备等。非技术手段主要表现为行为人从其他人处购买大量账号和密码,进而登录被害人账号,进而盗取账号内虚拟财产。

第二,虚拟财产交易中的欺诈行为。行为人以非法占有为目的,利用网络手段或网络技术,采取虚构事实或欺瞒事实真相的欺诈方式,骗取他人虚拟财产,情节严重的行为。如履行支付的虚拟财产与承诺的不符,或者一方支付价款后另一方拒绝交付虚拟财产。

第三,网络运营商利用其优势地位实施侵害玩家虚拟财产的行为。网络运营商为网络游戏服务的提供者,在与玩家的合同关系中处于优势地位,网络游戏运营者拥有游戏规则的制定权,对其认为违反网络游戏服务合同的用户实施封号或删除数据行为,严重损害玩家合法的权益;如果游戏运营商单方面非正常地改变网络游戏规则,造成虚拟财产价值的严重缩水,又没有对玩家进行合理补偿,有可能会侵犯玩家的权益。网络运营商负有合理的注意义务,保障网络环境的安全,保障虚拟财产安全,如未尽到合理注意义务,应该对玩家的损失承担相应的责任。

2. 损害事实

侵权行为的成立必须以发生现实的损害为前提。损害事实是侵权责任构成要件之一,指一定的行为导致权利主体的人身权利、财产权利以及相关利益受到侵害,并造成财产利益和非财产利益的减少或灭失的客观事实。

(1)虚拟财产损失事实的类型

作为物权性权利,财产权利受到损害的方式包括非法侵入、妨害、侵占、毁损等,其中非法侵入与妨害适用于对土地等不动产的侵害。① 虚拟财产作为一项新型物权性权利,造成虚拟财产损害的损害事实大致包括:

第一,虚拟财产权受到侵占。侵占是侵害财产权利的严重行为,行为人非法地将他人的财产当作自己的财产进行占有和处分;或指没有合法根据而侵犯他人动产权利,并导致剥夺了财产权利人对动产之占有和使用的一个或者一系列的行为,具体到侵占虚拟财产的行为,主要分为直接侵占、间接侵占、对他人所有或合法占有的虚拟财产的不法处分。最常见的侵害虚拟财产的方式主要是盗取网络游戏中的账号和密码,或者盗取账号里的虚拟财产。侵权行为人通过黑客、欺骗等手段,非法获得网络用户账号与密码,或者直接利用网络游戏的技术漏洞进入游戏核心程序修改游戏数据,非法占有用户的虚拟财产或盗窃网络运营商的虚拟财产,对其经济利益造成损害。其结果是用户所有的或网络运营商所有的虚拟财产与所有权人分离,合法用户无法支配虚拟财产。

第二,虚拟财产的毁损、灭失。这是一种虚拟财产价值减损的状态,相较于虚拟财产直接被侵占,其更具有隐蔽性。造成虚拟财产毁损、灭失的方式包括虚拟财产的电磁记录直接被删除;用户的账号被停止使用;由于不合理的原因导致虚拟财产的价值贬值;使用病毒修改虚拟财产的电磁记录;植入病毒修改生成虚拟财产的核心程序,生成计划外的虚拟财产等。

第三,虚拟财产权的行使被妨害或侵扰。妨害是指以非占有的方法对他人权利的

---

① 张新宝:《中国侵权行为法》,中国社会科学出版社1998年版,第221页。

完整拥有、行使或享用造成的干扰或侵扰。对虚拟财产权行使的妨害一般以对于网络系统的侵扰、对于网络安全的破坏为主，网络系统保障游戏运行，网络安全有助于虚拟财产权的行使。此外还包括侵权人对虚拟空间的侵扰，如发送垃圾邮件对电子邮箱空间的侵扰。

第四，虚拟财产处于危险状态。侵权人的行为使被害人的动产、不动产处于危险状态，虽然尚未造成损害，但是危害很可能发生，无疑会增加社会的不安全状态和危险性。虚拟财产处在危险状态的主要原因是网络安全受到威胁，可能遭受各种网络攻击。网络上传播的计算机病毒对虚拟财产是巨大的威胁，病毒可以造成虚拟财产的数据被修改、复制，或造成虚拟世界网络系统面临攻击和瘫痪。

（2）虚拟财产损害事实的特征

第一，损害事实的严重性，主要是由于网络运营商所处的技术优势。不同于现实生活，加害人对于财产权利的侵犯可能受到受害人的反抗和自力救济，而在虚拟世界，玩家发现财产权利受到网络运营商侵害，采取的救济方法只有协商与起诉，而且诉讼成本较高限制玩家寻求权利救济的动力。

第二，损害事实的多样性。在网络游戏世界里，受损害的虚拟财产可能是积分、排名、军团、虚拟货币、装备等，甚至是由于运营商擅自改动游戏计分标准，导致游戏货币的严重贬值等。

第三，虚拟财产损害事实的不确定性，主要取决于虚拟财产的技术性特征。只有运营商能够根据服务器记录辨别出虚拟财产是否是服务器合法生成的，而在玩家眼中，虚拟财产受到损害的情况不容易识别。

第四，损害事实取证的复杂性。虚拟财产是以电磁记录的形式存在，技术专业性强；而且电磁记录易于修改、复制和删除，并且电磁记录的伪造和修改难以被发现和鉴别，所以网络信息的记录很容易失去其原始性而受到有效性质疑。网络运营商保管着电磁记录，对于玩家而言，虚拟财产损害事实取证困难。

3. 因果关系

因果关系是指侵权行为作为原因，损害事实作为结果，二者之间存在前者引起后者、后者被前者引起的客观联系。

虚拟财产侵权的表现主要有：(1)第三方与网络运营商作为侵权；(2)第三方作为侵权，网络运营商不作为侵权。又分为网络运营商知晓第三方侵害行为，没有采取必要措施的情形，对损害的扩大部分与该网络玩家承担连带责任；还有网络运营商并不知晓侵权行为的发生，但是没有尽到安全保障义务的不作为行为也在一定程度上导致了损害结果的发生。

第三方与网络运营商作为侵权，损害事实与结果之间的因果关系十分明确，但对

于网络运营商不作为从而导致玩家虚拟财产受到侵害的情形,因果关系具有以下几个特点:

第一,网络运营商的不作为必须与第三方的作为相结合。在作为侵权的因果关系中,引起损害后果发生的原因都直接出自原因即作为行为本身。在一些不作为侵权中,不作为可能是损害结果产生的唯一原因,如遗弃行为。① 虽然不能证明网络运营商的不作为是造成损害结果产生的唯一原因,但在网络运营商不作为侵权的因果关系中,如果没有第三方的作为,网络运营商没尽到安全保障义务不可能被显现出来。而且随着网络的复杂化,对网络运营商的安全保障义务提出更高的要求,尽管如此,引起侵权结果的直接诱因是第三方的作为侵权行为。

第二,网络运营商不作为的原因是防果型因果关系。防果型因果关系是指引起损害后果发生的主要根据不是存在于不作为中,而是存在于其他原因之中,但作为义务承担者的作为可以破坏这种根据,不作为则可以巩固和增强这种根据的因果关系。② 网络运营商没有尽到安全保障义务的不作为侵权是典型的防果型因果关系。

4. 主观过错

民法上将过错划定为一般过失、重大过失、故意,过错程度的大小是划定的标准。虚拟财产侵权责任按照侵权行为人类型划分为两类:一类是第三方作为虚拟财产侵权责任人,另一类则是网络运营商作为侵权责任人。第三方作为侵权行为人的过错显然是故意侵权,第三方为了获得经济利益,从事损害玩家虚拟财产的行为。对于网络运营商作为侵权行为人,不排除有些运营商主观恶意地损害玩家的权益,但大多数情况下是因为过失造成的。

网络运营商承担责任主要基于负有安全保障义务。根据侵权责任法规定,"当网络运营商接到受害用户通知后未及时采取必要措施的,对损害的扩大部分与该网络用户承担连带责任。网络服务提供者知道网络用户利用其网络服务侵害他人民事权益,未采取必要措施的,与该网络用户承担连带责任"。在网络游戏中,玩家在设定的环境下活动,活动的自主程度受环境设定的限制,而游戏经营者掌握服务器运行,了解玩家活动情况,并可控制服务器数据,因此要求其对玩家承担更严格的安全保障义务。

(四) 网络虚拟财产侵权责任的承担方式

侵权责任法规定民事责任的承担方式包括停止侵害、排除妨碍、消除危险、返还财产、恢复原状、赔偿损失、赔礼道歉、消除影响、恢复名誉等。侵害财产权的民事责任承担方式通常包括返还财产、恢复原状、赔偿损失等,这同样也适用于虚拟财产侵权责

---

① 李小华、王曙光:《论侵权法上不作为的因果关系》,《法学杂志》2008 年第 5 期,第 108 页。
② 同上。

任。

虚拟财产主要是以电子数据的形式存在,当虚拟财产发生毁损、灭失时,基本上可以通过技术手段修复,并且恢复后完全可以实现和原来一样的物理特性和功能。所以返还财产和恢复原状在虚拟财产的案件中得到较广泛的使用。当虚拟财产发生损失,并且通过技术手段无法修复时,可以对其损失赔偿,对于赔偿的金额和价值的评估标准主要做法有:第一,根据网络运营商的官方价格;第二,根据用户在第三方平台离线交易价格;第三,用户投入的成本价格。以上做法难免因为太过片面,只适用某些虚拟财产的评估,不能形成通用的做法。鉴定价格时应多方面考虑虚拟财产价值,主要以当时市场价格为参考对象,以网络运营商的出售价格和用户投入的劳动时间作为参考。

二、侵犯著作权

(一)私服、外挂的概念及表现形式

"私服""外挂"违法行为是指未经许可或授权,破坏合法出版、他人享有著作权的互联网游戏作品的技术保护措施、修改作品数据、私自架设服务器、制作游戏充值卡(点卡),运营或挂接运营合法出版、他人享有著作权的互联网游戏作品,从而谋取利益、侵害他人利益。[1]

私设服务器,简称私服,是指未经版权拥有者授权,以不正当手段获得游戏服务器端安装程序、游戏源代码之后设立的网络服务器,属于网络盗版的一种。[2] 认定"私服"侵权的案件中,一般采用"接入处理标准",只要程序上能对客户端程序介入并且可以对客户端的数据加以处理,并且行为人主观上存在故意,即可认定私服程序的制作者构成侵权。

外挂程序的表现形式为独立于游戏软件,能够在游戏运行的同时影响游戏操作,包括但不限于模拟键盘鼠标操作、改变操作环境、修改数据等一切类型。外挂程序侵犯了著作权人财产权,违反玩家与游戏运营商之间的网络游戏服务合同,玩家使用外挂程序,运营商有权解除服务合同,删除玩家的注册资料、游戏资料、冻结账号等。

(二)经营"私服""外挂"构成侵权著作权罪与非法经营罪竞合

根据《关于开展对"私服""外挂"专项治理的通知》和文化部、信息产业部《关于网络游戏发展和管理的若干意见》的有关规定,经营"私服"属于未经许可,擅自从事互联网出版活动的非法经营行为,不仅侵犯著作权人、出版商及游戏消费者的合法权益,而

---

[1] 新闻出版总署、信息产业部、国家工商总局、国家版权局:《关于开展对"私服""外挂"专项治理的通知》,2003年12月18日。

[2] 秦成德、陈静:《网络游戏中的法律问题研究》,《西安邮电学院学报》2009年第2期,第18页。

且也扰乱互联网游戏出版行业经营的正常秩序。依据《刑法》第225条第4款及最高人民法院《关于审理非法出版物刑事案件具体应用法律若干问题的解释》第15条的规定,非法从事出版物的出版、印刷、复制、发行业务,严重扰乱市场秩序,情节特别严重,构成犯罪的,可以非法经营罪定罪处罚。而在《关于办理侵犯知识产权刑事案件适用法律若干问题的意见》第12条规定:"非法出版、复制、发行他人作品,侵犯著作权构成犯罪的,按照侵犯著作权罪定罪处罚,不认定为非法经营罪等其他犯罪。"网络游戏"私服"行为应当以侵犯著作权罪定罪处罚,明确排除了非法经营罪的适用。从刑法罪名体系上看,侵犯著作权罪、非法经营罪两者构成特别法与一般法的法条竞合关系,应当优先适用特别法的规定。在冯鹏、陈立新以非法途径复制《热血传奇》游戏软件的源代码并修改且提供给玩家使用一案中,其行为侵犯软件著作权人的复制权和修改权,同时被告人冯鹏等人通过游戏"私服"非法获利数额巨大,又符合非法经营罪的构成要件,属于法条竞合,最终法院认定被告人犯侵犯著作权罪,给予刑事处罚。[①]

三、侵犯信息隐私权

网络游戏玩家在参与各种游戏活动中,往往会把涉及个人私密的信息透露给网络游戏运营商,网络游戏运营商通过技术手段也可以获取大量游戏玩家的私人信息。这些私人信息一旦被泄露,并迅速、广泛地传播,就会使得游戏玩家的隐私权保障面临着极大的挑战。游戏玩家的隐私权关系到其基本的人格利益和财产利益,因为游戏玩家的个人信息一旦被泄露,不法分子利用这些个人信息将能够成功锁定现实世界中任何角落的游戏玩家,这不仅损害到游戏玩家的人格利益,更有可能危及其人身与财产安全。

(一)表现形式

网络游戏运营商侵害游戏玩家隐私权的行为主要表现为不当收集、利用和披露游戏玩家的个人信息,窃听、窃取玩家网络交流内容等。

(二)网络游戏玩家隐私权保护的立法现状

《侵权责任法》第2条及第36条正式明确了隐私权的存在,对网络隐私权的保护也有了明确、直接的法律依据。2012年12月28日,全国人民代表大会常务委员会通过了《全国人民代表大会常务委员会关于加强网络信息保护的决定》,规定公民对泄露个人身份、散布个人隐私的有权要求网络服务提供者删除。2014年6月23日,最高人民法院通过的《关于审理利用信息网络侵害人身权益民事纠纷案件适用法律若干问题的规定》,针对审判实践中存在的一系列问题做出了有针对性的规定,如对避风港规

[①] 参见中国裁判文书网,冯鹏等侵犯著作权罪一审刑事判决书(2013)鄂汉川刑初字第00381号。

则的适用可采用书面形式和网络服务提供者公示的方式通知被侵权人，为正确审理利用信息网络侵害网络游戏隐私权民事纠纷案件提供了明确的法律依据。

第六节　游戏产业的新问题

中国网络游戏产业经历了飞速发展，不断吸引产业潜在用户群体，但是用户群体的发掘潜力并非无限，在经历高速增长之后，产业用户群体总量趋于稳定，游戏产品从吸引潜在用户变成刺激用户的潜在需求。游戏产业快速发展的背后也暴露了行业粗放式发展带来的乱象：比如产品结构单一、价值观的偏差和未成年人保护不到位等，游戏行业亟须改变内容和功能，从而推动行业转型升级和可持续发展。

一、游戏产业发展的瓶颈与困境

（一）游戏产品的同质化

近年来，受中国人口红利、IP红利、流量红利逐渐消耗等因素的影响，游戏市场收入增速已经逐渐由高速增长转向平缓增长的轨道。在这个过程中，国内游戏企业竞争压力加大，游戏产品同质化严重。随着游戏产业渐趋成熟，吸引了众多投资者参与其中，出现了短线生产、短期牟利的发展格局。由于投机主义的兴起，在游戏研发与运营上出现了游戏行业缺乏"好游戏"、游戏产品同质化严重的现象。其结果是某种热门游戏类型出现爆发性增长，盈利能力较强，于是便有不少的游戏企业跟风仿制，这一现象带来的后果便是热门领域产品饱和，出现过度竞争的状况，产品死亡率高，导致创业团队成功率降低，产品同质化加重，进一步也会造成行业资源的浪费，不利于游戏的创新以及细分市场的开拓。

版权保护意识淡薄，也是出现同质化、模仿，甚至抄袭等现象的主要原因之一。近年来，国内游戏厂商因涉嫌版权侵权的案件层出不穷，2014年暴雪网易起诉《卧龙传说》使用与《炉石传说》相同的游戏规则、游戏表示和界面，整体抄袭《炉石传说》，最终胜诉；2016年腾讯一口气起诉了14家公司的9款游戏，原因是涉嫌侵权《英雄联盟》。综观被起诉的游戏，游戏厂商未通过自己合法的智力劳动参与游戏行业竞争，而是通过不正当的抄袭手段将他人的智力成果据为己有，以此推广游戏的卖点，其行为背离了平等、公平、诚实信用的原则和公认的商业道德，超出了游戏行业竞争者之间正当的借鉴和模仿，具备了不正当竞争的色彩。

（二）资本集中造成过高的行业进入壁垒

传统游戏市场已经进入"红海"阶段，市场竞争属于高强度竞争，竞争过度激烈，而且竞争方式过于单一。游戏产业链运营商进入门槛过高,创业企业将多以开发商形式进入产业链,而且创业企业几乎以一种主要游戏产品为核心,在小范围内自行运营,自负盈亏,既有来自现有产业竞争者的威胁,又有来自上游供应商和下游购买者讨价还价能力的制约,形势十分严峻。

在游戏产业内部竞争中,几家游戏巨头处于垄断地位。2016年腾讯和网易一共拿下国内68.5%的手游市场份额,中国手游市场进入双寡头时代。寡头面临营收增长的压力,在国内市场保持持续快速增长态势只会越来越难,同时在全球扩张的需求也会越来越强烈,寡头在国内市场的垄断会造成很多中小游戏企业选择出海。游戏出海的起因是中国游戏市场趋于饱和,全球市场还有很大的增长空间,在游戏出海的过程中,由于缺乏海外市场经验,信息匮乏,缺少实际交流的机会,制约企业进一步"走出去"。加之近年来中国政府加强海外投资审查和监管力度,使得出海计划受限。

(三)其他问题

游戏对青少年而言是一把"双刃剑",其在给网民带来更多娱乐选择的同时,也导致一些青少年过分沉迷游戏,从而影响正常工作、学习和生活。不仅如此,还很容易导致他们混淆虚拟世界和现实世界,不能实现其在现实社会和网络社会两个不同的生活世界中的角色转换,从而造成现实生活中思想和行为的错位,长期处于虚拟世界的他们很容易抑郁、敏感,甚至产生厌学和暴力倾向。

游戏产业开发推广过程中经常出现涉黄、涉暴及过分虚构历史等乱象。电子游戏具有互动性、同步性、可重复性与直接强化等特性,相较于影视,涉黄、涉暴及过分虚构历史的电子游戏对青少年的负面影响可能更大。

二、游戏产业健康发展的改善建议

游戏产业的健康发展一方面需要通过加大人才培养、注重产权保护等措施,另一方面要探索实施游戏分级制度,加强监管,实现游戏的健康发展。

(1)加强知识产权保护。游戏创意的保护,以及对游戏IP孵化和培育方面的扶持,可支撑企业获得长线收入,充分调动游戏企业的积极性,促进更多创意的产生。

2016年国家新闻出版广电总局下发《关于移动游戏出版服务管理的通知》明确规定手游上线前需要经过前置审批取得版号。当时正处于手游发展高峰期,许多从业者认为这将会遏制行业发展。但事后证明,在通知下发后,国产手游进入高速增长阶段,不论是收入规模还是用户人群都有了显著增加。

(2)加强对网络游戏不良内容的监管。通过行政管理和网络运营商的自律及整个社会的监督,加强甄别和监管网络游戏中涉及的对青少年易产生不良影响的内容,实行游戏分级制度,通过界定游戏的人群定位,保护未成年人的成长,为厂商开发游戏界定了标准和规则;在网络游戏的服务器端安装防沉迷系统。

(3)游戏企业细分市场定位,采取多元化发展战略。游戏市场发展到一定阶段,已从泛用户化逐步走向细分用户。从地域上看,从一二线城市到三四线城市还有巨大空间,从用户结构上看,面向中老年用户、女性用户的游戏也有巨大发展空间。2013～2016年间女性玩家人数年复合增长率高达50.2%。截至2017年5月,《王者荣耀》女性玩家占比首次超过男性玩家,达到54%,成为中国游戏史上首款女性玩家破亿的游戏。

在游戏品类不断丰富、细分市场逐步分化的趋势下,依赖单一游戏品类的厂商很可能面临较大风险。人群偏好的分化也意味着玩家多元化需求的觉醒,不管是游戏玩法的新探索、多元化游戏品类的推出,还是多元化体系的构建,均需强劲的综合研发实力支撑。

思考题

1. 简述我国目前对游戏产业的监管模式。
2. 简述网络游戏中的虚拟财产权。
3. 侵犯虚拟财产权责任采用什么归责原则?
4. 试述经营"私服""外挂"构成侵权著作权罪与非法经营罪的竞合。

第七章 体育法

第一节 体育产业与体育法概述

一、体育产业概述

近年来,国家大力支持体育产业的发展,体育产业以其鲜明的市场导向性,将中国体育推入市场经济领域,成为体育与市场经济结合的实践形态,开启了依照市场经济的规律运作体育的先河。2016年国家体育总局发布的《体育产业发展"十三五"规划》中指出,到2020年中国体育产业总规模要超过3万亿元,从业人员数超过600万人,产业增加值在国内生产总值中的比重达1.0%,体育服务业增加值占比超过30%。

(一)体育产业的含义

"体育产业"概念出现于20世纪80年代中期,2003年国家统计局颁布的《三次产业划分规定》明确将"文化、体育和娱乐业"列入第三产业。从狭义上说,所谓体育产业,是指以活劳动的形式向全社会提供各类体育服务的行业,由此,体育产业分为健身娱乐业、竞赛表演业、咨询培训业等;从广义上说,体育产业是与体育运动有关的一切生产经营活动,体育产业的本质是体育运动中蕴含的经济价值,不仅包括提供体育服务,还包括体育物质产品的生产与经营,体育产业构成上不仅包括健康娱乐、竞赛表演、咨询培训等服务性行业,也包括体育服装、器材、食品和饮料等的生产和经营。

(二)体育产业的分类

1.《体育产业发展纲要》对体育产业的分类

《体育产业发展纲要(1995~2010)》将体育产业划分为三类:第一类为体育主体产业类,指发挥体育自身的经济功能和价值的体育经营活动内容,如对体育竞赛表演、训练、健身、娱乐、咨询、培训等方面的经营;第二类是为体育活动提供服务的体育相关产业类,如体育器械及体育用品的生产经营等;第三类指体育部门开展的、在补助体育事业发展的其他各类产业活动,如体育博彩。

2. 根据体育产品不同性质对体育产业分类

体育产业总体分为体育服务业、体育配套业,其中体育服务业包括健身娱乐、竞技表演、体育中介、体育培训、体育博彩、体育媒体、体育旅游、体育保健康复;体育配套业包括体育服装、体育鞋帽、体育器材、体育食品、体育饮料和体育建筑。

3. 根据体育产业链上下游关系对体育产业分类

上游产业包括健康娱乐业、竞赛表演业;中游产业包括体育中介、体育培训、体育媒体、体育服装、体育鞋帽、体育器材、体育保健康复及体育场馆运营;下游产业包括体育食品、体育饮料、体育博彩、体育旅游、体育建筑和体育房地产等。

(三)中国体育产业的形成与发展

1. 中国体育产业发展的阶段

中国体育产业发展大致分为以下三个阶段:

第一阶段:萌芽阶段(1978年底至1992年初),国家体委(现"国家体育总局")提出体育社会化发展的方针,不断拓宽投资渠道,实现体育场馆由事业型转变为经营型。这一时期对体育产业的认知较浅,其产业地位和经济价值未得到多数人的认同,处于初步探索的阶段。

第二阶段:起步阶段(1992～1997年)。党的十四大以后,随着社会主义市场经济体制的确立,体育发展逐步面向市场,确定了以产业化为目标的发展方向。首先,国家体委对机构的设置进行大的变革,分离所有运动项目的管理职能,成立独立的运动项目管理中心;其次,制定了《体育产业发展纲要(1995～2010)》和相应的体育产业发展法规,明确中国未来15年体育产业发展的指导思想、重点和目标,发展体育产业的基本政策和基本措施。这一时期实现了三方面的转化:一是开辟国内外商业化竞争市场,引进外资开发体育场馆建设,发行体育彩票,向经营的主体转化;二是以出售体育赛事的电视转播权、产品专利权、广告制作权与大众体育有偿服务为特征,使体育产业开始由有形资产的利用向无形资产的开发转化;三是以股份制方式开发经营体育产业为特征,是外部输出性赞助向增强自身造血功能的经营转化。

第三阶段:起飞阶段(1997年至今),该阶段通过证券市场的融资实行资本化运作,极大促进中国体育产业的发展,形成规模效益;政府对体育产业发展的扶持逐步形成以市场调节为主的运行机制。

2. 中国体育产业的发展现状

2014年国务院印发《关于加快发展体育产业促进体育消费的若干意见》(以下简称《意见》),标志着中国体育产业进入了一个全新的发展阶段。根据最新的统计显示,

2016年国家体育产业总规模为1.9万亿元,增加值为6 474.8亿元,占同期国内生产总值的比重为0.9%。体育产业总产出比2015年增长了11.1%,增加值增长了17.8%。[①]

中国体育产业在政策扶持下得到较快的发展,产业规模逐步扩大,但从世界范围来看,中国体育产业仍处于后发态势。

(1)产业发展程度较低

2014年美国体育产业年产值为4 410亿美元,约占GDP的3%;2011年欧盟国家体育产业增加值占GDP的比重除了瑞典之外,均超过1%,英国、德国、丹麦、卢森堡均超过2%,奥地利甚至超过4%,2014年中国体育产业年产值占GDP的比重为0.64%。与目前各国体育产值GDP占比水平横向对比,中国体育产业发展程度还处于比较低的成长阶段。成长快、空间大是现阶段中国体育产业发展的两大特征。

(2)产业结构亟待优化

体育竞技赛事和健身娱乐项目在体育产业中处于核心地位,外围是各类体育服务产业,同时还有各种衍生的体育相关产业。不同于来自体育营销、体育媒体等服务领域的世界体育产业巨头,中国体育产业中占比最高的是体育用品业,而体育服务业占比偏低,并且对其他行业辐射和拉动作用明显不如西方发达国家,产业结构失衡明显,亟待提升。

长期以来,全球化和人口红利带来的大规模需求,促进体育产业就业人口增长。但随着时间的推移,体育产业的劳动力优势逐步丧失,体育服务、投资收益逆差加大,产品出口优势减弱。另外,消费者的消费习惯发生转变,从看重价格到注重产品差异化,当前的市场供应无法满足消费者的需求。

从体育产业布局上看,宏观上缺乏体育产业的空间规划,没有相应的产业发展政策体系,从而导致区域结构严重失衡,产业聚集发展的优势无法彰显。

(3)供给与需求不匹配

从供给方来看,中国体育产业市场有效供给不足主要表现在主体产业发展滞后,市场总体规模过小,产品品种少、质量低,组织形式不规范,经营方式落后,营销手段和方式陈旧等方面。生产社会化和专业化的程度不高,生产服务供给过少,生活服务产品的供给远远不足且难以满足需求的迅速增长,是制约中国体育产业发展的根本问题,也是体育产业内涵发展急需解决的重点问题。从需求方来看,随着人均可支配收入不断增长,大众体育文化需求急速增长,而中国体育产业表现在盲目消费、炫耀消费

---

① 统计局:2016年国家体育产业总产出1.9万亿元,http://xinhuanet.com/finance/2018-01/13/C-129789922.htm,最后访问日期:2019年10月24日。

和低消费并存。大多数体育企业缺乏市场导向意识,对目标顾客缺乏足够了解,产品与服务无法满足社会大众的需求。创新不足,政策扶持力度不够,社会力量参与体育企业的市场化运作水平不高,而且目前的产业结构难以满足不同地区的消费需求,由此,必须针对不同地区的消费者,采取多层次、多样化的营销方案,以更好地满足广大人民群众的体育需求。

(四)国外体育产业的形成与发展

1. 国外体育产业的起源

国外体育产业的起源,从地缘上看,发源于英国,继发于欧洲大陆和北美,美国是当今执世界体育产业之牛耳的国度;从内容上看,是先竞技体育,后大众体育;从根源上看,是资本主义制度的建立和自身的不断调整带动世界经济的持续增长和人们生活水平的逐步提高所形成的多样化的体育消费需求;从制度保障上看,是俱乐部体制和联盟体制的建立和完善。[①] 美国是当今世界上最为成功的商业化体育经营项目的创始国,美国人在引进英国俱乐部体制的基础上创立了现代体育职业化、商业化不可或缺的一种重要组织形式,即联盟体制。所谓联盟体制,是指所有权与经营权相分离,按照现代企业制度规范建立的一种"经济上的合资企业,法律上的合作实体",实质是通过垄断经营获取最大利益。20世纪中叶,欧洲国家在第二次世界大战之后,大众体育和健身娱乐产业迅速崛起,经过短短几十年的发展,在产品规模和产值上超过了先发的竞赛表演业,成为全球体育产业中的主导产业。

2. 西方主要国家体育产业概览

(1)美国体育产业。2010年年底,美国体育及相关产业的产值约为4 144亿美元,2014年美国体育产业年产值为4 410亿美元,约占美国GDP的3%,体育产业成为美国增长速度最快的产业领域之一。

在体育消费支出结构上,体育休闲和旅游是美国国民体育消费的最大支出项目,同时也是增长速度最快的项目,其次是体育器材与服装支出。美国体育产业主要由体育健身娱乐业、职业体育产业、体育用品业、体育经纪业组成。

体育健身业是美国体育产业中极为重要的行业,不仅市场规模大、经济水平高,而且组织化程度高,竞争有序、激烈;职业体育产业从组织架构上看,包含观众、球员、俱乐部、联盟、媒体和政府在内的多层面的复杂系统,球员、俱乐部和联盟为了实现各自的利益,既相互竞争又相互制约;20世纪80年代美国体育用品业产生了两大巨头:耐克和锐步;体育经纪业拥有全世界最知名的三大体育经纪公司:国际管理集团(IMG)、专业服务公司(ProServ)和优势国际公司(Advantage International)。除上述四大领

[①] 鲍明晓:《国外体育产业形成与发展》,《体育科技文献通报》2006年第1期。

域之外,美国体育产业还包括体育媒体业、体育广告业、博彩业、保险业等。

(2)英国体育产业。英国体育产业主要包括体育用品业、体育健身娱乐业、职业体育产业、体育博彩业、体育赞助业和体育广告等。英国体育产业主要以要素创新驱动发展,依赖良好的生产要素创新能力和较高的技术交叉融合水平,逐步摆脱了低端化、低质化发展方式,走以质取胜的发展道路,在赛车发动机设计、制造、组装等系列运动装备和高尔夫球器具的制造和销售方面,逐渐居世界领先地位。

(3)德国体育行业。主要由体育用品业、体育健身娱乐业、职业体育产业、体育经纪业和体育赞助业构成。其中体育用品业占据重要的地位,阿迪达斯的品牌不仅在德国,而且在全世界占据重要的市场地位。体育产业发展方式呈现出品牌化、创新化和集群化特征。此外,德国逐渐形成了顶级的体育赛事品牌产业,成为世界上颇具影响力的职业赛事产业输出国。

(4)法国的体育产业。主要包括健身娱乐业、体育用品业、体育彩票业和体育赞助业等,其中健身娱乐业和体育用品业是法国体育产业中最重要的部门。

(5)日本的体育产业。主要包括体育用品业、体育建筑业、体育场馆出租业、健身娱乐业、体育广告和体育赞助。日本的优势体育产业是体育赞助业。

(6)韩国体育产业。主要由体育用品业和体育服务业构成。韩国体育产业起步于20世纪70年代中期,快速发展于80年代末90年代初,到21世纪,体育产业稳定增长。

3. 国外体育产业发展的两种模式

一种是市场主导型。体育产业发展的动力来自市场主体自身对商业利润的追求,以及不同市场主体间相互竞争所产生的压力和动力。政府扮演着"守夜人"的角色,对体育产业中的各类主体实行放任政策;从体育产业组织架构上,采用该种模式的国家一般有着十分完善的俱乐部体制和职业联盟体制,并且采用面向市场的法人治理结构,所有权与经营权相分离的趋势明显,委托和代理的经营方式普遍,跨国大公司、大集团数量迅速增多;从体育消费的角度看,国民的体育消费呈现出普遍化、经常化、生活化和多元化的趋势,稳定的、大规模的体育消费需求是推动这些国家体育产业持续繁荣的根本原因;从市场角度看,采用这种模式的国家一般形成比较完整的体育市场体系,覆盖整个体育产业链。

另一种是政府参与型。政府运用多种手段参与和引导体育产业的发展;普遍根据本国实际的体育消费和体育市场的发育程度,确定发展重点;存在的问题是体育中介机构发育尚不健全,非营利性机构正在不断向营利性机构转变。

4. 国外体育产业发展的启示

国外体育产业已成为其国民经济的增长点,而且普遍呈现出复合型结构,既包括与体育有关的物质产品的生产与经营,也包括服务产品的生产和经营。虽然各国的体育产业发展重点有所侧重,但体育中介机构在体育产业发展中发挥的作用越来越重要。中国发展体育产业的时间与国外相比较晚,因此在体育产业发展过程中可以充分借鉴国外的有益经验并为我所用。

(1)利用税收政策调控体育产业的有序发展

政府通过税收政策的有效调整可以在一定程度上促进本国体育产业的快速、健康发展。国外发达国家(如美国)发展体育产业的经验表明,体育产业税收的减少会吸引更多民间投资者的目光,引导民营资本更多地投入体育产业,从而获取更多的利益。

中国在发展体育产业时,亦可借鉴国外经验,对参与体育产业发展的企业及其他体育组织提供税收优惠政策。除此之外,政府还可以向体育组织或企业的发展提供一定的资金或技术支持,从而有效促进中国体育产业的发展。

(2)大力发展体育赛事,促进体育产业快速发展

国外发达国家(如英国)成熟的体育赛事为本国的体育产业发展注入了不竭动力。基于此种情况,中国相关体育赛事的举办也应积极借鉴相关经验,从而有效促进中国体育产业发展。目前中国还没有打造出较为知名的体育赛事,很多体育赛事仅在国内具有一定的知名度,在国际上知名度较低。并且这些体育赛事的举办所获得的观众群也极为有限,与英国和美国相比相去甚远。基于此种情况,中国必须在体育赛事的品牌打造上多下功夫,通过体育赛事的品牌打造有效地促进体育产业的快速发展。

(3)利用俱乐部发展提高居民体育参与积极性

很多国家(如德国)在体育产业发展中大力提倡体育俱乐部发展。在体育俱乐部的影响下,国民的体育参与和体育消费的积极性均大幅提升。中国目前在体育俱乐部发展方面还存在很多不足,仅在一些较为发达的城市,如北京、上海、广州等超大型城市拥有体育俱乐部。在一些中小城市,体育俱乐部是极为少见的。即使有体育俱乐部,也不像国外体育俱乐部那样服务周到、机制健全。基于此种情况,中国应积极发展体育俱乐部,通过体育俱乐部带动体育产业的发展。

(4)利用"互联网+科技"促进体育产业发展

为推动体育产业的发展,很多国家(如韩国)在"互联网+科技"方面投入了巨大精力,力图通过"互联网+科技",使体育产业的发展更具科技性。中国在体育产业的"互联网+科技"方面也做过很多努力,如当前智能手机中普遍流行计步器,通过计步器可以科学计算运动者每天的运动步数,这款软件受到很多国民的喜爱。未来,"互联网+科技"必然会成为中国体育产业发展的新的增长点。因此,在未来中国必须积极在体育产业的"互联网+科技"方面投入更多的人力、物力及财力,让"互联网+科技"有效带动体育产业的健康、长远、可持续发展。

二、体育法概述

(一)体育法的概念及其调整对象

1. 体育法的概念

体育是一种人类有目的有意识的社会活动,在演变过程中具有竞争性,因此需要一定的规范予以调整。在最初的体育活动中的各种关系,主要是由习惯调整的。现在意义上的体育法是随着现代体育的发展而逐步形成的。

在中国,体育法是保障公民体育权利,维护正常体育秩序,发展体育事业,由一定的国家机关按照法定程序制定或认可的、调整一定的社会法律观的行为规范。《国际体育科学和教育理事会体育科学指南》在界定"体育法"这一概念时,认为"体育法是决定体育领域中的法律关系结构及产生于体育活动中的问题的一种法律",可以分为狭义体育法和广义体育法。

狭义体育法包括:关于运动员权利和义务的法律规定;体育组织的结构与运行及其相互关系;教练员的职权、工作、义务和责任;体育中人及合法实体的行为;体育精神及公平竞争。

广义体育法包括:自由参加体育运动和发展个性的权利;体育运动中的劳务关系;关于职业体育经纪人的法律;对体育领域中的犯罪事件诸如暴力、兴奋剂等负面现象的研究;为保障体育领域公正、公平的程序和司法活动;国际体育竞赛中的问题,涉及机构、人员、合法团体和国家及其关系。

2. 体育法的调整对象

体育法的调整对象主要是两个方面的体育社会关系:一是调整国家各级体育行政部门以及国家其他有关行政机关在领导、管理体育活动中所产生的社会关系;二是调整社会活动主体在参与和开展体育活动中所发生的竞争与协作的社会关系。前者强调纵向的行政管理法律关系,特征是管理机关与相对人之间的法律地位是不平等的,是管理者和被管理者的关系。《宪法》规定,国务院行使下列职权:领导和管理教育、科学、文化、卫生、体育和计划生育工作;《体育法》规定,国务院体育行政部门主管全国体育工作。后者是一种横向的、平等主体之间的法律关系,是体育活动的主体在参与和开展体育活动过程中的平等主体之间的竞争及协作的社会关系。

(二)体育法律关系

1. 体育法律关系概述

法律关系是法律规范在指引人们的社会行为、调整社会关系的过程中形成的人们之间的权利和义务关系。体育法律关系是指体育法律规范在调整人们体育行为过程中所形成的体育权利和体育义务的关系,是以体育法律规范的存在为前提的。在中国,体育法律规范主要是指《宪法》《体育法》《反兴奋剂条例》《奥林匹克标志保护条例》等法律和法规中有关体育的行为规范。

体育法律关系以国家强制力为保障手段的体育社会关系,可依据性质、内容、种类及形式等方面的不同,将社会法律关系分成不同的类别。

第一,根据体育法律关系具体涉及内容,可分为体育管理法律关系和体育协作法律关系。前者是指各级人民政府及体育行政部门、教育行政部门及其他相关的行政部门,代表国家在统筹规划、协调管理体育事业、体育工作过程中形成的法律关系;后者是指体育法律规范在调整体育协作关系的过程中形成的体育主体之间的权利义务关系。

第二,根据体育法律规范对体育社会关系作用的基本方式不同,可区分为调整性体育法律关系和保护性体育法律关系。所谓调整性体育法律关系,以体育法主体的合法为基础;保护性体育法律规范是对体育违反行为制裁而形成的法律关系。

第三,根据体育法律关系赖以形成的体育法律规范的种类不同,可将体育法律关系划分为积极型体育法律关系和消极型体育法律关系。前者依赖义务人的积极作为得以实现,后者则依赖义务人的消极不作为。上述对体育法律关系的分类并不是绝对的,按照不同标准划分的各种不同种类的体育法律关系之间,可能存在相互交叉和彼此重叠的情况。

2. 体育法律关系的产生、变更和消灭

体育法律关系是根据体育法律规范产生的、在体育法律关系主体之间形成的权利和义务关系。体育法律关系的产生、变更和消灭须具备一定的条件才能发生,条件包括:体育法律规范,作为体育法律关系的产生、变更和消灭的法律依据;权利主体;体育法律事实。首先,体育法律关系的产生和存在是以相应的体育法律规范的存在为前提的,没有相应的体育法律规范的规定,就不会产生体育法律关系;其次,体育法律规范调整的是人们的体育行为,体育权利和义务要由人承担,故需要承担各种体育法律关系的主体。仅仅具有体育法律规范和人的存在,不能形成体育法律关系。体育法规定只有当某些法律规定的事实在体育行为中出现时,体育法律关系才能形成,这便是体育法律事实。

根据体育法律事实是否以人的意志为转移为标准划分,体育法律事实可分为体育法律事件和体育法律行为两大类。体育法律事件不以人的意志为转移,如自然灾害,人的生老病死等。体育法律行为是以人的意志为转移,人们有意识的自觉活动的结果。

(三)中国体育法的发展状况

按照各个阶段体育发展的重点,体育法律法规的发展可大致分为三个时期。

第一时期:1949~1994年。在中华人民共和国成立至1995年《体育法》颁布之前,中国体育事业处于刚刚起步阶段,尽管出台了相关的政策规定和体育条款,但没有成形的单独的法律调整体育活动。1949~1994年间,中国颁布的体育法律法规、规章及规范性文件总数约37件,侧重点在竞技体育方面,如运动员等级技术制度、聘请裁判员规定、体育团队出访纪律等,都是对中国优秀运动员权利的保障,促进了中国竞技体育的快速发展。

第二时期:1995~2000年。1995年颁布的《中华人民共和国体育法》(下称《体育法》)标志着中国体育工作开始进入依法行政、依法治体的新阶段。《体育法》是对体育关系进行整体规范和调整的基本法律依据,是中国发展体育事业、开展体育工作的基本纲领和总章程。1995年颁布的《体育产业发展纲要(1995~2010)》提出中国体育产业要用15年时间逐步建成适合社会主义市场经济体制,符合现代体育运动规律、门类齐全、结构合理、规范发展的现代体育产业体系,促进了社会主义体育事业的发展。

1995~2000年颁布的体育法律法规内容主要包括体育俱乐部管理、加强体育法制建设、兴奋剂检验、运动员教练员奖金津贴发放与管理、体育彩票等方面。随着体育事业的发展,体育事业的从业人员的社会地位得到很大提高,出台了《运动员教练员奖励实施办法》《运动员突出贡献津贴实施办法》《社会捐赠(赞助)运动员、教练员奖金、奖品管理暂行办法》等一些奖励办法。在这一阶段,国家规范性文件多集中于大众体育方面,强调社区体育、群众体育,如1995年《全民健身计划纲要》和1999年《关于加强健身气功活动管理有关问题的意见》。1999年颁布的《关于加快体育俱乐部发展和加强体育俱乐部管理的意见》有利于建立与社会主义市场经济相适应的体育体制,为实施全民健身计划和奥运争光计划提供了组织保障,同时有利于加强规范管理,促进体育俱乐部的健康发展,此外还有利于加强体育法制建设,完善体育法规体系。

第三时期:2000年至今。2000年以后,体育产业逐渐形成,发展体育产业和推动相关产业的发展成为主流。2010年颁布了《关于加快发展体育产业的指导意见》,通过加大投融资力度、完善税费优惠政策等多项具体政策和措施,引导了投资方向。此外,支持有条件的体育企业进入资本市场融资,拓宽了体育产业的融资渠道。积极鼓励民间和境外资本投资体育产业,兴建体育设施,拉动了国内剩余劳动力的就业。同时鼓励金融机构适应体育产业发展需要,开发新产品,开拓新业务,促进了体育产业向多元化方向发展,为中国体育产业发展、拉动体育消费提供了政策支持。

2014年9月颁布的《部署加快发展体育产业,促进体育消费推动大众健身》为有关体育产业规划的出台奠定了基础,体育产业开始被定位为拉动内需和经济转型升级的"特殊"产业。其强调了中国体育产业化程度低和存在巨大开发空间的问题,鼓励体育核心产业的发展。

2014年10月颁布的《国务院关于加快发展体育产业促进体育消费的若干意见》

把体育产业作为推动经济社会持续发展的重要力量,开发体育产业巨大的潜在市场空间,利用体育产业扩大内需、促进消费,并提出到 2025 年,基本建立布局合理、功能完善、门类齐全的体育产业体系,体育产品和服务更加丰富,市场机制不断完善,消费需求愈加旺盛,对其他产业带动作用明显提升,体育产业总规模超过 5 万亿元,成为推动经济社会持续发展的重要力量。

(四)国外体育立法概述

从法系上,英美法系和大陆法系是世界上最传统的两大主流法系,代表了世界上两种最典型的法律传统特征。英美法系又称普通法系或判例法系,是一个以英国普通法为基础、以判例法为主要渊源而形成的法律体系,英美法系的成员主要包括英国、美国、加拿大、澳大利亚和新西兰等;大陆法系的成员主要包括德国、法国和日本等。

1. 美国体育法的立法沿革和法律渊源

20 世纪初,针对体育产业发展中的问题,美国开始了体育立法工作。最初纠纷大多围绕着有关合同法、反托拉斯法和劳工法等问题展开,并以经济纠纷或刑事诉讼的程序来处理,而没有使用"体育法"概念。1950 年 9 月 21 日,美国国会正式颁布了《奥林匹克协会组织法》,之后体育立法的范围进一步扩大。1978 年美国国会通过了《业余体育法》,对 1950 年的《美国奥林匹克协会组织法》进行了修正,旨在促进和协调美国的业余体育活动,确认美国业余运动员的一定权利,解决涉及国家管理机构的纠纷等。1998 年,美国国会又对 1978 年的《业余体育法》进行了修改、修正和重新命名,新的体育法名为《特德·史蒂文斯奥林匹克和业余体育法》(Ted Stevens Olympic and Amateur Sports Act)。

美国属于英美法系国家,体育法的渊源主要包括制定法和判例法两部分。体育制定法一套是由联邦制定的,另一套是由州制定的。此外,还包括其他体育组织、体育团体制定的各种法规、决议、条例和规定等。除了《业余体育法》,美国的其他一系列法律法规也对体育运动的发展和完善起到了规范和促进作用,主要包括限制垄断行为的《谢尔曼法》和《克莱顿法》,保护知识产权的《拉娜姆法》、联邦劳动法、联邦和州的相关税法等。

判例法一般是指高级法院的判决中所确立的法律原则或规则。这种原则或规则对以后的判决具有约束力或影响力。判例法有一个基本原则,即"遵循先例原则"(The doctrine of precedent),案例具有先决效力,和法律明文规定一样可以成为法院在以后类似案件中判决的依据。体育判例的出现不仅影响了体育界,还影响了美国社会生活的其他方面,并促进了美国法律制度的发展,在联邦层面主要体现在对垄断法、劳动法、宪法、人权保障法的发展,在州层面主要体现在民事侵权法的发展上。如 1987 年的布朗案,最高法院认为美国全国橄榄球联盟的决定应适用豁免而排除反垄断法的适用,该案在法院处理反垄断法豁免的各类案件时被大量引用。

2. 英国体育立法沿革和法律渊源

英国是典型的实行普通法制度的国家,在18世纪以前成文法规则很少出现在体育领域,直到20世纪接连发生温伯利、博尔顿流浪者、艾博斯(格拉斯哥)、布拉德福以及希尔斯堡足球场所的灾难,国家开始干预体育领域,但唯一的重要领域是公共安全和公共秩序方面。1975年颁布《体育场地安全法案》,要求修建大型体育场必须获得地方政府的执照;1989年颁布了《足球观众法》,其中规定,当地政府必须服从执照办证机关的指令;2000年的《文化和娱乐法案》将办理执照机构改为体育场地安全机构,新机构保留复审场地安全的权力。

英国的体育判例主要涉及:体育行会内部裁决机制对当事人存在偏私或者可能存在偏私的风险;提出的指控或者认定成立的违规行为是因为适用了错误的规则;没有违反纪律规则却被指控;程序不公正;不合理的限制交易行为;违反了竞争法方面的成文规则;在管理公司时存在不公平的偏私,甚至侵犯"工作的权利"等。[1]

3. 德国体育立法调整及法律渊源

德国体育运动完全自治,立法对体育运动的专门保护条款比较零散,如德国《基本法》第12条第1款规定保障人身自由,第9条第1款规定组建协会自由等。德国法律主要规定涉及体育合同、集体谈判协议、职业体育合同的法律适用、环境问题、反兴奋剂的规制、知识产权及电视转播权等。如1996年《欧洲电视转播协议》规定电视台有自由播报体育比赛结果及精彩集锦的权利、免费转播重要比赛的权利,禁止过度的媒体干预。

德国体育法的渊源包括体育组织制定的内部规则及国家制定的有关法律和参与批准的公约。德国争议解决主要是由体育协会根据内部规范成立的仲裁组织仲裁或法院裁决,如当事人对裁决不服可以上诉至德国法院。

4. 日本体育立法沿革和相关法律规定

1961年《日本体育运动振兴法》主要作为调整业余体育的基本法,包括促进体育运动事业的基本计划、全国体育赛事、鼓励举办体育赛事(包括体育课和赛事)、振兴青年和工人的体育运动、鼓励户外活动、培养体育指导员、扩建体育设施、合理利用学校体育教育设施、提升国际体育运动竞技水平、运动员身份、防止体育运动事故、促进体育科技的研究、体育促进委员会、体育教育委员会、国家支持以及地方支持等。1989年,日本奥委会独立出了日本体育协会。1998年日本出台了《体育彩票法》。

---

[1] 吴义华:《英美法律国家体育立法概述》,《河北体育学院学报》2010年第20期,第20页。

第二节 体育法上的行为

一、体育法上的行为的概念

体育行为起源于人类的生产和生活实践,它是人类有目的、有意识地利用各种手段和方法,为满足某种体育需要而进行的活动。从广义上讲,凡是与体育发生联系的行为活动,都可称为体育行为。这些活动既包括体育行为的主要表现形式——运动行为,也包括体育的组织、管理、宣传、科研、教学、消费、观赏等方面的行为活动。与普通生产型或服务型产业相比,体育产业在市场主体、市场行为、法律价值、存在的法律问题等方面具有特殊性。

法律行为属于法律事实的一种,是能引起法律关系产生、变更和消灭的人的活动。"法律行为"一词源于德国民法典,萨维尼给出的定义是"行为人创设其意欲的法律关系而从事的意思表示行为",由此可见,意思表示是法律行为不可缺少的核心构成要素。如果法律行为能够产生主体预期的后果,按照当事人的意思安排他们之间的权利义务关系,当事人必须要能够自主做出意思表示,而且这种意思表示能够依法在当事人之间产生拘束力。《民法总则》规定"民事法律行为是民事主体通过意思表示设立、变更、终止民事法律关系的行为"。

体育法上的行为是指体育法的法律行为,体育法律对体育社会关系的调节,对体育秩序的维护,及对体育利益关系的保障,都是通过对人的体育行为的影响而实现的,即通过设定和贯彻一定的体育行为模式来实现其一系列的规范作用和特定作用,达到价值目标,因此,体育行为是体育法实现其价值功能的着眼点和立足点。

体育法上的行为主要具有以下特征:

广泛性。体育法上的主体多样,行为方式多样,包括体育行政机关的体育管理行为、运动员之间的竞争行为、比赛中的故意违规行为、企业之间及企业与运动员之间的合同关系等。

意志性。体育法上的行为基于法律关系的主体的意志而产生,受体育主体意志的控制,行为的发生、方式、效果都受到主体意志的控制。无意识做出的身体举动不是法律行为,构成事实行为,如竞赛中运动员过失侵害他人人身权的行为。

法律性。体育法上的行为由法律规定,能够产生法律上的效果。

二、体育法上的行为的形态

根据行为的公法性质或私法性质,可以把法律行为分为公法行为和私法行为。所谓公法行为,是指具有公法效力、能够产生公法效果的行为,如行政管理行为。所谓私法行为,是指具有私法性质和效力、产生私法效果的行为,如平等主体之间的体育市场交易行为。

(一)体育行政管理行为

体育行政管理行为是指国家机关依据职能行使体育管理活动的行为,包括两类:一类是依据《体育法》的规定,国务院及各级体育行政部门在各自职权范围内管理体育工作,包括对体育市场准入的管理,对体育市场经营行为的监督与管理,对体育市场产品质量的监督与管理等;另一类是非国家机关实施的体育行政管理行为,主要是各种体育协会在有关法律、法规授权的范围内实施的体育行政管理行为。《体育法》规定全国各单项体育协会对本项目的运动员实行注册管理。

体育行政许可行为是对提出申请的相对人经依法审查,准予其从事特定体育活动的行为,是行政机关广泛而经常的管理活动。根据现行法律法规和国务院、国家体育总局的有关规定,中国目前明确为体育行政许可的内容包括:从事射击竞技体育运动单位的批准;攀登国内山峰和外国人来华登山等举办攀登山峰活动的审批;举办健身气功活动及设立健身气功站点的审批;开办武术学校的审批;开办少年儿童体育学校的审批。

体育行政审批主要是依审批主体和审批形式界定,凡是经过行政机关同意的行为都被视为行政审批;而前述的行政许可则是从相对人的角度以行为的性质进行界定,且是《行政许可法》中的内容。2006年7月,国家体育总局公布了"行政审批类"项目的执法项目,包括:举办全国和国际体育比赛审批;全国正式开展的体育竞赛项目立项审批;临时占用体育设施审批;拆除公共文化体育设施或改变功能、用途的同意;体育类民办非企业单位成立、变更、注销登记前审查;体育类民办非企业单位年度检查初审;全国性体育社会团体登记、变更、注销前审查;各省、自治区、直辖市可供攀登山峰审批。随着近年来政府简政放权,国务院会议提出取消商业性和群众性体育赛事审批,放宽赛事转播权限制,最大限度为企业"松绑",激发市场活力,行政审批的事项逐渐减少。

体育行政确认是指行政相对人申请由行政机关予以决定的外部行政行为,是体育行政机关对行政相对人的既有身份、能力和事实等法律地位、权利义务的确定和认可,具有对之前事实、能力认定是否有效的追溯性法律后果,比如授予国家级社会体育指导员称号、对全国纪录的确认、国家级裁判员称号授予、荣誉裁判员称号授予和外国人登顶成功确认。

中国在实施《行政许可法》的过程中,随着政府简政放权,体育行政管理机关对体育的干预越来越少,体育逐渐回归到市场主导中,有助于体育产业的健康发展。

(二)体育市场交易行为

平等的体育法律主体之间发生的法律行为,主要包括运动员的转会,属于劳动关系的变更行为;赞助商对体育比赛的赞助行为,赠与行为和合同行为;体育消费行为,观众购票进入现场观看体育比赛的行为,不仅受《合同法》的调整,还受《消费者权益保护法》的保护。

1. 运动员的转会

运动员的转会主要涉及球员、转出俱乐部、转入俱乐部在内的多方法律行为,往往意志起主导作用的是转入和转出俱乐部,所以也有人把转会协议视为一种"由转出的运动员履行的涉他合同"[①]。转会协议只发生在运动员与转出俱乐部之间的劳动合同尚未到期时转入新俱乐部,如运动员原合同期满,处于"自由转会"阶段,并非真正意义上的"转会"。转会协议本质上属于劳动关系变更协议,运动员与转出俱乐部解除劳动关系之际,还要与转入俱乐部签订新的劳动合同,约定工资、奖金、社会保险等收入分配、参与比赛等权利和义务。尽管转会协议中约定俱乐部之间的财产关系,但不能归于商品交易协议,而且转会协议不能对运动员的人身权益做出限制性规定,如运动员形象权的归属等。

2. 赞助行为

体育赞助是指基于合同约定,赞助商提供资金支持体育赛事的举办,并且利用赛事影响力从中获取知名度及其他收益。体育赞助行为属于民事法律行为中的双务有偿法律关系,区别于赠与行为和捐赠行为。体育赞助是一种市场交易行为,具有商业性和公益性。中国目前没有专门调整体育赞助行为的法律法规,属于无名合同。合同法总则规定,"本法分则和其他法律没有明文规定的合同,适用本法总则规定""法律对其他有偿合同有规定的,依照规定;没有规定的,参照买卖合同的有关规定"。根据上述分析,体育赞助合同在适用时首先参照买卖合同规定,主要是瑕疵担保。从体育赞助合同的定义上看,其与买卖合同相差很大,但在责任归责原则上均适用严格责任原则,适用合同法有关违约责任的一般规定。合同法总则规定合同订立、合同效力、合同履行以及合同变更和转让、合同权利义务终止及违约责任的一般规则,适用于体育赞助行为。

此外,根据体育法律行为是否合法,其可分为两类:第一,合法行为。即符合现行法律规定的行为。由此而引起法律关系的产生、变更和消灭的情况非常广泛,如运动员的参赛、工作合同的缔结等。第二,违法行为。即违反现行法律的行为,既包括做出了法律所禁止的行为,也包括不做法律所要求的行为。违法行为根据其违法的性质和

[①] 李宗辉:《职业运动员转会中的法律问题探析》,《天津体育学院学报》2015年第4期,第342页。

对社会危害的程度,可以分为严重违法行为和一般违法行为两类;严重违法行为通常指触犯刑法的行为,这种行为构成犯罪,属于依照法律应当受到刑罚处罚的违法行为,如假哨、黑哨等。一般违法行为是指犯罪以外的违法行为,例如:违反民事法律应受到民事制裁的,属于民事违法行为,如运动员擅自解约行为;违反经济法规应依法追究其经济法上的责任的,属于经济法的违法行为;违反行政法规应受行政处罚的,属于行政法的违法行为,如禁赛、取消注册等。

第三节 体育法的参与者

一、体育法的参与者概念

体育法的参与者是体育法律关系的主体,即能引起体育法律关系产生、变更及消灭的当事人。其形式上不仅包括自然人、法人及其他组织,国家也可以成为体育法的参与者。从体育竞赛的参与者角度看,其主要包括运动员、教练、经纪人、俱乐部、赛事主办方、政府、赞助商、志愿者、观众等;从体育经济活动的角度看,还包括体育服务商品的消费者、服务提供者以及体育媒介。

二、体育法参与者的权利和义务

(1)公民享有参与体育活动的基本权利。根据《体育法》规定,"国家对青年、少年、儿童的体育活动给予特别保障""国家提倡公民参加社会体育活动,增进身心健康"。《体育法》还规定国家、社会及其他体育法律关系主体保障公民参加体育活动的基本权利,也明确规定公民在参加体育活动、接受体育教育时,必须遵守国家法律和其他纪律,如禁止使用违禁药物等。

(2)国务院及各有关部门在职责范围内管理体育工作,为公民参加社会体育活动创造必要的条件,支持群众性体育活动的开展。此外,国家各部门有权通过各种制度设计保障社会组织依法行使和履行法定权利义务。

(3)企事业单位有开展多种体育活动的义务和权利。《体育法》规定,学校必须开设体育课,并将体育课列为考核科目;鼓励其他企事业单位、社会团体和公民依法开展并参与体育活动。

(4)运动员与教练员的权利和义务。首先是最基本的生命健康权,由于竞技体育的高风险性,伤害是在所难免的,但要区分可预见的、固有的风险与故意的违法行为并区别对待。其次是形象权,法律规定公民享有肖像权,未经本人同意,不得以营利为目的使用公民的肖像。实际上运动员及教练员的形象权不仅包括肖像、姓名、声音等,有时可能延伸到表明运动员身份的标志性要素。再次是获得奖励及劳动报酬的权利,奖励属于私有财产,具有排他的所有权,任何个人不得干预。运动员与教练员受劳动法调整,享有劳动报酬的权利。运动员和教练员在享有权利的同时,还要承担义务,不得违反法律及行政法规的禁止性规定,如服用兴奋剂等。

三、体育法的参与者之间的法律关系

(一)运动员、教练员、俱乐部之间的法律关系

1. 运动员、教练员与俱乐部之间的法律关系

运动员、教练员与俱乐部之间签订工作合同,工作合同的性质从本质上属于劳动合同。理由在于:从法理上看,运动员、教练员与俱乐部作为工作合同的主体双方,符合劳动者与用人单位的基本特征,工作合同的标的是运动员、教练员的竞赛训练这样的劳动行为,规定有一定的劳动期限;从司法实践上看,以往许多运动员、教练员与俱乐部之间发生的合同纠纷适用的也是劳动法律法规。

与普通劳动者相比,运动员、教练员存在特殊性,尤其是运动员在解除劳动合同时比普通劳动者受到更多限制,运动员的训练和培养要经过较长时间和较高成本,优秀运动员是稀缺资源,不能像普通劳动者一样以提前 30 日通知的方式解除与俱乐部的工作合同。

2. 教练员与运动员之间的法律关系

明确教练员与运动员之间的法律关系,是确定教练法律责任的基础。教练员作为受过专门教育和训练,精通某项技能的专家,在培训运动员过程中,不能要求完美无缺,但应小心谨慎,采用与其身份地位相当的人的理性所要求的注意义务。教练员在训练运动员的过程中可能导致运动员身体受到损伤,判断教练对运动员的行为是否存在过失,主要应根据教练所执教的项目所属的体育协会对教练的行业要求、当时所处的情势等因素综合判断。

(二)体育行业协会与运动员、教练员、裁判员之间的法律关系

体育行业协会首先享有规章的制定权,可以制定包括协会章程、体育职业道德、运动员、教练员、裁判员等人员的技术标准、惩罚规则、争端解决规则等各种规范;其次享有监管权,根据《中国足球协会注册工作管理暂行协定》等规定,有权对各会员协会、会员俱乐部、教练员、运动员、裁判员等的资格批准、日常管理等事项做出相应规定;再次享有惩罚权,根据章程及颁布的纪律处罚办法,对会员的违纪行为进行处罚,并且体育行业协会具有行政主体的地位,其处罚具有行政处罚的性质,可以受到行政诉讼的救济;最后,体育行业协会享有争端解决权,有权对有关协会内部事务或者行业事务进行

仲裁裁决或调解。

1. 体育行业协会与裁判员的法律关系

体育行业协会享有对相关体育项目的体育事务的行政管理权,根据《体育法》《体育竞赛裁判员管理办法》的规定,体育协会基于法律法规授权对裁判员考核和注册,一旦裁判员违背职业道德与规定,体育协会可予以注销注册或不予注册,体育行政管理部门可吊销其裁判职业资格。体育裁判员受体育行业协会的聘请参与职业体育联赛,两者之间形成委托关系。关于认定裁判员的身份是否属于国家工作人员,实践中存在争议。根据最高检对裁判员的黑哨行为按照公司企业人员受贿罪处理的通知,可表明最高检将裁判员视为公司人员对待。

2. 体育行业协会与运动员、教练员的法律关系

《中国足球协会章程》规定运动员、裁判员必须向体育行业协会办理注册及备案的手续,并且体育行业协会有权对运动员、教练员行使处罚权,如"取消比赛资格""取消转会资格",因此,体育行业协会与运动员、教练员之间是管理与被管理的关系。

(三)裁判员与比赛参与者之间的法律关系

裁判员受体育行业协会委托,"执法"比赛,对比赛负有管理义务。裁判员对赛场上的运动员负有一定的谨慎义务,一旦违反谨慎义务,导致运动员受到严重的人身损害,裁判员应对受害人遭受的严重损害承担侵权责任。

裁判员在"执法"比赛过程中故意弄虚作假,违反纪律和体育规则,甚至收受贿赂,操纵比赛,触犯刑法,不仅会受到法律法规的处罚,而且会给其他参与者造成直接或间接的财产和精神损失。

(四)体育赛事主办方与其他参与者之间的法律关系

赛事志愿者由体育赛事组委会组织招募,接受组委会管理,由组委会制发身份注册卡,在赛会期间承担相应岗位职责,在组委会指定的时间和岗位工作,而赛事主办方需向志愿者提供舒适、安全、有保障的工作环境。

第四节 体育赛事

一、体育赛事的概述

体育赛事作为一种特殊事件,以"体育竞赛"为核心。体育赛事除具有竞赛性质以外,也可满足群众参与或观赏的需求。总体而言,体育赛事是以体育竞赛为中心,为满足群众参与或观赏体育竞赛需要,由参与者在规定时间和地点按规定的竞赛规程开展

的有一定社会影响的竞技性体育活动的总称。

体育赛事以体育竞争为中心,具有竞赛学的特征;同时作为服务型产品,又具有服务型产品的特征。

(一)体育赛事的竞赛学特征

(1)竞争性。激烈的竞争性是体育赛事显著的特征,既增加比赛胜负的不确定性,也使得竞技运动更具魅力。竞技体育的参与者力求最大限度地发挥自身的潜能去战胜对手。

(2)规范性。竞技运动的发展要求运动员具有高超的技艺,而高超的技艺建立在规范的技术、战术和训练基础上。

(3)组织性。体育赛事是群体活动,不仅需要一定数量的运动员同时参与,还须有教练员、裁判、赛事的组织方协调发挥作用;他们之间有着紧密的联系,从而构成完整的竞技活动。

(4)时间和地点的规定性。体育赛事是一种十分复杂的系统,它的运作涉及范围广泛的众多要素,包括场馆建设、食宿安排、媒体传播和宣传、安保、医疗、门票、交通、通信、财务、风险管理、志愿者服务、市场营销和赞助协定签订。比赛控制的诸多环节,体育赛事的规模、类型和水平等都会在某种程度上加剧赛事的复杂性。因此,需要提前制定详细的时间和地点计划对体育赛事予以应对。

(5)社会影响性。不同的赛事的社会影响性存在巨大的差异。

(二)体育赛事作为服务型产品的特征

体育赛事为满足个人或群体的需求,具有消费特征,从而具有产品特征,体育赛事的竞赛直接就是竞赛表演市场里的产品。体育赛事的服务产品主要表现为在运动竞赛表演的同时,为消费者提供现场的和通过电视新闻媒体扩大的消费者服务,及围绕赛事本身为广大参与者提供的支撑服务,这些服务涉及范围较广,但容易被忽视。

二、体育赛事的分类

体育赛事按照规模和性质,可划分为综合性赛事、单项锦标赛、等级赛、联赛、邀请赛、通讯赛等。

按照体育赛事的周期与主体,可划分为周期性综合体育赛事、周期性单项体育赛事、联赛、临时性体育赛事、主体直接参与型体育赛事。

1. 周期性综合体育赛事

即根据一定的期限,有时间、有规律地举办包含两个运动项目以上(含两个)的综合性体育赛事活动,如奥运会、亚运会、全运会等。这些赛事具有周期性、综合性特征,导致其规模、层次及参赛人数和社会关注力都较大。

2. 周期性单项体育赛事

相对综合性赛事,周期性单项体育赛事的特点是赛事活动中的运动项目仅此一项,比较单一。这种特点导致了赛事水平相对较高,参赛方和观众的关注程度较深,如世界杯、田径锦标赛,这类赛事有着特定的参与者及观众,在本运动领域中的规模和影响力巨大。

3. 联赛

无论在数量上,还是在普及程度上,联赛在体育赛事中占据重要地位,区域性和项目性的特征明显,如英超、中超、NBA 等。这类赛事的模式较为固定,在高水平、职业化程度的联赛中多采用主客场制,而且赛事周期长,所以市场开发力度相对较大。

4. 临时性体育赛事

这类赛事的特点是时效性强、市场化特征比较明显、策划组织比较灵活。常见于商业赛事,政府近年来为加强体育产业发展,已经取消了对商业赛事的行政审批,有助于发挥市场的积极性。

5. 主体直接参与型体育赛事

除以周期为主导因素对体育赛事分类,还可以赛事主体类型的不同而呈现出另一类型,即以赛事主体是否直接参与体育赛事为标志的主体直接参与型体育赛事。既包括大型群众体育竞技活动,也有以社区、家庭等为单位的小型、经常性群体活动,形式多种多样,内容丰富多彩,群众参与广泛。

三、体育赛事运作和管理流程

无论是规模较小的赛事(如地区赛事)还是规模和影响力较大的赛事(如奥运会),基本上有着相同或类似的运作和管理过程,根据项目管理理论,赛事管理过程可分为:可行性研究(申办)、计划、组织、实施、赛事评价和结束后管理。

(一)可行性研究(申办)

体育赛事主办方在举办或申办赛事之前对赛事的成本和效益等进行研究,评价续办赛事的价值和组织的资源,从而判断是否可行。可行性研究范围大致分为场地、成本、技术、举办时间、对社区的影响、可获得的支援、基础设施的要求、政府的支持、赛事的目的、风险管理措施等方面,研究的具体内容细节和复杂水平随着赛事的类型、规模和水平而变化,如奥运会就比其他赛事(如锦标赛等)有着更加具体的细节。

(二)计划

在计划阶段,明确并制定实现全局目的的目标后进行战略管理,制定出赛事运作的具体作业计划,通过实施达到预期目标。为识别出赛事运作的目标,首先要进行 SWOT 分析,分析外部环境中存在的机会与威胁;分析组织内部资源,确定存在的优势和劣势。完成情形分析,根据分析结果选择战略,战略类型包括增长战略、巩固战略、节省战略和联合战略,从战略的适合性、接受性、可行性角度评价战略;确定战略后,通过作业计划完成计划实施阶段,作业计划包括竞赛、营销、财务预算、法律风险、人力资源、后勤、信息技术管理要素,作业计划中每个领域都有进一步的内容,如风险管理的合同签订、赞助、环境管理、信息技术、交通、营销中的规划销售、媒体转播、社区、警察和志愿者等。评价和反馈贯穿整个计划过程,以便实时调整计划。

(三)组织

对于管理者来说,建立组织即设计一种合适的组织结构让工作有效率和有效果地完成。所有的组织设计涉及以下几个因素:劳动分工、部门化、指挥链、管理跨度、集权和分权、形式化。以北京奥运会奥组委的机构设置为例,赛事的组织一般下设15～20个部门,主要包括公共关系部、市场开发部、文化部、人力资源部、信息技术部、场馆建设部、体育部、接待服务部、交通运输部、财务部、计划监督部、联络协调部、安全部、赛事执行部等。每个组委会设置一名执行主席管理和监控组委会的总体工作进展,同时设2～3名副执行主席,分别管理下设部门的工作。随着奥运会筹备工作的进展,可能会重新建立其他部门。此外,赛事管理对组织文化十分看重,组织文化也是赛事推广的内容,同时赛事与外界环境的关系决定了组织对赛事影响冲击力的管理需要。

(四)实施

赛事的实施即承担和完成计划中的作业任务,是赛事运作中最重要的部分,直接决定赛事的最后结果。赛事管理者必须确定赛事的主要任务,指导任命个人或委员会负责特定的领域,按照计划和任务清单完成各自领域的作业任务。在这个过程中,领导与控制是重要的管理职能,在赛事实施过程中要特别注意领导和控制手段的运用,从而确保赛事按照计划进行或根据变化做出调整。

(五)赛事评价和结束后管理

(1)赛事评价。所谓赛事评价,就是实施仔细观察、测量和监视,以便正确评估结果的过程,从而向赛事参与者提供反馈,在赛事管理过程中扮演重要的角色。评价可以运用数据收集、观察、反馈会议、调查问卷和测量等手段,主要围绕竞赛工作评价,此外还包括赛事的目的和目标的实现程度评价。

(2)赛事结束后管理

赛事结束后管理是对赛事管理要素的清理工作,这主要表现在后勤工作和竞赛工作上,包括比赛成绩编制和印发新闻信息;对志愿者、媒体和赞助商工作的感谢和认可;器材、服装等物资设备的归还、转让、出售和处理;财务决算、平衡账目;举行汇报;发送工作总结报告给赞助商和关键的组织;保证为运作未来赛事保留足够的记录;奖励。

四、赛事管理要素运作

体育赛事管理要素指赛事运作主体所要涉及的复杂、多样和变化的广大对象,体现在人、财、物、信息、技术和赛事目标以及参与主体的需要等静态事物和运作管理的动态活动上,即体育赛事管理要素是使赛事发生所要进行的行动和涉及的各种存在因素的总和。根据体育赛事构成要素的类别,体育赛事运作的活动应该表现在人力资源、后勤、信息沟通与技术、财务预算、法律风险、营销、竞赛、评价等方面。

(一)财务预算与控制

赛事管理的复杂性和经常监控财务状况的需要使得预算和财务成为成功赛事管理的核心。对于赛事来说,一个账目周期通常是计划、组织和运作将来临赛事必需的时间段。预算包括成本计算、收入评估和财务资源分配。赛事预算和财务管理包括成本计算和收入计算、现金流动、监控。成本计算是对运作过程中成本的预计、分类和分配。成本按照是否随着赛事参与人数变化而变化,分为固定成本和变动成本。成本发生在赛事运行的各个阶段,与赛事的规模相关。赛事的收入可分为基本资金收入和营销收入两方面,主要包括门票销售、报名费、赞助、商业运营收入、集资等。

(二)赛事风险及法律管理

赛事风险是客观存在的,主要体现在人、财、物、信息资源、管理行动、外部环境不确定带来的潜在威胁上。风险管理即辨认机会和避免或减轻损失,风险管理过程包括确认、评测、控制几个步骤。在确认环节,赛事的管理者可以通过分解工作,逐项分析任务,找出可能会出现风险的地方,也可以通过对赛事试运转来发现风险;评测就是对风险影响的严重程度和发生的可能性排序;确定和评测风险之后,就可以实施合适的降低风险行动。赛事管理者要制定策略去控制任何可能会出现的问题,包括取消赛事或赛事的部分内容以避开风险、减小风险、降低风险的严重程度、制定预备方案、分流风险和转移风险。

(三)赛事人力资源管理

所谓赛事人力资源管理,就是从战略角度管理赛事运作所需人员。人员主要包括赛事的官员、财务人员、医护人员、安保、引导员、服务员等,还包括志愿者。有效的人力资源管理规划即赛事管理者在整体战略目标的指导下,根据赛事的规模和类型制定人力资源管理战略目标,进行目标指导下的任务分析,描述且定位岗位和需要人员数量,从而开展招募、筛选、训练、提拔、评价和终止雇用等活动。更深一步的职业发展、分流也是一个需要仔细研究的过程。在这个过程中,应针对不同人员具有的差异和动机进行区别分析和管理。

(四)后勤管理

赛事运作实质上是竞赛产品和服务的输出,因此需要稳定的后勤保障。按照赛事发生的先后顺序,后勤运作主要分为供给、运输、联系、流动控制和信息网络等几大领域。供给主要包括消费者、产品、设施和设备的供给,对于大型赛事而言,场地和场馆的建设是后勤的重要内容;流动控制是指产品、服务和消费者的流动,其中交通等是一个重要的流动控制工具。信息网络是指赛场里的信息沟通,后勤与赛事信息沟通与技术运作任务紧密联系,信息网络的建立必须由后勤完成有形设备的铺设。

(五)体育赛事的综合营销

在推广赛事时,经常采取综合的营销方案,获取市场推广收益。

(1)企业赞助。赞助是许多赛事收入的主要部分,赞助在赛事中地位非常重要。有学者认为,赞助是在体育、社区、政府活动、文艺、个人或广播里的投资,对赞助商产生一种商业回报。这种投资可以是财务上、物质上或人员服务上的。赛事赞助体现双方通过平等交换寻求各自利益的关系,主办方寻求资金、设备、特殊商品和服务,赞助商寻求曝光率和改变形象。

(2)公共关系。公众关系最重要的是首先建立与媒体成员良好的工作关系,与传播媒体的沟通有助于提高赛事的公众度。

(3)门票销售。体育赛事收入不同程度地依靠门票销售。

(4)媒体转播。体育赛事拥有为大众娱乐的潜能。电视和其他形式的通信以及市场营销建立了世界对体育赛事的感知,大多数赛事观众通过媒体信息通信与赛事接触。体育赛事管理和市场营销专业人员都利用快速增长的媒体市场来扩大赛事的观众数量。赛事推广者寻求同转播机构分享收入的条约,在这种情况下,赛事推广者提供制作费用或者提供免费转播以交换共同分享广告的销售收入。

(5)专利许可和销售。专利许可和销售根本上取决于赛事的标志知名度,奥运会、世界杯足球赛等对标志产品有着巨大的需求,对于小规模、小有名气的赛事,例如高中足球赛或者10公里跑步赛,销售专利产品的努力和花费可能还高于来自赛事本身产生的收入。

(六)竞赛管理

运动竞赛是任何规模、任何类型赛事的核心,赛事其他任务均围绕着竞赛开展。运动竞赛活动由竞赛管理者和运动员、裁判员、观众、志愿者、新闻媒体等赛事参与主体共同参加。竞赛管理活动的实质是管理运动竞赛活动,有效率和有效果地提高竞赛产品的质量,达到赛事目的和目标。竞赛管理是一个包含着管理者行使计划、组织、领导、控制管理职能的过程,且需要许多任务活动交叉和相互协调,竞赛管理活动表现为竞赛程序的执行。

第五节 体育侵权

一、体育侵权概述

体育领域的侵权行为主要包括人身损害、经济上的侵权行为及其他类型的侵权行为。人身伤害导致的侵权有故意和过失两种；比赛过程中发生的侵权行为一般由裁判和纪律处罚机构处理，特殊情况下，可转变成体育参赛者对身体损害行为自担责任。

经济上的侵权行为同样与体育相关，首先这种侵权行为是故意的，并且造成一方经济上的损失，而且又不违反合同约定，主要包括竞争、运动员在俱乐部之间的转会引起的纠纷。侵权之诉的核心是合同，可能是赞助或转播合同，也可能是运动员与俱乐部之间的转会合同。

其他类型的侵权行为出现在体育领域非常偶然，如诽谤侵权，一旦发生就会产生严重的损害。

二、体育运动伤害的侵权责任

(一)体育运动伤害行为的界定

对体育运动伤害行为界定，从加害主体、发生原因等角度出发，体育运动伤害行为的加害主体是具有特定资格的主体，一般情况下是具体从事体育项目及其相关的人员，如运动员、教练员、裁判、体育活动组织者、经营管理者以及观众等。运动员在赛场上的行为可能伤害到看台上的观众，观众向运动场上的运动员投掷物品致使损伤，这些都属于体育运动伤害行为。一旦加害主体改变，变成一般社会主体，便不能构成体育运动伤害行为。从发生的时间上和空间上，受害的一方应当在从事与体育运动项目有关的锻炼以及训练、比赛过程中受到伤害，并且应在包括进行各种具体运动项目场地或场馆等空间范围内发生，才构成体育运动伤害行为。

竞技体育运动具有对抗性强和竞争激烈的特点，所以伤害产生具有必然性。加害方需在主观上有违反注意义务的过错，并且实施了加害行为，造成损害后果是可预见的，行为与损害后果之间存在因果关系，也即满足侵权的"四要件"才能构成侵权责任。这里的注意义务主要是指能避免可预见的风险，该风险将导致可预见的身体伤害。在体育运动伤害行为中，过失是主要的侵权行为，过失侵权的构成要素包括被侵权人必须能够证明侵权人具有一般的注意义务；侵权人违背了该义务，对被侵权人造成了损害的结果。

当体育比赛或其他体育娱乐中的参加者被其他参与者的行为或疏忽损害时,如果存在注意义务,还应当考虑比赛所发生的具体环境。这里提到必须要考虑的相关环境因素,可能包括:第一,该运动项目是身体接触还是非身体接触的体育项目,适用不同的标准;第二,该事件是发生在比赛的激烈阶段,还是在比赛节奏平缓的时候;第三,该运动项目必须接受的固有风险的危险程度;第四,是否违反了比赛规则;第五,事先防范的成本与可能性;第六,该事件所涉及风险的危险程度。

对不同层次的比赛是否要适用不同的注意义务标准,如职业性比赛与业余比赛适用不同的注意义务标准。

(二)体育运动伤害侵权责任之抗辩事由

在侵权责任法中,抗辩事由是针对承担民事责任的请求而提出来的,故其又称为免责事由或减轻责任事由。在体育运动中,遵循着"自愿造成损害者不得主张所受的损害"的原则,也称"自甘风险"原则。受害者在明知危险存在的情况下,主动同意自行承担加害者行为可能产生的后果,从而达到免除加害者过失侵权责任的效果。中国法律虽未明确规定自愿承担风险的法律效力,但自愿承担风险能够作为侵权责任的有效免责事由是学者的共识。

受害者承担风险的表达方式可能是明示的自甘风险,可能是默示的自甘风险。在参与体育比赛或观看体育比赛时,组织者、领导者、经营者等与体育活动参加者之间签订免责条款,只要内容具体、明确、清晰,并且订立的协商过程自由、开放,一般认定该免责条款即为合法有效。默示的自甘风险需要推定,运动员参加比赛,观众买票进入场地观看比赛都应推定为受害者在明知参加该项活动本身的固有风险会带来伤害的情况下,自愿承担可能造成的伤害。根据被告在侵权案件中是否有过失,默示的甘冒风险又可分为主要的默示甘冒风险与次要的默示甘冒风险。主要的默示甘冒风险是指体育运动项目本身固有的风险造成的损害,即便是加害人履行了注意义务依然不能避免伤害的发生,这种损害结果由受害人承担。次要的默示甘冒风险指由被告过失造成的风险自负。

(三)学校体育运动事故处理的法律问题

对于学校与学生之间的法律关系,学术界有监护权转移说、部分监护权转移说、委托监护关系说、特别权力关系说、契约关系说等不同观点,但更多的学者认为学校与学生之间是教育和管理的关系。《最高人民法院关于审理人身损害赔偿案件适用法律若干问题的解释》(以下简称《人身损害赔偿解释》)进一步明确:"学校对未成年人依法负有教育、管理、保护义务";《中华人民共和国侵权责任法》(以下简称《侵权责任法》)指出,"学校对学生承担教育、管理职责"。

1. 学校体育侵权行为构成要件

学校体育侵权行为是侵害学生在体育活动中的人身、健康等权利依法应承担法律责任的行为。应从行为人的主观过错、行为违法性、损害事实、违法行为与损害事实之间的因果关系四要件认定学校体育侵权行为。其中行为违法性即违反法定义务,法定义务的来源主要有三个:一是法律的直接规定,例如,学校对学生承担教育、管理职责;二是来自业务上或职务上的要求,例如,游泳教练对学习游泳者应负救护义务;三是来自行为人先前的行为,行为人先前的行为给他人带来某种危险,对此,必须承担避免危险的作为义务,例如,教师带领未成年学生爬山的行为,就使其产生了保护该未成年学生安全的义务。损害事实是指学生的人身权、财产权等合法权益受到侵害,并造成财产利益和非财产利益的减少或灭失的客观事实。因果关系要件指的是违法行为作为原因,损害事实作为结果,它们之间存在前者引起后果,后者被前者所引起的客观联系。在行为的违法性和损害事实这两个要件都成立的情况下,若它们之间有因果关系则可能构成学校体育侵权,若无因果关系则不构成学校体育侵权。

2. 损害赔偿原则

学校体育伤害案件中,学校一方因未尽到教育和管理职责承担过错责任。对学校是否尽到教育和管理职责的认定因学生年龄、认知能力和法律行为能力的不同而不同,主要体现为学校是否满足了相当注意义务的要求,即对学生人身健康安全是否尽到了合理的、谨慎的注意义务。所谓尽了相当注意义务,是指学校按照法律法规、规章规程等以及合同要求的注意而付出一定的努力,尽到了对学生人身健康安全的、合理的、谨慎的注意义务。

具体来讲,与限制民事行为能力人相比,无民事行为能力人的判断能力与自我保护能力非常低,这就要求教育机构尽到更高的注意义务,履行教育和管理的职责。即使对于同为限制民事行为能力人的学生而言,学校也理应承担不同标准的注意义务,不同阶段学校对于这些学生的教育与保护义务是极不相同的。学校对小学生的人身健康安全的注意要求比高中生高,因为小学生的认知能力、防范风险的能力较低,发生人身伤害的概率也就高,这也被称为相当注意义务。

三、体育赛事直播侵权

(一)区分体育赛事画面直播与体育赛事节目转播

体育赛事画面直播指的是在举办比赛期间,允许他人现场录制向公众传播据此获取报酬,目前对于体育赛事画面直播的性质存有争议;而体育赛事节目是转播方通过拍摄、录音等手段对体育赛事进行加工形成的音频或视频类产品。在体育赛事节目中通常会融入解说、字幕、采访、回放镜头或特写等,其可以被复制固定在载体上,因此具备可复制性,属于邻接权中的广播组织权,受著作权法保护。

(二)体育赛事直播画面侵权

司法实践中对具有相同案件事实的体育赛事直播画面侵权案件适用不同的法律规则,导致保护与否以及保护适用不同法律规则的不规范状态。其根本原因在于,司法实践对体育赛事直播画面在现行法律体系中应该归属于何种权益的客体产生了不同的认识。

1. 体育赛事直播画面的性质认定

体育赛事直播画面的权利来源于赛事组织者授权从而获得了直播赛事实况的权利,对赛事实况直播的权利,是指赛事组织者通过控制体育赛事举办场所的权利,以准入的方式获取其利益。这种权利具有物权性质,又称为"场所权"。然而这种权利只能通过物权的占有权实现,这种物权性质的"场所权"之客体,并不能延伸到基于"场所权"的授权而产生的体育赛事直播画面。

体育赛事直播画面不符合著作权保护的作品的要件。中国对作品的界定,其获得著作权保护的前提条件是必须具有独创性。所谓独创性,即本质上是作者独立创作的产物,并非对已有作品的复制。体育赛事直播画面的制作者在赛事直播过程中需要通过多镜头切换、不同位置的摄像并辅以回放等工作,但是所有这些工作必须遵守一个基本的规则:以适合观众观看为基本目标,镜头的切换、不同位置摄像以及回放必须遵守该行业的基本规则与原理,从而不构成著作权所保护的作品。此外,其也不属于邻接权保护的客体,原因在于:其一,体育赛事在直播过程中,实时呈现画面,不是已经形成制品,所以不能作为邻接权人的录像制作者的权利;其二,侵权人的侵权行为主要以截取直播信号的方式,将他人直播的体育赛事通过其所控制的网络平台向公众传播,非常类似于中国《著作权法》第45条所赋予广播组织的转播权,但广播组织转播权的主体必须是广播电台或电视台,因此,体育赛事直播画面无法纳入邻接权中广播组织权的保护范围;其三,体育赛事本身不属于对作品的表演,其更不可被纳入表演者权的保护范围。

2. 适用反不正当竞争法予以保护

由于体育赛事直播画面的权利客体归属不明确,因此司法实践中对体育赛事直播画面案件法律适用出现不同的情况。尽管如此,体育赛事直播画面对体育赛事产业的发展具有至关重要的作用,体育赛事直播画面应该予以保护。

根据最高人民法院的司法案例中确定的反不正当竞争法的一般条款,适用的前提条件包括:第一,法律对该种竞争行为未做出特别规定;第二,其他经营者的合法权益确因该竞争行为而受到实际损害;第三,该种竞争行为因确属诚实信用原则和公认的商业道德而具有不正当性或者说可责性。[①]

思考题

1. 简述体育法的概念及其调整对象。
2. 简述我国体育法上行为的概念及其形态。
3. 简述体育运动伤害的侵权行为。
4. 简述学校体育运动侵权行为的构成要件。
5. 体育赛事直播画面是否属于著作权法保护的作品？实践中如何对其进行保护？

---

① 参见最高人民法院民事裁定书(2009)民申字第 1065 号。

第八章　娱乐产业融资

从事娱乐产业的企业与其他类型的企业一样,其发展离不开资金;而文化产业的特性又决定了娱乐行业的公司大多属于"轻资产"型的公司。如果仅依靠自身资金的积累,则会受制于资金实力不足而无法有效运营,更遑论进一步扩大发展企业。因此除了自身运营积累的资金外,还可以通过融资的方式获得运营及发展资金,融资渠道通常包括内源融资和外源融资。内源融资主要是公司的所有者的资本投入,外源融资主要指公司以外的融资渠道,包括债权型融资和权益型融资,其中权益型融资包括股权投资、发行股票融资、通过挂牌的方式公开转让股权。本章主要介绍影视、电视、音乐、体育、游戏行业中较为典型的融资方式。

第一节　影视产业融资

影视剧的制作需要高度依赖大量的资金,多数民营影视剧制作机构财力相对有限,加之影视作品的制作周期较长,依靠自身运营累计的资金往往缓解不了现金流压力较大的情况,如要制作高品质影视剧作品,则资金供需缺口更加明显。为突破资金瓶颈,影视公司就需要筹集资金,以获取影视剧制作和企业发展所需资金,提高影视剧产量及质量。

一、信用融资

由于影视公司固定资产通常较少,难以通过传统的抵押担保申请获得银行授信,通常是以公司股东、关联方或其他第三方机构提供保证以获得融资。能以信用作为担保获得银行青睐并提供资金的通常为上市公司、挂牌"新三板"的公司,因为上市公司或者挂牌"新三板"的公司规范化程度较高,资产负债结构合理、债务比率和财务风险相对较低。如在2005年,华谊兄弟向深圳发展银行申请5 000万元贷款用于拍摄《夜宴》,请中国进出口保险公司作担保以及王中军提供个人无限连带责任。

二、质押融资

鉴于近年政府加大政策支持力度,包括金融支持方面的政策,以振兴文化产业,加之不断借鉴国际影视产业的发展经验,银行业不断推出针对文化产业的金融创新。影视行业中最具核心价值的财产就是其无形资产即电影与电视剧及相应的财产权益等,其蕴含着巨大的可变现的商业价值。以无形资产质押获得贷款具有可行性和操作性,企业可利用版权及相关权益向银行申请贷款。譬如在完片担保模式中,影视剧制作企业将其与发行方签订的发行预售协议提交银行申请贷款,银行会要求制片企业以影片中的相关版权、期待收益等权益单独或组合质押;譬如在向银行借贷时,由担保公司提供担保出具保函,企业方将版权质押给担保公司作为反担保。

(一)版权质押

影视剧企业可用于质押的权利品种包括电影/电视剧版权,银行是否向影视企业提供授信以及额度取决于版权的价值大小。版权质押包括用已经完片电影或电视剧质押获得制作资金,或利用未完成的影视剧的期待版权质押获得制作资金。如华谊兄弟在拍摄电影《唐山大地震》时,向中国银行股份有限公司北京王府井支行借款人民币5 000万元,约定由王中军、王中磊为该借款提供个人连带责任保证,待取得《唐山大地震》电影公映许可证后,追加影片版权项下全部财产权提供质押担保。而在2007年交通银行北京分行贷款600万元给北京天星际影视文化传播公司,以未来电视剧《宝莲灯前传》的版权质押,贷款用于该影视剧的制作。① 由于版权价值评估体系、版权保护不完善等因素,多数银行版权质押方式保持谨慎,目前只有少数知名度较高、市场行业地位影响较大的影视制作企业能以版权抵押方式获得贷款。

(二)应收账款质押

影视剧制片企业可用于质押的权利品种包括应收账款。在电视剧项目中,电视剧最终通过电视台或者视频网站播出,因此销售客户一般是电视台、新媒体公司以及音像出版社等。由于电视剧主要销售渠道还是在电视台,主要应收账款为各大电视台,而由于通常电视台资金实力雄厚,应收账款的坏账风险较低,因此银行等金融机构通常会接受该等应收账款用于质押。如建设银行的"影视贷"业务,建设银行接受电视剧制作企业将其与电视台订立的电视剧播放许可合同所产生的应收账款作为质押以获得贷款。在电影项目中,影业企业则是以电影版权销售产生的应收账款、广告植入业

---

① 《国际视野下的影视版权质押贷款》,http://www.nipso.cn/onews.asp? id=18101,最后访问日期:2019年9月27日。

务款项等向银行等金融机构获得贷款。

（三）未来收益权质押

影视剧制片企业可用影视作品版权所产生的未来收益权质押，譬如票房收益、网络或广告植入项下的收益。企业与各大院线签订电影作品分账发行放映合同，授予各大院线电影作品的发行权、放映权等，并在合同中约定未来票房收入的分配，制片方则可以未来可获得收益为质押向银行申请贷款。譬如在2007年，华谊兄弟电影《集结号》以票房收益为质押，向招商银行融得5 000万元项目贷款。

三、版权预售融资

在已有影片剧本未开始拍摄或者影视剧完工之前，影视制作单位在摄制阶段就凭借剧本、演艺人员或者影片片花，通过签订预售协议的方式，提前出售影片的播映权、发行权或者信息网络传播权，预先变现资金，预售价格通常依据主创人员或者其他关键方的知名度、投资规模、剧本质量、制片方过往作品市场反馈等要素合理预测。

在电视剧项目中，制片方预售电视剧有两种模式，一种模式为电视台选择将购片资金以投资入股的方式投入电视剧生产，另外一种模式则是提前购买电视剧播映权。在电影项目中，制片方则是通过向海内外的发行方或者放映方预售电影的发行权和放映权，收取保底发行金。徐克导演执导的"狄仁杰"系列影片在戛纳电影节上通过播映片花便预先出售了发行权和放映权。

四、广告融资

广告融资指影视制片企业通过向品牌方提供贴片广告和植入式广告等影视衍生服务预先获得资金。所谓贴片广告，指影视制片企业将品牌方的产品或其形象广告，随同影片一并拷贝，在电影片头插播的广告，或在电视剧片尾跟帖播出的广告。植入式广告指影视制片企业为品牌客户提供在影视剧的故事和情节中植入广告的创意及制作服务，继而达到营销的目的。由于影视剧受众范围广，电影和电视剧是广告投放的平台。通过这种途径，影视制片企业和品牌方通常能够达到双赢局面，品牌方通过在影视中曝光产品或企业形象达到宣传品牌方或其产品的目的，同时影视制片企业获得制作资金。譬如电视剧《欢乐颂》中植入至少超过50个品牌的广告，冯小刚执导的《大腕》《非诚勿扰1》《私人订制》《天下无贼》中将广告植入应用得淋漓极致。而联合利华则投入资金分别为其多芬和清扬品牌定制《丑女无敌》及《无懈可击之美女如云》。

五、联合拍摄融资

由于影视剧拍摄的投资规模和资金需求量大，为了缓解资金压力，降低单片投拍占用过多的日常营运资金,规避投资风险,实现项目和资金的优势互补,影视制作方通常会引入投资方联合拍摄制作影片,并按各自出资比例或按合同约定利益及分担风险。在联合拍摄融资模式里,按分工可划分为执行制片方和非执行制片方,拥有优秀影视项目、丰富的制片经验或投资比例最大的影视制作企业通常担任执行制片方,负责整个拍摄进度的把握、资金的管理等。而非执行制片方虽然参与对剧组的管理,但并不参与具体的管理和拍摄生产工作,通常负责投资、监督拍摄质量和进度及其他相关工作。双方在合作前通常会划分拍摄过程中各方的职责、版权的归属、各方收益的分配等权利义务。

六、影视众筹

众筹也是影视行业融资的途径之一,对于规模较小的制片方,众筹提供有效途径募集制作过程所需资金,对于发展规模较大的影视制片方,可利用众筹对影片进行营销以聚集人气、试探市场。如动画电影《大鱼海棠》获得 3 596 名大众投资者的资金支持[1],《西游记之大圣归来》获得 89 名大众投资者的资金。[2] 有数据显示,截至 2016 年一季度末,中国影视众筹平台(含综合型平台)至少有 46 家。[3] 随着互联网+金融创新的推进,新的影视众筹形式也应运而生,阿里巴巴旗下的娱乐宝便是具有显著众筹特征的理财产品。目前,娱乐宝的运作模式主要有两种:一种模式为大众投资者通过在娱乐宝购买每份 100 元的产品(娱乐宝平台影视剧项目的投资额为每份 100 元)投资影视剧作品,这种购买实际上是对接购买了保险公司提供的保险理财产品,保险公司为投资联结保险产品的资金运作设立一个或数个专用投资账户,投资于专门为影视项目信托产品,购买其份额,譬如《小时代》《卧虎藏龙:青冥宝剑》等;另外一种模式则是影视制片方与信托公司签订财产权信托合同,委托信托公司管理影视项目下的影视消费权益,设立相关财产权信托,并向消费者提供,由大众投资者认购影视消费权益份额,以募集资金,投资相关影视项目,如《摆渡人》《明月几时有》等。

七、上市、挂牌融资

处于成熟期、经营较为稳定的影视企业通过上市能够利用资本市场直接融资的特征,广泛、分阶段地募集社会资金以用于持续、稳定发展。上市使得企业能够获得稳

---

[1] 《大鱼海棠:一部给少年带来信仰的动画电影》,http://www.demohour.com/projects/320144,最后访问日期:2018 年 9 月 25 日。
[2] 《西游记之大圣归来》共有 89 名众筹投资人参与众筹,众筹资金 780 万元人民币,其投资收益显示,收益与投入相比翻了近 4 倍,http://www.xi1.cn/2015/0727/69273.shtml,最后访问日期:2018 年 9 月 25 日。
[3] 《中国互联网影视众筹行业发展报告》,http://www.01caijing.com/article/4026.htm,最后访问日期:2018 年 9 月 1 日。

定、长期以及畅通的筹资渠道。企业可以在上海和深圳证券交易所通过公开发行新股或者公司股东公开发售股份（即老股转让）筹措资金，在扣除发行费用后，将募集资金主要用于补充影视剧业务营运资金、项目投资等用途。华谊兄弟公司在 2009 年深圳证券交易所创业板上市，向社会公开发行人民币普通股（A 股），募集资金总额为 1 200 360 000 元。企业上市之后，还可通过再融资的途径为影视剧内容制作等项目募集资金，再融资通常包括公开增发、向特定投资者非公开发行股票等。北京华录百纳影视股份有限公司 2016 年向 5 名特定投资者非公开发行人民币普通股（A 股）募集资金，总额为 2 190 686 194.60 元，扣除发行费用后募集资金用于影视剧内容制作。但影视行业中能够具备上市条件和能力的公司并不多，因此不少影视企业通常会选择全国中小企业股份转让系统（"新三板"）挂牌融资。

八、债券融资

债券融资包括发行企业债券融资和发行公司债券融资。企业债券是企业根据法律规定的程序依法在境内发行，约定在一定期限内还本付息的有价证券，发行主体通常是非上市公司或企业，审核机构为国家发改委。中国电影集团公司在 2007 年成功发行 5 亿元人民币的企业债券，用于建设数字基地、发展数字院线以及新建和改造影院，是中国首家文化产业在企业债券市场融资。公司债券是指股份有限公司、有限责任公司等所有公司制法人公开或非公开在证券交易所、全国中小企业股份转让系统等系统发行的，约定在一定期限内还本付息的有价证券。光线传媒公开发行 2017 年公司债券（第一期），发行总规模为 10 亿元。

九、私募基金

由于影视行业巨大的市场空间引发私募基金的青睐，故金融资本与影视产业的对接和整合可以为影视企业提供融资渠道。譬如出品了《万物生长》《后会无期》《万万没想到》《乘风破浪》等作品的果麦文化传媒股份有限公司在 2012 年获得经纬中国、普华资本 A 轮融资，2016 年获得孚惠资本领投，华盖资本、小村资本跟投 B 轮融资，2018 年 1 月 3 日，完成博纳影业和 IDG 资本领投，华盖资本、浅石创投、经纬中国跟投的 C 轮融资。随着投资影视的热度不断攀升，专注于影视文化产业投资的专业私募基金雨后春笋般涌现，通常该类基金的投资者为具备影视背景专业的企业，管理人也通常由具备影视经验、精通影视产业运作的专业投资管理团队担任。如 2013 年 8 月博纳影业联手诺亚控股、红杉资本（中国）发起博纳诺亚影视基金；2013 年弘毅联合上海 SMG 设立目标规模为 30 亿元的弘毅影视投资基金；2014 年中国电影基金会、北京市国有文化资产监督管理办公室、中信资产管理有限公司、耀莱集团、北广传媒集团等发起的北京文资华夏影视文化产业投资基金。2016年IMAX中国全资子公司爱麦克斯（上海）与华人文化合资成立电影基金。专业电影基金投资对象总体分为影视项目以及影视企业的股权权益。私募基金直接投资影视项目是较为常见的方式，主要因该运作方式的回报率高，但风险也更大，收益也无法保证。根据公开资料，投资影视项目的基金如长富汇银投资基金管理（北京）有限公司管理的一壹长富《翡翠恋人》影视基金；国盈资产管理有限公司管理的国盈影视基金壹号；上海火线资产管理有限公司管理的火线影视1号私募股权投资基金等。另外一种投资模式则是私募基金投资影视企业的股权，相对于投资项目，股权投资退出及获得回报周期较长，但相较于影片项目，股权投资面临的法律、财务风险较为可控且较小。根据公开资料，如歌斐资产管理有限公司管理的阿里巴巴影业文化产业基金合伙企业投资灵河文化传媒（上海）有限公司的股权；华人文化（天津）投资管理有限公司管理的华人文化产业股权投资（上海）中心（有限合伙）等。

第二节　游戏产业融资

随着技术的创新、带宽和网速的提高及游戏研发能力的增强，目前国内对游戏的法规整体而言倾向于鼓励和支持，加之中国消费者的消费习惯逐渐由免费消费转向付费消费，且游戏可以与文学、影视、动漫等文化业态相互结合，故游戏市场增长迅速。游戏产业属于新型产业，加之游戏公司通常是轻资产企业，游戏行业内的融资渠道较狭窄，故其通常通过众筹、天使资金和风险资金、上市挂牌或以VIE模式境外上市以获得融资。

一、游戏众筹

对于规模较小的游戏企业而言，其既无法从传统融资渠道获得贷款，又尚未能获得天使投资、风险投资等专业投资方的资金，故通常会选择众筹。众筹提供了游戏公司获取资金的新途径：发起人通过众筹平台发布自己的游戏创意或者项目，向大众募集游戏研发运营所需的资金，可缓解项目初期带来的资金压力。不同于引入外源融资多少会受到资金方的左右，众筹能够使得发起者保持对游戏作品的控制权。另外，游戏众筹也使得发起者能够接触和攒集潜在游戏用户玩家，了解游戏市场和用户喜好，获得最直接的反馈和建议，并且可以达到一定的宣传推广效果。游戏众筹基本都是回报众筹类型，游戏众筹亦是根据支持的档位设置回报，回报内容通常是游戏本体或者是虚拟回报，譬如游戏中的装备、Downloadable Content（DLC）、特制画册等限量周边产品、游戏攻略、感谢名单、角色定制、限定非卖角色、游戏内置服装包、玩家特权、设计专属任务、剧情或者台词。游戏众筹的回报通常包括常规回报以及后续的回报（即解锁扩展项）。常规回报通常指一开始就已经预设回报，根据支持者不同的支持档位而发放。而解锁扩展型回报指根据筹集资金达到一定的档位时，有不同的回报。《仙剑奇侠传6》联手京东在京东众筹平台上众筹，不仅筹集到1 559 119元，并且同时起到了宣传营销的效果。目前国内专门做游戏动漫众筹平台的是摩点网，不少游戏团队在该平台上发起了游戏和创意的众筹，众筹期限届满且达到众筹目标。

二、天使资金及风险资金

在游戏企业创立初期，通常只有初创团队和游戏创意、构想，甚至没有成型的游戏产品，是否能将创意转换成产品存在极大不确定性，故是游戏团队最关键且最艰难的时期。此时游戏企业通常会通过寻求天使投资者获取初期发展资金。天使投资者可以是企业家的家人和朋友，也可以是专业的天使投资者。天使投资者通常使用他们自己的钱，不像风险投资者，资金从其他投资者募集而来，因此在资金使用和调拨上比较快速，手续流程简便。通常而言，天使投资者的投资更多投向游戏企业初创团队人员，提供资金孵化项目。相对于其他提供资金者，天使投资者在条件设置上通常并不苛刻，也不参与项目管理，不会左右企业管理层的决策。天使投资的投资模式可分为单独投资模式和联合投资模式。单独投资指只有一名天使投资人提供资金；而联合投资模式则是多名天使投资人联合向企业提供资金，其有助于分散风险、放大资金效应。游戏企业通常从天使投资者获得的资金额度一般不会很大，但可以渡过初期阶段开发项目。如由"有妖气漫画"创始人、"十万个冷笑话"系列动画电影出品人周靖淇及旅美动画导演唐伯卿创立的仙山映画，就获得磨铁集团和掌门科技董事长陈大年4 000万元天使轮资金。

游戏企业在通过初步的商业模式验证，规模逐渐扩大，运营急缺大量资金时，则可寻求风险投资机构以获得风险资金。这个阶段游戏项目通常已经通过初步的商业模式验证，有一定的运营数据等，能够进行评估，因此风险投资机构能在评估基础上平衡风险与回报，以提供风险资金。风险投资机构内部通常有熟悉相关技术或者行业的人员，或者本身投资过不少游戏项目，通常会更深刻理解行业风险点，在提供资金的同时也能为企业提供一定的指导和帮助。由于风险投资机构提供的风险资金额度高，因此其风险系数则会更高，而风险机构的资金通常来自其他投资者，因此风险机构会根据其投资的金额大小制定相应的风控措施，包括对游戏企业在一系列的法律文件中设置各类条件，把控资金的使用以及企业的运作。

三、上市或挂牌融资

由于游戏企业属于轻资产企业,相对而言缺乏可抵押的固定资产用以向银行等传统融资渠道获得研发运营所需的贷款,对于资金不足的问题,有的公司会选择借助资本市场融资。能够在主板上市的游戏企业通常实力雄厚,譬如完美世界股份有限公司通过借壳方式回归国内深圳证券交易所上市,杭州电魂网络科技股份有限公司在上海证券交易所实现上市募集资金开发网络游戏新产品等。而在全国中小企业股份转让系统("新三板")挂牌的企业包括英雄互娱、盖娅互娱、雷石集团。在"新三板"挂牌虽不同于上市,不能公开发行股票融资,但可以采取定向增发的方式募集资金。另外,在"新三板"挂牌的企业也能通过二级市场获得战略投资者的青睐,发现其潜在价值及成长性,如华谊兄弟在 2016 年投资认购了英雄互娱 20% 的股权。

四、VIE 模式融资

通常境内的游戏公司初期基本盈利少甚至没有盈利,无法满足国内较高的上市门槛,而境外上市通常偏重于市场和企业行为,盈利要求门槛较低甚至不设置盈利门槛;此外,由于境内上市程序复杂,花费成本和时间较高,故游戏企业通常选择采取 VIE 模式到境外上市。VIE 模式通常是境内的游戏企业通过其实际控制人设立境外公司(通常为境外离岸公司),并以该境外公司作为上市主体,在境外交易所实现境外上市,并通过该离岸公司设立境内全资子公司。外商直接投资电信业务受到中国法律法规的严格限制,因此要通过 VIE 协议控制的模式运营境内游戏公司。譬如,游戏直播平台虎牙采取了 VIE 的结构在美国纽约证券交易所上市筹资,欢聚时代公司持有开曼公司 HUYA Inc. 48.4% 的股权,HUYA Inc. 持有中国香港公司 Huya Limited 100% 的股权,Huya Limited 持有广州虎牙科技有限公司 100% 的股权。由于虎牙直播服务属于增值电信服务,根据中国法律法规,外国人拥有和投资互联网业务受限,而 HUYA Inc. 作为开曼公司,在中国设立的子公司属于外商投资企业。因此,HUYA Inc. 通过广州虎牙科技有限公司与广州虎牙信息科技有限公司及其股东之间进行一系列合同安排,包括通过股东表决权代理协议、股权质押协议确保 HUYA Inc. 获得了有效控制权,通过独家业务合作协议确保获得经济利益等,使得 HUYA Inc. 成为广州虎牙信息科技有限公司的唯一受益者,同时确保遵守中国的相关法律法规经营流媒体直播业务,结果其成功在美国纽约证券交易所挂牌,开盘价为 15.50 美元,开盘后也一度上升至 17.17 美元。

第三节　音乐产业融资

近年来,音乐产业迅速发展,高附加值的商机吸引着各类资本,故音乐产业重新成为资本追逐的热点,加之新型融资方式的涌现,音乐融资渠道得到很大的拓展。

一、音乐众筹

所谓音乐众筹,即面向社会大众筹集资金用于音乐相关的项目,包括歌曲制作、唱片制作、现场演出、音乐硬件、音乐周边、音乐视频等。

众筹根据分类标准有不同的类型。根据众筹的对象,众筹可分为股权类众筹、债权众筹、产品众筹、公益类众筹和奖励类众筹等。音乐众筹当下主要为股权众筹以及产品众筹,而产品众筹为主流。股权众筹是社会大众通过出资受让企业一定比例的股权,获得未来收益。譬如音乐厂牌十三月在"蝌蚪众筹"股权众筹平台计划筹资150万元,占公司9%的股份,众筹额度为30份,每份4.9万元。产品众筹指的是投资者出资用于筹款人开发、生产产品或者服务,产品或服务按照计划的方式完成后,筹款方按照约定的方式回报给出资者。产品众筹不仅使得筹资人可以获得一笔资金用以开发生产产品或服务,同时也产生营销推广的效用。根据众筹的模式不同,可将众筹分为预售型众筹及一般型众筹。预售型众筹通常指已经在发起人的自有资金支持下启动项目前期准备工作,项目已有雏形,并且项目推出时间能够确定,投资者在项目生产前出资,筹资是否完成不影响项目的完成,计划筹资是否完成、项目是否完成都需要兑现回报。一般型众筹是指项目因缺乏资金未能启动及完成项目而进行的筹资,若未能完成计划的筹资额度致使项目未能完成,则投资者会全额获得返款。

众筹的主体通常包括筹资方、众筹平台、社会大众出资方,音乐筹资主体包括唱片公司、音乐人、演出主办方、甚至乐迷等。众筹平台是指通过互联网平台为筹资方和出资方提供信息发布、需求对接、协助资金划转等相关服务的中介,譬如乐童音乐是国内专注于音乐行业的项目及音乐产品与服务的众筹平台,其他包括京东众筹、5Sing、三分半的音乐众筹板块。出资方则是社会各个层次的大众,《私募股权众筹融资管理办法(试行)》征求意见稿[①]对股权类众筹出资方的财富和风险认识做出了硬性要求,但对产品类的众筹并未规定任何限制。筹资方根据项目情况在众筹平台上发布信息,设

---

① 中国证券业协会起草《私募股权众筹融资管理办法(试行)(征求意见稿)》(中证协发[2014]236号)并于2014年12月18日向社会公开征求意见,目前尚未正式出台。

置拟筹资金额、众筹时间以及回报时间,出资方如对项目感兴趣则会出资。音乐众筹的发展得益于粉丝经济,多数人在参与众筹时,都会考虑其支持的金额能否与其获得的回报对等。不同于其他的众筹,音乐人在发起音乐众筹设计回报时,需要考虑既作为粉丝又是众筹投资者的个性需求。通常项目会根据众筹投资者支持的资金额度设计不同等级的回报,回报根据项目的性质包括股权、产品(比如实体唱片、数字音乐、耳机、音响等音乐硬件)、周边产品(比如海报、日历、电子相册)、演唱会门票、与艺人出席庆功宴、联合出品人头衔、致谢名单等。筹资方在发起音乐众筹时,不仅是筹集资金和承诺回报,也可以建立粉丝基础或者与既有粉丝建立更加紧密的联系,此外还能了解粉丝对产品的期望,完整传达募集计划所蕴含的价值理念。另外,筹资方可以通过在众筹过程中获得的信息提前评估市场风险,如产品生产量、场地上座率、售票数额等。

二、私募股权融资

私募股权投资,是指以非公开方式募集,主要投资标的为非上市股权或者上市公司非公开交易股权的投资形式。企业借助金融市场进行外部融资是拓展融资渠道的方式之一。企业可以通过股东转让部分股权或者增资扩股的方式引进天使投资资金、风险投资资金、私募股权基金的资金。根据企业发展所处的不同阶段,其获得的融资轮次可分为种子轮融资/天使轮融资、A轮融资(Pre-A轮融资、A轮融资、A+轮融资)、B轮融资……在企业发展的起步阶段未有成型产品或者服务时,通常引入种子轮或天使投资。而在企业初步能驻足市场且产品或者服务已得到一定发展或者商业模式得到验证后,引入风险资金。在企业发展较为成熟,项目发展基本已步入稳定期并良性发展时,则引入私募基金。音乐细分行业中通过私募股权融资的现象屡见不鲜,如丛林文化获青松基金、联想之星千万级天使轮融资;商业舞台剧团"至乐汇"获得和和(上海)影业有限公司领投的数千万元人民币的天使轮融资;音乐厂牌迷笛音乐传媒获得宋城演艺千万元天使轮融资等。

三、战略融资

战略投资者通常多为行业内的公司或者是BAT等互联网巨头,通常是出于策略结盟、业务转型、完善业务或产业链整合等战略目的而投资,包括兼并和收购。企业通常不仅能够从战略投资者获得融资,也能通过本次融资,在业务上形成横向或者纵向协同效应,发挥资源协同的优势,优化公司资源配置,增强综合竞争力,提高公司的盈利能力。如2017年12月,腾讯控股有限公司旗下的腾讯音乐娱乐集团与瑞典音乐网站Spotify为加强合作,共同发展全球音乐流媒体市场,达成互持股权的协议。腾讯音乐娱乐集团向Spotify发行腾讯音乐娱乐集团股票,Spotify向腾讯音乐娱乐集团的附属公司发行 Spotify 的普通股，腾讯音乐娱乐集团以及 Spotify 分别以现金购入对方的少数股权。腾讯控股有限公司亦从 Spotify 现有股东购入股份。交易完成后，Spotify 持有腾讯音乐娱乐集团的少数股权，腾讯和腾讯音乐娱乐集团持有 Spotify 的少数股权。在该交易中，腾讯音乐娱乐集团的附属公司和腾讯控股有限公司同意，除非发生有限的例外情况，不会在未来三年内转让 Spotify 的普通股。其他类似的战略融资如酷我音乐、酷狗音乐与海洋音乐三家公司合并成立海洋音乐集团；"不要音乐"获得太合音乐集团的战略投资；阿里音乐收购大麦网打造"线上音乐＋线下演唱会票务"的 O2O 模式等。

四、音乐与著作权质押融资

融资需求方可以质押音乐著作权的财产权的方式获得融资，出质人如果到期不能按照约定偿还债务，则质权人有权以该财产权折价或者以拍卖变卖该财产权的价款优先受偿。著作权质押中，质押标的应当为著作权的财产权，人身权不得出质。出质人应当为著作权人，质押所涉及的作品著作权的权属应当清晰、没有争议，并且应当是在保护期内受保护的作品。

五、音乐与资产证券化

资产证券化是指将缺乏流动性但具备未来稳定现金流的资产加以分类，进行重新包装组合、信用评级和增强后，成为在市场上可流通的证券筹措资金。为了隔离风险，通常需要将作为证券化标的的资产出售给特殊目的载体，然后由后者以该等资产作为基础发行证券。音乐资产证券化则是以音乐著作权为基础进行证券化，以音乐著作权所产生的现金流量发行的证券为担保。全球首例音乐证券化是 Bowie 债券，该债券是知名歌手 David Bowie 邀请 David Pullman 为其设计发行的债券。Bowie 债券资产标的为 David Bowie 可产生的版税和许可使用费收入的 25 张音乐专辑（大约共有 287 首歌曲，著作权人均为 David Bowie），将音乐创作专辑转移到 SPV，EMI 唱片公司以 15 年授权契约作为保证，发行金额为 5 500 万美元。数年之后，由于互联网和文件共享服务等对音乐产业的商业模式产生影响，2003 年，穆迪信用评级公司将其降级。[1] 国内目前还没有音乐证券化的相关案例。

另据媒体报道，CME 国际的全球音乐交易所（AIP. trade）面世，该交易所结合了区块链的技术，首创歌曲新股发行和交易的国际平台，通过音交所平台，音乐人可用一

---

[1] "David Bowie's Bond Legacy"，https://www.worldfinance.com/markets/david-bowies-bond-legacy，最后访问日期：2018 年 9 月 8 日。

首歌曲的未来收益融资,提前获得收入;投资者分享歌曲未来的版税收入和潜在的高额资本交易利得。[①]

第四节 体育产业融资

自"十二五"以来,体育产业规模逐步扩大,体系和结构日益健全和优化。2014年国务院发布《关于加快发展体育产业促进体育消费的若干意见》(国发〔2014〕46号,以下简称46号文件),提出发挥市场在资源配置中的决定性作用,鼓励社会资本进入体育产业领域,推动体育产业成为经济转型升级的重要力量,实现到2025年体育产业总规模超过5万亿元的发展目标。随即相关部门和各地政府也相应出台配套文件,使得体育产业的发展环境明显优化。2016年国家体育总局印发《体育产业发展"十三五"规划》,进一步推动体育产业的发展。随着国家出台了一系列促进体育产业发展的鼓励政策,产业政策逐渐明朗,中国体育产业发展前景日益广阔。目前体育产业的投融资总体上仍以政府主导,逐步鼓励和引进民间资本。

一、体育彩票融资

体育彩票是国家筹集社会公益资金用于体育事业的一种重要手段。根据现行《彩票管理条例》,中国最早开始发行体育彩票可追溯到1984年,当年10月10日发行的"发展体育奖·一九八四年北京国际马拉松赛奖券"被认为是最初发行的彩票,正式在全国统一发行彩票则始于1994年。体育彩票的性质属于有价凭证,不返还本金、不计付利息。体育彩票面额小,几乎没有风险,购买者还能获得中奖机会。体育彩票筹集资金的主要目的是为了支持体育事业的发展,彩票品种包括传统型、即开型、乐透型、数字型、竞猜型、视频型、基诺型等,彩票资金包括彩票奖金、彩票发行费和彩票公益金。

体育彩票资金构成比例由国务院决定:体育彩票品种不同,彩票资金的具体构成比例也有所不同,具体由国务院财政部门按照国务院的决定确定。体育彩票奖金用于支付给彩票中奖者;彩票发行费专项用于彩票发行机构、彩票销售机构的业务费用支出以及彩票代销者的销售费用支出;体育彩票公益金专项用于体育事业。根据国家体育总局《2017年政府信息公开年度报告》,2017年中国体育彩票全年筹集体彩公益金

---

① 《AIP.trade音交所面世,世界上第一个音乐股票诞生!》,https://baijiahao.baidu.com/s?id=1608873835096778183&wfr=spider&for=pc,最后访问日期:2018年9月8日。

达到 523.26 亿元。因此,体育彩票公益金是体育发展的重要资金来源。

体育彩票公益金是按照规定比例从彩票发行销售收入中提取以及来源于逾期未兑奖的奖金。彩票公益金在中央和地方之间按 50∶50 的比例分配,地方留成彩票公益金由省级财政部门商民政、体育等有关部门研究确定分配原则。中央集中彩票公益金在社保基金会、中央专项彩票公益金、民政部和体育总局之间分别按 60%、30%、5%和 5%的比例分配。[①] 对于中央财政从中央集中彩票公益金中安排用于体育事业的专项资金,根据《中央集中彩票公益金支持体育事业专项资金管理办法》,主要用于补助群众体育和竞技体育,其中用于群众体育的比例不低于 70%,用于竞技体育的比例不高于 30%。补助群众体育部分主要用于援建公共体育场地、设施和捐赠体育健身器材等;补助竞技体育部分主要用于资助举办全国综合性运动会、改善国家队训练比赛场地设施条件等。2017 年中央财政彩票公益金收入共 6 119 623 万元,中央财政安排彩票公益金支出 5 336 543 万元,分配给体育总局 265 240 万元。[②] 2017 年度国家体育总局本级体育彩票公益金的 76.88%用于开展群众体育工作,23.12%用于资助竞技体育工作。

体育彩票可在一定程度上推动和支持体育产业的发展,是体育产业尤其是竞技体育和群众体育发展项目资金的重要来源之一,为体育产业提供了物质基础。但从 2017 年彩票公益金筹集分配情况看,分配给体育总局的彩票公益金大约为 4.9%,所占比例较低,而目前中国体育产业发展所需资金量极大,因此未能为体育产业发展提供有力的资金支持。

二、股东财务资助

部分体育企业尤其是多数俱乐部的股东为国有企业或上市公司,资金相对雄厚,但在企业资金需求较大,但相对资金较为短缺的情况下,企业股东使用自有资金提供财务资助,用于体育企业补充流动资金,提供必要的财务支持以开展经营业务。股东提供资助的优势在于资助方式比较灵活,资金使用成本相对较低,可以降低融资成本,提高融资效率。譬如恒大淘宝在成长期主要通过股东投入支持业务发展。伯明翰体育控股有限公司于 2015 年 6 月 26 日、2016 年 5 月 31 日及 2017 年 5 月 18 日与 Trillion Trophy 分别签订贷款融资协议及贷款融资协议的修订函件,为公司提供了一笔最高达 212 813 600 港元的有期贷款融资。

[①]《财政部公告》2018 年第 114 号——关于 2017 年彩票公益金筹集分配情况和中央集中彩票公益金安排使用情况公告。

[②] 同上。

三、体育产业投资基金

体育产业引导基金是由政府与社会资本出资设立,并按照市场化方式募集运作,主要投资于体育相关产业的政策性基金。引导基金的来源包括体育彩票公益金、财政专项资金、引导基金的投资收益与担保收益、闲置资金存放银行或购买国债所得的利息收益等。引导基金主要以股权或者债权等方式投资各类投资基金或直接投资符合条件的重点领域、重点产业、重点行业。

由于中国的体育产业目前仍是处在由政府主导,逐步引进社会资本的阶段,因此在引进社会资本时需要政府的引导,同时撬动社会资金进入体育产业领域,拓宽产业融资渠道并优化社会资本的效用,落实国家的产业政策。为此,《国务院关于加快发展体育产业促进体育消费的若干意见》中明确提出"政府引导,设立由社会资本筹资的体育产业投资基金"。

中国第一只由政府参与投资运作的产业投资基金为北京市体育局与北京控股集团有限公司共同发起设立的北京市体育发展投资基金,主要投资发展国际化品牌赛事落地、职业化体育俱乐部引进运营、综合性体育场馆运营等方面。[①] 第二只为广东友好海外体育文化产业基金,该基金专注于投资体育赛事和文化项目,参与体育文化产业上下游的并购以及扶植和发展本地群众体育赛事活动。[②] 其他由政府参与的基金还有探路者控股集团股份有限公司、襄阳市财政局出资的汉江投资控股有限公司及其他相关方合作设立的有限合伙性质的产业基金——襄阳东证和同探路者体育产业基金。该基金引导社会资本进入创新驱动产业、战略主导产业和政府鼓励发展的领域,投资于体育产业相关企业,投资阶段以成长期和扩张期为主,兼顾成熟期和Pre-IPO阶段项目。根据探路者控股集团股份有限公司的公告显示,该基金完成了对乐动天下、Fittime、奥美健康以及冰世界等重点项目的投资。由江苏省体育产业集团联合省政府投资基金、省广播电视集团、省文化投资管理集团、省沿海创新资本管理有限公司共同发起设立了江苏省体育产业投资基金,据相关报道,该基金在北京环宇盛景体育文化传媒有限公司A轮融资领投2500万元人民币[③]以及在苏宁体育A轮融资跟投。[④]

[①] 《北京体育:风好正扬帆 共筑中国梦》,http://tyj.beijing.gov.cn/bjsports/gzdt84/zwdt/1268462/index.html,最后访问日期:2018年9月10日;《北京市体育发展投资基金成立》,http://www.chinadaily.com.cn/hqgj/jryw/2014-12-26/content_12950069.html,最后访问日期:2018年9月10日。

[②] 《广东友好海外体育文化产业基金日前创立》,http://www.sport.gov.cn/n16/n2061573/n2760888/7389687.html,最后访问日期:2018年9月11日。

[③] 《环宇体育获2500万元A轮融资,江苏省体育产业投资基金领投》,http://www.sohu.com/a/143599170_439726,最后访问日期:2018年9月12日。

[④] 《阿里战略投资苏宁体育,优酷从此有了PP》,https://www.iyiou.com/p/77212,最后访问日期:2018年9月12日。

四、PPP 项目融资

PPP，即 public-private-partnership，是指私营一方同政府之间，为合作建设公共基础设施项目或提供公共服务或物品而签订的特许合同，形成公共私营的合作关系，实现政府资源与社会资本的合作。PPP 融资通常适用于具有大型体育场馆、体育小镇、体育运动公园等公共或准公共基础设施、物品或服务领域。这类公共基础设施通常需要大量的资金投入，建设周期较长，投资回报期较长，政府引入社会资本可减少财政负担，提高融资规模。而社会资本通过 PPP 模式则可更大程度地参与公共项目的规划、投资、建设、运营等，发挥政府和社会资本的各自优势，共享项目收益、共担风险，产生协同增效的融资效应。常见的 PPP 模式包含 Design-Build（DB）、Design-Build-Maintain（DBM）、Design-Build-Operate（DBO）、Design-Build-Operate-Maintain（DBOM）、Transfer-Operate-Transfer（TOT）等。中国国家体育馆"鸟巢"是中国首个采用 PPP 模式建设的大型体育场馆。

随着国家鼓励采取 PPP 等方式建设体育设施等政策的出台及相关补助标准的明确，PPP 模式也将会更广泛地应用于体育领域。如莱茵达体育发展股份有限公司控股子公司丽水莱茵达体育发展有限公司与丽水市体育局签署了丽水市体育中心游泳网球馆、体育生活馆 PPP 项目合同，上述项目以 BOT 以及 BOO 模式实施项目合作，合作期限为 17 年。

五、BOT 项目融资

BOT 是 Build-Operate-Transfer 的简称，其含义为兴建—营运—移转。即民营机构出资独立兴建和经营公共设施，政府出让该项目一定期限的经营权由该民营机构在建设后拥有、运营及维护，民营机构通过运营所获收入收回建设和经营成本，并获得所期望的投资回报。经营期限届满后，政府将该设施产权和经营权收回。BOT 经历多年发展，衍生出 BOOT（Build-Own-Operate-Transfer）、BTO（Build-Own-Operate）、BOO（Build-Own-Operate）等模式。BOT 融资通常也适用于投资额大、回收期长的大型公共或准公共设施或服务，同样有助于解决政府资金压力，聚集更多的社会资本，并通过市场化运作的方式，提高项目的质量、技术和经营管理问题。但在 BOT 中，政府通常仅介入项目立项、招标等前期工作，几乎不参与后续的项目建设运行，这一点与 PPP 模式中政府和企业之间全过程合作建造经营的关系不同。目前不少体育场馆的项目也采取了 BOT 模式，譬如深圳湾体育中心，政府以 BOT 方式整体交由华润集团投资、建设、运营，华润集团拥有 50 年运营权。

六、体育产业专项债券

体育产业专项债券是指由市场化运营的公司法人主体发行募集,所募集资金主要用于体育产业基地、体育综合体、体育场馆、健身休闲、开发体育产品用品等项目,以及支持冰雪、足球、水上、航空、户外、体育公园等设施建设的企业债券。广州珠江实业集团有限公司就开封市体育中心建设项目发行的 10.2 亿元专项债券是体育产业专项债券,该债券期限为 15 年,所筹资金 5.1 亿元用于开封市体育中心建设项目,5.1 亿元用于补充营运资金。

思考题

1. 简述影视产业的质押融资。
2. 简述音乐产业的资产证券化。
3. 简述体育产业的 PPP 项目融资。

第九章 娱乐产业的审查制度

娱乐产业是一个涉及面比较广的产业,包括电影、广播电视、音乐、游戏、动漫、演出等。政府对娱乐产业会因时代和具体领域的不同,采取不同的态度和处理方式。不同国家或地区也会因自身的文化、宗教、政治制度等因素不同,表现出不同制度安排。

第一节 电影审查

一、电影审查含义

电影审查一般是指来自电影创作者之外的强制性内容控制要求。[①] 就中国大陆(内地)目前的电影审查而言,主要是指由法定的政府部门内所设电影审查机构对电影剧本以及摄制完成的各类影片,从内容、署名、字幕、技术质量等方面按照现行法规政策审查,然后决定是否颁发电影片公映许可证;未经电影审查机构审查通过的电影片,不得发行、放映、进口、出口。

二、1989年以来的中国大陆(内地)电影审查制度

(一)审查分级制

在1989年5月1日中国大陆(内地)还实行过一段分级审查放映制度,这一制度主要体现在《中共中央关于改革和加强中小学德育工作的通知》(中共中央中发[1988]14号)、《广播电影电视部关于对部分影片实行审查、放映分级制度的通知》(广发影字[1989]201号)两个文件中。中共中央中发[1988]14号文件于1988年12月25日提

[①] 梅峰、李二仕、钟大丰:《电影审查:你一直想知道却没处问的事儿》,北京联合出版公司2016年版,第7页。

出:"要建立对影视片的审查定级制度",当时仅简单规定了在审查国产和进口影片时,要明确划定出少年儿童不宜观看(简称少儿不宜)的影片。影片一旦被认为少儿不宜,则需要做出如下处理:

(1)中影公司在送厂译制、洗印进口影片拷贝时,均应在片头加印"少儿不宜"的字样;

(2)有关制片厂在送审标准拷贝时,均应在片头加印"少儿不宜"的字样;

(3)电影事业管理局(当时的电影审查机构)在下达影片通过令时,应标明"少儿不宜"字样;

(4)各级电影发行放映公司和一切放映单位均不许组织少儿专场放映,应利用电影海报、电影和电视宣传广告等多种形式,向观众展示"少儿不宜"的字样;

(5)凡实行售票放映的放映单位,对少儿一律不售门票,不许少儿入场(售票、入场时需检验学生证或户口本等有关证件);

(6)各级电影发行放映公司不许出租供中小学校少儿观看;

(7)不提供农村流动放映队放映;

(8)不得提供电视台播放。

对少儿不宜影片认定范围是:(1)凡有强奸、盗窃、吸毒、贩毒、卖淫等情节的影片;(2)凡有容易引起少年儿童恐怖感的暴力、凶杀、打斗情节的影片;(3)凡表现性爱及性行为情节的影片;(4)凡表现社会畸形现象的影片。[①]

中国大陆(内地)电影的审查分级制度在尝试了一段时间后,就被放弃了。2013年国家广播电影电视总局发布文件废止了审查分级制度。[②]

(二)一审终审制

体现这一制度的为《电影审查暂行规定(失效)》(广播电影电视部令第9号;1993年6月4日实施)。当时明确了中国大陆电影审查的终审权属当时的广播电影电视部;主持电影审查工作的机构是广播电影电视部授权的电影事业管理局。

存在下列情形之一的,电影事业管理局报请广播电影电视部启动终审,并做出决定:(1)电影事业管理局对电影片能否公映或输出无把握;(2)电影片持有人和有关部门对电影审查决定提出重要异议。

地方电影行政管理部门仅有权检查本管辖区域执行《电影审查暂行规定(失效)》的情况。

---

① 广发影字[1989]201号文件。

② 2003年12月17日开始实施的《国家广播电影电视总局关于公布废止部分广播影视法规性文件的通知》。

（三）自查、备案、审查及复查制

《电影管理条例(失效)》(国务院令第 200 号，1996 年 7 月 1 日实施)、《电影审查规定(失效)》(广播电影电视部令第 22 号，1997 年 1 月 16 日实施)明确提出国家实施电影审查制度，并明确电影审查包括电影片内容审查和电影片艺术、技术质量审查；并规定未经国务院广播电影电视行政部门的电影审查机构审查通过的电影片，不得发行、放映、进口、出口。这两个文件对 1993 年的一审终审制做出了根本性的修订。

一是将原来的电影审查机构由电影事业局变更为电影审查委员会和电影复查委员会；电影制片单位和电影进口经营单位对电影审查委员会的电影片审查决定不服的，可以自收到审查决定之日起 30 日内向电影复审委员会申请复审。电影复审委员会应当做出复审决定，并书面通知送审单位和电影审查委员会。复审合格的，应当核发该电影片的电影片公映许可证。

二是要求电影制片单位应当依据《电影管理条例(失效)》(国务院令第 200 号，1996 年 7 月 1 日实施)第二十四条关于禁止内容负面清单和电影技术质量的规定，负责电影剧本投拍和电影片出厂前的审查。

三是提出了电影制片单位应当将其准备投拍的电影剧本报电影审查机构备案。

四是从便于送审的角度将审查进行分类，国产电影片(包括合拍片)的审查分为混录双片审查和标准拷贝审查，进口电影片的审查分为原拷贝审查和译制拷贝审查；并对不同类别的审查所需要递交的材料各自做出了明确的规定。

五是增加了地方电影主管部门的权利。1993 年的一审终审制中地方电影行政管理部门仅有权检查本管辖区域执行情况；但 1997 年的制度却加大了地方电影行政管理部门的权力，比较明显的是在国产电影片(包括合拍片)混录双片审查送审材料中，还要求附上单位所在地省级电影主管部门的审查意见。

显然，《电影管理条例(失效)》与《电影审查规定(失效)》(广播电影电视部令第 22 号，1997 年 1 月 16 日实施)明确提出国家实施电影审查制度，为中国大陆(内地)后来的"一备二审制"埋下了伏笔。

至今有效的《电影管理条例》(中华人民共和国国务院令第 342 号，2002 年 2 月 1 日实施)，在电影审查这个章节的规定，和前述明确提出国家实施电影审查制度但已失效的两个文件相比，并无大的区别。

（四）一备二审制

《广电总局关于改进和完善电影剧本(梗概)备案、电影片审查工作的通知》(2010 年 2 月 4 日实施)、国家广播电影电视总局 2010 年 5 月又发出《关于电影全面实行"一备二审制"的公告》，详细描述了中国大陆(内地)电影审查制度，即"一备二审制"。"一备"是指各电影制片单位将其电影剧本(梗概)向其所在行政区域的省级广播影视行政部门(简称省级广电部门)备案。但拍摄重大革命和重大历史题材影片、重大理论文献影片和中外合作影片,由省级广电部门审核电影剧本后,按相关管理规定报国家广播电影电视总局(简称广电总局)立项审批。"二审"是指省级广电部门对本行政区域内的各电影制片单位的电影片初审,广电总局电影审查机构负责终审。

在一备二审制下,存在着"二审制"的两个例外情况。其中的一个例外是属地审查。所谓属地管辖,是指经申请可以受广电总局委托成立电影审查机构,负责本行政区域内持有摄制电影许可证的制片单位摄制的部分电影片的审查工作。亦即实施属地审查制度,省级广电部门电影审查机构对部分电影片具有终审权限。实施属地审查的区域目前包括吉林、广东、浙江、陕西、湖北省和北京市等省市。

在这种框架下,还有属地审查转为"二审"的情形,特指实行属地审查的省级广电部门认为必要时,可以将送审影片提交广电总局电影审查委员会审查。

与此同时,还存在不适用于属地审查的情形:重大革命和重大历史题材影片、重大文献纪录影片、特殊题材影片、中外合作摄制影片这四类影片,不受属地审查约束,仍适用于"二审制"。

"二审制"的第二个例外,主要是指中央和国家机关所属的电影制片单位和所有持有摄制电影片许可证(单片)的单位摄制的影片,直接报广电总局电影审查机构审查的情形。

(五)属地审查

属地审查在中国大陆(内地)电影审查制度里,是指省级广电部门负责对所属电影制片单位摄制的部分影片享有终审审查权。

《电影剧本(梗概)备案立项、电影片暂行规定(失效)》(中华人民共和国国家广播电影电视总局令第18号,2003年12月1日实施),于2003年提出:(1)经申请,省级广播影视行政部门可以受广电总局委托,对本省持有摄制电影许可证并依法注册登记的国有、非国有单位制作的部分电影进行审查;(2)受广电总局委托的省级广播影视行政部门应当成立电影审查机构,按照《电影管理条例》有关内容及技术质量审查标准负责电影审查工作;(3)影片摄制单位对省级广播影视行政部门审查决定有异议的,可以向广电总局申请复审。由此,属地审查制度已具雏形。

《电影剧本(梗概)备案立项、电影片暂行规定(失效)》(中华人民共和国国家广播电影电视总局令第30号,2004年8月10日实施),于2004年在建立审查体制时明确提出了属地审查的概念:"国家广播电影电视总局(以下简称广电总局)负责电影剧本(梗概)立项和电影片审查的管理工作。广电总局电影审查委员会和电影复审委员会负责电影片的审查。省级广播影视行政部门经申请可以受广电总局委托,负责本行政区域内电影制片单位摄制的部分电影片的审查工作(以下简称属地审查)。"

《电影剧本(梗概)备案、电影片管理规定》(国家广播电影电视总局令第 52 号,2006 年 5 月 22 日实施)这个文件将属地审查的概念微调为:"省级广播影视行政部门(以下简称省级广电部门)经申请可以受广电总局委托成立电影审查机构,负责本行政区域内持有摄制电影许可证的制片单位摄制的部分电影片的审查工作(以下简称属地审查)。"

《国家新闻出版广电总局关于试行国产电影属地审查的通知》(2014 年 2 月 18 日新广电发[2014]27 号)于 2014 年提出在"一备两审制"的基础上,进一步推动在全国范围内全面试行国产影片属地审查,规范和明确了属地审查的职责和程序,是对中国大陆(内地)电影审查制的重要改革尝试,它大幅增加了省级广电部门和审查机构的权限:(1)负责本行政区域内所属电影制片单位摄制的各类影片的审查,并在规定的行政许可时限内做出审查决定,颁发影片审查决定书和相关文件,并负责电影审查中相关的制片管理工作;(2)重大革命和重大历史题材影片按规定要求,由省级广电部门电影审查机构审查通过后,送国家新闻出版广电总局重大革命和重大历史题材影视创作领导小组终审通过后,颁发影片审查决定书;(3)重大文献纪录影片按规定要求,由省级广电部门电影审查机构审查通过后,送国家新闻出版广电总局重大文献纪录影视片创作领导小组终审通过后,颁发影片审查决定书;(4)中外合作影片由省级广电部门电影审查机构审查通过后,经中国电影合作制片公司审核通过,颁发影片审查决定书。

与此对应,它调整了国家新闻出版广电总局和电影审查机构的职责权限:(1)负责全国电影管理和电影审查工作的指导、监管;(2)负责核准属地审查的影片(含相关材料),并抽样检查,发现有与电影审查标准不符的问题,应在属地审查意见的基础上提出修改意见,并向省级广电主管部门下发影片核准意见书;(3)负责审查中央和国家机关(军队)所属电影制片单位摄制的各类影片和进口影片(重大革命和重大历史题材影片、重大文献纪录影片和中外合作影片需先经相关审查机构审查),并在规定的行政许可时限内做出审查决定,颁发影片审查决定书和相关文件,并负责电影审查中相关的制片管理工作;(4)办理各类影片发放电影片公映许可证的相关手续;(5)受理电影制片单位对影片审查决定存有异议的审查工作。

(六)2017 年电影审查制度的调整

专家评审制这个制度实际上要借助电影专家的知识与技能来增强电影审查的权威性,这对于中国大陆(内地)电影审查来说,应该是一个好消息。《中华人民共和国电影产业促进法》(中华人民共和国主席令第 54 号,2017 年 3 月 1 日实施)首次以法律的形式规定:进行电影审查应当组织不少于五名专家评审,由专家提出评审意见。法人、其他组织对专家评审意见有异议的,国务院电影主管部门或者省、自治区、直辖市人民政府电影主管部门可以另行组织专家再次评审。专家的评审意见应当作为做出审查决定的重要依据。评审专家包括专家库中的专家和根据电影题材特别聘请的专家。专家遴选和评审的具体办法由国务院电影主管部门制定。

《中华人民共和国电影产业促进法》(中华人民共和国主席令第54号,2017年3月1日实施)规定:电影放映可能引起未成年人等观众身体或者心理不适的,应当予以提示。但可惜的是,这个法律并无进一步的规定,目前也无其他文件做详细解释或呼应。这个规定有点类似于1989年广发影字[1989]201号文件所尝试推广设立的电影审查、放映分级制。中国大陆(内地)电影审查是否会因此逐渐开展电影分级制,我们拭目以待。

(七)中外合作摄制审查

中国大陆(内地)电影审查中的联合摄制审查主要的法规依据是《中外合作摄制电影片管理规定(2017修正)》(2017年12月11日实施)和《电影剧本(梗概)备案、电影片管理规定(2017修正)》(2017年12月11日实施)。中外合作摄制主要有三种形式:(1)联合摄制,即由中外双方共同投资(含资金、劳务或实物)、共同摄制、共同分享利益及共同承担风险的摄制形式;(2)协作摄制,即外方出资,在中国境内拍摄,中方有偿提供设备、器材、场地、劳务等予以协助的摄制形式;(3)委托摄制,即外方委托中方在中国境内代为摄制的摄制形式。

联合摄制中聘用境外主创人员的审查,需报国务院广播影视行政部门批准,且外方主要演员比例不得超过主要演员总数的三分之二。

联合摄制的电影片语言审查:(1)应当制作普通话语言版本,其字幕须使用规范汉字;(2)根据影片发行的需要,允许以普通话版本为标准,制作相应国家、地区、少数民族的语言文字版本。

中外合作摄制完成的电影片,一般情况下由当地省级广播影视行政部门初审,再由国务院广播影视行政部门电影审查委员会负责。如果是中央和国家机关所属电影制片单位和持有摄制电影片许可证(单片)的单位申请立项并摄制完成的电影片,则直接报国务院广播影视行政部门电影审查委员会审查即可。

(八)电影进口、出口审查

电影进口、出口审查制度主要体现在《电影剧本(梗概)备案、电影片管理规定(2017年修正)》和《电影管理条例》(中华人民共和国国务院令第342号,2002年2月1日实施)中。

电影进口业务由国务院广播电影电视行政部门指定电影进口经营单位经营;进口的电影片如果是公映的,则需国务院广播电影电视行政部门先临时批准进口,再至海关办理临时进口手续;之后由电影审查机构对临时进口的电影片进行审查,通过后发给电影片公映许可证和进口批准文件;然后由进口经营单位向海关办理正式的进口手续。进口的如果是供科学研究、教学参考的专题片,进口单位先需要报经国务院有关行政主管部门审查批准,持批准文件到海关办理进口手续,并于进口之日起30日内向国务院广播电影电视行政部门备案。中国电影资料馆进口电影资料片可以直接到海关办理进口手续,无需审批。对于参加在中国境内举办的中外电影展、国际电影节的境外电影片,要先经国务院广播电影电视行政部门批准通过,然后由举办者凭借批准文件到海关办理临时进口手续。

电影出口并不需要国务院广播电影电视行政部门指定专门的单位经营。如果制片单位出口本单位制作的电影,只需获得电影片公映许可证即可至海关办理出口手续。中外合作摄制电影片出口的也一样,只是要由中方合作者到海关办理出口手续。如果是中外合作摄制电影片素材出口的,需国务院广播电影电视行政部门的批准通过,中方合作者凭批准文件到海关办理出口手续。如果是中方协助摄制电影片或者电影片素材出境的,也要先由国务院广播电影电视行政部门的批准通过,然后由中方协助者凭借批准文件到海关办理出境手续。对于参加境外电影展、电影节的电影片,同样也要先由国务院广播电影电视行政部门批准通过,参展者之后凭借批准文件到海关办理电影片临时出口手续。

(九)公安题材电影审查

关于这方面题材的电影审查制度,目前主要由《国家广播电影电视总局关于切实加强公安题材影视节目制作、播出管理的通知》(广发[2011]52号,2011年6月29日实施)确定。具体细节如下:

公安题材电影审查前的备案:(1)公安题材电影拍摄前,拍摄单位不属于中央和国家机关(军队)所属的电影制片单位的,则需将电影剧本(梗概)送工商注册登记所在地的省级广电部门备案,同时省级公安机关主管部门也需要对剧本出具审核意见;然后报国家广电总局公示备案。省级公安机关主管部门在向电影制作机构出具审核意见的同时,报公安部宣传局备案。(2)公安题材电影拍摄前,拍摄单位属于中央和国家机关(军队)所属的电影制片单位的,则电影剧本(梗概)直接送广电总局备案,同时需要征求公安部宣传局对剧本出具审核意见后方可同意拍摄并公示。

公安题材电影审查和其他一般意义上的电影审查有所区别,其在正常的审查程序上增加了公安部门的审核参与,具有一定的特色:(1)属地审查的六省市(吉林、广东、浙江、陕西、湖北省和北京市)省级广电部门和电影审查机构负责本行政区域内公安题材影片的终审,但需征求省级公安机关主管部门出具审核意见。省级公安机关主管部门在向电影制作机构出具审核意见的同时,需报公安部宣传局备案。(2)未试行属地审查的省级广电部门和电影审查机构负责本行政区域内公安题材影片的初审,但需征求省级公安机关主管部门出具审核意见。形成初审意见后,由省级广电部门报广电总局电影审查机构终审。省级公安机关主管部门在向电影制作机构出具审核意见的同时,需报公安部宣传局备案。(3)中央和国家机关(军队)所属的电影制片单位摄制的公安题材影片,报广电总局电影审查机构审查。广电总局电影审查机构对公安题材影片进行终审时,需有广电总局电影审查机构中的公安部特约审读审看员参审。(4)独立拍摄公安题材电影的制作机构如果想要公安机关在警力、服装、装备、场地、政策顾问等方面予以配合和协助,到拍摄所在地的地市级以上公安机关提出申请前,则需省级以上广播影视行政部门的批准通过,同时还得有公安机关主管部门的审查通过意见。(5)公安机关和公安民警参与公安题材影视剧的拍摄及其他工作前,必须得到组织批准;如果将公安机关侦办的案件用于影视创作,也需组织批准。

(十)国产影片片名英文译名审查

中国大陆(内地)的国产影片(包括故事片、合拍片、纪录片、科教片、美术片)自1999年1月1日起,在片头字幕中文片名画幅中必须加注英文译名,且英文译名经审委会审定。在电影获得公映许可证后,也不得擅自改变。

(十一)有特色的重大革命和历史题材电影审查

中国大陆(内地)电影审查对重大革命和历史题材的电影审查形成了独特机制。

重大革命和历史题材电影,是指反映中国共产党、中国人民解放军历史上的重大事件,描写担任中国共产党和中国国家重要职务的党政军领导人及其亲属生平业绩,以历史正剧形式表现中国历史发展进程中重要历史事件、历史人物为主要内容的电影。

重大革命和历史题材电影的审查机构,由国家广电总局成立重大革命和历史题材影视创作领导小组(简称领导小组),其下设电影组。电影组办公室设在国家广电总局电影局,但领导小组要接受中宣部的指导,其职责为:负责中国重大革命和历史题材影视剧创作的组织指导、剧本立项把关和完成片审查。重大革命和历史题材电影要报国家广电总局电影局,后由电影组办公室报领导小组审查。

重大革命和历史题材电影剧本审查。描写党政军历史上重大事件和重要领导人及其亲属生平业绩的重大革命历史题材电影剧本要经省级广电部门和党委宣传部门初审通过后,报领导小组审批。重大历史题材电影剧本由制片单位直接报领导小组电影组审查。重大革命和历史题材电影剧本经领导小组审查通过后,由国家广电总局行文批复申报单位。

重大革命和历史题材电影片审查。电影制作完成后,由省级党委宣传部和广电部门初审,再由领导小组审查。审查通过的,由国家广电总局电影局书面通知送审单位,并负责对该片标准拷贝的技术审查。审查通过后,由国家广电总局核发电影片公映许可证。

军队系统制作机构单独摄制重大革命和历史题材电影片审查程序和上述程序一样，只是先须摄制单位所属军队政治部初审同意。

上述审查制度主要由《国家广播电影电视总局关于调整重大革命和历史题材电影、电视剧立项及完成片审查办法的通知》(广发编字[2003]756号，2003年7月28日实施)确立。

(十二)外国人在野外拍摄电影审查

中国大陆(内地)对外国人在野外拍摄电影规定得比较简单，仅在《中华人民共和国野生动物保护法(2018年修订)》和《中华人民共和国陆生野生动物保护实施条例(2016年修订)》中做出了简要规定，提出必须向国家重点保护野生动物所在地的省、自治区、直辖市人民政府林业行政主管部门提出申请，经其审核后，报国务院林业行政主管部门或者其授权的单位批准。实际操作中受理机构为国家林业局行政许可受理中心，办理机构为国家林业局野生动植物保护与自然保护区管理司。

综上，中国大陆(内地)已形成了以一备二审制和属地审查为主、兼有其他部门机构参与的电影审查制度。例如公安题材电影，会有公安部门参与审查；重大革命和历史题材电影，省级党委宣传部门、中宣部会参与审查。

三、电影审查内容与标准

从中国大陆(内地)电影审查相关的法规政策变迁看，在不同时代的审查内容也存在一定的差异。

1989年实行影片审查分级制度时将具有下列内容情节的电影视为少儿不宜观看的电影：有强奸、盗窃、吸毒、贩毒、卖淫等情节的影片；有容易引起少年儿童恐怖感的暴力、凶杀、打斗情节的影片；表现性爱及性行为情节的影片；表现社会畸形现象的影片。

1993年的《电影审查暂行规定(失效)》规定，(1)具有下列内容之一的电影禁止公映：违背我国宪法和法律；损害国家利益、社会安定、民族尊严和民族团结；违反国家现行重大政策；违反社会主义公共道德规范；违反科学，宣传迷信；具有强烈感官刺激、宣扬色情、裸露、暴力或详尽展示犯罪手段；具有伤害未成年人身心健康、诱发未成年人堕落的内容和情节；其他应禁止的内容和情节。(2)公映电影片的技术质量，按有关技术标准审查。

1996年的《电影管理条例(失效)》显示，(1)电影片禁止载有下列内容：危害国家的统一、主权和领土完整的；危害国家的安全、荣誉和利益的；煽动民族分裂，破坏民族团结的；泄露国家秘密的；宣扬淫秽、迷信或者渲染暴力的；诽谤、侮辱他人的；有国家规定禁止的其他内容的。(2)电影技术质量应当符合国家标准。

1997年的《电影审查规定(失效)》相应做了调整。电影片禁止载有下列内容:(1)危害国家的统一、主权和领土完整的;(2)危害国家安全、荣誉和利益的;(3)煽动民族分裂,破坏民族团结的;(4)泄露国家秘密的;(5)宣扬不正当性关系,严重违反道德准则,或内容淫秽,具有强烈感官刺激,诱人堕落的;(6)宣扬封建迷信,蛊惑人心,扰乱社会公共秩序的;(7)渲染凶杀暴力,唆使人们蔑视法律尊严,诱发犯罪,破坏社会治安秩序的;(8)诽谤、侮辱他人的;(9)国家规定的其他内容。

电影片中个别情节、语言或画面有下列内容的,应当删剪、修改:(1)夹杂有淫秽庸俗内容,不符合道德规范和观众欣赏习惯的;①不恰当地叙述和描写性及与性有关的情节,正面裸露男女躯体;②以肯定的态度描写婚外恋、未婚同居及其他不正当男女关系;③具体描写腐化堕落,可能诱发人们仿效;④造成强烈感观刺激的较长时间的接吻、爱抚镜头及床上、浴室内的画面;⑤具体描写淫乱、强奸、卖淫、嫖娼、同性恋等;⑥内容粗俗、趣味低下的对白;⑦庸俗、低级的背景音乐及动态、声音效果。(2)夹杂有凶杀暴力内容的:①美化罪犯形象,引起人们对罪犯同情和赞赏;②具体描述犯罪手段及细节,有可能诱发和鼓动人们模仿犯罪行为;③刺激性较强的凶杀、吸毒、赌博等画面;④描述离奇荒诞,有悖人性的残酷的暴力行为。(3)夹杂有宣扬封建迷信内容的:①细致描写看相算命、求神问卜,以及长时间的烧香、拜神、拜物等场面;②鼓吹宗教万能、宗教至上和显示宗教狂热的情节。(4)可能引起国际、民族、宗教纠纷的情节的。(5)破坏生态环境,肆虐捕杀珍稀野生动物的画面和情节的。(6)其他应当删剪、修改的内容。

电影片技术质量按照国家标准审查。2002年2月1日开始实施的《电影管理条例》针对电影审查的内容与标准做了下述规定。电影片禁止载有下列内容:(1)反对宪法确定的基本原则的;(2)危害国家统一、主权和领土完整的;(3)泄露国家秘密、危害国家安全或者损害国家荣誉和利益的;(4)煽动民族仇恨、民族歧视,破坏民族团结,或者侵害民族风俗、习惯的;(5)宣扬邪教、迷信的;(6)扰乱社会秩序,破坏社会稳定的;(7)宣扬淫秽、赌博、暴力或者教唆犯罪的;(8)侮辱或者诽谤他人,侵害他人合法权益的;(9)危害社会公德或者民族优秀文化传统的;(10)法律、行政法规和国家规定的其他内容。

电影技术质量应当符合国家标准。2006年的《电影剧本(梗概)备案、电影片管理规定》(国家广播电影电视总局令第52号,2006年6月22日实施)对于电影审查的内容也有所调整,(1)电影片禁止载有下列内容:①违反宪法确定的基本原则的;②危害国家统一、主权和领土完整的;③泄露国家秘密,危害国家安全,损害国家荣誉和利益的;④煽动民族仇恨、民族歧视,破坏民族团结,侵害民族风俗、习惯的;⑤违背国家宗教政策,宣扬邪教、迷信的;⑥扰乱社会秩序,破坏社会稳定的;⑦宣扬淫秽、赌博、暴力、教唆犯罪的;⑧侮辱或者诽谤他人,侵害他人合法权益的;⑨危害社会公德,诋毁民族优秀文化的;⑩有国家法律、法规规定的其他内容的。(2)电影片有下列情形,应删剪、修改:①曲解中华文明和中国历史,严重违背历史史实;曲解他国历史,不尊重他国文明和风俗习惯;贬损革命领袖、英雄人物、重要历史人物形象;篡改中外名著及名著中重要人物形象的;②恶意贬损人民军队、武装警察、公安和司法形象的;③夹杂淫秽色情和庸俗低级内容,展现淫乱、强奸、卖淫、嫖娼、性行为、性变态等情节及男女性器官等其他隐秘部位;夹杂肮脏低俗的台词、歌曲、背景音乐及声音效果等;④夹杂凶杀、暴力、恐怖内容,颠倒真假、善恶、美丑的价值取向,混淆正义与非正义的基本性质;刻意表现违法犯罪嚣张气焰,具体展示犯罪行为细节,暴露特殊侦查手段;有强烈刺激性的凶杀、血腥、暴力、吸毒、赌博等情节;有虐待俘虏、刑讯逼供罪犯或犯罪嫌疑人等情节;有过度惊吓恐怖的画面、台词、背景音乐及声音效果;⑤宣扬消极、颓废的人生观、世界观和价值观,刻意渲染、夸大民族愚昧落后或社会阴暗面的;⑥鼓吹宗教极端主义,挑起各宗教、教派之间,信教与不信教群众之间的矛盾和冲突,伤害群众感情的;⑦宣扬破坏生态环境,虐待动物,捕杀、食用国家保护类动物的;⑧过分表现酗酒、吸烟及其他陋习的;⑨违背相关法律、法规精神的。(3)电影片的署名、字幕等语言文字,应按《中华人民共和国著作权法》《中华人民共和国国家通用语言文字法》等有关规定执行。

电影片技术质量按照国家有关电影技术标准审查。2017年的《中华人民共和国电影产业促进法》(中华人民共和国主席令第54号,2017年3月1日实施)对于电影审查内容又做了调整。电影不得含有下列内容:(1)违反宪法确定的基本原则,煽动抗拒或者破坏宪法、法律、行政法规实施;(2)危害国家统一、主权和领土完整,泄露国家秘密,危害国家安全,损害国家尊严、荣誉和利益,宣扬恐怖主义、极端主义;(3)诋毁民族优秀文化传统,煽动民族仇恨、民族歧视,侵害民族风俗习惯,歪曲民族历史或者民族历史人物,伤害民族感情,破坏民族团结;(4)煽动破坏国家宗教政策,宣扬邪教、迷信;(5)危害社会公德,扰乱社会秩序,破坏社会稳定,宣扬淫秽、赌博、吸毒,渲染暴力、恐怖,教唆犯罪或者传授犯罪方法;(6)侵害未成年人合法权益或者损害未成年人身心健康;(7)侮辱、诽谤他人或者散布他人隐私,侵害他人合法权益;(8)法律、行政法规禁止的其他内容。

2017年12月11日国家新闻出版广电总局令第13号《国家新闻出版广电总局关于废止、修改和宣布失效部分规章、规范性文件的决定》对《电影剧本(梗概)备案、电影片管理规定》(国家广播电影电视总局令第52号,2006年6月22日实施)做了修正,但对其内的电影审查内容和标准没有任何修改。

综上,中国大陆(内地)电影审查的内容每次法规政策的变化都会增加审核内容,同时也形成了法律[《中华人民共和国电影产业促进法》(2017年)]、行政法规[《电影管理条例》(2002年)]、部门规章[《电影剧本(梗概)备案、电影片管理规定》(2017年修正)]三个层次的法规政策,即电影审查内容的力度在增加。

第二节　电视审查

本节主要针对中国大陆(内地)的电视审查做一个描述,意图对其进行梳理。

一、有线电视审查

《有线电视管理暂行办法》(广播电影电视部令第2号,1990年11月16日实施)自1990年11月2日被国务院批准后,历经了2011年的修正和2018年的修正,至今有效。对比历次修正,《有线电视管理暂行办法》基本没有改动,仅是在2011年修正时,将"第十七条　对违反本办法,构成违反治安管理的行为,由公安机关依照《中华人民共和国治安管理处罚条例》的规定予以处罚;情节严重构成犯罪的,由司法机关依法追究刑事责任"中的"《中华人民共和国治安管理处罚条例》"改为"《中华人民共和国治安管理处罚法》";在2018年修正时,将《有线电视管理暂行办法》中的"广播电影电视部"改为"国务院广播电视行政管理部门"。可见有线电视的审查制度,在中国大陆(内地)一直是稳定、基本不变的。

有线电视,是指下列利用电缆或者光缆传送电视节目的公共电视传输系统:(1)接收、传送无线电视节目,播放自制电视节目和录像片的有线电视台;(2)接收、传送无线电视节目,播放录像片的有线电视站;(3)接收、传送无线电视节目的共用天线系统。

有线电视设立主体比较广泛,凡是符合《有线电视管理暂行办法》规定条件的机关、部队、团体、企事业单位都可以申请,但个人不可以。

有线电视开办分为开办有线电视台和开办有线电视站。开办有线电视台的审查为:先由省级广播电视行政管理部门初步审查,再由国务院广播电视行政管理部门(2018年修正前为广播电影电视部)批准后发给有线电视台许可证。

开办有线电视站的审查为:先由县级广播电视行政管理部门初步审查,再由省级广播电视行政管理部门批准后发给有线电视站许可证。

用于国防、公安、国家安全业务的有线电视系统由中国人民解放军有关部门、公安部、国家安全部分别管理。

行政区域性的有线电视台和有线电视站,由当地广播电视行政管理部门根据国务院广播电视行政管理部门的有关规定开办。

二、广播电台及电视台审查

广播电台和电视台的设立审批主要源于《广播电视管理条例》(国务院令第228号,1997年9月1日实施)。该条例先后于2013、2017年两次修订,但修改内容均不大。2013年的修改是:《广播电视管理条例》第十三条第一款"广播电台、电视台变更台名、台标、节目设置范围或者节目套数的,应当经国务院广播电视行政部门批准"修改为"广播电台、电视台变更台名、台标、节目设置范围或者节目套数的,应当经国务院广播电视行政部门批准。但是县级、设区的市级人民政府广播电视行政部门设立的广播电台、电视台变更台标的,应经所在地省、自治区、直辖市人民政府广播电视行政部门批准"。《广播电视管理条例》第四十五条原为:"举办国际性、全国性的广播电视节目交流、交易活动,应当经国务院广播电视行政部门批准,并由指定的单位承办。举办区域性广播电视节目交流、交易活动,应当经举办地的省、自治区、直辖市人民政府广播电视行政部门批准,并由指定的单位承办。"修改后为:"举办国际性广播电视节目交流、交易活动,应当经国务院广播电视行政部门批准,并由指定的单位承办。举办国内区域性广播电视节目交流、交易活动,应当经举办地的省、自治区、直辖市人民政府广播电视行政部门批准,并由指定的单位承办。"

2017年的修订是:《广播电视管理条例》第十三条第一款原为"广播电台、电视台变更台名、台标、节目设置范围或者节目套数的,应当经国务院广播电视行政部门批准。但是,县级、设区的市级人民政府广播电视行政部门设立的广播电台、电视台变更台标的,应当经所在地省、自治区、直辖市人民政府广播电视行政部门批准"。修改后为:"广播电台、电视台变更台名、节目设置范围或者节目套数,省级以上人民政府广播电视行政部门设立的广播电台、电视台或者省级以上人民政府教育行政部门设立的电视台变更台标的,应当经国务院广播电视行政部门批准。"

以上的修订可以看出,广播电台、电视台变更台名、台标、节目设置范围或者节目套数的审查批准,是逐步放权的。1997年时全都由国务院广播电视行政部门批准;到了2013年时,将县级、设区的市级人民政府广播电视行政部门设立的广播电台、电视台变更台标的审批权限下放到所在地省、自治区、直辖市人民政府广播电视行政部门;到了2017年时,国务院广播电视行政部门审查批准的范围限定在广播电台、电视台变更台名、节目设置范围或者节目套数的范围;对于台标变更的审查批准,国务院广播电视行政部门审查批准仅限于省级以上人民政府广播电视行政部门设立的广播电台、电视台或者省级以上人民政府教育行政部门设立的电视台台标的变更。

广播电台电视台设立审查制度。依据《广播电视管理条例》,主要体现在以下几点:(1)广播电台、电视台由县、不设区的市以上人民政府广播电视行政部门设立,其中教育电视台可以由设区的市、自治州以上人民政府教育行政部门设立。其他任何单位和个人不得设立广播电台、电视台。国家禁止设立外资经营、中外合资经营和中外合作经营的广播电台、电视台。(2)中央的广播电台、电视台由国务院广播电视行政部门设立。地方设立广播电台、电视台的,由县、不设区的市以上地方人民政府广播电视行政部门提出申请,本级人民政府审查同意后,逐级上报,经国务院广播电视行政部门审查批准后,方可筹建。(3)中央的教育电视台由国务院教育行政部门设立,报国务院广播电视行政部门审查批准。地方设立教育电视台的,由设区的市、自治州以上地方人民政府教育行政部门提出申请,征得同级广播电视行政部门同意并经本级人民政府审查同意后,逐级上报,经国务院教育行政部门审核,由国务院广播电视行政部门审查批准后,方可筹建。(4)乡、镇设立广播电视站的,由所在地县级以上人民政府广播电视行政部门负责审核,并按照国务院广播电视行政部门的有关规定审批;乡、镇设立的广播电视站不得自办电视节目。(5)机关、部队、团体、企事业单位设立有线广播电视站的,按照国务院有关规定审批。

由此可见,《广播电视管理条例》中的广播电视台和《有线电视管理暂行办法》中的有线电视台是有区别的。广播电视台具有行政区域或教育性质,都由具有行政区域或教育性质的行政部门申请设立,机关、部队、团体、企事业单位不能申请设立;但有线电视台的开办主体多样化,凡是符合条件的机关、部队、团体、企事业单位均可申请开办设立。

三、广播电视节目审查

中国大陆(内地)广播电视节目审查主要见于《广播电视管理条例》,具有以下特点。

广播电视节目制作单位特定化,只能由广播电台、电视台和省级以上人民政府广播电视行政部门批准设立的广播电视节目制作经营单位制作;广播电台、电视台不得播放未取得广播电视节目制作经营许可的单位制作的广播电视节目。

播前审查,重播重审。广播电台、电视台对其播放的广播电视节目内容,在播放前要审查,播完后重播时还要重新审查。审查的内容主要是杜绝节目内容有下列情形:(1)危害国家的统一、主权和领土完整的;(2)危害国家的安全、荣誉和利益的;(3)煽动民族分裂,破坏民族团结的;(4)泄露国家秘密的;(5)诽谤、侮辱他人的;(6)宣扬淫秽、迷信或者渲染暴力的;(7)法律、行政法规规定禁止的其他内容。

用于广播电台电视台播放的境外电视节目,均需国务院广播电视行政部门审查;但如果是电影电视剧之外的其他境外电视节目,则也可由国务院广播电视行政部门授权的机构审查。

播放时间有限制。广播电台、电视台播放境外广播电视节目的时间与广播电视节目总播放时间的比例由国务院广播电视行政部门规定;广播电台、电视台播放广告,不得超过国务院广播电视行政部门规定的时间。

广播电视节目交流、交易活动需批准。如果这一活动属国际性则需国务院广播电视行政部门批准,并由指定的单位承办;如果这一活动属国内区域性,则由举办地的省、自治区、直辖市人民政府广播电视行政部门批准,并由指定单位承办。

四、电视剧审查

中国大陆(内地)的电视剧审查制度主要见于《电视剧管理规定(失效)》(广播电影电视总局令第 2 号,2000 年 6 月 15 日实施)、《电视剧审查管理规定(失效)》(国家广播电影电视总局令第 40 号,2004 年 10 月 20 日实施)、《〈电视剧审查管理规定〉补充规定(失效)》(国家广播电影电视总局令第 53 号,2007 年 1 月 1 日实施)、《电视剧内容管理规定》(国家广播电影电视总局令第 63 号,2010 年 7 月 1 日实施)、《中外合作制作电视剧管理规定》(国家广播电影电视总局令第 41 号,2004 年 10 月 21 日实施)以及其他相关规定。

《电视剧管理规定(失效)》对电视剧审查做了这样的规定:(1)审查体制。境内外合作制作电视剧、进口电视剧、聘请境外演职员参与制作的国产电视剧、中央单位所属电视剧制作单位制作的以及与地方单位联合制作并使用中央单位电视剧制作许可证的电视剧,由国家广播电影电视总局所设立的电视剧审查委员会审查;省级广播电视行政部门设立省级电视剧审查机构,负责审查本辖区内电视剧制作单位制作的或与辖区外单位联合制作并使用本辖区单位电视剧制作许可证的电视剧;对送审单位不服国家广播电影电视总局电视剧审查委员会或省级电视剧审查机构的审查结论提起的复审申请的,由国家广播电影电视总局设立的电视剧复审委员会负责复查。(2)审查内容。电视剧禁止载有下列内容:①危害国家的统一、主权和领土完整的;②危害国家的安全、荣誉和利益的;③煽动民族分裂、破坏民族团结的;④泄露国家秘密的;⑤诽谤、侮辱他人的;⑥宣扬淫秽、迷信或者渲染暴力的;⑦宣扬种族、性别、地域歧视的;⑧法律、行政法规规定的其他内容。

《电视剧审查管理规定(失效)》中这样规定审查制度:

(1)电视剧(含电视动画片)题材规划立项审查。省级广播电视行政部门对本辖区内电视剧题材规划立项进行初审。中央单位所属电视剧制作机构的电视剧题材规划立项由其上级业务主管部门提出意见后,报广电总局审批。全国电视剧题材规划立项的终审由广电总局负责。

(2)电视剧审查体制与《电视剧管理规定(失效)》相比无大的变化,仍是电视剧审查委员会、电视剧复审委员会、省级电视剧审查机构,只是对每个审查主体的职责做了更为详细的规定。例如广电总局电视剧审查委员会的职责是:①审查使用中央单位所属制作机构的电视剧制作许可证制作的电视剧(含电视动画片),并做出审查结论;②审查聘请境外人员(包括编剧、导演、演员、摄像等)参与创作的国产电视剧(含电视动画片),并做出审查结论;③审查合拍剧的剧本、完成片和引进剧,并做出审查结论;④审查电视播出中引起公众争议的、省级电视剧审查机构提请广电总局审查的,以及因公共利益需要报广电总局审查的电视剧(含电视动画片),并做出审查结论。再如,省级电视剧审查机构的职责是:①审查本辖区电视剧制作机构制作的、不含境外人员参与创作的国产电视剧(含电视动画片),并做出审查结论;②初审本辖区电视剧制作机构制作的、含境外人员参与创作的国产电视剧,提出详细、明确的初审意见;③初审本辖区电视剧制作机构与境外机构制作的合拍剧剧本和完成片,提出详细、明确的初审意见;④初审本辖区内机构送审的引进剧,提出详细、明确的初审意见。

(3)电视剧审查内容与《电视剧管理规定(失效)》相比,数量上有所增加,电视剧载有下列内容的,不予审查通过:①反对宪法确定的基本原则的;②危害国家统一、主权和领土完整的;③泄露国家秘密、危害国家安全或者损害国家荣誉和利益的;④煽动民族仇恨、民族歧视,破坏民族团结,或者不尊重民族风俗、习惯的;⑤宣扬邪教、迷信的;⑥扰乱社会秩序,破坏社会稳定的;⑦宣扬淫秽、赌博、暴力或者教唆犯罪的;⑧侮辱或者诽谤他人,侵害他人合法权益的;⑨危害社会公德或者民族优秀文化传统的;⑩有法律、行政法规和国家规定禁止的其他内容的。

(4)与《电视剧管理规定(失效)》相比,增加了审查程序,并且描述比较详细。明确了国产电视剧(含电视动画片)提请审查时需要递交的材料(国产电视剧报审表或国产电视动画片报审表;制作机构资质的有效证明;题材规划立项批准文件的复印件;同意聘用境外人员参与国产电视剧创作的批准文件的复印件;每集不少于500字的剧情梗概;图像、声音、时码等符合审查要求的1/2完整录像带一套;完整的片头、片尾和歌曲的字幕表),明确了合拍剧、引进剧应如何处理;虽然比《电视剧管理规定(失效)》规定的审查期限长、审查说明多,但仍然只是笼统规定了电视剧审查机构的审查期限、不同的处理结果,并且没有明确区分初审和再审之间如何处理[电视剧审查机构在收到完备的报审材料后,应当在50日内做出是否准予行政许可的决定,其中组织专家评审的时间为30日。经审查通过的电视剧,由省级以上广播电视行政部门颁发电视剧(电视动画片)发行许可证。经审查需修改的,由省级以上广播电视行政部门提出修改意见。送审机构可在修改后,按照本规定重新送审。经审查不予通过的,由省级以上广播电视行政部门做出不予通过的书面决定,并应说明理由];规定了重新送审的情形[已经取得电视剧(电视动画片)发行许可证的电视剧,需对剧名、主要人物、主要情节和剧集长度等进行改动的,需要重新送审]。

《电视剧内容管理规定》与《电视剧审查管理规定(失效)》相比,在电视剧审查方面有了较大变化。(1)部门规章的名称变为《电视剧内容管理规定》,强调突出了对电视剧的内容审查管理。(2)电视剧审查的内容又有了增加(电视剧不得载有下列内容:①违反宪法确定的基本原则,煽动抗拒或者破坏宪法、法律、行政法规和规章实施的;②危害国家统一、主权和领土完整的;③泄露国家秘密,危害国家安全,损害国家荣誉和利益的;④煽动民族仇恨、民族歧视,侵害民族风俗习惯,伤害民族感情,破坏民族团结的;⑤违背国家宗教政策,宣扬宗教极端主义和邪教、迷信,歧视、侮辱宗教信仰的;⑥扰乱社会秩序,破坏社会稳定的;⑦宣扬淫秽、赌博、暴力、恐怖、吸毒,教唆犯罪或者传授犯罪方法的;⑧侮辱、诽谤他人的;⑨危害社会公德或者民族优秀文化传统的;⑩侵害未成年人合法权益或者有害未成年人身心健康的;⑪法律、行政法规和规章禁止的其他内容)。(3)提出了电视剧审批电子政务设想。国务院广播影视行政部门和省、自治区、直辖市人民政府广播影视行政部门应当积极建立和完善电视剧审批管理的电子办公系统,推行电子政务。(4)去掉了电视剧(含电视动画片)题材规划立项审查的规定,提出了备案公示制度(国产剧、合拍剧的拍摄制作实行备案公示制度;省级广播影视行政部门负责受理本行政区域内制作机构拍摄制作电视剧的备案,经审核报请国务院广播影视行政部门公示;按照有关规定向国务院广播影视行政部门直接备案的制作机构,备案前应当经其上级业务主管部门同意;制作机构变更已公示电视剧主要人物、主要情节的,重新履行备案公示手续;变更剧名、集数、制作机构的,应当经省级影视行政部门或者其上级业务主管部门同意后,向国务院广播影视行政部门申请办理相关变更手续)。(5)将"审查机构及标准""审查程序"两章合并为一章,并变更为"审查和许可",审查机构还是电视剧审查委员会、电视剧再审委员会、省级电视剧复查机构;但增加并变更了电视剧审查委员会的职责[①审查直接备案制作机构制作的电视剧;②审查聘请相关国外人员参与创作的国产剧;③审查合拍剧剧本(或者分集梗概)和完成片;④审查引进剧;⑤审查由省、自治区、直辖市人民政府广播影视行政部门电视剧审查机构提请国务院广播影视行政部门审查的电视剧;⑥审查引起社会争议的,或者因公共利益需要国务院广播影视行政部门审查的电视剧];提出了审查人员的回避制度(审查人员与送审方存在近亲属等关系,可能影响公正审查,或者参与送审剧目创作的,应当申请回避),但该回避制度比较模糊;省级电视剧复查机构的职责基本无变化。

中外合作制作电视剧的审查主要见于《中外合作制作电视剧管理规定》,规定得比较简单。(1)拍摄制作许可审查。直接从广电总局申领电视剧制作许可证(甲种)的中方制作机构申请与外方合作制作电视剧(含电视动画片),向广电总局申报。其他中方制作机构申请与外方合作制作电视剧(含电视动画片),经所在地省级广播电视行政部门同意,报广电总局审批。(2)拍摄制作许可复查。送审单位对不准予拍摄的决定不服的,可以在收到决定之日起 60 日内,向广电总局提出复审申请。广电总局应当在 50 日内做出复审决定,其中组织专家评审的时间为 30 日,并将决定书面通知送审机构。(3)电视剧(含电视动画片)完成片审查机构和流程,与拍摄制作许可审查相同。

重大革命和历史题材电视剧审查,主要法规政策依据是《国家广播电影电视总局关于调整重大革命和历史题材电影、电视剧立项及完成片审查办法的通知》(实施日期 2003 年 7 月 28 日)。(1)审查机构。我国重大革命和历史题材影视剧创作的组织指导、剧本立项把关和完成片审查,由国家广电总局成立的重大革命和历史题材影视创作领导小组(以下简称领导小组)负责;领导小组接受中宣部的指导;领导小组下设电影组和电视剧组,电视剧组办公室设在国家广电总局总编室。重大革命和历史题材的电视剧报国家广电总局总编室,由电视剧组办公室报领导小组审查。(2)重大革命和历史题材电视剧剧本审查。描写党政军历史上重大事件和重要领导人及其亲属生平业绩的重大革命历史题材电视剧剧本要经省级广电部门和党委宣传部门初审通过后,报领导小组审批。重大历史题材电视剧,剧本经省级广电部门初审通过后,报领导小组审批。重大革命和历史题材电视剧剧本经领导小组审查通过后,由国家广电总局行文批复申报单位。(3)重大革命和历史题材电视剧完成片审查,此类题材电视剧制作完成后,省级广电部门初审,并报领导小组审查。(4)军队系统内的制作机构单独摄制的此类题材电视剧,须经摄制单位所属军队各大单位政治部初审同意后,再按上述程序报批。

第三节 音乐审查

中国大陆(内地)的音乐审查和电影审查、电视审查明显不同,可以参考的法规政策基本为《中共中央、国务院关于严禁进口、复制、销售、播放反动黄色下流录音录像制品的规定》(1982 年 2 月 27 日实施)、《文化部关于网络音乐发展和管理的若干意见》(2006 年 11 月 20 日实施)、《互联网文化管理暂行规定》(文化部令第 27 号,2003 年 7 月 1 日实施,后又于 2011 年修订一次,于 2017 年第二次修订)、《文化部关于加强和改进网络音乐内容审查工作的通知(失效)》(文市发[2009]31 号,2009 年 8 月 18 日)、《网络文化经营单位内容自审管理办法》(文市发[2013]39 号,2013 年 12 月 1 日实施)、《文化部关于进一步加强和改进网络音乐内容管理工作的通知》(文市发[2015]21 号,2016 年 1 月 1 日实施)。中国大陆(内地)音乐审查情况大致描述如下:

20世纪80年代强调对反动黄色下流音乐的审查管制,主要体现在《中共中央、国务院关于严禁进口、复制、销售、播放反动黄色下流录音录像制品的规定》中。例如:"中国香港、澳门、台湾地区和外国的文艺唱片、盒式有声录音带和录像带,一律不得作为商品进口并在市场上出售。内容反动和黄色下流的录音录像制品,任何单位和个人不得公开或私下出售、复制、出租、代客转录和播放,也不得从海外电视、广播中收录或转播这类节目,招揽观众。进口海外录音录像资料的单位,应指定专人对进口的录音录像制品进行审查。生产唱片、有声录音带和录像带的工厂,利用剩余生产能力为外商进行唱片、有声录音带、录像带来料加工业务,须经省级以上主管部门严格审查批准。凡内容反动、黄色下流或者没有版权证明的录音录像制品,一律不得加工。来料加工产品只许外销,一律不准在国内销售或做任何其他非法处理(包括放映、转录、赠送等),凡须留样存档的必须严格封存并报告上级纪委和党委备案。"为执行该规定,当年度的广播电视部也制定了一个文件,并得到国务院的批准转发,亦即《国务院关于批转广播电视部制订的〈录音录像制品管理暂行规定〉的通知(失效)》(国发[82]154号,1982年12月23日实施)。这个文件对当时可以属于音乐的唱片、盒式有声录音带等设计了相应的审查监管政策[(1)广播电视部主管全国音像制品管理工作,并有具体的职责;省、市、自治区广播事业局负责本地区的音像制品管理工作;(2)国务院有关部委负责管理与本系统业务有关的音像制品出版工作;(3)发行销售的音像制品,必须由国家批准的音像制品出版单位出版;工业生产单位和商业单位,不得从事音像制品出版业务;(4)音像制品出版单位设立的审批程序是:中央单位,经国务院有关部委审核同意后,报广播电视部批准;地方单位,由省级广播事业局报人民政府审核同意后,报广播电视部批准。县、市以下,除少数民族地区外,不设立音像制品出版单位]。

一、音乐审查的制度发展

进口网络音乐内容政府审查。《文化部关于网络音乐发展和管理的若干意见》于2006年提出进口网络音乐产品的内容要经文化部审查,否则不得投入运营。《文化部关于加强和改进网络音乐内容审查工作的通知(失效)》于2009年较为详细地提出进口网络音乐产品如何送交文化部审查:(1)进口网络音乐产品是指原始版权为境外自然人、法人和其他组织所拥有的网络音乐产品。(2)进口网络音乐产品报审单位须为该网络音乐产品在中国内地的直接被授权人。直接被授权人是指直接获得该网络音乐产品的独家且完整的在中国大陆(内地)的信息网络传播权或代理权的经营单位。(3)中国香港、澳门和台湾地区的网络音乐产品参照进口网络音乐产品报审。(4)规定了进口单位报审进口网络音乐时须提供的材料。(5)进口网络音乐产品报审的程序。(6)批准进口的网络音乐产品在国内转授权时,须由原进口单位在转授权行为发生后

20日内报文化部备案等。《互联网文化管理暂行规定(失效)》(2003年)、《互联网文化管理暂行规定》(2011年修订)、《互联网文化管理暂行规定》(2017年修订)均规定了进口网络音乐产品要由文化部审查。

国产网络音乐产品备案制。《文化部关于网络音乐发展和管理的若干意见》于2006年提出拟专门通过网络传播的国产音乐产品,应报送文化部备案;《文化部关于加强和改进网络音乐内容审查工作的通知(失效)》于2009年提出了"国产网络音乐产品实施备案制度。网络音乐经营单位应在正式运营后30日内报文化部备案";《互联网文化管理暂行规定》(2011年修订)、《互联网文化管理暂行规定》(2017年修订)均规定"经营性互联网文化单位经营的国产互联网文化产品应当自正式经营起30日内报省级以上文化行政部门备案,并在其显著位置标明文化部备案编号,具体办法另行规定"。

经营单位自审制度。这主要是指互联网音乐方面,《互联网文化管理暂行规定(失效)》(2003年)提出自我审查的规定(互联网文化单位应当实行审查制度,有专门的审查人员审查互联网文化产品,保障互联网文化产品的合法性。其审查人员应当接受上岗前的培训,取得相应的从业资格);《互联网文化管理暂行规定》(2011年修订)明确提出自审制度概念(互联网文化单位应当建立自审制度,明确专门部门,配备专业人员负责互联网文化产品内容和活动的自查与管理,保障互联网文化产品内容和活动的合法性);《互联网文化管理暂行规定》(2017年修订)保留了同样的自审制度规定;文化部的《网络文化经营单位内容自审管理办法》(2013年)直接详细规定了网络文化经营单位如何建立自审制度、如何自审、审核人员应具备什么样的资质等内容(网络文化经营单位在向公众提供服务前,应当依法事先审核拟提供的文化产品及服务的内容;网络文化经营单位应当建立健全内容管理制度,设立专门的内容管理部门,配备适应审核工作需要的人员负责网络文化产品及服务的内容管理,保障网络文化产品及服务内容的合法性。网络文化经营单位内容管理制度应当明确内容审核工作职责、标准、流程及责任追究办法,并报所在地省级文化行政部门备案;审核人员要取得内容审核人员证书);《文化部关于进一步加强和改进网络音乐内容管理工作的通知》于2016年对网络音乐运营单位自审制度又做了比较系统的构建[(1)提出网络音乐内容由企业自主审核,由文化管理部门对企业自主审核行为进行事中事后监管;(2)提出企业自主审核网络音乐的法规政策依据为《网络文化经营单位内容自审管理办法》《网络音乐内容审核工作指引》;(3)通过"全国文化市场技术监管与服务平台"(以下简称"监管与服务平台")企业将自主审核的管理制度、部门设置、人员配置、工作职责、审核流程、工作规范等报所在地省级文化行政部门备案,定期将网络音乐内容自审相关信息报文化部备案;(4)文化部负责对网络音乐内容审核工作的总体指导,省级文化行政部门负责具体指导、监督网络音乐经营单位开展自审工作,各级文化行政部门和文化市场综合执法机构负责对网络音乐市场的事中指导检查和事后监管执法工作,行业协会等社会组织在文化行政部门的指导下,承担企业与政府之间的沟通桥梁作用]。

网络音乐产品审查内容。《互联网文化管理暂行规定(失效)》(2003年)、《互联网文化管理暂行规定》(2011年修订)、《互联网文化管理暂行规定》(2017年修订)所规定的网络文化产品不得有的内容都相同[(1)反对宪法确定的基本原则的;(2)危害国家统一、主权和领土完整的;(3)泄露国家秘密、危害国家安全或者损害国家荣誉和利益的;(4)煽动民族仇恨、民族歧视,破坏民族团结,或者侵害民族风俗、习惯的;(5)宣扬邪教、迷信的;(6)散布谣言,扰乱社会秩序,破坏社会稳定的;(7)宣扬淫秽、赌博、暴力或者教唆犯罪的;(8)侮辱或者诽谤他人,侵害他人合法权益的;(9)危害社会公德或者民族优秀文化传统的;(10)有法律、行政法规和国家规定的其他内容的]。

依据《互联网文化管理暂行规定(失效)》(2003年)、《互联网文化管理暂行规定》(2011年修订)、《互联网文化管理暂行规定》(2017年修订),互联网文化产品是指通过互联网生产、传播和流通的文化产品,主要包括:(1)专门为互联网而生产的网络音乐娱乐、网络游戏、网络演出剧(节)目、网络表演、网络艺术品、网络动漫等互联网文化产品;(2)将音乐娱乐、游戏、演出剧(节)目、表演、艺术品、动漫等文化产品以一定的技术手段制作、复制到互联网上传播的互联网文化产品。

第四节 游戏审查

中国大陆(内地)的游戏审查主要是指网络游戏审查,已形成了进口网络游戏前置审批制、进口网络游戏产品内容审查制、网络游戏网上出版发行前置审批制、国产网络游戏备案制、网络游戏运营单位自审制等一系列制度。这些制度见于《文化部关于加强网络游戏产品内容审查工作的通知"(失效)"》(文市发[2004]14号,2004年5月4日实施)、《文化部办公厅关于规范进口网络游戏产品内容审查申报工作的公告"(失效)"》(2009年4月24日实施)、《新闻出版总署关于加强对进口网络游戏审批管理的通知》(新出厅字[2009]266号,2009年7月1日实施)、《中央机构编制委员会办公室关于印发〈中央编办对文化部、广电总局、新闻出版总署"三定"规定中有关动漫、网络游戏和文化市场综合执法的部分条文的解释〉的通知》(中央编办发[2009]35号,2009年9月7日实施)、《新闻出版总署、国家版权局、全国"扫黄打非"工作小组办公室关于贯彻落实国务院〈"三定"规定〉和中央编办有关解释,进一步加强网络游戏前置审批和进口网络游戏审批管理的通知》(新出联[2009]13号,2009年9月28日实施)、《网络游戏管理暂行办法"(失效)"》(文化部令第 49 号,2010 年 8 月 1 日实施)、《文化部关于贯彻实施〈网络游戏管理暂行办法〉的通知"(失效)"》(2010 年 7 月 29 日实施)、《文化部关于规范网络游戏运营加强事中事后监管工作的通知》(文市发〔2016〕32 号,2017 年 5 月 1 日实施)、《互联网文化管理暂行规定(失效)》(2003 年)、《互联网文化管理暂行规定》(2011 年修订)、《互联网文化管理暂行规定》(2017 年修订)。

进口网络游戏审批制。进口网络游戏必须事先依法取得著作权人的授权,并办理著作权认证手续,在取得著作权行政管理部门出具的著作权合同登记批复,由运营单位向所在地省级新闻出版管理部门审核同意后报国家新闻出版管理部门审批。未经批准在中国境内提供进口网络游戏运营服务,或为境外网络游戏在中国境内提供运营推广服务的,其面临的风险是:国家新闻出版管理部门将通知有关地方新闻出版管理部门依法予以取缔,停止其运营,并通知电信管理部门取消其互联网接入服务,关闭相关网站。

进口网络游戏产品内容审查制。文化和旅游部负责进口网络游戏内容的审查,网络游戏运营企业在内容审查未通过前,不得开放用户注册或向用户收费,不得以商业合作、广告销售等方式开展经营活动。已通过文化和旅游部内容审查的进口网络游戏产品,在运营中有实质内容变动的改版或版本升级的,应将新版本报文化和旅游部进行内容审查。文化和旅游部设立进口游戏产品内容审查委员会(以下简称"审查委员会"),负责审查进口网络游戏产品的内容。审查委员会下设办公室,负责进口网络游戏产品内容审查的日常工作。审查委员会对进口游戏产品进行内容初审,初审合格的,准予公测。文化和旅游部根据审查委员会提交的内容审查意见和公测结果,做出批准或者不批准的决定,批准的发给批准文件,方可正式投入运营;不批准的应当说明理由。进口中国香港、澳门和台湾地区的网络游戏产品,同样适用于进口网络游戏产品内容审查制。

网络游戏网上出版发行前置审批制。通过互联网向公众提供网络游戏内容在线交互使用或下载等运营服务被认为网络游戏出版行为,需要前置审批,由国家新闻出版管理部门负责网络游戏前置审批。没有前置审批的风险:新闻出版管理部门将依法予以取缔,同时通知电信管理部门取消其相应增值电信业务经营许可证,通知工商行政管理部门依法变更登记或注销登记。国家新闻出版管理部门将通知有关地方新闻出版管理部门责令其停止运营服务,并依法予以查处。

国产网络游戏备案制。申请国产网络游戏备案的网络游戏运营企业向文化和旅游部履行备案手续。国产网络游戏备案实行独家申报制度,即一款国产网络游戏只能由一家网络游戏运营企业申报。联合运营国产网络游戏的,应当由该网络游戏的著作权人申报。国产网络游戏著作权人可授权一家联合运营该网络游戏的网络游戏运营企业独家申报备案,但前提条件是国产网络游戏著作权人不从事该网络游戏运营。国产网络游戏联合运营是指同一款国产网络游戏分别由多个网络游戏运营企业运营,并且所有参与该网络游戏运营的企业都依法获得该网络游戏著作权人的许可。

网络游戏运营单位自审制。网络游戏运营企业应当建立自审制度,明确专门部门,配备专业人员负责网络游戏内容和经营行为的自查与管理,保障网络游戏内容和经营行为的合法性。这个自审制的内容及要求和网络音乐的运营单位自审制基本一致。

第五节 娱乐产业审查制度的发展趋势

娱乐产业是一个涉及面比较广的产业,包括电影、广播电视、音乐、游戏、动漫、演出等,政府对娱乐产业因时代和具体领域的不同,可能会采取不同的态度和处理方式。不同的国家或地区也会因自身的文化、宗教、政治制度等因素的不同,对娱乐产业采用不同制度安排来调整和规范。

娱乐产业的审查中,电影是一个突出领域,但就审查主体看[①],电影审查机构在绝大部分国家及地区性质上属于政府或由政府支持建立的半官方机构;目前仅有美国采用以行业协会进行"行业自律"审查的方式:由美国电影协会(Motion Picture Association of American,MPAA)和影院业协会(National Association of Theater Owners,NATO)组织的委员实施。

随着电影自身表达的成熟与发展,以及观众主体认知、社会文化、政治宗教等因素的发展与变化,电影审查从之前的公映前审批制为主流,逐渐形成了分级审查制为普遍的方式。审批制审查的重点是影片内容,分级制审查的重点是传播方式和范围。[②]电影分级制的实施,导致表现色情、暴力、毒品等情节的电影也得以公映,只是开放给分级制允许观看年龄阶段的观众群体。这种分级制的审查相当于给电影创作松了绑,可以有比较大的选择发挥空间。这也应该是很多电影人士呼吁电影分级制的原因。

中国大陆(内地)的电影审查制度,在审查主体上一直是政府部门在主导,1996年和1997年又提出要求电影制片单位在电影审查机构审查之前先自行负责电影剧本投拍和电影片出厂前的自查;2017年3月1日,《电影产业促进法》生效,以法律的形式确立了专家评审制(电影审查应当组织不少于5名专家评审)。

[①] 梅峰、李二仕、钟大丰:《电影审查:你一直想知道却没处问的事儿》,北京联合出版公司2016年版,第7页。

[②] 同上,第9页。

从机制的角度看,中国大陆(内地)电影审查早在1988和1989年倡导了审查分级制(当时划定了少儿不宜级别的影片),但这个分级制后来被放弃了。2003年12月17日,《国家广播电影电视总局关于公布废止部分广播影视法规性文件的通知》正式废弃了审查分级制。1993年确立了电影审查一审终审制,由当时的广播电影电视部直接负责审查,地方层级的电影行政管理部门并无权参与审查。1996和1997年,中国大陆(内地)的电影审查制度埋下了大的变化的种子,一是明确提出了审查与复查机制,设立电影审查委员会和电影复查委员会执行审查与复查职能;二是提出电影制片单位在电影剧本拍摄前和电影片出厂之前,要先自查再报送电影审查机构审查的自查方式;三是提出了电影剧本要报电影审查机构备案;四是增加了地方层级的电影行政管理部门的审查参与度,例如在电影审查委员会审查国产电影片混录双片前,需要先由送审影片单位所在地省级电影主管部门出具审查意见。这一系列的因子为中国大陆(内地)后来乃至现在所实施的一备二审制式的电影审查提供了成长土壤。2003~2010年,又正式形成了属地审查和一备二审制的电影审查方式。在二审制环节,全面赋予了省级广电部门对本行政区域电影片的初次审查的权利。在属地审查环节,赋予了部分省级广电部门对本行政区域电影片的终审审查的权利。2014年又以正式文件通知的方式提出了在一备二审制的基础上进一步推动全国范围全面试行国产影片属地审查。2017年中国大陆(内地)电影审查机制中,在电影审查机构中出现专家评审的身影,形成专家参与审查过程;与此同时,在电影产业促进法内还隐藏了可能被视为分级审查的因子,规定电影放映可能引起未成年人等观众身体或心理不适应的,应当予以提示。沿着未成年人观众这个逻辑看,在适当的时候中国大陆(内地)的电影审查可能会延续1988、1989年所倡导的电影审查分级制,也可能会有进一步的发展。

在中国大陆(内地)一般意义上的一备二审制以及属地审查制的电影审查机制中,还间杂有其他的审查细节,比如电影的进口出口审查、中外合作摄制审查、国产影片片名英文译名审查、公安题材电影审查与备案、外国人在野外拍摄电影审查、重大革命和历史题材电影审查等,其中最有特色的就是重大革命和历史题材电影审查——有中宣部和省级党委宣传部门参与。

中国大陆(内地)电影审查从内容与标准的角度看,审查的内容逐渐增多,从1989年关注色情、吸毒、犯罪、暴力情节,增加到现在的更多领域:政治、主权、国家安全、民族、宗教、色情、侵权、暴力、伦理道德、历史、价值观、暴力机关形象、环保、合法等。

从总体上看,中国大陆(内地)电影审查制从1989年以来发生了这样的演变:从最初简单的审查分级制,到后来的放弃;从一审终审制,到后来的一备二审制、属地审查以及不同题材电影不同审查制,中国大陆(内地)电影审查一是以法律(《中华人民共和国电影产业促进法》(2017年)、行政法规[《电影管理条例》(2002年)]、部门规章[《电影剧本(梗概)备案、电影片管理规定》(2017年修正)]三个层次的法规政策为规则形成了自己的审查体制,二是审查一直侧重于内容。可以预测在今后的10年以内应该不会有大的改变,唯一的变数可能是2017年电影产业促进法所埋下的分级制的种子——未成年人观众逻辑。

中国大陆(内地)的广播电视审查,在内在逻辑上沿袭了电影审查逻辑,只是在具体细节上有所不同,其未来发展的趋势应该是与电影审查一致。

中国大陆(内地)的音乐审查与电影审查、广播电视审查相比,又有明显不同。1982年时网络音乐还没出现,中国的改革开放也才刚刚开始。这时主要是针对反动黄色下流的境外文艺唱片、盒式有声录音带进行非常严厉的审查及监管;之后音乐的审查发生了很大的变化,这主要是由网络音乐引起的。2006~2009年,当时的文化部对网络音乐监管采取了新的方式,亦即审查进口网络音乐产品的内容;对国产网络音乐实行备案制;2003~2016年,中国大陆(内地)音乐审查中形成了非常重要的审查制度——经营单位自审制度,同时政府机构监管经营单位的自审行为。可见,中国大陆(内地)主要是审查网络音乐,形成了进口网络音乐政府审查、国产网络音乐向政府备案、经营单位自己审查自己经营的网络音乐产品、政府监督经营单位自审的审查体制。音乐审查未来应该继续沿着以自审自律,附以政府监督的方式前行。

中国大陆(内地)的游戏审查始于2003年、2004年,其和音乐审查相比复杂了一些,形成了进口网络游戏前置审批制、进口网络游戏产品内容审查制、网络游戏网上出版发行前置审批制、与音乐审查相同的国产网络游戏备案制、网络游戏运营单位自审附以政府部门监管制等制度。未来游戏审查的发展在可预见的时间内,应该还是重点审查进口的网络游戏,国产网络游戏还是以经营单位自审和政府监管指导为主。

思考题

1. 简述《电影产业促进法》规定的电影审查制度。
2. 简述我国有特色的重大革命和历史题材电影审查制度。
3. 中国大陆(内地)广播电视节目审查的特点是什么?

第十章　娱乐产品的发行

第一节　电影的发行

一、中国传统的电影发行

电影产业包括制作、发行和放映三个环节,其中心环节是电影发行,以发行权为经营对象。传统电影发行营销工作主要有三项:一是与上游制片商联系,挑选有市场的影片,并与制片商、发行方就发行影片进行磋商,制定分成比例;二是联系放映方,将影片尽可能多地发行到院线和影院,安排较多放映场次和好档期,并调配拷贝;三是需要开展影片营销,保证媒体曝光率,上映前提高影片知名度,保证上座率。

中华人民共和国成立初期,采用了苏联电影业的经营体制,从制片、发行到放映都采取了一系列计划经济的经营形式,其典型特点就是行政指令和非市场化。在电影发行上,建立了中国电影发行放映公司,在各省、市建立发行机构,制订了发行放映经营管理的各种制度。电影产品一经完成,即交由中影公司按规定价格一次性买断,电影由中影公司依托各省、市及辖下行政区域的发行网络发行,对各放映单位直接供片。20世纪90年代初期,一直由中国电影发行放映公司统购统销、垄断经营的电影发行体制解体,多种机制、多种形式的发行放映模式并存,这在一定程度上刺激了制作、发行、放映业的积极性。

2002年院线制改革开始,电影发行公司走上市场化和资本化道路,出现了民营发行公司。但电影发行以区域划分势力范围,在重点地区开设地面公司,以人力和关系网络开展发行和营销的模式仍有计划经济的影子。目前,主要的电影发行商有中国电影集团和华夏电影发行公司,这两家国有控股企业垄断了外国电影的国内发行权。民营的电影发行公司主要有华谊兄弟、北京新画面、保利博纳、上影发行、光线影业、乐视影业、万达影业、恒业电影等。

二、电影互联网发行

2014年是中国电影产业互联网化元年,电影发行营销环节互联网化浪潮愈发汹涌。互联网"三巨头"百度、阿里巴巴、腾讯(BAT)纷纷进军电影发行领域,阿里影业、腾讯电影、星美百度涉足电影发行营销业务。2017年中国电影市场票房收入559.11亿元人民币,其中支付电商服务费34.53亿元人民币。中国电影市场线上化率达到80%,不仅全球领先,而且拥有了强大的观众数据。中国互联网的快速发展,使中国成为离观众最近的电影市场;互联网不仅带来观众消费模式的变革,也带来了宣传与发行以及创作模式的创新。①

(一)发行放映渠道拓宽

传统的电影发行中,院线是主要渠道,电影票房成为判断电影市场价值的重要因素,特殊题材电影、小众的艺术电影等票房前景不被看好的影片甚至难以进入院线。

新媒体为电影发行和放映提供了全新的渠道,新媒体以"长尾理论"(The Long Tail Theory)②突破了传统电影发行的"二八法则"③。由于网络技术的发展,新媒体能够随时随地覆盖网民,每部电影都被受众获知。电影通过互联网存储和流通基本上是无成本的,点对点的传播方式和广泛的受众覆盖率能使每部电影的观众最大限度聚合,让较冷门的电影获得最大的市场价值。

在新媒体语境下,影片在某种程度上已经不是稀缺物,观众的注意力才是稀缺资源。通过新媒体,电影的发行、营销可以最大限度地瞄准目标受众,找到最合适的平台。首先,电影发行时间和观影时间、方式比较灵活,观众可自由选择观看影片的时间和环境。其次,新媒体的受众针对性强,能够提升电影的市场适应能力。新媒体的传播方式是点对点的、互动式的。电影的新媒体传播能够直接连接到每一个受众,可以随时根据观众的反馈来调整发行方式和发行平台。

新媒体丰富了电影发行和放映的方式,为拓宽电影发行渠道提供了良好的机遇,能够成为院线制的重要补充。电影产业可以利用新媒体所提供的新的发行渠道,实现多元化发展。

---

① 《2018中国电影产业研究报告》。
② 长尾理论是网络时代兴起的一种理论,由美国人克里斯·安德森提出。长尾理论认为由于成本和效率的因素,当商品储存流通展示的场地和渠道足够宽广,商品生产成本急剧下降以至于个人都可以生产,并且商品的销售成本急剧降低时,几乎任何以前看似需求极低的产品,只要有人卖,都会有人买。这些需求和销量不高的产品所占据的共同市场份额,可以和主流产品的市场份额相比,甚至更大。
③ "二八法则"也叫巴莱多法则,是19世纪末20世纪初意大利经济学家巴莱多提出的。他认为,在任何一组东西中,最重要的只占其中一小部分,约20%,其余80%的尽管是多数,却是次要的。

(二)电影营销模式转变

影片营销与影片票房收入直接关联,其重要性不言而喻。传统电影营销主要通过阵地和新闻媒体宣传。阵地宣传指发行营销公司配合影片发行,在影院设物料立牌、海报展架、喷绘、吊旗、地贴、灯箱、电子海报屏、电子预告片屏等,需要实地走访布置。只有进入电影院的观众才能看到广告,成本很高。

新闻媒体宣传是在报纸、电视台、广播电台、户外广告牌的广告栏目或固定板块宣传影片。营销面虽比阵地宣传广,但营销方式相对单向,用户没有反馈或反馈少,效果不甚理想。

通过微博、微信公众号、豆瓣等发布影片信息资讯、广告、视频、专题等社交营销,受众可以及时点评、分享、查询或互动,也可以随时购票去影院观看。影片的受众从被动接受广告信息到主动参与、深度互动。互联网时代的口碑营销瞬间可以完成,人们可以通过社交网络工具即时发表电影评论,影响电影口碑和票房。[1]

(三)影片传送模式转变

电影数字时代的到来,带来了电影发行的一次革命性的变革,它完全颠覆了电影节目介质的传送模式。在胶片电影时代,传统的电影发行模式主要是从点到点的传播,即胶片拷贝要从一个影院流动到另一个影院播放,能否正常协调拷贝、按时发放拷贝主要依赖于电影发行方。随着数字化时代的到来,影片以数字文件形式通过硬盘、光盘、网络甚至卫星直接传送到影院等放映终端,电影发行可以通过简单的数字信息操作平台和发行订购互联网系统来完成。电影发行方对于影片节目拷贝的调度和控制权也被大幅削弱。

(四)互联网的大数据

为影片创意与制作提供智力支持与前导性市场预测。"大数据"即海量数据,大数据概念真正开始流行起来是 2009 年,得益于带宽和云计算的发展。[2] 以大数据分析的结果制定最优的电影发行组合和发行策略,最终做到以最低的成本将影片宣传与发行做到极致,大数据创新之处在于:第一,精准定位目标用户和重点院线。发行方首先对影片的关注人群进行全方位的数据收集和分析,对电影目标用户按照性别、年龄、消费能力等基础信息解析,以期确定目标用户,进而开展有效的发行活动;其次根据行业内其他影片的发行情况分析需要重点合作或公关发行的院线,以期为与院线的成功合

---

[1] 高艳鸽:《互联网给影视行业带来哪些变局》,《中国艺术报》2014 年 12 月 12 日第 4 版。
[2] 2013 年美国电视剧《纸牌屋》的火爆引起影视娱乐从业人员对大数据的兴趣。《纸牌屋》从剧情设计到演员、导演的选择,都是视频网站 Netflix 通过研究网络用户在网上的行为和使用数据来决定的,因此受到网民的追捧。相关报道指出,Netflix 每天收集网上产生的 3 000 多万个用户行为,包括每个用户观看视频时会在哪里暂停、回放、快进,以及评论和搜索请求等,将其记录下来进行分析,并根据研究结果调整剧情和演员,结果显示,3/4 以上的观众认可 Netflix 的推荐。

作奠定基础。第二,制定最优的发行策略。一方面,以大数据技术分析用户观影决策的影响因素,分析电影票价、观影习惯、消费偏好等信息,进而根据用户数据的分析结果制定最优的宣传与发行策略,精准定位目标观众,在保障核心粉丝群体外的同时拓展外延观众,进而有效提高观影转化率。另一方面,根据电影票的预售情况和院线的实际情况为院线制定最优策略,如预测观影人流的集中时间段,以此来针对性地安排产品和观众引流等,既保证影院的上座率,也提高其工作效率,形成双方共赢局面。[1]

三、海外发行路径

(一)国际电影节

国际电影节是展览世界各国电影艺术和技术成就的盛会。电影节以交流经验、互相学习、促进各国电影艺术的发展为目的,通过国际评选委员会对正式的参展影片进行评选,对优秀影片及其作者(包括导演、编剧、演员、摄影、作曲、剪接、服装、美工和特技等)授予奖品和奖状等。至今,全世界的国际电影节共300多个。

在全球化发展的今天,以国际电影节为平台来推广电影作品需要把握好每个电影节的主题和定位。如威尼斯国际电影节将自己定位为电影实验者和艺术家的摇篮,其宗旨就是"电影为严肃的艺术服务",鼓励那些拍摄手法新颖、手法独特的影片;德国柏林电影节以注重意识形态、强调主题为自身定位,其口号是"和平、友爱"。而上海国际电影节作为中国唯一国际A类电影节,其宗旨是:增进各国、各地区电影界人士之间的相互了解和友谊,促进世界电影艺术的繁荣。上海国际电影节跨越20多年,汇聚全球顶尖行业精英,已成为亚太地区最具规模和影响力的国际电影盛会,被国际电影制片人协会誉为全球成长最快的国际A类电影节。

上海电影节的开闭幕红地毯完整呈现华语影坛的最新风貌与动态,成为展示年度华语电影人创作实力的最佳窗口。电影节由此所形成的兼具推广、营销、发行的功能已得到国际业界的认同和肯定,越来越多的中国电影公司把参加上海电影节作为重要的亮相机会,发挥出了电影节助推华语电影走向国际的重要推广功能,赢得了"亚洲第一红毯"的美誉。金爵奖大师与新锐同台竞技,一些获奖的中国作品受到国际影坛关注,走向了世界。中国电影的国际地位逐渐提高,也为中国电影进一步打开海外市场奠定了良好的基础。

(二)以合拍片为主的商业模式

中国电影走向海外市场最为有效也是最值得推广的,就是完全按照国际上流行的

---

[1] 张立波、赵雅兰:《基于"互联网+"的电影发行模式创新》,《中国海洋大学学报》(社会科学版)2016年第3期。

商业运作模式(以合拍片为主)进入海外国家主流院线。中国自20世纪80年代起开放了国外(包括中国香港和台湾地区)电影进入中国大陆(内地)拍片。国家专门成立了中国电影合拍公司来协助合拍片的拍摄。合拍片不仅仅是一个制作方式和商业运作的组合,其内容混合了中外文化元素,电影技术上也体现了较高专业水准,因而具有更广阔的市场潜力。通过合拍影片,中国电影业可以借助国外资金、技术及发行渠道,全面扩展华语影片的影响力。[①]

第二节 电视剧发行

拍摄完成的电视剧通过广电管理部门审查,获得发行许可证后方可进入流通领域以参与交易。

电视剧作为一种文化产品,在电视剧生产的各环节如何运用行之有效的宣传策略,成为成功营销发行的关键。尤其是在数字时代下,发行不仅仅是作为一个"物流"的角色。宣传、营销从属于发行范畴,为发行交易打下坚实基础,宣传发行成为一个整体,密不可分。

一、电视剧营销方式

(一)官方微博营销

电视剧官方微博是专题性电视剧市场推广、传送价值信息、经营粉丝以及公共关系的微博互动平台,担负着以电视剧为中心的消息集散以及粉丝关系维护功能。官方微博作为主要的营销推广工具,在整个电视剧制播过程中通过与剧迷的互动沟通营造某种依存关系,进一步加速电视剧的内容传播。

电视剧官方微博的日常运营方式通常采用以下四种形式营销:微访谈互动、互动营销、口碑营销、话题营销。

1. 微访谈互动

微访谈是建立在新浪微博基础上的访谈类产品,通常为在新浪微博平台上打造一款明星、名人与网友线上互动交流的栏目,以达成电视剧营销之目的。线上访谈活动突破地域局限,赋予普通网友向明星本人提问的权利,突出了真实交流的特征。配合营销节奏适时开展访谈活动,能有效保持电视剧的话题讨论热度。

2. 互动营销

[①] 杜惠:《论中国电影的海外发行之路》,《潍坊学院学报》2008年第3期,第157页。

互动营销是指通过官方微博平台,电视剧的主创人员与粉丝或粉丝团互动,或与电视剧相关媒体转发互动等形式,实现电视剧营销的目的。明星主演往往拥有千万量级的粉丝,并具备超高的收视号召力,故在电视剧拍摄期间,与明星主演互动能有效拉动剧集营销,维系粉丝与官方微博的互动关系。

粉丝有奖互动活动也是官方微博常见的一种互动形式,通常官方微博发起与电视剧相关的互动活动,搭配上活动话题标签与电视剧主话题标签,辅以电视剧周边商品作为奖励,最后在符合互动规则的参与者中选取数名发送奖品。其在促进用户互动的同时也增加了广告赞助商品牌的曝光量。在这些日常内容的效果累计叠加中,电视剧内容传播得以深化,粉丝关系得以稳固,电视剧影响力得以提升。

3. 口碑营销

口碑营销是指主要通过观众对电视剧的赞誉或积极评价来营销的一种方式。用户观看电视剧后的评价往往具有较强的真实性,因而比较容易获得网友的高度信任。网友自发的讨论和关注,使得电视剧的剧集曝光度远比电视剧本身的宣传和广告深刻和久远。网络早已成为影视宣传的必选途径,从预热造势到正式开播,网络口碑贯穿始终。

电视剧的口碑营销在于通过营销策略突出正面积极的口碑,而对于恶意诋毁负面消息要予以快速处理,软化敏感话题,削弱负面影响。意见领袖的口碑具有较大影响,营销团队在维护口碑的过程中要着重突出意见领袖、媒体以及观众的正面评价,顺应"大数据"时代,以客观公正的数据展现电视剧播出成果。

4. 话题营销

话题营销是通过媒体推广或者用户口碑,让某一产品、服务或一切能够联想到它的信息成为消费者谈论的话题,因此获得广泛关注达到营销推广的目的。[1] 在消费主义观念大行其道和"眼球经济"盛行的媒介环境中,"注意力"就预示着"收视率",仅仅依靠社会化媒体官方平台显然传播力十分有限。因此,电视剧在开展话题营销时要运用各类社交媒体力量,多渠道、大范围、全方位地整合,跨平台推广话题内容。可发起相关话题讨论并充分发酵,让其逐渐成为热门微博或热门话题显示在各类榜单中,带来二轮甚至多轮传播效应。营销团队在此期间会同时调动微信、贴吧、论坛等社交媒体力量,跨平台平行推广,以期达到全民热议的话题效果,最终推动话题升华为热点事件被大众熟知,从而进一步达到扩大电视剧影响力的营销效果。[2]

与电视剧文本关联度高的话题将兴趣点相同的观众汇聚到一起交流观点、感想,

---

[1] 程刚、熊忠辉:《"非诚勿扰"的话题营销》,《视听界》2010年第3期,第53页。
[2] 王艺凝:《国产电视剧社会化媒体营销研究——以2014年网络热播电视剧为例》,北京交通大学硕士学位论文,2016年。

完善收视体验,加深电视剧观看程度。而明星主演类话题在提升明星粉丝关注度的同时,进一步增加电视剧曝光量以及收视期待；相关剧情类话题点则易引起观众共鸣并参与传播,吸引更多潜在用户加入讨论。话题内容要紧随网络热点,在话题选择时应关注网络热点话题,并进行合理的联系与再加工。

二、电视剧的发行模式

最常见的电视剧发行模式主要有直销模式、分销模式、"期货"交易模式、零销模式等。

(一)直销模式

在中国电视剧市场的交易中,直销模式占据了最主要的地位,被广泛采用,是发行方直接销售电视剧剧集的一种销售模式。发行方通过自主推销、规模化的展示和交易平台、网络营销等方式来销售电视剧剧集。

自主推销是发行人员通过电话联系、邮寄样带、发放宣传册、上门推销等手段,直接向电视台的购片部门推销和销售电视剧；规模化的展示和交易平台,是由多家电视台联合发起的电视剧交流形式和交易组织,如省市电视台节目交易网、城市电视台节目交易网、广播影视博览会等；网络营销是新兴的电视剧交易渠道,它可以为电视媒体、制片公司、发行公司、广告公司等提供网上自由发布信息、交易状况查阅等服务。

直销模式具有明显的优势,交易双方能够直接接触,信息反馈迅速,针对性高,互动性强。供给方可以全面把握需求者的状况,需求方可以准确确定所需的信息、产品和服务,减少中间环节,降低成本,以实现制片方的利润最大化。直销模式对于制片方来说,是一种低成本又比较有效的产品销售方式。

(二)分销模式

分销模式是指由专业发行公司、媒介咨询公司充当电视剧专门代理发行商销售电视剧剧集的一种销售方式。它们通过构建电视剧分销渠道建立电视剧生产与消费的桥梁。

电视剧通过分销模式交易的优势在于,节约制播双方寻找销售渠道与寻找片源的成本,促进制播双方专业化的合理分工,有利于获得更多的交易信息和选择空间。当前,中国电视剧交易市场较少采用分销模式的主要原因在于制作实力较强的制片公司一般选择自主发行。此外,电视剧发行领域市场准入门槛高,风险大,需要比较强大的经济实力作后盾。

(三)"期货"交易模式

"期货"交易模式源于电视台之间片源争夺激烈,是电视剧市场交易的新模式之一。电视剧制作方在电视剧的策划阶段就将剧本、导演、演员的情况介绍给电视台,在看好预期收视前景下,电视台选择提前支付定金预购播放权、独家买断版权或选择投资入股对将来的收益参与分成。期货交易模式有利于制约无序制作,减少盲目投资。"把电视剧当成期货来卖,除了寻求制播目标能够更好地达成一致,也是电视剧制作者苦于无力改变电视台播出垄断、以点论价、卖片回款难等生存现状而做出积极适应市场的姿态调整。"[1]

期货交易受青睐的电视剧往往是拥有收视号召力的导演或编剧、人气正旺的明星演员以及出色的剧本题材,这些因素奠定了电视剧成功的基础。如电影《手机》改编的同名电视剧,主演为陈道明、王志文,品牌效应在前、明星效应在后,使得该电视剧还在拍摄阶段就已经被浙江卫视购买了首播权。

(四)零销模式

网络技术的日趋发达带来新媒体媒介技术提高和节目传播形态的增加,更带来人们行为习惯的改变。网络平台可以实现针对受众的个性化定制服务,电视剧零销模式应运而生。在零售模式下,电视剧可以由制作商生产完毕后直接销售给网络运营平台,然后再点对点地销售给个体受众,也可以先由电视台买断,再为手机媒体、网络媒体提供资源,电视台成为中间销售商,零销模式能够实现电视剧的播映权增值。

以48集电视剧《大秦帝国》为例,该电视剧的总投资超过5 000万元,搜狐网仅以100万元就购得了领先省级卫视8天的网络首播权。与此同时,版权方以每集80万元的价格售予陕西、东南、河南、河北四家卫视首轮播出,又以每集30万元的价格售予天津、重庆、贵州、广东四家卫视进行二轮播出。与目前一线卫视动辄数千万元购买一部电视剧首轮放映权相比,电视剧网络版权的价位较低。零售模式亦有低成本、高收益和口碑宣传的作用,越来越引发重视。

第三节 音乐发行

音乐发行商在唱片公司和零售点之间起到纽带的作用,零售的方式主要包括唱片店、书店和网络平台。音乐发行包含实体音乐与数字音乐两个方面,实体音乐发行即为传统的音乐发行,包括了唱片加工、复制、包装、发送运输等一整套的相关流程,时间流程较长,普遍需要两周左右的时间;而互联网的普及造就了数字音乐这一新类型的发展,也大大缩短了音乐生产周期,现今从数字音乐生产到用户听曲的周期只需1~2天即可。

---

[1] 白晶:《从美国电视剧盈利模式展望中国电视剧盈利新渠道》,《记者摇篮》2009年第2期。

一、实体专辑发行

实体专辑发行即指将音乐作品进行光盘或磁带的压制,并由出版社发行。唱片公司需要找到出版社审批,获得出版号,然后与音像公司合作,生产实体的专辑,自己到书店、音像大楼和其他销售点摆出自己的专辑。例如 21 世纪初,上海声像出版社与索尼等公司签约,为旗下的艺人发行实体唱片,除了制作方赚取一定利润外,版权所有者也会分得一部分利润。

随着数字时代的到来,特别是国内 QQ 音乐、酷狗音乐等网络平台的兴起,传统的实体专辑发行受到了冲击,实体专辑发行中的仓储库存、销售延迟等问题也日渐凸显;特别是移动设备的普及使得听歌的渠道有了变化,许多传统音乐发行商逐渐消亡。

二、音乐的数字发行

(一)专门公司的代入库

许多新兴音乐人,特别是对音乐行业了解不深的创作者,会选择这一便捷的方式,即寻找专门办理歌曲入库的公司。现在,从事网络购物的各大平台均从事类似业务。

这一方法的好处是可以减轻原创音乐人申请发行的负担。以淘宝网站为例,一首歌一般只收取 30～40 元保证金即可完成歌曲的发行入库。但其弊端也比较明显:在网络上完成这一交易时,并不知道对方是谁,万一对方选择将歌曲改编并自己使用,权利被侵犯的风险较大,且将来维权也并不容易。

(二)利用音乐开放平台入库

随着音乐市场的逐步发展,许多音乐平台也逐渐开创了自己的音乐人平台,主动欢迎优秀的原创歌手和原创曲目进入。现有的国内主要音乐人聚集平台包括网易云音乐、腾讯音乐人等。

以网易云音乐为例,其音乐发行主要分为三个阶段:第一是依托产品本身的建设和运营,给该平台的用户带来优秀的体验;第二是凭借产品的良好功能开展品牌推广活动;第三是在线上线下渠道宣传推广。线上活动主要通过互联网推广音乐,网易具有强大的资源支持和域外的社交媒体、广告资源等。线下发行主要包括现场活动和广告资源,通过广告投放扩大网易云音乐的知名度。通过三个阶段层层递进,网易云音乐平台上的音乐的品牌效应进一步扩展。而且在上传相关的音乐后,音乐人还可以查询到自己的收听量、粉丝数等数据。

但这些平台并没有针对音乐人的歌曲收益,即使开通赞赏功能等获得观众的打赏,也不能给音乐人带来收益;且现在的平台相对较少,多仅限于国内,国外较为欠缺。

(三)数字音乐发行代理的互联网平台

近期国内涌现的Qport、星球发行这样的数字音乐集成发行代理商可为独立音乐人与厂牌提供发行服务,对接国内外的发行渠道。又如Qport平台已成为Itunes大中华地区的官方代理商,服务较为规范,公开透明,特别是对于音乐从发行到版权的分成都有明确的规定,即采用"收入分成+增值服务收费"的方式,且Qport可通向全球111个国家的音乐平台。

与Qport类似的平台还有TUNECORE。据不完整统计,TUNECORE已为独立音乐人赚取了10亿美元;此平台为用户提供基础服务,但需音乐人每年上交年费,并以为音乐人提供收费服务的方式盈利。

这些平台拓宽了原创作者的发行渠道,有利于新曲的推广与传播。值得注意的是,这些平台保留了对这些歌曲的许可权,就意味着这些平台在以后的时间里,对这些歌曲拥有了复制、传播和演绎的权利。

(四)专业唱片公司发行

传统的唱片公司为旗下艺人代理发行时,会直接带着版权和数字音乐与平台合作。在某些情况下,唱片公司和艺人将会以对半分成的方式获取专辑的净收益,唱片公司会从专辑的毛收入中扣除所有的直接成本,计算出净收益。

在推广方式上,采取网络媒体视听的方式推广,并在网站上发布娱乐新闻,建立个人的微博等宣传渠道;利用电台媒体连线直播访问;借助电视媒体进行节目通告、推广和打榜。落实歌手的落地活动,例如演出、新闻发布会等,通过此种方式宣传艺人及音乐。营销传播的成功有赖于建立且维持用户对于品牌的忠诚,或者说把营销传播工具和活动联合在一起,以满足消费者的需求、愿望和欲望。[①] 现在的数字音乐发行中,最明显的特征体现为粉丝经济。《太阳的后裔》在爱奇艺的热播和微博持续头条使得韩国明星宋仲基、宋慧乔等一众演员在中国拥有大量粉丝,其中剧中音乐为剧情加分不少。据酷狗音乐公布的大数据显示,《太阳的后裔》原声专辑的销量达50万张,创造了近1 000万元的销售额,打破了国内音乐市场影视剧原声碟最高销售纪录。

第四节 游戏发行

2016年中国移动游戏市场规模稳步上升,市场规模达1 022.8亿元,同比增长81.9%。随着国人生活水平提高,对娱乐的需求提升,未来3~5年内网络游戏市场还

---

① 舒尔茨、菲利普·J.凯奇:《全球整合营销传播》,机械工业出版社2012年版,第39页。

将继续保持稳定增长。① 但游戏的发行并不如想象中那般简单，早在 2016 年 5 月中旬，迪士尼公司在第二季度报告会上，正式宣布将停止旗下"toys-to-life"系列游戏 Disney Infinity 的运营，同时将关闭游戏工作室 Avalanche，退出游戏发行业务。

中国大陆（内地）早在 1995 年起就掀起了最早的游戏风暴，如《仙剑奇侠传》。20 世纪 90 年代末至 21 世纪初进入了代理阶段，网络游戏飞速发展。随着用户对网络游戏质量要求的提高，自制游戏并发行的模式逐渐出现，涌现了腾讯、金山、网易等一大批游戏公司。当时《梦幻西游》注册用户超过 3.1 亿，最高在线人数达到 271 万（2012 年 8 月 5 日 14:45），是当时中国大陆（内地）在线人数最高的网络游戏。② 现今的游戏市场又出现了一个新的局面：以腾讯手游最火爆的《王者荣耀》为例，2017 年下半年游戏收入达 238.6 亿元，同比增长 39.3%，相信未来网络游戏将会成为互联网经济新的支撑点。③ 那么这众多的游戏是如何发行的，又需要注意哪些呢？

一、游戏发行的特点

游戏发行的特点包括以下两个方面：

（1）游戏发行具有服务性。游戏出版实质上是一种服务活动，游戏的发行与运营需要长期的技术支持，特别是大型的网络型游戏需要专门的运营人员进行游戏及社交的维护。

（2）游戏发行具有流量性。在中国现存的游戏市场中，多采用先免费体验后期需支付费用的运营模式，因为发行商更重视游戏的流量即其用户数，流量可以为其后期带来广告植入等相应收入。

二、游戏发行商的作用

发行商的作用总体而言是指专业的人做专业的事，根据游戏种类的不同采取不同的发行方式。其运行主要分为三个步骤：首先，发行商主动挖掘大量优秀的产品，对于优秀的作品会采用 IP 授权等方式掌握大量优质 IP，授权给有能力的研发商进行合作开发；其次，对接合适的渠道；最后，在合适的渠道全面推广。

---

① 上海艾瑞市场咨询有限公司：《中国移动游戏行业研究报告》，《艾瑞咨询系列研究报告》2017 年第 8 期，第 2 页。
② 《梦幻西游》（2003 年网易公司出品游戏），https://baike.baidu.com/item/%E6%A2%A6%E5%B9%BB%E8%A5%BF%E6%B8%B8/157573?fr=aladdin，最后访问日期：2019 年 9 月 17 日。
③ 《腾讯大象继续跳舞〈王者荣耀〉推动手游份额破 50%》，http://qs.jrj.com.cn/qs/2017/08/17100922953199.shtml，最后访问日期：2019 年 9 月 27 日。

三、游戏发行的步骤

（一）需要发行的游戏种类

游戏根据终端不同，大致可分为单机游戏、网络游戏和移动游戏。单机游戏包含电脑、Web 游戏；网络游戏包含客户端网游、Web 网游；移动游戏包含 App 游戏和移动的 Web 游戏。因为每一种游戏类型的受众和特点不同，所以不同的游戏类型需要不同的发行方式。

（二）游戏发行的方式

(1)独家代理发行，即游戏制作厂商将自己的作品授权给一个发行商。其主要盈利模式在于用户付费体验后的分成及游戏周边的发行，因对象的覆盖面较小，主要为热爱某种游戏的用户，故其对发行商的要求较高，需要发行商具有较强的运营能力和良好口碑，所以一般应用于电脑单机游戏及部分网络游戏。例如网易独家运行游戏《WOW》，是因为网易具有强大的资金支撑与运营维护的能力。

(2)联运平台发行，即游戏制作厂商提供作品，而发行商提供游戏运行平台，两者联合运营游戏，并按比例分享游戏收入的一种发行方式。游戏平台可类比为超市，所有的已发行游戏可类比为商店中待选购的商品；游戏平台因有足够多的用户，有一个账户便可玩遍该平台的所有游戏。其主要对象是喜欢尝试新游戏的用户，一般的盈利方式也是用户的付费分成；用这种方式可以依托于平台的宣传与本身的用户量，可在一定程度上减轻游戏制作商的压力，一般用于 Web 网游。

(3)接入多渠道的发行，主要是帮助游戏顺利接入 App Store 和各个安卓渠道，为游戏打开多元化的流量入口。游戏制作商将游戏提交到各个应用商店，让游戏出现在应用商店的 App 列表之中，以待玩家选择。由于现阶段应用商店内的 App 数量较多，游戏更新换代较快，因此这一多渠道的推广需要结合发行后的全面营销推广（详述见下一部分），一般运用于移动 App 游戏。

(4)捆绑发行，即游戏已预装在即将出厂的手机、电脑等设备中，用户购入后即可直接运行。经常出现的是安卓系统的用户，拿到手机伊始即有已装好的游戏。

（三）发行后的全面营销推广

推广是游戏发行环节中最重要的部分，无论何种类型的游戏，都无法摆脱必须在短时间内大面积覆盖潜在用户的现实。常见的推广方式有以下五种。

(1)热门 IP 改编。热门 IP 是指在现实中已有较大受众面及支持者的作品。因为其已有较好口碑，所以改编的游戏伊始就可以得到支持者的关注，如根据热门书籍《盗墓笔记》制作的同名网页游戏。

(2)利用主流社交渠道宣传。游戏市场逐渐从增量市场向存量市场过渡，如何抢夺现有的游戏用户成为游戏厂商最为头疼的问题,而用户每天都必然会接触到的社交软件成了游戏运营和分发的新战场。其中,微信以熟人社交为主,引导用户在微信群或朋友圈内分享游戏相关内容,从而扩大游戏受众群,增加用户黏性;微博以粉丝经济为主,通过大V的影响力传播,可提高游戏的知名度。另外,还可采取多种方式维持游戏热度,配合游戏内的活动进行话题传播。

(3)明星代言。明星代言也是最常见的推广方式之一。可利用明星的流量,将其与游戏人物、周边等多方面融合,从而吸引用户,带动游戏玩家的消费。例如,《神话永恒》与迪丽热巴深度互动。前期推出了TVC广告,全面覆盖《奔跑吧》节目播出时段,并尝试了直播预约、线下预约等多样化的预约形式,将《神话永恒》的前期预热做足。游戏上线后,立即冲到App Store畅销榜第二位,并保持在TOP 10的位置长达1个月。在游戏进入稳定期后,手游除了常规的版本更新、节日活动运营以外,还多次举办线下活动与玩家互动,将游戏的热度维持在一个较高水平。

(4)视频直播。主要包括主播直播游戏及电子竞技两种类型。前者依靠主播在网站上进行宣传式直播,并号召观众下载并使用该款游戏;后者是发行商组织相关游戏的电子竞技并直播,从而扩大该款游戏的吸引力及影响力。

(5)线下推广,主要利用在生活中经常出现的物品,进行大规模的植入。例如,地铁等公共出行交通的广告视频投放、饮料瓶身标签投放、汽车车身的二维码投放等,以此来带动消费者试玩游戏。

第五节　出版发行

根据国家"十三五"规划纲要提出的目标,到2020年,文化产业要成为国民经济支柱型产业,增加值要占到国内生产总值的5%以上,即4.6万亿元以上。[①] 图书出版发行指将图书以商品销售形式由生产单位传送给读者的一系列活动,这也是图书出版的最后环节。

一、出版发行的历史演变

不同时期的图书有着不同的发行方式,这均与当时的社会大背景相适应。中国的图书市场发行方式也由以图书生产为中心的计划型市场经济和以图书销售为中心的

---

① 郭文妍:《中国图书发行行业的发展战略研究借鉴国外图书发行行业经验》,《经济研究导刊》2017年第18期。

推销型市场经济向以读者要求为中心的服务型市场经济转变。

1990年以前,图书出版业属于禁止非国有资本进入的行业,出版物的主要目的是思想教育,图书出版和销售主要服务于宣传教育,图书几乎被认为不具备物质性和商业属性,图书出版和销售的经济效益处于十分次要的地位。图书更是交由当时全国唯一的国有图书发行和销售系统统一发行,新华书店享有绝对垄断经营权。从改革开放到20世纪末,中国的出版业得到前所未有的发展,出版图书品种和数量逐年大幅增长,出版社由原来的不足100家迅速发展到500多家,市场的竞争使得图书发行成为出版社存亡的关键。随着改革的不断深入,在政策允许的情况下,各出版社相继走上自办发行之路,自主推销图书。民营书店和个体书店也相继出现,使发行渠道呈多元化发展。与此同时,读者的需求不仅变得更加多元,个性化也更加强烈。

现今图书发行的主要渠道一般包括主渠道、二类渠道、网络书店、电子图书等。

二、图书发行的渠道

(一)主渠道

主渠道是指出版单位拥有总发行权的发行系统,主渠道主要包括了新华书店及各大主要实体书店的发行。以新华书店为例,其总店负责管理全国各省的新华书店,好似一个巨型采购商,分销给各级书店,特点是网店众多,分布地区广泛,通过对所售卖书籍的统计可实时了解读者的倾向与需求。《2017年中国图书零售市场报告》显示,2017年全国图书的零售市场总规模首次突破800亿元,实体书店零售走出了负增长的状态。但不可否认的是,实体书店日益面临来自众多图书电商平台及网上书店的严峻挑战。

为了进一步促进优秀纸质书籍的发行,社区书店、主题书店等实体书店也处于转型发展之中。例如文轩BOOKS、井冈山红色书店等在供应方面注重效率,在需求方面注重消费者体验,以精准定位的多元经营走出了困境。

(二)二类渠道

二类渠道是指各地的图书批发市场及民营书店发行的渠道,多由民营出版公司和出版社合作发行。虽其具有灵活性的特点,但因为新华书店和出版社多为国有企业,系统上相互认同,所以民营公司的图书进入新华书店就需要相关的授权发行证明。

如今的民营书业激发了市场的活力,在图书行业中资产占了65%,销售收入占了67%,占据了中国出版的"半边天"。

(三)网络书店

对着网络销售势头的兴起,图书也逐渐走入众多的电商平台。当当、京东等电商平台具有运输快捷、成本较低等优势,从而使得书本价格相对便宜。由此,传统出版社也因应时势,建立了自己的网络书店,或者与平台合作,进行网上销售。例如 2013 年北京大学出版社运营中心就建立了电商部,成立了新媒体营销团队,加大了网上销售图书的力度,2015 年进一步提升电商部的职能,将全国众多电商企业及新华书店等网上书店纳入了统一营销的平台,更好地实现了读者和市场的对接,保障了发行工作的顺利进行。

(四)电子图书

随着科学技术的发展以及互联网络的普及,中国网民的人数呈现迅速上升趋势,中国的数字出版行业也日渐发展。电子图书指的是数字形式存在的出版物,使用互联网络进行海量存储及传递,最终形成终端或电子设备中以数字内容展现的产品。[①] 图书的出版发行本身具有互相联合发展的特点,需要出版方、销售平台、技术支持等多方共同协作与努力。

1. 图书馆模式

该模式属于典型的 B2B 模式,一般由众多企业及出版单位提供电子书给图书馆。图书馆统一购买后,用户通过专用链接便可阅读。

这种传统 B2B 模式方便快捷,出版社只需要与少数分销商联系互动即可。但是这种方式的渠道建设费用较多,更多的选择权在于图书馆这一主体,这使得出版社难以与用户对接,无法直接了解用户对图书的首要需求和意见。

2. 个人模式

其属于 B2C 模式,个人用户在网页上选取自己喜爱的电子图书并支付一定的费用,即可在指定的电子设备上阅读。典型的有苹果电子书店、亚马逊 Kindle 电子书店等,即纸质图书的电子化。

此种模式顺应了电子产品普及的潮流,在外阅读时不再需要携带多本沉重的书籍,一个电子设备即可阅读。此外,其省去了图书出版及在途的时间,减少了因图书缺货等情况带来的阅读障碍。

思考题

1. 简述电视剧发行的主要方式。
2. 试述电影、电视剧、音乐、游戏发行的异同。

[①] 王颖:《电子图书出版模式及其版权保护的探析》,《教育教学论坛》2016 年 9 月第 38 期,第 51 页。

第十一章 娱乐法上的代理制度

娱乐法代理是一个内涵丰富的概念,它涵盖了娱乐法参与主体的各个方面的代理需求,包括艺人的代理、法律上的代理、行业的代理。目前,中国娱乐法代理制度处于蓬勃发展阶段,艺人经纪人、娱乐法律师、行业协会均有不同程度的发展与变化。

第一节 娱乐法代理的概念与特征

娱乐法上的代理包括演艺经纪、娱乐法律师和行业协会,其中前两者是代表个体操作相关事务,行业协会是代表众多行业个体的组织,具有强大的号召力和影响力。

首先,演艺经纪。演艺经纪是舶来品。20世纪90年代,索尼、百代等国际唱片巨头进驻中国市场,将唱片公司对艺人的选拔、培训、包装、宣传等方式传到中国后,真正的演艺经纪关系才开始建立。随着唱片和影视的渐趋融合,艺人开始全面发展,经纪人从唱片领域逐步涉猎各个演艺事业。

演艺经纪是指在演艺市场中,为实现艺人的商业价值提供居间、代理等中介服务的机构所从事的业务。演艺经纪包括谈判、咨询、研究、服务、推广等业务,服务的对象有艺人、演艺公司、商业演艺和演艺活动的主办方、商业公司等。[1] 可见,演艺经纪的核心是艺人的商业价值,通过各种途径开发该商业价值,以求获得社会效益和经济效益的统一。

其次,娱乐法律师。娱乐法律师成为目前律师行业的新人,狭义上的娱乐法律师的业务范围包括影视制作流程、艺人权利保障与影视公司合规维护等方面,广义上的娱乐法律师的范围很广,包括影视制作、音乐、体育、演出、经纪、书法字画、古董艺术品、广播电视、网络传媒等娱乐产业的各个方面。由于中国建设文化强国的背景,加上

---

[1] 王军、司诺:《中国影视法律实务与商务宝典》,中国电影出版社2017年版,第481页。

经济的迅速发展,人民精神文化消费需求旺盛,娱乐产业的发展需要律师的广泛参与。每年影视行业中涉及创作、制作、宣传与发行等各阶段大规模的交易或关联诉讼对律师的需求直线上升。总的来说,娱乐法律师为了适应娱乐产业的需求,在具备法律职业技能的同时还需要对娱乐产业有深入理解,但是目前两者兼具的律师并不多见,处于短缺状态。另外,随着中国电影产业的发展,合拍片政策的放宽,中外影视制作的合作日益频繁,对于拥有良好外语水平,熟悉中外娱乐产业状况和法律知识的综合性人才需求将更加旺盛。

最后,行业协会。行业协会是一个行业进行自我管理、自我监督的组织。行业自治的目标是促进本行业或职业的发展、维护行业或职业的整体以及对其成员利益的保护。[①] 中国自古行业自治传统缺失,目前也设立了一些演艺市场的自治组织,如中国影视演员协会、中国音乐家协会、中国电影家协会等行业协会,均以发展社会主义精神文明建设、丰富广大人民精神世界为宗旨。唯一具有行业协会重要功能——制定行业自律规范——的"中国演出行业协会",至今未制定出行业自律规范。一个具备完整功能的行业协会应当承担起制定行业规范、维护会员合法权益、建立纠纷解决机制、代表会员谈判等职能,目前,中国的娱乐行业协会只有中国音乐家协会具备制定行业规范、维护会员合法权益的职能。中国音乐家协会于2015年11月10日发布《中国音乐工作者自律公约》,从八个方面提出了音乐工作者应当遵守的行为规范,进一步规范音乐工作者职业行为,加强行业自律,倡导行业新风,推动社会主义音乐事业的繁荣发展。[②] 中国音乐著作权协会(简称"音著协")成立于1992年12月17日,是由国家版权局和中国音乐家协会共同发起成立的目前中国大陆(内地)唯一的音乐著作权集体管理组织,是专门维护作曲者、作词者和其他音乐著作权人合法权益的非营利性机构。[③] 音著协2017年共办理维权案279件,分别处于证据保全、待立案、已立案和已结案等不同阶段,已结案件胜诉率100%。[④] 可见,行业协会在会员行为规范、会员权益维护方面发挥巨大作用。

娱乐法代理最大的特点是代理内容的广泛性。不论是演艺经纪人、娱乐法律师还是行业协会,其业务范围不会局限于某一部分,而是涉及娱乐产业的方方面面。比如演艺经纪人不但要为艺人寻求工作机会,还要选拔、培养、宣传艺人,保护艺人的权益,

---

① 薛刚凌:《社会自治规则探讨——兼论社会自治规则与国家法律的关系》,《行政法研究》2006年第1期,第3页。
② 《〈中国音乐工作者自律公约〉发布》,http://www.chnmusic.org/news/20151112174112530022.html,最后访问日期:2018年9月9日。
③ 协会简介:http://www.mcsc.com.cn/mIL-5.html,最后访问日期:2018年9月9日。
④ 《音著协去年办理维权案279件》,http://epaper.legaldaily.com.cn/fzrb/content/20180203/Articel06013GN.htm,最后访问日期:2018年9月9日。

在影视、音乐、广告、综艺等方向全面发展。娱乐法律师也不仅限于维护艺人及制作公司的著作权,还涉及艺人人身权、制作公司商标权及项目的风险防范等方面。行业协会代表会员的利益,在保护会员权益、发布行业发展研究报告、代表谈判等方面作用巨大。随着社会的发展,行业协会的更多功能和职责会被开发出来,更好地服务于行业发展。

第二节　娱乐法经纪制度

广义的娱乐法经纪人是指演艺经纪人、演出经纪人、文化经纪人,演艺经纪人的概念上文已论述,演出经纪人指在演出经济活动中,以收取佣金为目的,为促成他人交易而从事居间、行纪或者代理等经纪业务的自然人、法人和其他经济组织。[①] 演出经纪人的范围限于以营利为目的为公众举办的现场文艺表演活动,比演艺经纪人的工作范围小很多。文化经纪人指与文化市场相关的众多行业的经纪人群体,即在现场演出、影视、广播、出版、音乐、美术、文物等市场上为供求双方提供媒介而收取佣金的经纪人。目前中国仅有演出经纪人资格考试和文化经纪人资格考试,若从事演出经纪职业,必须取得演出经纪人资格。狭义的娱乐法经纪人仅指演艺经纪人,本书采用狭义的娱乐法经纪人,介绍中国演艺经纪制度的发展过程及存在的问题。

一、娱乐业与演艺经纪市场的发展过程

第一次世界大战时期,中国民族工业进入黄金时期,伴随着外部环境的友好,中国电影进入初步发展阶段。这一时期出现了很多有实力的电影公司,如明星、长城、天一、联华影业等公司,上海成为亚洲的经济文化中心,诞生了一大批电影明星,如胡蝶、阮玲玉、王人美等。这些明星参演电影大多是由熟人介绍的方式,对电影公司、电影项目谈判等事宜都亲力亲为,没有专业的经纪人打理其演艺事业。抗日战争时期,上海沦陷,电影产业落入日军手里,演艺经纪没有得到发展。中华人民共和国成立后,电影不再是特殊的文化商品,而是党的事业的重要组成部分,是政治宣传工具。[②] 不论是中华人民共和国成立初期的"文艺整风运动"与"文革"时期的"样板戏电影",还是1958年中国第一座电视台开始广播并播出电视剧,这些影视作品都受国家全面管制,市场不参与,而演艺经纪的产生是建立在市场经济上的,所以中国的演艺经纪依旧没

[①] 百度百科"演出经纪人",https://baike.baidu.com/item/演出经纪人/2643151?fr=aladdin#2,最后访问日期:2018年9月9日。

[②] 李少白:《电影历史及理论》,文化艺术出版社1991年版,第99页。

有形成。

改革开放后,中国开始走社会主义市场经济道路,中国社会慢慢形成思想解放的潮流,大量欧美的影视作品、音乐作品涌入中国,中国的演艺经纪市场才有了发展的基础。1979年谷建芬创建的"谷建芬声乐培训班"培养了一批歌星,如苏小明、那英、毛阿敏等,借助中央歌舞团春兰艺术中心举办各种音乐会,使歌手开始活跃在市场中,谷建芬为歌星"牵线搭桥"的行为孕育了早期的演艺经纪人。20世纪80年代,一些被称为"穴头"的人开始组织一众演员、歌手组成演出团体在全国各地演出,演员在国家文化体制外演出被称为"走穴",这些"穴头"将演员聚集在一起并介绍他们去各地演出的行为构成演艺经纪的雏形。由于"穴头"素质良莠不齐,国家对此缺乏管制,导致实践中出现虚假宣传、恶意欺诈、粗制滥造和封建低俗的演艺作品出现,因此1983年国家颁布了《关于严禁私自组织演员进行营业性演出的报告》来制止"穴头"的发展,规定"任何人不得以个人或借用某个团体的名义,不经当地文化主管部门和演员所在单位同意,私自邀约演员组织营业性演出"。此时的演艺经纪虽有雏形,但是缺少国家的指导和国外先进制度的引进。

真正意义上的演艺经纪成立发生在20世纪90年代。1993年1月5日,广电部发布了《关于当前深化电影行业机制改革的若干意见》(广电部1993年3号文件)及其《实施细则(征求意见稿)》,其主要内容为:电影制片、发行、放映要改变40年来计划经济中电影的"统购统销",使三者之间的经济分配更合理。中国电影体制进入全面改革时期,改革朝着适应社会主义市场经济体制的方向奋进,打破了经营垄断权,给电影带来了新生机。与此同时,中国电视剧产业也得到了发展。1992年,政府开始放松管制,允许民营资本参与电视剧的生产,民营公司获得电视剧的制作权,使得中国电视剧资源配置从政府主导向市场化运作转型。早期的演艺经纪人大多是做音乐的,如中国第一代经纪人王京花,因为90年代初期国际唱片公司进驻中国,如索尼、百代公司,被禁锢的中国文化市场首先在唱片市场爆发,如崔健、老狼、高晓松等音乐人。随着影视行业的逐步"破冰",音乐与影视开始并向发展,演艺人员在演出和歌唱方面全面发展,王京花等早期经纪人也开始涉足影视经纪。市场的新动向影响了国家立法和相关政策,1995年颁布的《经纪人管理办法》首次对经纪人的概念做出界定,1997年颁布的《营业性演出管理条例》《营业性演出管理条例实施细则》表明了国家对演艺经纪事业的关注和规范,演艺经纪在市场和国家规制中日渐发展。

进入21世纪,在"入世"背景下,中国电影体制改革深入,除了国家广电总局、文化部联合颁布的《关于进一步深化电影改革的若干意见》确立了电影体制改革的新方向,2002年修改的《电影管理条例》、2017年生效实施的《电影产业促进法》对电影的发展也起到了规制作用。中国电视剧的市场化逐渐深入,市场导向渗入电视剧的融资、制作、发行、播出等环节。互联网的飞速发展为网络电视剧、网络电影、直播和短视频等新演艺形式提供了条件,再加上互联网企业纷纷试水影视行业,不但入股影视制作公司,斥巨资投资影视剧,还在企业内部设立专门的影视业务部门,使得中国影视制作行业呈现勃勃生机。作为影视制作公司与艺人的桥梁,演艺经纪人此时的作用举足轻重。为适应影视行业的发展规模,及时提供影视制作的专业人才,各种经纪公司如雨后春笋般设立,既有国有背景的中视影视,也有民营影视龙头企业的华谊兄弟经纪公司,还有以王京花为代表的第一代经纪人设立的经纪公司(如橙天拾捌、星美千艺),更有新兴的经纪公司(如乐华、丝芭文化、海南周天娱乐等)。

演艺经纪是伴随着娱乐产业市场化而发展的,在21世纪的中国,演艺经纪市场开始形成:国家颁布文件规范演艺经纪行为,经纪人是艺人与影视制作公司的桥梁,既受国家的管制,又受演艺经纪合同的约束,艺人作为相对弱势的群体,其权益和维权意识欠缺,时常发生艺人被"雪藏"及因遭受不公平待遇而解约的纠纷。三者的关系初步形成,但并未发展成熟,随着演艺市场的前进,三位"主角"的戏份及剧本该如何设定呢?

二、中国演艺经纪市场的问题

中国演艺经纪市场由国家、演艺经纪人和艺人组成,三者间的关系是:国家制定规则约束和规范经纪人和艺人的行为,经纪人为艺人寻求工作,双方是合同关系,艺人负责履行经纪人为其签署的合同,演绎影视作品。

(一)经纪模式的问题

中国演艺经纪目前有三种模式:艺人与制片厂模式、艺人与经纪公司模式、艺人与独立工作室模式。每种模式是适应当时市场的需要,随着市场的发展,不断改变,但每种模式都存在问题与矛盾,这些问题与矛盾不利于经纪市场与娱乐产业的健康发展。

1. 艺人与制片厂模式及问题

与美国CAA模式不同,中国艺人与制片厂模式是一种"保姆式"的艺人经纪,经纪人事实上是制片厂下的子公司或者是制片厂中的一个部门,为艺人提供全天候、全方位的服务,比如华谊兄弟经纪公司和荣信达影视。华谊兄弟经纪公司是华谊兄弟传媒集团的一个子公司,签约的艺人会直接拍摄华谊制作拍摄的影视作品,如2003年范冰冰出演华谊制作的电影《手机》。荣信达公司由李少红和李小婉开设,李少红主管导演,李小婉主管经纪。荣信达旗下曾经的艺人有周迅、陈坤、杨幂、杨洋等,拍摄的作品有《大明宫词》《橘子红了》与新版《红楼梦》等。在中国娱乐产业发展早期,制片厂的实力相对雄厚,垄断、聚集了大部分社会资源、资金和优秀人才,有能力培养新生艺人。当时娱乐圈较封闭,艺人与经纪人的关系紧密,甚至如亲人一般,这种"保姆式"经纪+制片厂生产产品模式有诸多问题。

"保姆式"经营模式逐渐落后。21世纪初,与经纪人签约的艺人年龄偏小,经纪人待他们就像父母一样,用亲情"捆绑他们",艺人对他们的感情很深厚,双方签订的经纪合同很简单,但是合同期限很长,艺人的发展基本靠经纪人的资源与运作。一旦经纪人对艺人没有合理规划、系统安排,艺人的曝光度、人物设定不足,很快就会被人遗忘,对艺人是致命的打击。比如荣信达公司从2010年的新版《红楼梦》之后,只在2013年制作了电视剧《花开半夏》[①]。本身制作的作品大大减少,经纪人也疏于对艺人的管理与宣传,荣信达旗下的艺人只能自寻出路,一时间导致艺人相继离开。

从市场发展来看,科学化、规范化的经纪模式比"保姆式"模式更受欢迎。首先,娱乐产业越来越规范化,这个圈子范围不断扩大,靠熟人发展的方式不再是主流,"亲情""恩情"不能捆绑艺人的未来。其次,娱乐产业门类众多,资源不再垄断于个别企业,艺人成名后希望有全面的发展,如果经纪人资源单一,对艺人的控制权却很大,势必对艺人的发展不利,不利于该行业的健康发展。

经纪人与艺人的利益冲突。经纪人本来是为艺人寻求工作机会、维护艺人利益的,但是在艺人与制片厂模式下,经纪人、经纪公司隶属于制片厂,为制片厂的作品服务,艺人的利益要服从于制片厂,这就使得艺人处于弱势地位。在美国,制片厂与其旗下的艺人之间是类似劳动关系,如果艺人与专门的经纪公司签约,演员行业协会与经纪公司签订的团体合同规定经纪公司不得兼任制作人。

例如英皇娱乐旗下的Twins女子组合就因工作量超过生理极限曾被报道,收入分配比例却小。TVB全约艺人演技和知名度都不低,却拿着低廉的月薪工资,跟内地演员动辄十几万上百万元的片酬相差甚远。[②]

综上,艺人与制片厂的模式弊病明显,艺人与经纪人的关系不规范,仅靠双方"感情"维系已经不符合经纪行业和娱乐产业规范化的发展要求,也不符合艺人综合、自由发展的需求。在强势的制片厂时代,制片人兼任经纪人,缺少国家监管与行业自治,使得艺人权益被侵犯、行业风气不健康。

2. 艺人与经纪公司模式及问题

艺人与经纪公司模式是目前的主流模式,即艺人与经纪公司签订经纪合同,由经纪公司负责艺人的培训、宣传、形象包装、工作机会的寻找等,是艺人与影视制作人、音乐制作人、广告商等的中间人,起着纽带作用。这里的经纪公司是独立的个体,不是制片人的子公司或者部门,是真正意义上的经纪公司。

[①] "荣信达网站",《历史作品(1995—2015)》,http://www.rosat.com.cn/works-3-3.html#homain,最后访问日期:2018年5月15日。

[②] "艺恩网":《艺人经纪公司那些事儿:分成比例的盘点》,http://www.entgroup.cn/news/Markets/2525916.shtml,最后访问日期:2018年5月14日。

独立的经纪公司与传统经纪公司相比,独立性、自由性提高,工作中心围绕艺人展开,以艺人权益为重。与实力较大、资源较丰富的经纪公司谈判、签合同,还没出道或者刚出道的艺人明显处于弱势地位。同样,经纪公司花费巨大成本培养的艺人,如果不用较长合同期限和严格规范艺人行为,早期的投入成本就会"打水漂",对经纪公司也不利。具体来说,有以下两个问题:

演艺经纪合同的问题。从理论角度讲,中国合同法将合同划分为两类:有名合同和无名合同。合同法具体规定了15种有名合同,对于无名合同根据实际合同的内容选择适用合同法的相应条款。目前,中国没有专门的法律规范演艺经纪合同,合同法的有名合同也没有相应规定,所以演艺经纪合同是无名合同。演艺经纪合同一般包括三大内容:一是规定演艺经纪公司在一定期限内代理代表艺人签约、活动、发布声明、安排和管理艺人在全球的演艺事业,为艺人寻求演艺工作,是艺人寻求工作的对外窗口;二是演艺经纪公司培养艺人,包括但不限于表演、唱歌、舞蹈、形体、宣传、包装等,全面打造艺人的内外形象;三是演艺经纪人有权处理艺人从事相关演艺经纪活动中涉及的著作权、肖像权、姓名权、商品化使用权的转让或使用事宜。可以看出,演艺经纪合同的内容多为经纪人代理艺人的演艺事业相关事宜。根据演艺经纪合同包含的内容,不同的学者给出了不同的定义。有将演艺经纪合同定义为"艺员(艺人)与经纪公司之间就代理、委托演艺事务而订立的明确双方权利义务关系的协议"[①]。类似的定义还有"艺人与经纪公司约定,由经纪公司与经纪人处理艺人事务,艺人向经纪公司支付约定报酬的合同"[②]。上文对演艺经纪合同的定义有其合理之处,但是不尽完善,因为该合同不仅仅是委托关系,还可能存在投资、居间等关系,甚至存在劳动关系。

在法律没有明确规定演艺经纪合同的内容、性质等前提下,司法实践首先做出探索。通过分析"林更新诉被告上海唐人电影制作有限公司委托合同纠纷案"[③]、"上海上腾娱乐有限公司诉张杰演出合同纠纷案"[④]、"蒋劲夫与天津唐人影视股份有限公司委托合同纠纷一案"[⑤]等案件中可知,目前法院普遍认为演艺经纪合同是一种综合性合同,不仅仅是委托合同或者代理合同,而且是一种集合了委托、居间、行纪、劳动等法律关系的综合性合同,简单地将演艺经纪合同归入某一有名合同加以规范,无法真正解决在实务中出现的纠纷,也不符合法律适用及解释的相关原则。目前,在缺乏法律规范的情况下,处于优势地位的经纪公司就会制定"霸王条款",约定较长期限的合同

[①] 周俊武:《星路律程》,法律出版社2008年版,第9页。
[②] 宋超:《从委托合同视角看演艺经纪合同的性质》,《法制与经济》2010年第5期,第9—10页。
[③] 一审:(2013)闵民一(民)初字第3749号;二审:(2013)沪一中民一(民)终字第2086号。
[④] 一审:(2007)静民一(民)初字第2286号;二审:(2008)沪二中民一(民)终字第1830号。
[⑤] 一审:(2015)朝民(商)初字第43905号。

期、艺人的低分成比例、不对等的权利范围等,既不利于艺人的长远发展,也不利于双方形成良性双赢的关系。

经纪公司的人才流失。在艺人与经纪公司模式中,经纪公司需要承担艺人选拔、培训、包装、宣传、公关等一系列费用,一名成功的艺人背后是经纪公司人力、财力、资源的多重支出,如果艺人翅膀硬了就要解约,那么经纪公司将损失巨大。而这种不诚信的风气一旦盛行,将对娱乐产业的健康发展带来消极影响。

实践中,艺人解约事件层出不穷,如林更新、蒋劲夫。两人都是唐人公司的艺人,都是以经纪公司违反双方经纪合同的约定,要求解除经纪合同。唐人公司在答辩中都强调自己对艺人的精心培养,以及所花费的人力、物力,在林更新一案中,二审法院认为双方之间已缺少相互信任的基础,合同自判决生效之日起解除。而蒋劲夫一案中,法院认为演艺人员从新人发展至具有较高知名度和影响力的成名艺人,除与其自身能力有关外,经纪公司在艺人的培养、宣传、推广以及知名度的提升上起着至关重要的作用,经纪公司亦为此付出较大的时间成本及商业代价。如果允许艺人成名后即以人身依附性为由随意行使解除权,将使经纪公司处于不对等的合同地位,亦违背公平及诚实信用的基本原则,不利于演艺经纪行业的良性发展。[①] 可见法院已注意到艺人解约盛行的不良影响,希望通过司法判决改变这一局面。

有关艺人解约的案件还有很多,如果艺人解约成本过低,将导致经纪公司损失巨大,另外,解约风气盛行,纵容艺人不诚信之势,导致经纪产业甚至娱乐产业的不健康发展,亟待改制。

3. 艺人入股模式

中国演艺经纪模式发展迅速,中国市场的广泛必定使得艺人经纪是各个模式融合的产物。目前的模式是艺人入股模式,即艺人持有经纪公司股份或者有艺人与经纪公司合资开设公司。如张天爱(原名张娇)、王千源、林永健、张歆艺等艺人均通过喜天影视股东明琛(天津)企业管理咨询合伙企业(有限合伙)间接持股喜天影视的股权。[②] 近两年,为了"聚拢"旗下核心艺人,正午阳光和靳东、王凯等成立了合资公司。根据工商信息显示,东阳正午阳光影视有限公司与靳东在 2016 年 4 月共同发起成立了浙江得空影视有限公司,注册资本 1 000 万元,正午阳光持股 60%,靳东持股 40%。另外,正午阳光与王凯在 2016 年 2 月出资成立了得舍影视(天津)有限公司,注册资本 1 000 万元,正午阳光持股 60%,王凯持股 40%。正午阳光还与演员刘涛合资成立了锦麟影

---

① 一审:(2015)朝民(商)初字第 43905 号。
② 《明星解约风波再起,艺人经纪模式将如何转型?》,http://www.entgroup.cn/news/Markets/1637953.shtml,最后访问日期:2018 年 5 月 19 日。

视(天津)有限公司,不过刘涛的经纪合约并不在正午阳光手中。①

艺人入股成为经纪公司股东,与经纪公司成为合作关系,双方地位是平等的,艺人出走的风险大大降低,对艺人和经纪公司来说是双赢。但是此模式有如下两个问题:

首先,演员片酬增加。一部影视作品的利润分配,根据《关于电视剧的制作成本比例配置的意见》的规定,所有演员的片酬不能够高于影视制作总成本的40%,对演员高片酬的不良现象予以规制。但在艺人入股模式下,艺人除了有演员片酬,作为股东还有分成,变相增加了自己的身价。日后拍摄其他公司的作品时,其高片酬的现状难以改变,违背该意见的精神,不利于优质影视作品的生成。

其次,分散观众注意力。在艺人与经纪公司模式中,一个经纪公司会均衡管理本公司的艺人,不论是培养、营销、宣传,还是粉丝经济的运营中,会做到平衡,防止出现"粉丝掐架"现象。艺人入股模式中,艺人作为经纪公司的主人,拥有自身发展战略的发言权,会将自己的利益放在首位,容易导致公司内部艺人地位的争夺,导致粉丝"掐架"。如演员靳东与王凯粉丝的互骂②,引起公众热议。不排除有经纪公司为了影视作品造势,但是其消极影响不容忽视。首先会导致公众对艺人影视作品的关注,但是重点没有放在影视作品上,而是放在艺人的关系与粉丝的骂战上。这与作品的存在目的背道而驰,其中心思想、其他工作人员的工作成果得不到观众的认可,导致行业的不健康发展。其次,粉丝的行为在一定程度上影响艺人的形象,如果没有很好地处理粉丝骂战事件,不但对艺人造成不良影响,还会引起粉丝间、粉丝与艺人间的侵权诉讼。

中国目前主要存在上述三种经纪模式,每种模式都是特定历史时期的产物,每种模式都有优缺点。如缺乏政府和行业协会的管理,长此以往,不但会使经纪行业发展不佳、行业风气不良,还会影响娱乐产业的健康发展。

三、中国演艺经纪法律法规的问题

目前,中国成为仅次于美国和印度的世界第三大电影生产国。历史上,中国直到1993年电影体制才进入全面改革时期,朝着适应社会主义市场经济体制的方向前进。2010年1月,《国务院办公厅关于促进电影产业繁荣发展的指导意见》提出要"实现由电影大国向电影强国的历史性转变",并对电影产业改革的深入推进、电影服务体系的构建以及电影业监管体系的完善等事项做出全面部署。但是,中国的演艺事业起步

---

① 《正午阳光解散艺人背后:"艺人经纪"这蹚水有多深》,http://www.entgroup.cn/news/Markets/1043258.shtml,最后访问日期:2018年5月19日。

② 《靳东王凯不和?靳东胡歌王凯还有这些恩怨?》,https://share.iclient.ifeng.com/shareNews?fromType=vampire&forward=1&aid=sub_28809868&token=3QTO2EzNwMDMyYTOxYDO&aman=749t617j030b269A168,最后访问日期:2018年5月19日。

晚、发展时间短,相关法律法规缺乏,行业监管力度小。

(一)经纪行业的专业性

经纪行业是市场经济发展的必然产物。市场经济的开放性和流动性决定了买卖双方之间或者供需双方之间往往信息不对称,交易难以达成,这就需要掌握双方交易需求的第三方来促成交易、沟通协调。这就是经纪行业诞生的背景。

经纪是经济活动中的一种中介服务,具体是指自然人、法人和其他经济组织以收取佣金为目的,通过居间、代理、行纪等服务方法,促成他人交易的经济活动。① 在市场经济中,经纪活动作为交易的桥梁和纽带,对于协调和促进市场交易、稳定和繁荣市场经济都具有重要作用。

1. 经纪人减少交易双方的信息不对称

中国市场经济不断发展,各行各业的专业化、细分化日趋加深。专业化、细分化程度的加深,一方面使得该行业越来越正规、效率越来越高,另一方面,该行业人员专注于自己行业内的信息,对行业外的信息知之甚少,给企业间的交易、交流、业务扩大造成困难,加剧双方的信息不对称。经纪人作为双方的中间人,将不同企业的交易信息、业务发展愿望等收集起来加以分析、整理,形成企业间潜在交易双方的专业信息,促进双方的了解、合作。比如演艺经纪行业,艺人专注于自身的能力,如表演、演唱、舞蹈等,无暇也没有能力向影视公司、电视广播公司寻求工作机会。影视公司、电视广播公司也专注于自己的影视作品制作、发行、宣传等业务,对艺人的信息不甚了解,双方合作缺少纽带和桥梁。这时,经纪公司常年与影视公司、电视广播公司往来,了解这些公司的业务范围、作品种类以及对艺人的需求类型,也了解艺人的才能、工作意愿,由这个专业的"信息枢纽"来促成双方的合作,是再合适不过的。

2. 经纪人降低交易双方的交易成本

在最广泛的意义上,交易成本包括那些不可能存在于没有产权、没有交易、没有任何一种经济组织的鲁滨孙·克鲁斯(Robinson Crusoe)经济中的成本。这样定义,交易成本就可以看作一系列制度成本,包括信息成本、谈判成本、拟定和实施契约成本、界定和控制产权的成本、监督管理的成本和制度结构变化的成本,简言之,包括一切不直接发生在物质生产过程中的成本。这些成本,称为交易成本。②

市场经济下,双方进行交易必然要花费交易成本,经纪人存在的一个重要原因是减少交易成本,使得双方利益最大化。交易的形成需要搜集信息、分析信息、传输信息,而且不同行业的信息是相对封闭的,其他行业的人不容易获取或者需要花费较高

---

① 徐海龙:《文化经纪人概论》,北京大学出版社2010年版,第3页。
② 兰邦华:《从交易费用理论看道德素质的提高》,《思想政治工作研究》2000年第4期,第44页。

成本获取。并且最后促成交易时,双方都要付出时间、金钱,因此有可能丧失本行业的竞争力。而经纪人职业正是上述工作的最佳人选,通过自己搜集、分析的丰富信息,以及对不同行业、人员的长期研究,降低双方的交易成本从而促成交易,节约社会总成本。比如企业计划聘用高管,物色到一人,但企业无能力调查、核实此人的职业信息及工作能力,这时猎头公司的优势就很明显。猎头公司掌握此行业优秀人才的信息,包括人员的能力、爱好及职业信息,并且提供替代人选。这使得企业聘用不合格人才的风险大大降低,付出的人力、物力成本也降低,还可以使人才发挥优势。

综上,经纪行业可以减少交易双方的信息不对称、降低交易成本促进交易,繁荣市场经济。在各行业深入、细分发展的背景下,经纪行业的专业性、不可替代性日趋明显。由于中国市场经济处于初级阶段,再加上计划经济体制的深远影响,经纪行业在中国起步晚、发展缺少引导和规范,使得经纪市场规模小、不规范,没有完全发挥促进交易的功能。演艺经纪作为经纪行业的一部分,相关法律法规亟待完善。

(二)缺乏演艺经纪的专门性立法

中国演艺经纪行业经过了多年的发展,法律法规始终没有形成一个完备的体系。1995年工商行政管理总局发布的《经纪人管理办法》(2004年修订)是唯一一部规范演艺经纪的部门规章,但是该办法于2016年4月29日废止,经纪人领域目前处于无法可依的状态。为了有针对性地加强演艺经纪行业的规范和建设,文化和旅游部颁布了《演出经纪人管理办法》,其规范的主体限定在演出经纪机构中从事演出组织、制作、营销、演出居间、代理、行纪,演员签约、推广、代理等活动的从业人员,以及在县级文化主管部门备案的个体演出经纪人。[①] 上述主体的监管主体为工商行政管理部门。事实上,工商行政部门只对上述经纪人是否符合公司设立、公司年报等内容按照普通公司的标准来管理,并不会监督管理经纪人的特殊经营内容。在工商登记方面,除了《营业性演出管理条例实施细则》中对演出经纪公司有具体的资格要求,演艺经纪人没有专门的准入门槛,对经纪人中合格经纪人资格人数也没有规定。但在实践中,如在上海,演艺经纪人进行工商登记时需要提供一定数量合格经纪人资格证书,这种规定的法律依据何在存疑。可见目前演艺经纪人登记管理较为混乱,亟须专门法律法规予以规定。

《演出经纪人管理办法》规定了通过考试获得演出经纪人资格证书的相关事宜,包括考试的组织者、出题者、证书核发和认定考核等事项,并规定由中国演出行业协会负责经纪人员的从业规范、继续教育,提高业务素质和职业道德水平等。总的来说,该办法的颁布为演出经纪人行业的发展提供了规范指导。该办法虽然明确针对演出经纪

---

① 《演出经纪人管理办法》(2012),第三条。

人,但缺乏对演艺经纪人的全面规范,没有规定演艺经纪的从业资格、行为规范。这不利于专业性的演艺经纪行业的长远、健康发展。

(三)现有的法律法规与实践脱节

中国经纪行业管理的专门性行政法规《经纪人管理办法》虽然早已颁布,但由于文化经纪人是新生事物,因此中国现有的法律法规、部门规章对其性质、职能、经营范围、权责划分等还有很多不明了的地方,在实践中现有法律法规通常无法直接适用。因此在经纪活动中,艺人与经纪公司之间的权利义务关系没有明确的法律规范与保障,双方仅靠合同约定权利义务,发生纠纷时无法可依,艺人和经纪人的权益得不到法律的有效保护。此外,各地区对经纪行业的规范不同,给经纪人的统一管理带来一定的困难。对于演艺经纪行业,国家应当制定统一的经纪人业务规范,从经纪人的资格认定、培训、管理、行为规则、纠纷处理等方面规范演艺经纪人,引导其健康规范发展。

中国演艺经纪起步晚,发展周期短,艺人与制片人、经纪公司的模式变化反映了演艺经纪行业的发展方向,也深刻影响着娱乐产业的健康发展。在演艺经纪行业迅速发展的同时,我们注意到了相关模式的缺点和法律法规的缺少,表明整个行业内外均缺乏规范和引导,结果出现了一些艺人不诚信解约、经纪公司制定"霸王条款"、艺人与经纪公司关系恶化、司法实践无法可依的局面。艺人是娱乐产业的核心,娱乐作品依赖艺人的演绎;经纪公司是连接艺人与作品的纽带,是娱乐产业正常运作和发展的重要角色——只有重视二者的关系及经纪市场本身,娱乐产业才能蓬勃健康发展。

四、演艺共享经纪模式

2018年8月,"火箭少女"组合成员"脱团",共享艺人经纪由此浮出水面。"共享经济"的概念和理念步入"共享艺人经纪"。

(一)共享艺人经纪的概念

传统的艺人经纪模式即艺人与一家经纪公司签订独家经纪合同,约定经纪公司独家管理、享有艺人的演艺价值,不允许艺人有第二个"东家"。共享艺人经纪是指把每位艺人视为独立公司,经纪公司作为该公司最早的"天使投资人"。艺人投入其才华,经纪公司投入资本、资源,艺人成长到一定阶段后,经纪公司帮助艺人找到更合适的资源加入,帮助艺人全面发展,并共享艺人收益。演艺共享经纪模式类似于公司成长的"A轮""B轮"融资。

随着中国娱乐行业发展,对于明星经纪也形成了一套固有规则,但一定程度上也出现了一些行业壁垒:经纪人能力不匹配和分配分歧是目前行业亟须解决的痛点。国内明星经纪跟国外不太一样,国内明星经纪更偏向于"保姆型""情感陪伴型"。一般常规路线就是经纪人带艺人出道,跟艺人感情逐渐变好,最后变成一家人,早期行业基本都是这个操作模式。但随着市场发展,一些问题开始浮现,首先就是经纪人的能力成长和艺人成长速度不匹配。传统意义上的明星经纪人很难做到凭一人之力涵盖娱乐圈所有事情。比如艺人是唱歌出道,那么经纪人肯定很懂音乐市场,但当艺人开始拍戏、拍电影时,就容易遭遇困难。

(二)传统与新型的经纪模式之矛盾

共享艺人经纪的初衷是好的,各个经纪公司发挥各自的长处并优势互补,将艺人的才能和价值充分发掘,按照份额享有收益。正如"创造101"选秀节目出道的"火箭少女"组合采用的共享艺人经纪模式,即组合中的艺人拥有两家经纪公司,一个是"老东家",另一个是"创造101"节目的项目公司"海南周天娱乐有限公司"(腾讯的子公司)。两家公司的合同约定,火箭少女与海南周天娱乐有限公司签订的是两年的割裂式合约,由企鹅影视和哇唧唧哇(两家公司都是腾讯子公司)共同负责两年的管理和运营。腾讯方面在女团运营上拥有绝对的话语权,只和原公司分享收益。

有的读者会问,艺人经过"创造101"节目的培养,拥有了众多粉丝,身价倍增,此时原公司牺牲两年的"话语权",还能分享收益,不也是一件好事吗?举例说明,火箭少女成员在腾讯的安排下会拍摄广告,比如牙膏、洗发水、化妆品等,拍广告的合同中会约定艺人在很长一段时间内不能拍摄同类的广告,亦即拍了中华牌牙膏的广告,其他牙膏的广告都不能拍了。日后原公司拿回了独家经纪合同,艺人的广告价值大打折扣。艺人的价值是有黄金期限的,任何公司都希望在黄金期限内最大限度地享有收益权。另外,艺人两年后是否会选择原公司也是一个问题。面对众多不确定因素,原公司为了防范风险,就单方同周天娱乐解除了合作。

艺人在原经纪公司的演艺活动有可能与新制片方公司的演艺活动冲突。这个问题在艺人参加节目前就已经是其他团体成员的情况下显得更加明显,如孟美岐、吴宣仪是宇宙少女和火箭少女两个女团的成员。老团的工作是否可以继续,那要看合同是如何约定的。如果可以,具体工作档期该如何协调和安排?因为动辄牵扯到十几二十个团员,所以操作起来可能也是很复杂的。

(三)共享艺人经纪的未来

吴宣仪、孟美岐等艺人的"脱团",不仅意味着双方合作的决裂,还意味着艺人今后可能会不断受到律师函或者法院行为禁令的威胁,将面临一系列的法律责任。所以,这种制片方平台与原经纪公司的"共享经纪"合作模式是否可持续,目前仍有待考验。实际上在《偶像练习生》项目中,爱奇艺作为制片方平台,曾就独家代理权做出过一定的妥协和让利,比如对于爱奇艺提供的演艺机会与经纪公司的分成比例为7:3,对于经纪公司独立对接的业务分成比例则为3:7,才将共享艺人经纪维持下去。

练习生制度本源自韩国,是一种批量挖掘选拔培养新艺人的制度。目前中国经纪公司对于练习生的培养尚处于模仿和起步阶段,但随着《创造101》等偶像养成节目的走红,对于练习生的需求必然会大幅增长。在娱乐产业蓬勃发展的今天,优秀的艺人大多已经出道,很多时候都已加入其他团体。可以预测,"火箭少女"的困境未来可能会一再上演。在此情况下,要想促使"二团并行"的成行,需要通过清晰合理的合同条款加持。例如,可针对"二团并行"这种特殊的运行模式设计专门的条款,细化利益分配模式,对于两个团体各自运营的时间提前加以规划,并对发生冲突时的解决机制加以明确,还需要在社交媒体宣传时区分艺人身份等问题。

总之,提前预设困难,共同商议解决困难的方式,并通过合同条款固定下来,总比问题爆发后不可调和的双输局面要好得多——这可能是通往共赢之路上的一个值得尝试的方式。

第三节 娱乐法律师

娱乐法律师在影视制作行业中有两大作用:一是风险防控,二是促成交易,两者相辅相成,不可偏废。如果为了防控风险而妨碍交易,那么律师的价值无处体现。同样,如果为了促成交易而无视风险,促成的交易也无意义。可以说律师的工作目的和客户的需求基本一致,由于影视制作过程的漫长与复杂,各个阶段都需要律师的参与,律师在充分了解本阶段的基础上,应具有全局意识,对整个影视制作过程有一个相当的了解,如此在谈判、拟订合同和提出法律意见时才能做到严密周到。

一、娱乐法律师发挥的作用

娱乐法律师作为风险防控和促成交易的角色,在娱乐全产业链均发挥着重要作用。以电影产业为例,在电影筹备阶段,各出品方均愿意投资制作A电影,如何确定各出品方的投资比例及资金到位时间、谁具体负责A电影的拍摄、剪辑权归属、A电影知识产权归属、利润分配等问题,需要娱乐法律师起草合同进行细化规定。此时,娱乐法律师需要参与出品方的谈判会议,切实理解各方的需求、冲突与利益,在纵横交错的利益中找到平衡点,用专业、严谨的语言固定下来。出品方的资金、人力资源到位后,对于主创人员的聘用,又需要律师根据A电影和人员的特点制定人员聘用合同,约定人员的工作内容、工作时间、权利与义务。在A电影拍摄过程中,可能会发生各种意外事件,如主创人员受重伤、违反法律法规、出品方资金链断裂、对成片有分歧、电影题材或内容与新法规政策相冲突等,律师会向客户提供合法且利益最大化的意见,并协助客户谈判、起草补充协议、发律师函等,帮助客户将损失降到最低,以期电影能够如期上映。

A电影终于拍摄完毕，进入宣传发行阶段，律师将参与宣传与发行方的选择，起草、审核与宣传与发行方的合作协议，明确宣传与发行的时间与地域范围、宣传与发行方式、宣传与发行费用与监督权、A电影上映时间、危机公关职责等内容，保证宣传与发行顺利进行。A电影上映后，通常宣传与发行方仍旧负责影片的宣传，出品方与律师应当密切关注电影的动态，如票房、口碑等，及时调整宣传与发行策略，告知宣传与发行方，必要时签订补充协议。

假设A电影上映后票房与口碑双赢，出品方决定开发衍生品。开发衍生品的权利与内容应当在一开始的"出品方合作协议"中体现出来，接下来要做的就是针对A电影的上映效果，详细制定衍生品开发的内容，是开发游戏、漫画还是主题公园，以及开发过程中的知识产权归属、利润分配等事项，都需要律师参与谈判，设计合同。

如果A电影被诉侵权或者不正当竞争时，律师即出庭应诉，从幕后走到台前，维护当事人的合法权益。

二、娱乐法律师应当具备的素质

娱乐法律师除了在客户项目运营中发挥风险防范、促成交易的作用，在客户日常事务处理上也要面面俱到。可以说，娱乐法律师首先是行业律师，然后才是专业律师，必须深入了解整个行业的运作状况才能设计出风险防范和争议解决的方案。娱乐法律师应当熟悉合同法、公司法、知识产权法、劳动法、人身权法、婚姻家庭法等法律法规，还要熟悉投融资、民商事纠纷诉讼、税务管理，甚至还要了解刑法相关知识。因此，娱乐法律师的专业性是综合的，不仅限于合同或者知识产权领域，在专业知识的积累方面需要广泛而精深。

目前市场上紧缺的娱乐法律师是国际型律师。因为很多中国影视制作公司开始投资好莱坞作品，并参与分享收益。而这个过程中会面对好莱坞作为世界电影霸主的强势态度、复杂的谈判过程、晦涩的合同条款、隐含的财务陷阱等。尽管好莱坞大片能够创造可观的收益，但在账面上一些电影可能是亏损的。好莱坞制片厂通常会为其生产的每一部影片成立一家"壳"公司，而这家公司专门被设计用来"亏钱"，电影的收益会被大制片厂以各种名义收走。好莱坞的收益分配很复杂，即使是好莱坞资深制片人，也不能常常在好莱坞电影分配中受益。中国的影视制作公司应当尽快建立熟悉美国财务、金融、法律的专业化团队。

第四节　娱乐法上的协会

一、演艺经纪行业自治现状

综观世界演艺市场,自治组织的作用不容置疑。在文化领域,日本就有很多文化行业协会,几乎每个文化分支都有自律性的组织或机构。这些自治组织都是社团法人,负责制定行业规则,维护会员的合法权益,同时进行行业统计,供会员和政府参考。日本文化行业协会的作用十分突出,被看作政府职能的延伸。同时,日本的文化企业很重视行业协会的地位,主动加入其中并遵守行业规则。日本文化产品的审查通常不是由政府直接负责,而是由行业协会承担。如日本电影协会负责电影审查,每年约审查500部电影,凡未经该协会审查的电影作品一律不得在影院公映。美国除了法律对演艺经纪人有所规定外,行业内成员还需遵守工会制定的规制。美国以表演为职业的人员参加工会组织的比例是各行业中最高的。[1] 因此,拥有庞大会员群体的工会的谈判力量是强大的,如果不同工会之间相互援助,无论在实践中还是立法司法上都会有强大影响力。中国的演艺工会在种类和实质影响力上都不能与美国相比。演艺工会设立的目的在于保障会员合法权益,美国的演艺市场工会有艺人、制片公司的工会,如电影演员工会(SAG)、美国导演协会(DGA)、美国音乐家联盟(AFM),它们主要为艺人和制作公司谈判,获得较合理的工作条件。美国电影协会(MPA)则是为美国六大影视巨头公司服务的社会团体,其使命是促进电影制作艺术的进步,使更多优秀的电影作品被世界各地的人们欣赏。[2]

中国自古行业自治传统缺失,目前也设立了一些演艺市场的自治组织,如中国影视演员协会、中国音乐家协会、中国电影家协会等行业协会,均以发展社会主义精神文明建设、丰富广大人民精神世界为宗旨。中国音乐著作权协会(以下简称"音著协")是目前行业自治功能较完整、权威的行业自治组织,但是作为国家版权局和中国音乐家协会共同设立的著作权集体管理组织,音著协并非真正意义上的行业自治组织,而是由行政机关与行业协会相结合的"半行政机关"。具有行业协会重要功能——制定行业自律规范——的中国演出行业协会,至今未制定出行业自律规范。这就导致演艺经纪行业的成员,如艺人、经纪公司无行为规范、发生纠纷无前置解决机制,司法压力增

---

[1] Paul C. W Eiler:"Entertainment Media and The Law", Minnesota:West Academic,2006,No. 899.
[2] 陈焱:《好莱坞模式:美国电影产业研究》,北京联合出版公司2016年版,第163页。

大。整个演艺经纪行业呈现出区域不协调局面,北上广的演艺市场发达,艺人和演艺经纪公司多集中于此;因为没有行业协会促进区域人才流动、培训的作用,使得行业发展不均。而且中国目前的演艺经纪市场缺乏调查数据,政府和演艺经纪公司无法准确得知行业现状与发展方向,既不利于政府的监督管理,也不利于演艺经纪市场的其他成员把握市场方向,引领行业发展。

二、其他行业自治现状

行业自治的目标是促进本行业或职业的发展、维护行业或职业的整体以及对其成员利益的保护。[①] 对一个行业或职业的管理除了国家的宏观调控,主要是通过行业协会进行,因为行业协会的组成人员多是业内人士,他们更了解行业现状及发展路径,其制定的行业规则能更好地反映行业内需求,也更容易为行业人士接受和配合。而且国家法律和社会自治规则共同构建文明社会所需要的理性秩序[②],一个有序的现代社会,社会分工日益加深,社会利益多元化,在加强国家法律、行政管理的同时,行业自治的作用不容忽视。行业自治谋求的是各行各业的利益与发展,国家法律政策追求的是整个国家的长治久安,两者相辅相成,可以共同维护和促进社会全面发展。

在中国社会转型期间,政府不断将权力下放,交给社会行业自治组织管理。如"中华全国律师协会"是全国性的律师行业自律组织,依《律师法》对律师进行管理,其职责范围很广,从维护会员的合法权益、培训会员,到制定、实施律师执业规范、调节会员执业纠纷,到向有关部门提法制意见,可以说涉及律师行业的方方面面。政府将管理律师这样的专业人士的权力交由行业协会,既实现了行业监督管理,又节约了行政资源与成本。如上海创建了社团登记管理机关、行业协会发展署和业务主管单位的"三元"行政管理体制;深圳成立了市政府直管的行业协会服务署,形成"新二元"模式;广东的登记管理机关"准一元"模式等。[③] 由此可见,政府的行业协会管理体制也在朝市场化方向推进。此外,深圳市盐田区"中英街"等9个社区自治组织已经开始试行"议行分社"的社区自治的创新机制。[④]

在社会行业自治普遍的当代,各行各业接受政府监管与行业自律管理成为惯例。行业自律在激发行业活力的同时,也促进政府简政放权、转变职能,是法治中国建设的重要组成部分。由此,演艺经纪行业作为演艺市场的桥梁,承担着政府与市场、艺人与

[①] 薛刚凌:《社会自治规则探讨——兼论社会自治规则与国家法律的关系》,《行政法研究》2016年第1期,第3页。
[②] 同上,第6页。
[③] 余永龙:《沪、浙、粤三省市行业协会改革与发展的调查》,《中国民政》2005年第5期,第31页。
[④] 李南岭:《深圳新型社区委员会迈出社区自治第一步》,http://news.163.com/05/0523/17/1KF0UNNM0001124T.html,最后访问日期:2018年10月3日。

影视制作公司交流的功能,不但在政府层面上给予宏观管理,更要在行业自律上进行微观管理,方能有的放矢、全面监管,释放演艺市场活力。

第五节　娱乐法代理制度的法律规制

十八届三中全会审议通过的《中共中央关于全面深化改革若干重大问题的决定》(以下简称《决定》)提出的一个重大理论观点是:使市场在资源配置中起决定性作用和更好地发挥政府作用。演艺经纪市场的规则同样需要市场和政府相辅相成、相互补充,共同发挥引导和规范行业的作用。

一、行业自治主导

社会主义市场经济繁荣发展的今天,科技的迅速发展、社会利益多元化且复杂多变,国家与社会、权利与权力、自由与干预关系不再是二元对立状态,而是出现了复杂的混合经济和国家社会化与社会国家化、公共权力领域与私人权力领域的交叉互渗趋向,实现了由分离抗衡向互动合作的转型。[①]

(一)行业自治的优势

首先,治理效果佳。现代行业的专业化、精细化程度加深,政府如果直接、全面监管,需要付出高额的成本,包括人力、物力,实现有效的治理是不可能的。行业自治使得政府不需要直接介入某个行业,就可以影响该行业的行为。行业协会可以根据行业变化及时调整自治规则,灵活地适应环境。相反,政府的立法、政策出台过程总是低效率的,往往不能对行业变化做出及时反应,导致错失行业发展的良机。由于行业协会制定的规则往往能准确反映当前需求,成员能较好地理解和遵守规则,自治规则的惩罚机制也使得成员倾向于遵守,防止被行业协会淘汰。

其次,成本低。这是吸引政府推行行业自治的重要因素。政府可将行业治理的权力下放至行业自治组织,减少相应的人力、物力支出,只承担监督的职责,使政府更有精力管理事关国计民生的领域。

再次,提高行业竞争力。自治的好效果和低成本能提高行业的利润,并增强在国际市场的竞争力。对于投资者来说,灵活性、自主性高的行业更能吸引资本的注入,从而促进行业的繁荣发展。

[①] 屠士超:《契约视角下的行业自治研究——基于政府与市场关系的展开》,经济科学出版社2011年版,第67页。

(二)行业自治的意义

1. 行业自治对政府职能改革的促进作用

习近平同志在党的十九大报告中说:"转变政府职能,深化简政放权,创新监管方式。"这里的政府职能转变是改变以前政府垄断的管理权力,使政府与市民社会不再是二元对立关系,而是互动合作关系。行业自治组织正是政府和社会之间的中间力量,对外代表行业的整体利益,对内根据行业成员的利益制定具有多方契约性质的章程,对行业成员的行为实施自律管理。① 行业组织还可以利用自己对本行业的认识和搜集信息的便利条件,定期制作公布行业发展报告,制定行业认定标准等适应行业发展需求的文件。同时,作为政府管理权力转移的接受者,行业组织享有相应的管理权,它们在政府管理不便的领域发挥自身优势,促进行业协调与专业化发展,推动民主法制进程,增强行业竞争力。行业自治组织还可以柔和政府与社会的关系,形成交互性、协商性、多元化的政府管理新局面,减少社会矛盾与冲突。

中国行业自治组织已存在多年,如中国音乐家协会、中国电视演员协会、中国电影导演协会等,除了中国音乐家协会之外,其他的行业协会很少发挥规范行业成员与行业行为的作用。为了重视行业自治的作用,2017 年 5 月 11 日,中共中央办公厅、国务院办公厅印发《关于加强文化领域行业组织建设的指导意见》,要求着力健全党委统一领导、政府有效监管、分级负责、协调配合的行业组织管理体制机制,构建结构合理、富有活力、服务高效、治理完备的行业组织体系。政府对文化行业自治的重视,计划建立一个行业组织体系,需要注意以下几点:

首先,自治组织决策层的去行政化。政府应该坚定转变职能之决心,只对行业发展的大政方针做决策,具体实施与变革由自治组织承担。

其次,整合现存行业组织。目前,中国行业组织的性质有人民团体、社会团体和行业协会,这三者是不同时期出现的产物,反映了行业组织由官方到半官方半社会,再到社会为主、官方为辅的变化。对政府来说,市场经济的深入发展必须推动行业组织走向自治。但是,政府又要控制行业协会,这就出现了三种行业协会管理领域的重合与矛盾。在行业自治的大趋势下,应处理好人民团体、社会团体和行业协会的关系,适时整合三者的管理范围与权力内容,逐渐形成以行业自治协会为主、政府监管为辅的行业自治模式。

再次,自治组织的合法化。目前中国没有一部行业自治组织的法律法规,只有《社会团体登记管理条例》,有关自治组织的地位、权力范围、职责内容、责任承担、经费来

---

① 屠士超:《契约视角下的行业自治研究——基于政府与市场关系的展开》,经济科学出版社 2011 年版,第 68 页。

源等问题均没有法律法规的规定。政府既然意识到行业协会在市场经济深入发展中的作用,必然要对自治组织进行体系化设计,将政府的管理权力通过法律途径转移至自治组织,真正实现职能转变,在使自治组织合法化的同时,实现行业自治的目标。

2. 行业自治对娱乐产业的积极作用

随着市场经济体制改革的深入,政府和市场之间的地带,即连接双方纽带的行业协会应运而生。通过完善行业协会的组织和管理机制,加强政府与企业之间的沟通,维护企业合法权利,这是市场经济发展的客观必然。[①] 行业协会的自治管理更具专业性和针对性,能有效推动行业健康发展,进而推动娱乐产业的繁荣,具体体现在以下几个方面:

首先,有效规范成员行为。行业的自治规范和协议范本,通常由行业专业人士制定,还会征得成员的同意,更适合行业发展现状与成员的意愿,容易得到成员的积极响应与遵守,从而产生积极的效果。比如在美国,经纪人是禁止兼任制片人的。1938年美国电影演员工会(SAG)率先与经纪人达成团体合同,要求经纪人放弃同时成为制作人的职务,保持其独立性。[②] 经纪人的行业协会接受了此团体合同,从此要求协会成员不得兼任制片人。此种行业规则的制定与法律的宗旨一致,在于保护艺人的合法权益免受经纪人、制片人的侵害。虽然法律对此没有规定,但行业规范做出了严格于法律的限制,因为符合行业成员发展的需要,所以得以在行业中盛行,促进行业的发展。

其次,维护成员的利益。中国市场经济处于初级阶段,非公有制经济得到很大的发展,但是非公有制经济的企业在实力、经营范围方面,仍不能与公有制经济享有同等地位,不但受政府的干预,与公有制经济竞争时也会受到不公正待遇。自治组织设立的初衷之一,就是代表和维护行业成员的利益。出现不公正待遇或干预时,由自治组织出面,与政府和公有制经济企业谈判,有力维护成员的独立地位和合法权益。

再次,在不同行业的竞争与合作中,自治组织之间的协商能有效解决矛盾,降低争议解决成本,取得更好的谈判效果。在美国,演员协会与经纪公司协会协商经纪合同的内容,达成权利与义务均衡的合同范本,防止出现艺人或者经纪公司一方权利过大的失衡状况。比如关于演艺经纪合同的期限,美国的电影演员工会(SAG)、美国电视广播演员联盟(AFTRA)作为艺人的利益代表,与经纪人的行业协会达成团体合同,

---

① 王云骏:《论行业协会权力的获取和权利的保障》,《江海学刊》2005年第5期,第101页。
② Joh Siok Tian Wilso:"Talent Agents as Producers: A Historical Perspective of Screen Actors Guild Regulation and the Rising Conflict with Managers". 21 Loy. L. A. Ent. L. Rev. 2010. No404.

规定最长期限不得超过 3 年[①]，美国音乐家协会（AFM）则允许 5～7 年的合同期限。[②] 艺人行业协会在团体合同中限制艺人与经纪公司的长期合作。如此规定看似不利于艺人与经纪人的密切合作与长远发展，但是行业协会认为这一规定不但使艺人有权离开不适任的经纪人，而且促进经纪人为艺人提供最好的服务以争取续约。[③]

最后，影响政府决策。（1）自治组织成员数量多，形成强大的行业力量，政府不得不重视它们，因此自治组织的地位和作用比单一的企业更强大。（2）自治组织掌握行业最新信息，对行业发展前景和道路有更专业的看法，在同政府的交流中，可以避免政府因信息不对称而做出错误决策。（3）自治组织作为行业整体利益的代表，拥有强大的力量与丰富的行业知识，在涉及行业利益的问题上向政府反映意见和建议，与政府沟通，并参与政府公共决策的过程，形成了对政府经济管理权的抗衡。[④] 如此可以有效促进经济自由化的进程。

在美国，娱乐行业协会之间达成共识，不与未经经纪人行业协会认证的经纪人合作。然而，经纪人要想取得认证，就必须遵守经纪人行业协会的团体合同。这些团体合同比法律还要严格。如此联合抵制非协会成员的经纪人的行为，看似有违反《谢尔曼反托拉斯法》第一部分的嫌疑，然而国会及法院予以豁免，认为行业协会团结会员形成的对经纪人的抵制行为，不违反《谢尔曼反托拉斯法》，因为会员的行为不得视为商业行为，而是对人性的尊重。[⑤] 行业协会的联合抵制行为形成了强大力量，影响了政府的态度，使得政府做出相应豁免行为。自治组织通过自身有效的管理，使得行业发展欣欣向荣，可以减少政府干预，从而促进娱乐产业向自由化方向发展，资本进入自由市场的欲望更强烈。

综上，自治组织的发展顺应了市场经济深入改革的潮流，实现自我发展、自我管理与政府职能转变的有机结合，既能促进行业繁荣，又能减轻政府压力，减少财政支出。作为市场经济发展的中间力量，行业自治在市场与政府之间不断协调、沟通，促进双方的和谐共处。

二、政府监管为辅

以行业自治为主的论述，重点在于行业自治对政府职能转变和娱乐产业的积极作

[①] AFTRA Rule 12-B, XIII-B(1), at 15; Rule 16(g), § XI-K(2), at 22.
[②] AFM By-Laws, art. XXIII § 9.
[③] William A. Birdthistle: A Contested Ascendancy: Problems with Personal Managers Acting As Producers, Loy. L. A. Ent. L. Rev. 493. 2000. No 508.
[④] 屠世超:《契约视角下的行业自治研究——基于政府与市场关系的展开》，经济科学出版社 2010 年版，第 73 页。
[⑤] 1890 年《谢尔曼反托拉斯法》(Sherman Antitrust Act)，最后访问日期:2018 年 4 月 25 日。

用。但行业协会本身是一个逐利性组织,追求自我利益最大化,对建立行业秩序与保护公共利益方面缺乏热情,只是为了利用自治的形式掩盖其自我利益保护的现实。[1] 为了平衡行业与公共利益的关系,政府还需对行业协会加以指导、支持和保障,否则行业协会的经济干预将纯粹成为行业协会压制社会弱者,垄断市场的工具。[2] 在政府、市场和行业组织三者并存的市场经济体制下,市场的失灵需要政府的调控,行业组织的狭隘性和自私性决定了其无能力管理。所以,本节的政府监管是针对行业自治与市场的,作为辅助功能的政府,监管行业自治组织的必要性与监管市场的必要性,是本节的论述重点。

(一)政府监管行业自治组织的必要性

1. 行业的自利行为

行业协会的成员都是本行业的企业或者个人,大家组织起来成立协会的主要目的是维护自身利益,很多国家忌惮行业协会的主要原因也是其过度追求自身利益而损害社会利益。因此,政府的合理监管是必要的,以防止行业协会的不当行为。美国学者Fellmm曾指出,社会团体在先天上具有反托拉斯法的爆发力。[3] 一些行业协会容易被大企业所控制,通过操纵价格、固定标准、提高门槛等方式限制竞争,利用行业协会排挤中小企业和新竞争者,从而形成垄断地位,成为谋求个别企业利益的工具。政府应当对这种不正当竞争现象予以纠正。

2. 行业自治的过度规则

如前所述,自治组织可以起到规范成员的作用,但是自治组织可能为了提高自己的行业地位和重要性,扩大自身组织规模与职能范围,逐渐形成一个类似政府机构的组织,具有官僚主义、僵化主义等不良风气。并且自治组织制定的规则过分严苛,导致从业者难以为继,纷纷离开本行业。这就导致价格提高,竞争减少,消费者难以获得物美价廉、优质高效的产品或服务,最终导致行业整体水平的下降。上述情形无疑需要政府的规制。

上述两点所述内容,可以在美国政府对各级各类广播电视行业协会的内容监管方面得到体现。美国广电业主要由私营的商业广电系统和非营利的公共广电系统构成,公共广电系统一般由独立的非政府、非营利性组织公共广播电视协会(CPB)依法自主

---

[1] Margot Priest:"The Privatization of Regulation: Five Models of Self-Regulation",*Ottawa Law Review*,Vol. 29,1998,No. 2.

[2] 鲁篱:《论行业协会自治与国家干预的互动》,《西南民族大学学报》(人文社科版)2006年9月总第181期,第78页。

[3] 苏永钦:《经济法的挑战》,中国台湾五南图书出版公司1985年版,第185页。

管制,而私营的商业广电系统则主要由联邦通讯委员会依法监管。[①] 首先,美国政府颁布了一系列涉及内容监管方面的法律法规。这些法律法规既有涉及广播电视方面的专门法规,如1934年《通讯法》《1996年电信法》《美国1962年通信卫星法》《有线电视》等,也有其他相关法规,如《传媒法》《反垄断法》《儿童电视法》《美国刑法》等。政府从法律这一最高层面监管协会。其次,1934年《传播法》和宪法第一修正案禁止任何机构审查广电节目的内容,但联邦通讯委员会仍然对广播电视台播出的内容拥有相当大的控制权。联邦通讯委员会的此种控制权表现为要求行业协会制定相应规范,进行内容方面的自我规范。如全国广播协会在1929年制订了第一部无线电广播规则,在1952年又制订了电视规则。[②]

3. 行业自治组织之间的矛盾

不同行业协会为了自身的利益,制定"自私"的规范,相互之间容易产生矛盾和冲突。比如2008年7月,美国电影演员工会与电影电视制作人联盟签订的团体合同到期,双方在谈判新合同时出现分歧。制作人希望影片或者电视剧在网络等新媒体重播时,不必支付给演员重播费。但是电影演员工会不同意,他们认为作品每次重播时都应该获得报酬,许多演员收入来源的一半以上都是重播费,不应该停止给付。[③] 为了达成目的,电影演员工会举行了大罢工,组织会员争取公平的团体合同,甚至影响奥斯卡颁奖典礼,可见行业协会之间的矛盾会产生多大的影响。[④]

行业协会的自利性决定了他们自行解决矛盾的困难及低效率,这就需要具有全局性和中间性的政府从中协调。政府可以各种形式的讨论会、座谈会,组织行业协会畅所欲言,加强沟通,促进各方矛盾的解决。在行业协会提不出解决方案时,政府可以在了解各方利益冲突的基础上,以保障公共利益最大化为前提,制定政策,以实现各方利益的协调。

(二)政府监管市场的必要性

政府、市场与自治组织是不可分割、相辅相成的关系,三者共同促进市场经纪的健康发展。市场这只"看不见的手"与政府这只"看得见的手"相互结合,在市场失灵时将市场经济危机的可能性降低,实现公共利益最大化。

中国演艺经纪市场起步时间晚,发展滞后,成熟的市场模式并未形成。而演艺市

[①] 黄春平:《美国商业广播电视内容监管》,http://media.people.com.cn/GB/22114/45733/197572/12168219.html,最后访问日期:2018年5月19日。
[②] 同上。
[③] 《制片厂:劳动合约届满好莱坞实处于罢工》,http://tw.news.yahoo.com/article/url/d/a/080701/19/12c9h.htm,最后访问日期:2018年4月24日。
[④] 《美国电影演员工会等重大罢工投票计划暂缓》,http://www.nownews.com/2008/12/23/340-2385219.htm,最后访问日期:2018年4月28日。

场的快速发展与演艺经纪市场的相对落后相矛盾,演艺经纪市场迫切需要发展,如果仅凭其自发配置资源很难达到要求。政府拥有宏观调控、整合资源的优势,通过制定引导政策与发展方针,调节与干预演艺经纪市场,可以使其少走弯路,迅速步入正轨。所以,目前的演艺经纪市场需要政府监管。

政府的监管具有消极的一面。首先,政府的宏观调控前提是市场失灵,为了弥补市场自身缺陷而监管。换句话说,如果市场自身能够解决问题,政府则不应该干预。由于中国的文化产业本身不成熟,政府为了引导其发展,不可避免地存在大包大揽和官办等问题,在行业初期这种引导是必需的。到了行业发展的中后期,行政部门可能要适度放权,以更好地促进行业市场真正独立行使职能。

其次,政府在监管中如何做到不越界、适时放权,在管理中尊重市场配置资源的决定性作用。就实务中看,政府的管控过多会限制行业协会的自由,使其缺乏长远发展目光,追求短期利益,严重扰乱市场秩序。另外,政府监管中的权力滥用、权力寻租行为也会妨碍市场秩序,限制行业的健康发展。因为在政府掌握过多市场经营权时,如某些文化活动只有经政府部门批准才有资格,一些组织和个人就会使用腐化手段获得,一旦获得批准就获得了垄断经营权。所以,政府如何将手中的权力下放给市场,并通过法律法规和行业自治形式监管,是值得重视的问题。

思考题

1. 简述娱乐法上代理的类型。
2. 简述演艺经纪合同的性质。
3. 简述娱乐业行业自治的意义。
4. 简述娱乐行业政府监管行业自治组织的必要性。

第十二章 娱乐法上的权利

第一节 署名权

一、署名权的概念

署名权是表明作者身份,在作品上署名的权利。根据《中华人民共和国著作权法(2010年修正)》(以下简称《著作权法》)第10条之规定,著作权包括人身权和财产权,其中,署名权是人身权中比较重要的一项权利。

署名权首先体现为作者能够在其作品上明确其作者身份的权利。若作者使用署名权,则其署名可以使用真名、笔名或化名等。当多人协同创作一个作品时,署名的情况将变得复杂,各方需明确署名排列的先后、署名的名目等要素。在实践中就有大量因署名不清晰或署名不准确而引发的纠纷,且往往导致相关作品还未正式上映或面世就引发了群众热议。这一方面增加了作品的曝光度,另一方面却暴露出娱乐行业中对署名权的重视程度不高的现状,从而导致各方对同一作品的归属认知并不一致,因而引发不必要的矛盾纠纷。

结合现实情况,电影、电视剧、歌曲MV、短视频、综艺节目等以类似摄制电影的方法所创作的作品,其著作权由制片者享有,编剧、导演、摄影、作词、作曲等作者均享有署名权,并有权根据与制片者签订的合同获得报酬。

著作权中有些权利的保护期限是不受限制的,署名权就是其中之一,即作者的署名权将受到无期限的保护。

随着娱乐业及互联网的快速发展,涌现出越来越多的作品形式,如网络自制剧、动图剪辑、超短视频分享等,但主要的形式依然围绕电影、电视、音乐及游戏四个类型展开。因此,本节内容将从上述四个类型着手,分别讨论其署名权。

二、电影署名

2017年3月1日,《中华人民共和国电影产业促进法》正式实施,这是我国首次以法律形式对电影产业予以规范。自此开始,凡在我国境内从事电影创作、摄制、发行、放映等活动(以下统称"电影活动"),均适用该法。而该法也定义了"电影"这一概念,其"是指运用视听技术和艺术手段摄制、以胶片或者数字载体记录、由表达一定内容的有声或者无声的连续画面组成、符合国家规定的技术标准、用于电影院等固定放映场所或者流动放映设备公开放映的作品"[①]。一部电影的完成涉及编剧、制片、导演、演员等各方的共同创作,故针对各方创作的不同部分,每个参与创作的主体分别具有署名权。

在电影行业,投资方获取经济利益的核心要素之一就是版权,优质的版权能够带来丰厚的收益,而剧本是电影行业众多版权中较重要的版权,一部电影能够成型,首先得益于编剧的辛苦付出。编剧要维护自身的权益,最直接有效的方式即为签署版权合同,明确约定剧本的归属。不管是独自原创剧本还是多人合作共同创作的剧本,也无论是否为接受导演或投资方的委托而创作剧本,抑或是仅参与前期剧情讨论还是仅负责剧本后期完善,均应约定具体分工以及劳动量。同时,为了更好地保护编剧的劳动成果,可以将剧本在中国版权保护中心、中国电影著作权协会影视版权注册平台等机构予以登记,及时取得权属证明。

(一)编剧权利

编剧作为整部电影的内容创作者,以内容来源作为区分标准,剧本创作可以分为全新剧本创作和对已有作品予以改编的剧本创作两种方式。全新剧本创作也可以理解为完全独立的剧本创作,即由编剧从一个全新的故事架构出发,为电影作品量身打造出独有的剧情和人物关系,此种情况通常属于编剧接受导演委托而创作剧本,由编剧独享编剧署名权。而对已有作品予以改编的剧本创作方式是指编剧以已存在的文学、游戏、音乐剧等作品为基础,沿用其基本故事框架而创作剧本,此种情况通常需要编剧或导演在获得被改编作品的著作权人的授权许可后,方可有权创作剧本。

如曾经遭受热议的电影《赵氏孤儿》,导演陈凯歌于2008年筹拍该电影,委托高璇、任宝茹创作剧本,三人多次讨论剧本,后因种种原因二人并未完成最终的剧本创作。在该片公映时,电影片尾的字幕中编剧署名为陈凯歌,高璇、任宝茹两人的署名为"前期剧本创作",因而引发媒体关注。而于2006年上映的电影《墨攻》,电影片尾中显示"编剧、监制、导演:张之亮",在工作人员名单中"剧本创作"栏目下有"邓子峻、秦天

[①] 《中华人民共和国电影产业促进法》第2条。

南、李树型"的署名。之后李树型认为张之亮未经其同意,擅自修改其剧本,用于拍摄制作电影的行为,侵犯了其对作品享有的修改权和保护作品完整权,电影《墨攻》将张之亮列为影片编剧,侵犯了其署名权和获得报酬权,遂向法院提起诉讼以维权。经审理,法院做出(2007)二中民初字第 6836 号民事判决书,判决李树型享有电影《墨攻》剧本的编剧署名权。

关于编剧署名权的认定,法律是如何规定的呢?根据《著作权法》第 15 条,电影作品和以类似摄制电影的方法创作的作品中的剧本、音乐等可以单独使用的作品的作者有权单独行使其著作权,因此编剧对其剧本可以享有独立的著作权。根据《著作权法》第 17 条,"受委托创作的作品,著作权的归属由委托人和受托人通过合同约定。合同未做明确约定或者没有订立合同的,著作权属于受托人"。也就是说,若编剧自己先独立创作了剧本,剧本的署名权 100% 归本人所有,而若编剧受邀而创作剧本,则委托人可与编剧通过合约而确定署名权。如果合约中并未明确约定如何署名,或剧本被采用时根本没有订立合约且随后亦未补签合约,则该剧本的署名权法定由编剧本人享有。

在实际情况中,可以通过合同对署名方式予以约定,例如约定将编剧署名在电影的宣传海报、宣传片、微博中或仅在影片片头、片尾署名,而且需要明确是署名"主编""联合创作""前期创意"等名称,以防因事先未约定或约定不明而引发署名歧义。如果为防范其他第三人随意署名的情况发生,还可以在合同中约定"未经本人书面同意,任何人不得以编剧以及类似称谓对本作品署名"。

正如梁信与中央芭蕾舞团侵犯著作权纠纷案中,上海天马电影制片厂于 1961 年根据梁信创作的电影文学剧本《红色娘子军》拍摄成同名电影并公映发行。1964 年中央芭蕾舞团将电影剧本改编为芭蕾舞剧《红色娘子军》并公演。1993 年 6 月,梁信与中央芭蕾舞团已订立协议,双方确认了梁信享有电影剧本的著作权;确认了中央芭蕾舞团的芭蕾舞剧《红色娘子军》系根据梁信电影剧本改编而成;确认中央芭蕾舞团负有标注"根据梁信同名电影文学剧本改编"署名义务;同时约定,中央芭蕾舞团一次性付给梁信人民币 5 000 元整作为"表演"作品向作者支付的报酬。之后合同于 2003 年 6 月期满失效,梁信曾要求中央芭蕾舞团尊重其著作权利并要求协商续约,但迟迟未能与中央芭蕾舞团达成一致,且中央芭蕾舞团亦未按合同约定给梁信署名。梁信以中央芭蕾舞团侵犯其改编权、表演权及署名权为由向法院提起诉讼。

一审法院认为,中央芭蕾舞团的改编及演出行为得到了梁信的许可,有权继续进行演出,但其依著作权法相关规定,应向原作品著作权人支付相应报酬。而关于署名权的问题,根据我国著作权法的规定,梁信的署名权应当受到尊重,虽然在中央芭蕾舞团出示的不同时期的节目单上,显示了为梁信署名的情况,表明了对梁信的署名权予以注意,但中央芭蕾舞团在使用梁信作品时,不论采取何种形式都应为其署名。信息网络传播行为是一种新兴的传播形式,具有传播快、受众广的特点,中央芭蕾舞团在其官方网站上介绍涉案芭蕾舞剧《红色娘子军》时,未能给梁信署名,构成了对梁信署名权的侵犯,应当予以赔礼道歉。一审法院判决:中央芭蕾舞团就其演出芭蕾舞剧《红色娘子军》未向梁信支付表演改编作品报酬的行为,应赔偿梁信经济损失及诉讼合理支出共计人民币 12 万元;北京市长安公证处(2012)京长安内经证字第 5823 号公证书显示,中央芭蕾舞团官方网站介绍涉案剧目《红色娘子军》时未给梁信署名的行为,应向梁信书面赔礼道歉。一审判决之后梁信与中央芭蕾舞团均提起上诉,二审法院维持原判。

(二)演员权利

一部电影的外在呈现依赖于演员的演绎行为与个人表达,每个演员出演的部分都是独一无二的,要在自身理解和剖析剧本之后将内容予以演绎。演员作为演绎个体,演绎出的结果往往离不开自身表演技巧的积累以及内在表达的沉淀,每个演员都是电影的表演者之一。根据《著作权法实施条例》第 5 条第 6 项,表演者是指演员、演出单位或者其他表演文学、艺术作品的人。根据《著作权法》第 38 条,表演者对其表演享有下列权利:(1)表明表演者身份;(2)保护表演形象不受歪曲;(3)许可他人从现场直播和公开传送其现场表演,并获得报酬;(4)许可他人录音录像,并获得报酬;(5)许可他人复制、发行录有其表演的录音录像制品,并获得报酬;(6)许可他人通过信息网络向公众传播其表演,并获得报酬。因此,演员作为表演者而享有的表明其表演者身份的权利,即为演员署名权。

电影作品中的演员大致可分为领衔主演、主演、特别出演、群众演员等类别。领衔主演是一部电影中的主要表演者,通常在片头和片尾均有较为明显的署名,其表演成分在一部电影作品中占比最高,角色最为重要。主演是指除领衔主演之外,戏份较重的演员。特别出演的嘉宾演员往往知名度较高,在影片中戏份较少,有时不一定是专业演员,但其参演的戏份却引人注目。群众演员是影片的参演者,只要性别、年龄、外观等客观因素符合人物造型需求,即可参与表演。尽管各类演员的参演程度与角色重要程度不同,但只要在影片中表演,均有署名权。即便群众演员演绎路人、小贩、士兵等角色,在演员表中亦需明确其表演者身份。

(三)导演权利

2018 年上映的电影《邪不压正》可谓票房和口碑双丰收,而在影片目录中可以发现姜文一人身兼数职,其不仅是该片的导演,也是该片的主演、编剧和剪接师。一部影片的成功与否,在很大程度上依赖于导演的个人能力以及专业素养。作为导演,不仅要考虑故事架构是否充实,还要懂得如何通过灯光、音效、色彩、人物造型、场景搭建等要素对影片内涵进行外在表达。导演的职能涉及一部电影的"从无到有",是整部作品的创作者和统筹者,负责把剧本内容由文字形式转化为影像形式,需要综合使用电影拍摄手法与艺术表达方式。

导演在电影创作中处于核心地位,我国法律对其作为电影作品的作者身份予以认可,但导演的实际地位与其他同样是独立创作完成的作品作者有所不同,其他作者享有对其作品的完整著作权,而《著作权法》给予导演的权利为署名权,以及按照与制片者签订的合同获得报酬的权利。导演可以在影片目录中表明其"导演"身份,但实际中并不享有整部作品的著作权。根据导演职责分工不同,具体又可分为总导演、副导演、选角导演等不同称谓,不同类型的导演均享有署名权,都可在影片中署名。

(四)制片权利

上文提及电影作品的导演不享有对整部作品的著作权,那么作品的著作权属于何方呢？根据《著作权法》第15条,电影作品和以类似摄制电影的方法创作的作品的著作权由制片者享有。若电视台拟播放一部电影作品,则电视台应当取得该电影的制片者之许可,而非通过导演获得播放授权,除非该导演同时为制片者。但我国法律并未对"制片者"的含义予以诠释,以至于"制片者"的概念含糊不清。在实际情况中,影片目录中经常出现的"制片人"并不一定必然等同于"制片者"。简言之,导演可以看作电影作品的作者,而制片者是电影作品的著作权人；导演是电影作品整体的创作人员,而制片者享有电影作品整体的著作权权利。

在我国,电影作品从拍摄到发行均需接受行政机关的管理,根据《电影管理条例》中的相关要求,申请设立电影制片单位,应由所在地省、自治区、直辖市人民政府电影行政部门审核同意后,报国务院广播电影电视行政部门审批。电影制片单位以其全部法人财产,依法享有民事权利,承担民事责任。该条例第15条明确规定:"电影制片单位对其摄制的电影片,依法享有著作权。"由此可见,电影的著作权属于制片单位,且必须为法人主体,而非自然人。电影片尾出现的"摄制单位""联合摄制单位""出品单位""联合出品单位"等法人主体可推定为制片者,但实际制片者的认定应以影片的摄制电影许可证记载为准。

由于在现实中存在大量不规范署名的情况,因此在影视作品中署名的不一定是著作权人,或者署名存在瑕疵。当发生制片者权属争议时,若通过诉讼途径解决,则需要提供证据证明自己的身份。《最高人民法院关于审理著作权民事纠纷案件适用法律若干问题的解释》第7条规定:"当事人提供的涉及著作权的底稿、原件、合法出版物、著作权登记证书、认证机构出具的证明、取得权利的合同等,可以作为证据。"上述著作权登记证书、认证机构出具的证明以及影视作品项目开展前所签署的各类合同都是有力证明,制片者不仅要及时进行权属登记或备案以取得合法有效的权属证明文件,更要重视所有相关合同中对于版权归属的约定,涉及"授权""许可使用"等细节表述更需予以重视。

三、电视署名

电视行业作为文化产业的重要组成部分,其所涵盖的新闻、综艺、真人秀等各种类型的节目占据了人们娱乐生活的大部分时间。《著作权法实施条例》第4条对电影作品和以类似摄制电影的方法创作的作品进行了定义,可以将该类作品总结为三个形式要件:(1)介质载体;(2)持续画面;(3)可传播。电视节目作品是通过摄像设备记录录制现场的人物、场景及过程,通过互联网或有限电视网络等途径传播,因此该类作品属于受著作权法保护的范畴。

对于电视行业各类节目作品的工作者而言,在节目作品中对其署名是非常必要的,只有通过署名,才能肯定与认可其脑力活动成果。电视节目作品的署名涉及制片者、投资方、发行单位、摄制组、编导人员等各方主体,如果对参与主体不予署名或署名有误,不仅是对其劳动成果的不尊重,还是对其法定权利的侵犯。

以电视节目内容是否为原创作为划分依据,署名方式可以分为原创方署名和非原创方署名两种。首先,原创方署名可以包括制作方署名、节目创作人员署名、外包团队署名等方面。制作方通常为电视节目整个作品的版权人,往往是公司法人或其他单位,其拥有电视节目作品的著作权,可以开展版权交易、授权第三人转播或决定是否植入广告等。节目创作人员署名涉及栏目组导演、编导、摄像、舞美、灯光、音响、主持、策划、道具等各个环节的工作人员的署名,栏目组成员本身大多属于制作方公司的员工,很多超大型栏目的字幕中工作人员名单非常长,但不管人员多少或职位高低,均应对参与节目创作的人员予以署名。外包团队通常擅长和专注于节目作品中某一特殊部分,如负责舞台场景搭建与整体服装制作的团队,或者负责灯光设备的团队,都具有专业化程度较高的特性,节目组聘请外包团队参与节目制作,需要将其身份以署名的方式予以明确。

非原创方署名是指若节目中涉及使用其他著作权人的作品,需要在使用该作品时明确作品来源及版权主体信息,如歌曲类节目中使用他人的音乐作品、表演类节目中使用他人的剧本改编、真人秀节目中使用某些摄影作品作为道具等,均需向观众明示作品的著作权人名称。

电视节目作品的署名权归属是该节目进行版权交易的收费依据,是授权其他主体播放该节目作品的凭证。制片者是节目作品的著作权人,若想转播该作品,需先取得制片者的明确授权,否则非法转播行为将涉及侵权。制作方制作一档节目可以通过收取广告植入费用、节目冠名费用或收取节目转播费用等方式盈利,谁是版权所有人,谁就有权收取相关报酬,因此电视节目的版权署名十分重要。

目前，我国电视节目的署名并没有统一标准，通常所见的称谓包括但不限于制片方、联合制片、主办方、总制片人、制片人等。电视节目有时由电视台自身的栏目组制作，又有一些栏目外包给电视台之外的制作团队，外包制作团队也可能不止一家。根据电视节目的不同，大型栏目可能涉及多个不同类型的制作团队。在实际电视节目作品开展版权交易时，如我国电视台购买国外电视节目的版权时，首先需要对节目版权属于娱乐公司、电视台还是其他自然人予以明确，只有版权主体无瑕疵，才能开展合法有效的版权交易。

四、音乐署名

在娱乐行业，除了编剧署名之争，音乐作品的署名权纠纷也一直没有停止过。例如北京卫视的节目《跨界歌王》是一档由非专业歌手的明星对歌曲再次演绎的歌曲类综艺节目，在节目中涉及大量的歌曲改编。在其中一期节目中，徐静蕾因演唱了高晓松的《恋恋风尘》而饱受好评，然而高晓松在节目播出后却在其微博发出质疑，声称"这首歌主办方未向版权方申请任何授权，就这么堂而皇之播出了。甚至连词曲作者署名都没有。侵犯了版权方和作者多项权利。多说一句，节目翻唱欧美歌曲时千万别再这么傲慢，人家打贸易战的一大理由就是咱们不尊重版权。难道咱们要以这种方式'奉陪到底'吗"。随后北京卫视《跨界歌王》栏目组通过官方微博发布致歉信，高晓松亦在微博回应接受道歉，但希望音乐人的权益能依法得到最基本的保障，不要再出面维权。

另一个实例是关于2018年上映的张艺谋导演的电影作品《影》，该片于2018年11月17日斩获第55届金马奖的最佳导演、最佳造型设计、最佳视觉效果、最佳美术设计四个奖项。而当晚作曲家董颖达发文称电影《影》未经其同意，擅自将其与其团队创作的音乐作品用于电影中且未在影片中予以署名，因多次交涉无果，决定起诉该片的出品方乐视影业。11月18日，影片的出品方之一乐创文娱发布《关于配乐署名权的声明》，表示电影创作前期确实与董颖达女士在音乐方面有所合作，但最终未能达成一致，之后采用了其他音乐人的作品。为了表达对董颖达女士前期参与工作的尊重，出品方在电影中对其进行了"前期作曲"的署名，并称会积极应诉，全力配合相关部门的鉴定和调查。音乐作品的署名权争议纠纷不断，一方面是由于国内版权制度的不完善，另一方面在于人们对音乐作品的署名权重视程度不够，故有必要探讨其内涵。

就音乐作品署名权的内容来看，第一，作者有权决定是否在作品上署名。我们所接触到的音乐作品可以分为有明确作者的作品和佚名的作品，佚名的作品是作者不使用其署名权的体现，不管出于何种原因，任何人不能强迫作者必须署名，作者本人有权放弃署名。第二，决定署名的作者可以使用真名或化名。著名音乐人周杰伦通常使用真名发表音乐作品,而词作家林夕本人使用的则是化名,其原名为梁伟文。第三,涉及两人或两人以上作者合作完成的音乐作品,需要区分署名的先后顺序,可以依据所创作的内容多少、创作内容重要程度等排序,具体需以作者协商为准。但对于人数较多的交响乐等作品,往往会额外明确指挥、主编曲人等身份署名。第四,著作权人有权禁止他人在其作品中随意署名,亦有权对他人盗用自己姓名的侵权行为抗辩。

当音乐作品著作权受到侵权时,往往涉及对被侵权人的金钱补偿。权利人需对实际损失进行举证,若权利人的证据不能证明其实际损失或不能确定侵权人因该侵权行为而获得的实际收入,则法院通常根据被侵权的音乐作品的商业价值、流行程度、影响范围等方面判定赔偿金额,且同时会考虑侵权行为人的主观善意或恶意程度、侵权方式、侵权时间长短等因素。因此,若著作权人发现音乐作品被侵权,需及时留痕取证。

通过梳理相关案例可发现,若未经音乐作品著作权人的授权许可而擅自在电影中使用其音乐作品,法院在处理该类侵权纠纷时,对电影作品使用该音乐是否构成侵权的认定标准通常为是否对音乐著作权人的权益造成实质性侵犯,而判定是否造成实质性权益侵犯的认定过程通常会考虑使用时长、频率、造成的社会影响等因素。

例如在福建周末电视有限公司与中国音乐著作权协会著作权纠纷案中,原告中国音乐著作权协会认为被告福建周末电视有限公司在22集电视连续剧《命运的承诺》中,使用了《青藏高原》《我热恋的故乡》《辣妹子》及《一无所有》4首音乐作品。原告诉称被告擅自使用了上述原告会员享有著作权的音乐作品,并授权国内多家电视台播放,被告应对此侵权行为承担侵权赔偿责任。经法院审理查明,涉案电视剧第六集的背景音乐使用了音乐作品《青藏高原》(时间长度为1分45秒);第十集的背景音乐使用了音乐作品《我热恋的故乡》(时间长度为45秒)和《辣妹子》(时间长度亦为45秒);第十集的背景音乐使用了音乐作品《一无所有》(时间长度为7秒)。法院最终判定,被告在未征得《青藏高原》《我热恋的故乡》及《辣妹子》3首音乐作品词曲作者或本案原告许可的情况下,在《命运的承诺》中将上述作品作为背景音乐,其行为构成侵权。而被告对《一无所有》的使用虽未征得该作品的词曲作者或原告的许可,但因在涉案电视剧中对该作品的使用仅有短短的7秒,且在剧中仅演唱了"我曾经问个不休,你何时跟我走"这一句歌词、弹奏相应的曲子,被告的使用行为对该作品的正常使用不产生任何实质不利影响,也未实质损害该作品的权利人的合法权益,因此,被告引用《一无所有》的行为情节显著轻微,故不构成侵权。

五、游戏署名

在文化产业蓬勃发展的过程中,由于网络游戏被世人认可与接受程度较高,其自身的更新进化历程与产业整体都得到了飞速发展,短短几十年的时间里已经形成了一个覆盖游戏设计、研发、推广、销售等各方环节的综合产业模式,网络游戏产业也随之成为文化产业中重要的组成部分。网络游戏是指通过互联网及服务器平台,利用电子终端设备实现链接而进行的一种具有实时性质的游戏,"是通过信息网络传播和实现的互动娱乐形式,是一种网络与文化相结合的产业"[1]。总之,凡是通过互联网络可以操作的游戏,都可称为网络游戏(以下简称"网游")。

自游戏面世起,就不断地对其类型推陈出新。为了迎合各类玩家的游戏需求及兴趣,游戏的体验模式越发变得多元与丰富。网络游戏作为游戏产业中的一大类别,其本身亦有多种划分方法。例如,可以按照游戏终端划分为电视、手机网页、街机等类型划分,也可以按照画面标准划分为 2D、2.5D、3D 等类型,还可以按照游戏特征划分为回合、军事、Q 版、横版、动作、体育、攻城等类型。[2] 根据游戏的创意来源划分,可以分为原创类游戏和改编类游戏两类。原创类游戏是独立的故事框架结构,为了制作某款游戏而单独打造创意。改编类游戏是通过对已有的文学、电视剧、电影等作品进行改编而创作的游戏,要对某一作品进行游戏改编,需获取原作品著作权人的授权许可。

对于改编类游戏而言,以对原作品版权中署名权的保护为出发点,游戏改编作品应当明确标出原作品版权人的姓名及作品名称,当事人之间有其他约定或者因特殊情况无法标明的除外。版权人通过在作品中标示自身姓名或名称来明示其作者资格,是从法律层面确认其身份的重要依据,《著作权法实施条例》第 19 条[3]对此项要求有明确规定。上述条款中的"使用"可以理解为改编作品,包含对作品进行游戏改编,因此可以适用。

通过梳理法院做出判决的相关游戏纠纷案件的判决书,可以发现游戏作品著作权的侵权案件大致可分为三类,即游戏研发公司侵权、游戏运营公司侵权、游戏平台分发公司侵权。侵权较多的是游戏研发公司,主要诉求涉及游戏研发公司所开发的游戏作品中的某些元素对其他著作权人的作品造成侵权、游戏研发公司未经原著作权人同意而将其作品改编为游戏或游戏研发公司的游戏作品使用了其他著作权人的音乐及图形画面等情况。

举例说明,游戏中所使用的背景音乐等音乐作品,需要为音乐著作权人署名。游戏公司在开发和运作游戏作品时,应当对所使用的插图、布景、音乐、故事情节等署名,例如可以在进入游戏或登录游戏的界面中表明其所使用其他作品的著作权人名称。

例如《西游记序曲》(或称为《西游记前奏曲》或《云宫讯音》)的作者许镜清,其于

---

[1] 《文化部、信息产业部关于网络游戏发展和管理的若干意见》,文化部,2005 年 7 月。
[2] 徐涛:《中国游戏产业成长分析》,清华大学硕士学位论文,2005 年,第 3—7 页。
[3] 《著作权法实施条例》第 19 条:"使用他人作品的,应当指明作者姓名、作品名称;但是,当事人另有约定或者由于作品使用方式的特性无法指明的除外。"

2015年12月发现在由蓝港在线(北京)科技有限公司(以下简称"蓝港在线公司")制作的《新西游记》游戏产品中,在未经其同意或署名的前提下,将《西游记序曲》直接作为游戏的背景音乐。随后许镜清以蓝港在线公司侵犯其署名权、改编权以及信息网络传播权为由向法院提起诉讼。诉讼过程中,蓝港在线公司认为游戏软件相对于其他作品而言有其特殊性,很难将背景音乐的署名明示在游戏作品中,法院对此观点不予认可。根据本案(2016)京0107民初1812号民事判决书可看出,法院认为网络游戏中使用背景音乐的情形不属于《著作权法实施条例》第19条中"作品的使用方式的特性无法指明的除外"的情形,因此,游戏公司应当在游戏中对所使用的背景音乐予以署名。

而在北京市海淀区人民法院审理的王世颖、房燕良诉软星科技(上海)有限公司、北京寰宇之星侵犯署名权一案中,根据王世颖的举证材料,法院认为能够证明其《仙剑奇侠传三外传——问情篇》(以下简称《仙三外传》)完成了"主企划、剧情企划"的工作内容,因此认定上述两公司侵犯了王世颖的署名权。而房燕良所提供证据不足以证明其完成了《仙三外传》的"程序指导"工作,因此被法院驳回诉讼请求。同时,法院判令被告软星科技(上海)有限公司应在指定媒体向王世颖道歉并在《仙三外传》中修正王世颖的署名。该案为典型的游戏署名权诉讼案件。

第二节 获得报酬权

一、获得报酬权的概念

署名权是著作权人对其作品的身份象征,而身份象征通常与经济利益相关,我国法律对著作权人的获得报酬权有明确的规定。对著作权的保护,首先是作者的署名权,其次正因为表明了作品的法律权属,著作权人可据此作为其获得相应报酬的依据。有了"名正"的身份,才能"言顺"地争取劳动成果所带来的经济利益。

例如许如忠与上海阿木林滑稽剧团有限公司侵害作品表演权纠纷案。2013年4月3日,长宁区宣传部、长宁区文化局、长宁区文联发布了《"身边的感动"——2013年度长宁区"树好人、学好人、做好人"文艺原创活动项目招标方案(草)》,该方案载明投标作品表演形式分为戏剧类、曲艺类、其他类三类,中标单位完成作品创作可以参加评比并获得相应奖金。上述招标方案发布后,许如忠创作了沪剧小戏《酱菜妈妈》。2013年11月25日,许如忠取得登记号为"沪作登字-2013-A-00138557号"的作品登记证书。2014年8月6日,长宁区文联出具证明一份,载明上海阿木林滑稽剧团有限公司(以下简称"阿木林剧团")和上海长宁区天山社区文化活动中心(以下简称"天山文化活动中心")上报的沪剧小戏《酱菜妈妈》的作者为许如忠。另外,2013年6月3日,天山文化活动中心、阿木林剧团与长宁区文联签订委托创作合同书一份,载明阿木林剧团授权长宁区文联使用其享有著作权及邻接权的节目化妆相声《娘家人》及沪剧小戏《酱菜妈妈》,使用形式/载体为演出、宣传,使用方式包括授权节目之复制演绎及运用各种媒体方式的传播权(包括对该节目的改编权),授权期限为自合同生效之日起2年。

之后,阿木林剧团组织人员排演沪剧小戏《酱菜妈妈》,并于2013年11月起正式公开演出。2014年3月12日及4月22日,长宁区文联分别向阿木林剧团发放"身边的感动"活动演出费15 500元及《酱菜妈妈》奖金8万元。2014年7月21日,长宁区文联出具《上海市长宁区文联关于〈酱菜妈妈〉演出场次及费用支出情况》一份,载明长宁区文联共支付《酱菜妈妈》节目组总费用115 500元。其间,阿木林剧团曾向许如忠支付1万元,其认为该笔费用系许如忠之稿费,但许如忠则认为该笔费用系长宁区文联通过阿木林剧团向其转付的活动奖金。许如忠为此诉至原审法院,请求判令阿木林剧团立即停止对沪剧小戏《酱菜妈妈》著作权的侵犯;赔偿其剧本使用费(稿酬)、导演费、舞美设计费、奖金、侵权赔偿金、维权交通费等费用,共计经济损失57 200元。

本案争议的焦点在于:(1)阿木林剧团使用系争剧本演出是否侵犯许如忠的著作权;(2)如果构成侵权,阿木林剧团应否承担损害赔偿责任,赔偿金额如何确定。经过审理,法院认为创作作品的公民是作者,除《著作权法》另有规定外,著作权属于作者。本案中,虽然原、被告均陈述原告系应被告"约稿"后创作了涉案作品,但双方对于"约稿"的内容均不能明确,而被告就其委托原告创作涉案作品的主张亦未提供相应证据予以证明,故法院应认定许如忠系涉案作品的著作权人,有权对侵犯其表演权的行为主张权利。被告未经原告许可公开演出涉案作品,显然已侵犯了原告对涉案作品享有的表演权,理应承担相应的民事责任。对于原告主张的经济损失,因其未能就其主张的包括剧本使用费、导演费、舞美设计费、奖金等费用在内的各项损失提供具体的计算依据,亦不能证明被告因其侵权行为所获收益,法院结合涉案作品的创作难度、侵权行为的性质、受众面等因素酌情予以确定,判决被告赔偿原告经济损失2万元。

综上,本案中法院认为,根据《著作权法》相关规定,在使用著作权人的作品时,如果没有向著作权人支付报酬,包括没有足额支付报酬,均构成著作权侵权。下文将概述不同类型作品的获得报酬权。

二、影视报酬

影视作品创作、传播过程较为复杂,需要大量的人员来共同完成,因此影视作品的创作、传播主体众多,包括编剧、导演、表演者等。我国影视作品创作、传播主体的相关权利、义务主要由《著作权法》来调整。《著作权法》第15条规定:"电影作品和以类似摄制电影的方法创作的作品的著作权由制片者享有,但编剧、导演、摄影、作词、作曲等作者享有署名权,并有权按照与制片者签订的合同获得报酬。"第38条规定:"表演者对其表演享有下列权利:……许可他人从现场直播和公开传送其现场表演,并获得报酬;许可他人录音录像,并获得报酬;许可他人复制、发行录有其表演的录音录像制品,并获得报酬;许可他人通过信息网络向公众传播其表演,并获得报酬。"

(一)编剧报酬

编剧是影视作品剧本的创作人,各创作主体在编剧创作的剧本之上通力合作,将故事发展情节、人物性格、场景安排、人物对白等以影视作品的形式呈现出来。可以说剧本是影视作品其他环节得以开展的基础。除专门为特定影视作品创作的剧本外,编剧还可以在原作者同意的基础上对一些已存在的文学作品进行改编来创作剧本。根据《著作权法》的规定,编剧作为影视作品的作者,当然享有获得报酬的权利。

在林海鸥(原告)诉北京晟龙天华(被告)委托创作合同纠纷一案中,侯军、邓宝二人与林海鸥签订了电视剧剧本委托创作协议书后,经林海鸥同意,侯军、邓宝于2008年2月28日将委托创作协议书的权利义务全部转移给被告晟龙天华公司。同日,原告将分集大纲交付被告。同年6月18日,原告将32集剧本《生死依托》交与被告指定的该剧执行制片人邓宝,被告在审看剧本后,于2008年6月30日承诺剧本稿费7月中旬付清。但后来被告一直拒不支付所欠原告稿费,故原告诉至法院,请求判令被告向原告支付稿费550 000元及迟延支付稿酬的违约金56 000元并承担案件诉讼费用。法院经审理后认为:侯军、邓宝与林海鸥签订的委托创作协议书和侯军、邓宝、林海鸥与晟龙天华公司签订的转让协议书系当事人之间的真实意思表示,内容亦不违反法律强制性规定,系合法有效合同,当事人均应按照合同约定全面履行相应的义务。晟龙天华公司依据涉案转让协议书取得了委托创作协议书中侯军、邓宝的相应权利义务,与林海鸥形成了委托创作合同关系。最终判决:北京晟龙天华投资有限公司向林海鸥支付涉案电视剧《生死依托》剧本稿酬55万元;北京晟龙天华投资有限公司向林海鸥支付因迟延支付稿酬的违约金5.6万元。

(二)导演报酬

影视作品的导演是影视作品创作中的核心创作者。在影视作品创作过程中,导演需要把握影视作品主题,确定人物的刻画方式、场面的调度,以及时空结构、声画造型和艺术样式,并对各创作部门提出要求,确定影视作品的拍摄计划,领导现场拍摄和各项后期工作,直到影视作品全部拍摄、剪辑完成。

在柳某与浙江某影视娱乐公司导演合同纠纷案中,导演柳某与浙江某影视娱乐公司签订了聘用电视剧导演合同,执导电视剧《秋天》,柳某负责该剧的拍摄筹备、具体拍摄及后期制作工作。电视剧计划拍摄30集，酬金为每集16万元，共计480万元（均不含个人所得税），最后完成集数以电视剧发行许可证批准集数为准，超出部分按每集16万元标准支付酬金。后该剧从1月6日开拍，同年4月28日完成前期拍摄。因合作不愉快，柳某拍摄完成后就离开了剧组，未参加后期制作工作，共计拍了113天。同年6月6日影视公司向柳某发出了合同解除通知书，与其解除了合同。在双方合同履行过程中（3月15日），为加速拍摄进度，影视公司同时与另一名导演牛某签订了聘用电视剧导演合同，设立B组进行拍摄和后期制作工作。之后，《秋天》取得发行机构许可证，集数确定为42集。得知消息后，柳某向东阳市人民法院提起诉讼，要求影视公司支付增加部分的酬金。法院经审理认为：一部完整的电视剧作品是在导演的前期拍摄和后期制作的共同作用下完成的，虽然柳某在完成前期拍摄工作后即离开剧组，未参与电视剧的后期制作，但该剧最终确定为42集，系影视公司对柳某及B组的前期拍摄工作进行后期制作的结果，故柳某与影视公司虽然合同解除，但柳某对前期拍摄中付出的劳务仍有权主张报酬。法院判定影视公司再支付柳某酬金76.8万元。

（三）表演者报酬

影视作品的表演者主要指演员。他们负责将剧本利用自己的形体、声音表现出来。表演者不是影视作品的作者。演员通过表演使剧本上的人物变得鲜活、立体，使各个角色"活"起来。基于《著作权法》第38条的规定，表演者不仅可获得其表演活动对应的报酬，还拥有因对已发行作品的录音录像制品再次使用或通过网络向公众传播其表演而获得合理报酬的"二次获酬权"。

在郝蕾诉江苏省广播电视总台（以下简称"江苏广电"）演员聘用合同纠纷一案中，郝蕾与江苏广电签订了演员影视剧聘用合同书，约定由郝蕾担任电视剧《永不瞑目》的第一女主角"欧庆春"。拍摄过程中，江苏广电支付了部分报酬90万元。摄制工作过半时，江苏广电以郝蕾违反合同约定为由书面通知解除合同，造成郝蕾的剩余报酬无法兑现。郝蕾诉至法院，要求江苏广电支付剩余报酬、合同损失共计210万元，并支付延期给付的利息。经审理，法院认为：江苏广电以郝蕾严重违约为由行使法定解除权，但其现有证据不足以证明郝蕾存在严重违约，故其单方解除合同不符合相关法律规定，由此造成的各项经济损失由其自行承担。后判决江苏广电给付郝蕾劳务报酬30万元，驳回郝蕾其他诉讼请求。

近年来，演员的"天价片酬"获得了社会的广泛关注。所谓"天价"，就是远超心理预期的极高价格，这不仅表现为演员获得的片酬与影视作品的总投资相比可谓"天价"，还表现为演员获得的片酬与影视作品的质量相比可谓"天价"。虽然大量的社会资本涌入影视行业，但是这些资本并没有成为推动行业高质量发展的动力，反而因为资本追捧稀缺的明星资源，使一些演员的身价水涨船高，成为最大受益者。国家及法律保护演员的获酬权,但是对于天价片酬,中央宣传部、文化和旅游部、国家税务总局、国家广播电视总局、国家电影局联合印发通知,规定每部电影、电视剧、网络视听节目全部演员、嘉宾的总片酬不得超过制作总成本的40%,主要演员片酬不得超过总片酬的70%。

(四)著作权人报酬

制作者是影视作品的著作权人。根据《著作权法》,著作权人可以许可他人行使相关权利,并依照约定或者本法有关规定获得报酬;也可以全部或者部分转让相关权利,并依照约定或者本法有关规定获得报酬。

三、音乐报酬

《著作权法实施条例》中对于表演者的定义为"表演者是指演员、演出单位或者其他表演文学、艺术作品的人"。我国于2006年12月29日加入的《世界知识产权组织表演和录音制品条约》第二条规定:"表演者是指演员、歌手、演奏家、舞蹈表演家以歌唱、口头表演、朗诵或其他方式表演文学艺术作品及民俗作品的表现者。"因此,表演者包括试听表演者。

根据《著作权法》第38条规定,音乐作品的表演者除当然享有与影视作品表演者同样的获得其表演活动对应报酬的权利外,还有因对已发行作品的录音录像制品再次使用或通过网络向公众传播其表演而获得合理报酬的"二次获酬权"。

近年来,随着娱乐产业的繁荣发展,出现了多种对歌曲再次演绎的歌曲类综艺节目。例如不少网站和手机直播应用当中,都有"网红主播"表演唱歌。中国音乐著作权协会表示,这样的表演形式需要获得歌曲著作权人的授权并支付相应报酬,而其已经向没有取得授权的花椒直播提起诉讼。中国音乐著作权协会表示,在直播类的网站和手机应用中有大量的在线音乐使用,其中一部分是表演者直接演唱歌曲、演奏音乐,有些是将歌曲作为背景音乐。根据《著作权法》的要求,这些音乐使用都需要事先获得词曲著作权人的许可并支付相应的使用费。但是以花椒直播为代表的一些直播平台一直没有解决相关的著作权问题,损害了音著协所代表的国内外词曲作者的权益。

四、游戏报酬

游戏作品的报酬可以分为两种情况:一是对参与游戏创作的所有人员支付报酬;二是对被改编作品的著作权人支付报酬。第一种情况较好理解,参与了游戏制作的人员拥有对游戏的署名权,并有权收取相应报酬。第二种情况中游戏作品的创意来源于其他形式的作品,游戏研发公司需在获得原作品著作权人的授权许可后,才能将该作品改编为游戏,此时游戏改编行为就涉及向原作品的著作权人支付报酬。根据《著作权法》的要求,版权人能够部分或全部让渡游戏改编权,并遵照《著作权法》的有关规定或者个人约定获取相应的报酬。因此,对作品进行游戏改编,理应先得到原版权人的授权或许可,并在原版权人要求的前提下支付相应的费用。反之,若改编者没有取得原版权人的授权或许可或没有向其支付报酬,则将作品改编为游戏的行为就是侵权行为。

游戏改编侵权是指在没有任何法律依据以及原版权人并未许可或授权的前提下,私自将他人的作品进行游戏改编并公开发行,或在原版权人授权或许可的情况下,未遵守约定或法律要求的义务,因此使原版权人的权利遭受损害。游戏改编的侵权行为与侵犯了游戏改编权虽然均为对版权人权利的侵犯,但二者侵犯的权利内容不同。由于游戏改编权属于财产性的著作权范畴,因此后者只侵犯了版权人著作权的财产权,而前者是对著作权的财产权和人身权的双重侵犯。在版权所涉及的众多财产权与人身权中,游戏改编行为的性质使其仅能对部分权利造成损害。对他人作品进行非法的游戏改编行为往往会对版权人人身权利中的保护作品完整权、署名权、修改权以及财产权中的改编权、获得报酬权等权利造成侵犯。

根据《著作权法》第28条[1]的规定,购买作品版权的报酬金额、交付日期和方式通常以遵循双方当事人意思自治为准,都是买卖双方谈判的结果。其实,转让游戏改编权所涉及的利益分配方式有很多,例如,可以约定一次性支付所有转让费用,或先支付一定的报酬,剩余款项由原版权人通过游戏运营过程中所获利润按比例提成等。

现实生活中可能会出现类似情况,例如购买版权一方"打包"购买某一作品的所有游戏改编权(包括所有类型、模式、地域范围等),出发点可能是因为"团购"支付的对价通常会比"单个"购买时划算,也可能是为了减少游戏研发的竞争对手,总之在其获得所有游戏改编权后,有可能向第三方再次转让某一项游戏改编权,从中赚取差价或获得其他利益。为了防止此类现象对版权人带来经济上或其他方面利益的损失,版权人可以在合同中明确要求"当购买方再次转让改编权时,应对原版权人支付再转让所获差价,或将差价按比例分配共享",有更多话语权的版权人甚至可以要求购买方在再转让之前先补偿其价金等。总之,对于报酬金额的约定完全体现了游戏改编权的著作权财产属性,是版权人获得收益的根本依据所在,应当认真考量。

对于非法从事游戏改编的情况,根据其具体行为,侵权者理应承担停止对原作品继续侵害,向版权人赔礼道歉,消除非法游戏产品的影响,赔偿版权人经济损失等民事责任。同时,对于原版权人游戏改编权的侵犯,游戏改编人应当以原版权人的实际损

---

[1] 《著作权法》第28条:"使用作品的付酬标准可以由当事人约定,也可以按照国务院著作权行政管理部门会同有关部门制定的付酬标准支付报酬。当事人约定不明确的,按照国务院著作权行政管理部门会同有关部门制定的付酬标准支付报酬。"

失为标准给予赔偿；对于实际损失不易计算的，可参照游戏改编人的违法得利赔偿。原版权人为遏制游戏侵权活动而付出的合理费用也应当包含在赔偿金额内。对于无法确定原版权人实际受损金额或游戏改编人非法得利具体金额的情况，根据实际的侵权活动情节，由人民法院判定游戏改编人给予原版权人 50 万元[①]以下的赔偿。网络及客户终端的发展使得人们周边充斥着各种网络游戏，存在大量通过非法改编游戏而获利的侵权行为。因此，对作品进行非法游戏改编的侵权行为实际上会给原版权人带来很大的财产损失。

值得注意的是，改编游戏的行为是否侵犯了游戏改编权还涉及一项合理使用制度。"在著作权法中，合理使用本身是一个最易引起争议，又难以为人理解的规则"[②]，合理使用是指无需获得版权人许可，不必向其支付报酬，因正当目的而对其作品进行使用的合法行为。[③]《著作权法》第 22 条对"合理使用"的范畴做了规定，在下列情况下使用作品，可以不经著作权人许可，不向其支付报酬，但应当指明作者姓名、作品名称，并且不得侵犯著作权人依法享有的其他权利：(1)为个人学习、研究或者欣赏，使用他人已经发表的作品；(2)为介绍、评论某一作品或者说明某一问题，在作品中适当引用他人已经发表的作品；(3)为报道时事新闻，在报纸、期刊、广播电台、电视台等媒体中不可避免地再现或者引用已经发表的作品；(4)报纸、期刊、广播电台、电视台等媒体刊登或者播放其他报纸、期刊、广播电台、电视台等媒体已经发表的关于政治、经济、宗教问题的时事性文章，但作者声明不许刊登、播放的除外；(5)报纸、期刊、广播电台、电视台等媒体刊登或者播放在公众集会上发表的讲话，但作者声明不许刊登、播放的除外；(6)为学校课堂教学或者科学研究，翻译或者少量复制已经发表的作品，供教学或者科研人员使用，但不得出版发行；(7)国家机关为执行公务在合理范围内使用已经发表的作品；(8)图书馆、档案馆、纪念馆、博物馆、美术馆等为陈列或者保存版本的需要，复制本馆收藏的作品；(9)免费表演已经发表的作品，该表演未向公众收取费用，也未向表演者支付报酬；(10)对设置或者陈列在室外公共场所的艺术作品进行临摹、绘画、摄影、录像；(11)将中国公民、法人或者其他组织已经发表的以汉语言文字创作的作品翻译成少数民族语言文字作品在国内出版发行；(12)将已经发表的作品改成盲文出版。

---

① 《著作权法》第 49 条："侵犯著作权或者与著作权有关的权利的，侵权人应当按照权利人的实际损失给予赔偿；实际损失难以计算的，可以按照侵权人的违法所得给予赔偿。赔偿数额还应当包括权利人为制止侵权行为所支付的合理开支。权利人的实际损失或者侵权人的违法所得不能确定的，由人民法院根据侵权行为的情节，判决给予 50 万元以下的赔偿。"

② 高惠贞、王辉：《网络出版：对著作权合理使用的影响和挑战》，《中山大学学报论丛》2007 年第 8 期，第 174 页。

③ 吴汉东：《著作权合理使用制度研究》，中国政法大学出版社 1996 年版，第 144 页。

第三节 明星身份

一、隐私权

(一)隐私权的概念

"隐私权"这一概念于1890年由美国法学家布兰蒂斯和沃伦在《隐私权》一文中提出,这被公认为隐私权概念的首次出现。保护隐私权的法律制度首先在美国建立,随后,其他国家相继在立法中对隐私权予以保护。国际法上也对隐私权的保护十分重视。《世界人权宣言》第12条规定:"任何人的私生活、家庭、住宅和通信不得任意干涉,他的荣誉和名誉不得加以攻击。"《公民权利和政治权利国际公约》第17条也规定:"刑事审判应该公开进行,但为了保护个人隐私,可以不公开审判。"

作为中华人民共和国成立后民事权利保护基本法律的《中华人民共和国民法通则》(以下简称《民法通则》)并未将隐私权作为一项人身权利进行保护。直到2009年,《中华人民共和国侵权责任法》(以下简称《侵权责任法》)才将隐私权列为一项法定民事权益。虽然《侵权责任法》作为一部救济法,主要功能并不是权利确认,但该规定弥补了《民法通则》的不足,填补了我国法律关于隐私权保护的空白,也使我国的隐私权保护摆脱了"间接保护"的状态。然而,其并没有进一步规定隐私权保护的可操作性内容。2017年3月15日通过的《中华人民共和国民法总则》(以下简称《民法总则》)不仅将人身权利置于财产权利之前,还明确规定了自然人享有隐私权。

虽然《民法总则》将隐私权确定为一项基本民事权利,但对于隐私权的概念并未加以具体规定。王利明先生认为:隐私权作为一项具体人格权,是指自然人享有的私人生活安宁与私人信息秘密依法受到保护,不被他人非法侵扰、知悉、搜集、利用和公开的一种人格权。未来我国应从生活安宁和生活秘密两个方面来构建隐私权的内容。[①] 隐私权作为一项权利,权利人可以自由享有、支配,是一种积极、能动的权利。因此,隐私权既是一种不被他人非法侵扰、知悉、收集、利用和公开的人格权,又是一种权利主体决定他人在何种程度上可以介入自己的私生活,自己的隐私是否向他人公开与公开程度及范围的人格权。

(二)明星隐私权侵权责任构成要件

侵犯明星隐私权属于一般侵权。一般侵权责任的构成要件,指构成侵权责任所必

---

① 王利明:《隐私权概念的再界定》,《法学家》2012年第1期,第108页。

须具备的条件,欠缺任何一个构成要件,都不会导致侵权责任。明星隐私权侵权责任构成要件分为以下四个方面:

(1)侵害行为。指侵犯明星隐私权的加害行为本身。如果没有侵权人的侵害行为,就不会产生侵权责任。一般情况下,加害行为包括作为和不作为两种,作为指不该作而作,不作为指该作而不作。侵犯明星隐私权的主要方式是作为,例如,跟拍、偷拍、有目的地剪辑、传播新闻报道等。不作为的侵害行为一般是媒体或传播平台在做宣传或作为传播载体前没有审查而造成侵害明星隐私权的行为,如发现不实报道却没有及时阻止,导致影响扩大或情况恶化。但是与普通社会民众的隐私权侵权相比,娱乐明星隐私权侵权的不作为注意义务相对较低。

(2)损害事实。指明星的隐私权遭受的不利影响。一般而言损害事实必须具备以下特征:损害事实是侵害合法权益的结果;损害事实具有可补救性;损害事实具有可确定性。[1] 明星属于公众人物,他们的隐私权在一定程度上受到公众知情权、社会公共利益、社会舆论监督的限制。如果侵害行为对明星造成的伤害并不大,仅轻微地影响其生活或仅造成了轻微的精神痛苦,法律上一般不将其认定为损害事实。

(3)因果关系。指侵害行为和损害事实之间的引起与被引起关系。这种引起与被引起关系要求侵害行为必须发生在损害事实产生之前。侵害行为与损害事实之间必须存在因果关系,一方面是为了明确侵权人,使被侵权人得到救济;另一方面是为了明确责任边界,不至于使责任范围无限扩大,反而限制人的行为自由。隐私权侵权的因果关系与侵权人是否有意造成损害无关,只要存在侵害行为与损害结果的引起与被引起关系,就认定二者存在因果关系。

(4)主观过错。指行为人应受责难的主观状态。侵犯隐私权行为的归责原则为过错责任原则,即在满足前三个条件下,行为人过错时才需要承担侵权责任。过错分为故意和过失两种,而过失又被分为一般过失和重大过失。明星属于公众人物,其一言一行受到社会民众的极大关注,其隐私权受到一定程度的限制,因此,应将"故意"作为在主观过错认定上的标准。

(三)明星隐私权保护的必要性

纽约明星协会将"明星"定义为受到公众关注,并在表演艺术过程中为自己努力而得到相应关注及回报的人。[2] 与一般社会民众相比,明星具有高知名度、被媒体和公众高度关注的特点。正是由于明星的高知名度和高关注度,一些娱乐记者及"狗仔队"为了获取巨大利益,将自己跟拍、偷拍的明星日常生活报道出来,这种报道产生的结果

---

[1] 教育部考试中心:《2012年全国硕士研究生入学统一考试法律硕士(非法学)专业学位联考考试大纲》,高等教育出版社,第242页。

[2] 谢珣飞:《娱乐明星隐私权的立法保护研究》,浙江大学硕士学位论文,2018年,第4页。

比普通人隐私权被侵犯有更大的影响。一些记者往往采用高科技摄像头偷拍明星的私人住所、下榻酒店房间，不论拍摄素材是否最终流出，这种对明星私人领域无底线偷拍的拍摄方式是极不道德的。一旦拍摄素材流出，其通过报纸、电视、网络等媒介传播的速度很快、范围很广，并且一旦形成负面影响，这种影响的后果往往是难以消除、不可挽回的。例如2008年的"艳照门"事件、2014年"文章出轨"事件、2018年"李小璐出轨"事件等，虽然各事件侵犯明星隐私权的方式有所不同，但是无一不对前述涉事明星的生活、工作造成了巨大的负面影响，且这种影响在短时间内都无法消除。因此，对明星隐私权的保护十分必要，且刻不容缓。

1. 保护明星隐私权是维护其人格尊严的需要

《中华人民共和国宪法》第38条规定："中华人民共和国公民的人格尊严不受侵犯。禁止用任何方法对公民进行侮辱、诽谤和诬告陷害。"可见，人格尊严是人生而为人、立足于世的基本条件，也是一个人作为社会人应被他人尊重的最基本的权利。布鲁斯丁曾说过，保护隐私权就是保护个人自由和尊严。[1] 因此，如果一个人的隐私权受到侵犯，那么其人格尊严也必定受到侵害。虽然因为明星身份的特殊性，其隐私权会受多方面的限制，但这并不能剥夺其隐私权受法律保护的资格。当明星隐私权受到侵犯时，也有要求获得和普通社会民众一样的隐私权保护的权利。因为在法律面前，他们的人格尊严同样应该受到尊重。

2. 保护明星隐私权是保证隐私权能动性的需要

隐私权应该是一种积极、能动的权利，权利人可以自由享有、支配。隐私权能动性强调明星主观上对隐私的认识与控制意图和客观上对隐私的自由控制行为与排除干涉的行为。如果法律没有赋予明星隐私权能动性的保护，那么明星就不能享有一定范围的内在自我，无法通过自己的决策及行为去实现其自主决定的事情，例如排除他人的干涉和打扰，保护自己的私生活安宁或者利用自己的隐私增加曝光率，提高自己的知名度。

3. 保护明星隐私权是国家保障公民人权的需要

《2004年宪法修正案》第24条规定："国家尊重和保障人权。"从世界范围看，隐私权的基本人权地位，并不是一种单纯的理论上的认定，各种国际性、区域性人权文件、各国成文宪法及人权法律中都有关于隐私权的规范内容。[2] 国家保护明星隐私权是其实现保障公民人权的重要手段，也是国家民主政治的基本价值观及其制度安排。虽然明星作为公众人物具有一定的特殊性，但是其作为国家公民，隐私权理应受到国家

---

[1] Edwward J. bloustein,"Privacy as An Aspect of Human Dignity: An Anewer to Dean Prosser". *New York University Law Review*,1964(39).

[2] 王秀哲：《人权及宪法规范中的隐私权》，《河南省政法管理干部学院学报》，2011年第5～6期，第22页。

及法律的保护。

(四)明星隐私权的限制

与一般社会民众相比,明星属于社会公众人物,具有知名度高、被媒体和公众高度关注、对于公众或社会具有强大的影响力和示范作用、具有社会价值取向引导社会责任等特点。因此,明星的隐私权与一般社会民众隐私权相比需要受到一些限制。

首先,明星隐私权受公众知情权的限制。根据纽约明星协会对明星的定义,明星通常情况下属于自愿型公众人物,即明星是在主观上主动成为或放任自己成为或虽未做出明确表示但选择了某种职业就必然受到关注的一类公众人物。[①] 并且在现实生活中,明星也随时通过增加自己的曝光率来寻求公众关注并增加自己的知名度。明星受到公众关注的一大表现为社会民众对于明星工作、生活的关注,明星知名度越高,关注其工作及生活的粉丝越多,可以说明星的一部分收入就来自粉丝的关注,例如粉丝通过购买明星周边电影、光碟、演唱会门票等。除了正常的工作和生活,一些粉丝为了更多地了解自己喜欢的明星,往往会关注他们生活中的"八卦"和"花边"。此时,由于明星是主动曝光自己工作、生活甚至通过炒作"八卦"和"花边"而被社会民众所熟知与喜爱,那么社会民众对于其工作、生活及其主动曝光的相关信息的了解、宣传、追捧,并不侵犯明星的隐私权,甚至可以说这是明星主动让渡的。

其次,明星隐私权受公共利益的限制。对于普通社会民众来说,其隐私权往往与公共利益无关,明星隐私权则不同。由于明星被媒体和公众广泛关注,其能够影响的人群范围极其广泛,影响程度也更大,因此明星对于公众或社会具有强大的影响力和示范作用,具有社会价值取向引导社会责任。通常情况下,对明星产生崇拜并效仿其行为的粉丝一般为"90后""00后"年轻人。这些年轻人往往会在崇拜心理的驱使下效仿明星的行为,或降低社会评价标准。例如,2014年8月,某当红小生被爆出吸食毒品,一时间微博上"吸毒有什么不能被原谅的""他还只是个孩子""艺人压力很大,无处释放,这种压力是你们这些喷子能承受的吗"的粉丝评论铺天而来。这一事件中让人唏嘘的不是当红明星私下吸毒,而是明星本已错误的行为却因粉丝的过度崇拜及袒护而导致的对年轻一代价值取向的错误引导;演员兼导演赵某因出演琼瑶剧大红,后成功转型为导演并在嫁给新加坡籍商人后进行多项收益丰厚的投资而身价飞涨,被称为"人生赢家"。2018年4月,因其以空壳公司收购上市公司,且贸然予以公告,对市场和投资者产生严重误导的行为被证监会给予警告,处以30万元罚款,并被采取5年证券市场禁入措施。可见,在面对公共利益时,明星的隐私权是应该受到限制的。

最后,明星隐私权受舆论监督的限制。近年来,随着互联网技术的发展,舆论监督

---

① 季冬静:《公众人物隐私权的法律保护》,华东政法大学硕士学位论文,2011年,第7页。

成为一种有效的监督方式。社会舆论监督使很多问题都得到了迅速的推动及解决,有效推动了我国的法治进程。由于明星属于社会公众人物,具有高知名度,其行为被媒体和公众高度关注,这使得明星的行为成了舆论监督的主要对象。从炒得沸沸扬扬的范某阴阳合同案来看,在阴阳合同被爆出之时,范某曾在微博声称相关媒体及网络用户未经求证、核实便宣称范某采用大小合同的方式签约,并散布所谓范某拍摄4天片酬6 000万元谣言的行为,已涉嫌构成针对范某的诽谤,会保留追究相关主体法律责任的权利。但经过公众持续关注并经相关国家机关介入后,最后认定范某以拆分合同方式偷逃个人所得税618万元,少缴营业税及附加112万元,合计730万元,此外,其担任法定代表人的企业少缴税款2.48亿元,其中偷逃税款1.34亿元,并最终对范某及其担任法定代表人的企业追缴税款2.55亿元,加收滞纳金0.33亿元;对范某采取拆分合同手段隐瞒真实收入偷逃税款处4倍罚款计2.4亿元,对其利用工作室账户隐匿个人报酬的真实性质偷逃税款处3倍罚款计2.39亿元,对其担任法定代表人的企业少计收入偷逃税款处1倍罚款计94.6万元,对其担任法定代表人的两户企业未代扣代缴个人所得税和非法提供便利协助少缴税款各处0.5倍罚款,分别计0.15亿元、0.65亿元。2018年10月2日,国家税务总局出台了《关于进一步规范影视行业税收秩序有关工作的通知》,要求自2018年10月10日起,各地税务机关通知本地区的影视制作公司、经纪公司、演艺公司、明星工作室等企业及影视行业高收入从业人员,对2016年以来的申报纳税情况进行自查自纠。凡在2018年12月底前认真自查自纠、主动补缴税款的影视企业及从业人员免予行政处罚,不予罚款。从2019年1月至2月底,税务机关根据纳税人自查自纠等情况,有针对性地督促提醒相关纳税人进一步自我纠正,并加强咨询辅导工作。对经税务机关提醒后自我纠正的纳税人,可依法从轻或减轻行政处罚;对违法情节轻微的,可免予行政处罚。

二、形象权

(一)形象权的概念

形象权一词最早出现在20世纪50年代美国法官弗兰克在海兰案的判决书中,弗兰克法官认为,某一名人对自身肖像不仅拥有独立的隐私权,还对该肖像的经济价值拥有财产权。后者就是形象权。美国在此后的时间也建立了形象权制度。我国现有的法律体系中还没有关于形象权的相关规定,学界对形象权也没有统一的认识和界定标准。

自然人的形象权一般分为两种:一种是具有标识性的形象,即肖像权、姓名权、名誉权等,在人格法的相关规定中这些权利是权利人与生俱来,无需开发利用即享有。第二种是具有创造性的形象,这是对形象的再次开发利用,超出了标识性的形象本身所具有的自然性。① 形象权是属于每一个人的权利,这一权利可能有巨大的商业价值或仅仅具有微不足道的价值,不能被随意侵犯,需受到保护。② 由于明星本身具有极高的影响力和吸引力,因此,其标识性形象本身具有一定的经济价值和商业价值。明星形象权可以定义为:明星对其具有经济价值和商业价值的标识性形象及创造性形象所享有的独占的、排他性的财产性权利。

(二)明星形象权的构成

1. 明星形象权的主体

明星形象权的主体是明星。③ 明星作为公众人物,其姓名、形象、肖像、面部形象、整体形象、特定动作、声音、姿态、特定的造型、演出风格等比较受社会公众喜爱和接受,具有经济价值和商业价值,明星对于他们的姓名、形象、肖像、面部形象、整体形象、特定动作、声音、姿态、特定的造型、演出风格等具有独占的、排他性的权利,实现了形象权。④

2. 明星形象权的客体

明星形象权的客体是其权利义务指向的对象,即明星的整体形象。在对明星形象权的利用中,一般通过对明星某一部分具体的人格标识的使用使人联想到明星的整体形象,此时对明星形象权的利用才算完成。明星的姓名、形象、肖像、面部形象、整体形象、特定动作、声音、姿态、特定的造型、演出风格等具体的人格标识仅仅是明星整体形象的载体。

3. 明星形象权的内容

明星形象权的内容可概括为三个方面:明星可以在法定范围内独占、排他地享有其形象权;明星既可以自由处分自己的形象权利,又有权禁止他人在未经其同意的情况下,擅自使用其形象权;明星在其形象权受到侵犯时,有权请求法律予以保护。

当明星的形象权用于商业时,具有一定的经济价值和商业价值,可以产生利润。因此,通常情况下,明星会将其形象权进行转让、授权使用。同时,作为一项财产性权利,形象权的经济利益并不会随着明星的死亡而终结,因此明星形象权是可以继承的。通常死者生前知名度和影响力越高,转化为财产利益的可能性及其所影响的利益量就越大,其近亲属可以继承的财产利益也就越大。⑤

为了追求商品的知名度,商家经常在获得明星同意的基础上将其特定形象广泛用于

---

① 王晓珮:《论形象权的知识产权保护》,青岛大学硕士学位论文,2015年,第9页。
② O'Brien v. Pabst Sales Co.,124 F. 2d 167. (Fifth Cir. 1941),170.
③ 参见纽约明星协会对"明星"的定义。
④ 王晓珮:《论形象权的知识产权保护》,青岛大学硕士学位论文,2015年,第9页。
⑤ 王利明:《论人格权商品化》,《法律科学(西北政法大学学报)》,2013年第4期,第55页。

各种商品。诚信的商家会严格按照合同约定的使用期限、使用范围等使用明星的相关形象,也有一些商家会在合同约定的使用期限、使用范围之外使用甚至在未经明星许可的情况下擅自使用其形象,此时,明星就有权要求相关主体停止使用其相关形象。

截至 2017 年 8 月,在已公开的明星肖像权纠纷中,医疗、美容机构侵犯明星肖像权的共计 258 件,占比达 73%,成为明星肖像权纠纷的主要制造者,而且他们更喜欢利用女明星的肖像做宣传。信息科技公司侵犯明星肖像权的有 37 件,占比为 10%,案情大抵为:侵权人在其设计的网页中未经授权使用了明星的照片,且具有明显的商业属性。[1] 一旦明星运用法律武器维权,胜诉率很高。

(三)明星形象权的侵权责任

侵害明星形象权应满足以下几个要件:

1. 未经本人同意非法使用他人形象

形象权同时具有财产属性和人格属性,任何人使用他人的形象都应当依法取得权利人的同意。明星同意他人使用自己形象的,应该明确使用人的使用期限、使用方式、使用范围等。所谓非法使用,是指未经权利人同意或超出权利人许可范围而非法再现他人形象的行为。

2. 损害结果

侵害形象权的行为只有造成了损害后果,行为人才需要承担侵权责任。这种损害后果包括财产损害和精神损害。例如,景甜诉北京凤凰妇科医院(以下简称"凤凰医院")肖像权纠纷一案中,凤凰医院在涉诉网站上发布的三篇文章中使用了景甜的照片作为配图。其目的在于利用景甜的知名度,增加产品或服务的市场影响力,显然具有营利目的,此种行为侵害了景甜的肖像权,并且给景甜带来了经济损失和精神损害。最终法院判决凤凰医院向景甜赔礼道歉并赔偿经济损失、精神损害抚慰金等。

3. 主观过错

主观上存在过错是形象权侵权的主观要件。过错的表现形式分为以下几种:

第一,以营利为目的使用明星形象。为欣赏、研究、公益等非营利性使用他人的形象,是不构成侵权的。在前述景甜与凤凰医院肖像权纠纷一案中,凤凰医院"目的在于利用景甜的知名度,增加产品或服务的市场影响力,显然具有营利目的"成为法院认定凤凰医院构成侵权的主要因素。在司法实践中,很多被告称其使用行为非营利,但在未提交证据或所提交证据不足以证明的情况下,均不被法院所支持。

第二,混淆明星形象。目前娱乐圈盛行各种模仿秀节目没有获得权利人的同意,

---

[1] 《把手案例:大数据揭秘明星们如何维护"肖像权"》,https://www.sohu.com/a/166111921_99977136,最后访问日期:2019 年 10 月 14 日。

本身就是一种典型的侵犯形象权的行为,除了会引起表演著作权纠纷外,还存在对受害人形象权侵害的问题。

第三,歪曲、丑化或不当使用明星形象。明星有保持其形象客观、真实、完整,不受歪曲、丑化或不当使用的权利。网络上经常存在一种恶意损毁、丑化他人形象的行为,虽然这种行为不以营利为目的,但这种歪曲、丑化或不当使用可能会降低明星的社会评价,进而影响明星通过其形象获取经济利益,因此,在证据链条完善的前提下,应将这种行为定性为侵犯明星形象权的行为。

4. 因果关系

在侵害明星形象权的责任构成要件中,因果关系具有特殊性,侵害形象权的行为不以直接作用于侵害对象而造成损害事实为必要。只要侵害形象权的行为公之于众,并通过社会舆论使受害人形象受到损害即形成损害行为与损害结果的因果关系。

三、诽谤

(一)诽谤的概念

诽谤一词,"诽"的本义是背地议论,"谤"是公开指责,诽谤是指"以不实之词毁人"。作为一个法律概念,诽谤是指捏造并散布虚构事实,足以贬损他人人格,破坏他人名誉的行为。

在我国法律上,有关诽谤的规定散见于相关法律中。《中华人民共和国民法通则》第101条规定:"公民、法人享有名誉权,公民的人格尊严受法律保护,禁止用侮辱、诽谤等方式损害公民、法人的名誉。"[①]最高人民法院《关于贯彻执行〈中华人民共和国民法通则〉若干问题的意见》第140条规定:"以书面、口头等形式宣扬他人隐私,或者捏造事实公然丑化他人人格,以及用侮辱、诽谤等方式损害他人名誉,造成一定影响的,应当认定为侵害公民名誉权的行为。"[②]《中华人民共和国刑法》(下称《刑法》)第246条规定:"以暴力或者其他方法公然侮辱他人或者捏造事实诽谤他人,情节严重的,处三年以下有期徒刑、拘役、管制或者剥夺政治权利。"《关于办理利用信息网络实施诽谤等刑事案件适用法律若干问题的解释》第1条规定:"具有下列情形之一的,应当认定为《刑法》第246条第1款规定的'捏造事实诽谤他人':(一)捏造损害他人名誉的事实,在信息网络上散布,或者组织、指使人员在信息网络上散布的;(二)将信息网络上涉及他人的原始信息内容篡改为损害他人名誉的事实,在信息网络上散布,或者组织、指使人员在信息网络上散布的;明知是捏造的损害他人名誉的事实,在信息网络上散

[①] 因《中华人民共和国民法总则》的颁布,《中华人民共和国民法通则》已于2017年10月1日失效。
[②] 因《中华人民共和国民法总则》的颁布,《中华人民共和国民法通则》已于2017年10月1日失效。

布,情节恶劣的,以'捏造事实诽谤他人'论。"第2条规定:"利用信息网络诽谤他人,具有下列情形之一的,应当认定为《刑法》第246条第1款规定的'情节严重':(一)同一诽谤信息实际被点击、浏览次数达到5 000次以上,或者被转发次数达到500次以上的;(二)造成被害人或者其近亲属精神失常、自残、自杀等严重后果的;(三)两年内曾因诽谤受过行政处罚,又诽谤他人的;(四)其他情节严重的情形。"

综合前述法律规定,诽谤是指捏造并散布虚构事实,足以贬损他人人格,破坏他人名誉的行为。

(二)诽谤的表现方式

诽谤的方式有以下几种:(1)捏造损害他人名誉的事实,并散布,或者组织、指使人员散布的;(2)将涉及他人的原始信息内容篡改为损害他人名誉的事实,进行散布,或者组织、指使人员散布的;(3)明知是捏造的损害他人名誉的事实,进行散布,情节恶劣的。

(三)因诽谤行为而应承担的相关法律责任

因明星具有高知名度,侵权人为了谋取利益、博人眼球经常会捏造明星的相关事实。因侵害行为造成的损失程度不同,施害人分别可能承担民事责任、行政责任、刑事责任。

1. 民事责任

与其他侵犯人格权的民事侵权责任一样,因诽谤侵害明星名誉权的案件应具备以下四个要件:(1)侵害行为,即侵权人故意捏造并散布虚构事实的行为。此时的行为可能是积极的作为(如编造子虚乌有的事情诋毁和中伤明星),也可能是消极的不作为(如在搜集公众人物的相关信息时没有甄别真假信息,没有履行好审查义务)。(2)名誉被损害的事实,即通过侵权言论在公众媒体上的发表,对受害人的个人社会评价造成负面影响。(3)侵权行为与损害后果之间的因果关系,即必须是因为侵权人的行为造成了相关损害后果。此时我们需要注意一个问题,当侵权行为人并没有明确指出一个明星的姓名,却对此明星的外貌特征、代表作品、职业经历等描述使广大受众能够完全明了其所指向的明星,这种情况也应认定为指向特定的人。(4)侵权人主观上有过错,即侵权人故意报道、传播明星与客观事实严重不符的内容或在报道、传播时疏忽大意导致出错。

2. 行政责任

《中华人民共和国治安管理处罚法》第42条规定:"有下列行为之一的,处5日以下拘留或500元以下罚款;情节较重的处5日以上10日以下拘留,并处500元以下罚款:……(二)公然侮辱他人或者捏造事实诽谤他人的。"同时,当事人在公共场所受到侮辱、诽谤,以名誉权受侵害为由提起民事诉讼的,无论是否经公安机关依照治安管理处罚条例处理,人民法院均应依法审查,符合受理条件的,应予受理。因此,对于诽谤他人的侵权人,不仅可能会承担相应的行政责任,而且可能同时承担民事责任。

3. 刑事责任

根据《刑法》第 246 条的规定,构成诽谤罪的主观条件必须是"故意",并且区分罪与非罪的标准是"情节是否严重"。根据《最高人民法院关于审理名誉权案件若干问题的解答》,当事人提起名誉权诉讼后,以同一事实和理由又要求追究被告刑事责任的,应中止民事诉讼,待刑事案件审结后,根据不同情况分别处理:对于犯罪情节轻微,没有给予被告人刑事处罚的,或者刑事自诉已由原告撤回或者被驳回的,应恢复民事诉讼;对于民事诉讼请求已在刑事附带民事诉讼中解决的,应终结民事案件的审理。

四、明星财产规划

从网络上爆出的"2017 年中国名人收入排行榜"来看,此次上榜的 100 位名人总收入为 70.95 亿元,人均约 7 000 万元。有 14 位名人 2016 年收入超过亿元,其收入总额为 21.48 亿元。

表 1　　　　　　　　2017 年中国名人年收入排行榜前十名

排名	姓名	收入(万元)	排名	姓名	收入(万元)
1	范冰冰	24 000	6	黄晓明	16 790
2	鹿晗	18 160	7	刘涛	15 620
3	周杰伦	18 150	8	杨颖	14 680
4	李易峰	17 070	9	吴亦凡	13 680
5	成龙	16 800	10	胡歌	13 610

资料来源:https://www.sohu.com/a/207415285_651956。

明星的收入大致可以分为三个部分:第一,作为艺人的劳动收入,即通常所说的片酬及代言费等;第二,创业收入。现在越来越多的明星开办了工作室,例如杨幂通过其工作室捧红了迪丽热巴、李溪芮、张彬彬等新人,张靓颖的工作室也有王铮亮、陶晶莹、梁博等明星加盟。另外,艺人们除了从事娱乐行业之外,还投资从事其他行业,如餐饮、潮牌等领域,利用自己的名气去拓展更大的事业空间。第三,投资收入。很多明星都持有其"东家"的原始股权,此外他们还会投资传统的股票、房地产、期货等领域。

明星并不是专业的投资人,他们不具备专业的理财知识。甚至有一些艺人因不能很好地规划财产而破产。比如,新加坡女明星郑秀珍在事业高峰期因炒股失利,欠下证券公司 30 万新元无力偿还,被当地高等法院判入穷籍,名下财产被官方托管。

明星作为高收入群体，可运用的财产规划工具一般包括遗嘱、保险、信托、家族基金等。

遗嘱继承是财富传承的重要工具。按照效力来分，分为公证遗嘱、自书遗嘱、代书遗嘱、录音遗嘱、口头遗嘱。其中公证遗嘱的效力最强，并且只有新公证遗嘱才能变更、撤销已公证的遗嘱。自书遗嘱、代书遗嘱、录音遗嘱虽设立方式不同，但其均可通过设立新的遗嘱进行变更、撤销，如不存在公证遗嘱则以最后设立的遗嘱为准。口头遗嘱只有在危机情况下最后设立且有两个以上见证人在场才有效，且一旦危急情况解除，遗嘱人能用其他方式立遗嘱的，口头遗嘱即失效。如果同时存在数份遗嘱，很有可能因为其生效与否、设立先后等发生争议。最著名的"世纪遗产争夺大战——王德辉遗产争夺案"便是因为其设立了两份内容不同的遗嘱导致的。

我国通过保险进行财富规划主要是为了保证财产安全，同时通过大额寿险保单或年金险保单来实现财富传承。与信托相比，保险的起投金额相对较低，但投资渠道相对有限，而且只有在触发理赔条件时才可以领取保费。

信托指以财富的管理、传承和保护为目的的信托，在内容上包括以资产管理、投资组合等理财服务实现对家族资产的全面管理，更重要的是提供财富转移、遗产规划、税务策划、子女教育、家族治理等多方面的服务。用信托来传承财富，其优势主要表现在以下几个方面：第一，信托可以起到资产隔离和抵税避税的功能。信托受益人对受益权的享有不因委托人破产或发生债务而失去。第二，信托支持按客户需求定制。受益人可以是家族未出生的孩子，可以实现多个代际的传承，并且在信托设立后当年就可定期领取信托利益。第三，设立信托的财产的多样性。只要是委托人合法所有的财产，包括股权、现金、不动产、动产等，都可以用来设立信托。

家族基金指资金主要来源于同一家族的多个成员的基金，不管其以信托形式、离岸公司形式存在，还是以单一户头或银行账户形式存在，都可统称为"家族基金"。家族基金的概念在欧美国家比较流行，在中国才刚刚起步。李嘉诚为李氏家族所做的家族传承基金（家族信托基金）是全球范围内比较出名的家族基金之一，该基金在20世纪70年代就开始筹建，据悉，到目前为止，其已拥有800亿美元现金。同样，拥有恒隆地产的陈氏家族从1986年开始管理独立的家族基金，并投资于私募股权基金和对冲基金等另类资产，而陈氏家族基金从两年前开始雇用专业投资人管理。

思考题

1. 简述署名权的概念。
2. 简述编剧的署名权。

3. 简述获取报酬权。
4. 简述隐私权概念及侵犯明星隐私权的构成要件。
5. 明星的隐私权是否受到限制？
6. 简述因诽谤行为而应承担的相关法律责任。

第十三章 娱乐法上的纠纷及其解决

第一节 娱乐纠纷概述

一、娱乐法上的纠纷概念

无论社会发展到什么程度,纠纷都是一种普遍存在的社会现象;不仅如此,每个社会都有多种方式处理纠纷。"许多社会的纠纷解决方法非常相似,它们之间的差别在于不同社会更偏向于使用某种方法。这种偏向通常是由文化因素以及纠纷解决机构的可获取性所决定的。"[①]

所谓纠纷,通常是指特定主体之间基于利益冲突而产生的双边或多边对抗关系或对抗行为。也有人把它界定为对抗行为。[②] 也有学者认为,纠纷是一种三方关系,凡纠纷必然涉及第三方参与冲突,换句话说,冲突是双向的,纠纷因由第三方介入,所以是三方的,即所谓的纠纷解决人员参与其中。[③]

在现实生活中,纠纷通常由冲突演化而来。"纠纷的过程划分为三个明显的阶段:不满或者前冲突阶段、冲突阶段及纠纷阶段""不满或者前冲突阶段是指这样的情景:一个个体或者组织感到自己受到不公正对待并思考这种怨恨或者抱怨的根源""如果在前冲突或者抱怨阶段这一状况没有得到化解,冲突阶段将出现""在冲突阶段,受伤害者将对抗冒犯者,并且表达自己的愤恨感和不公感。冲突阶段是双向的,它只涉及两方。如果冲突在这一阶段没有消除,那么纠纷阶段将出现。在纠纷阶段,冲突被公

---

① 斯蒂文·瓦戈:《法律与社会》,梁坤、邢朝国译,中国人民大学出版社2011年版,第204页。
② 范愉:《多元化纠纷解决机制》,厦门大学出版社2005年版,第48页。
③ 斯蒂文·瓦戈:《法律与社会》,梁坤、邢朝国译,中国人民大学出版社2011年版,第204页。

开,第三方开始参与进来。"①

娱乐法上的纠纷,只是纠纷发生在娱乐行业这一特殊领域,是一种特种类型的纠纷。娱乐法包括影视产业法、音乐产业法、游戏产业法、体育产业法、出版业法等,相应的娱乐法上的纠纷也就包括这些领域里发生的纠纷。概言之,娱乐法上的纠纷是指娱乐产业参与者之间发生的对抗关系或对抗行为。

二、娱乐纠纷的解决方式

(一)纠纷解决的方式

从人类社会发展的历程看,纠纷的解决经历了漫长的演化过程。在早期的社会中,个体间直接的暴力救济是一种被认可的纠纷解决方法。比如,决斗就是一种流行的纠纷解决方法。② 另一种利用身体暴力形式解决纠纷的方式是复仇,这种方式是早期纠纷解决的一个重要形式。复仇因涉及群体,复仇引发大规模战争的例子在传统社会中屡见不鲜。在一些社会中,羞辱也是一种纠纷解决的方式,这种羞辱通常以公开的方式进行,通过奚落那些反社会行为的罪人来减少冲突。③ 最后,诉诸超自然的力量来解决纠纷,其媒介则是巫师或者巫术。

在现代社会中,纠纷解决的方式主要有两种,一种是当事人通过协商自行解决纠纷,另一种方式则是由第三方裁决当事人双方中哪一方的诉求更具合理性。第一种解决方式下,存在协商、谈判、调解等具体形式。这些形式中,调解不同于协商、谈判,通常是由第三方作为中间人实现。在第二种形式下,则存在着诉讼、仲裁等几种方式。以上这些方式中,如果以是否由第三方介入纠纷解决以及介入者的身份属性为标准,又可以把纠纷解决区分为正式的纠纷解决和非正式的纠纷解决。娱乐纠纷的解决也是如此。

(二)娱乐纠纷的正式解决

在现代法治条件下,国家设立专门的纠纷解决机制来解决各种纠纷已成为常态,它既是政治权威作用的体现,也是纠纷解决本身的需要。从总体上说,"国家倾向于设立正式性的程序和机制,以诉讼和审判为中心建立公立的民事司法体制"④。纠纷的正式解决方式,是司法的另一种表达。

---

① 斯蒂文·瓦戈:《法律与社会》,梁坤、邢朝国译,中国人民大学出版社 2011 年版,第 203—204 页。
② 第二次世界大战前,决斗还是德国高校学生中广为流行的纠纷解决方式。斯蒂文·瓦戈:《法律与社会》,梁坤、邢朝国译,中国人民大学出版社 2011 年版,第 204 页。
③ 斯蒂文·瓦戈:《法律与社会》,梁坤、邢朝国译,中国人民大学出版社 2011 年版,第 205 页。
④ 西蒙·罗伯茨、彭文浩:《纠纷解决过程》,刘哲玮、李佳佳、于春露译,北京大学出版社 2011 年版,第 15 页。

(三)娱乐纠纷的非正式解决

纠纷的非正式解决,是指通过私力解决纠纷的方式。非正式的纠纷解决方式,是纠纷解决最初的方式,它始终存在,并在当今社会中充满了活力。非正式的纠纷解决方式之所以充满活力,与正式的纠纷解决方式自身的不足有关。事实上,自从"正式性的司法体制确立之时起就遭遇着不同意见,有人甚至对其全盘否定,有人视其过于严苛意欲修正,有人转寻他法以解决纠纷"[①]。结果是,"虽然法院充当纠纷审理的官方场所,但许多当事人对审理结果不满。他们被法律程序搞得筋疲力尽,抱怨自己无法讲述一个故事,准确而全面地表达支撑他们的法律诉求的体验"[②]。

娱乐纠纷的非正式解决方式主要包括协商、调解和仲裁等。随着现代纠纷解决机制的不断发展,已经出现了调解与仲裁的混合形式,即在仲裁中引入调解机制。

第二节 娱乐合同纠纷

娱乐合同纠纷是娱乐产业的参与者因合同而引发的各种纠纷的总称。娱乐合同因其所涉及主体等的不同,而呈现出不同的合同类型,由此也就引发了娱乐合同纠纷的多样性。比如,按照娱乐项目的开发来看所涉及的娱乐合同,就有编剧合同、演员合同、经纪合同、融资合同、发行合同等类型。但是不管所涉及合同的当事人差别多大,其宗旨始终围绕着合同展开,仍属合同纠纷的范畴。

一、合同条款解释方法

在合同纠纷案件中,当事人所签订的合同文本是确认案件事实最直接、有效的证据之一。现实中,由于当事人知识的局限性、文字表达的多义性等原因,导致合同内容涵盖以及双方权利义务条款存在遗漏、模糊甚至矛盾等问题。如何正确解释以确定条款的真实目的成为首要问题。

《合同法》第125条第1款规定:"当事人对合同条款的理解有争议的,应当按照合同所使用的词句、合同的有关条款、合同的目的、交易习惯以及诚实信用原则,确定该条款的真实意思。"因此,对有争议的合同条款应当按照前述法律规定所确定的顺序解释。

合同解释的方法与原则,合同解释的方法包括:

[①] 西蒙·罗伯茨、彭文浩:《纠纷解决过程》,刘哲玮、李佳佳、于春露译,北京大学出版社2011年版,第15页。
[②] 博西格诺:《法律门前》,邓之滨译,华夏出版社2004年版,第631页。

(1)文义解释:是指对合同所使用的词句之含义进行解释,确定条款的真实意思。文义解释是最基本的解释方法。当然,即使合同所书文字错误,只要双方对真实意思不存在误解,就应按真实意思表示确定合同标的,即"误载不害真意"。

(2)体系解释:是指根据条款在整个合同中的位置以及与合同的有关条款的关联确定条款在整个合同中所具有的正确意思。体系解释不局限于合同及补充协议文本,还包括谈判、签订和履行合同时所产生的会议纪要、备忘录、双方往来函件等。

(3)目的解释:是指合同的解释应符合当事人缔约的目的。合同的目的是当事人缔约的真实意思所在,因此目的解释被认为是合同解释的核心原则。目的解释旨在探寻当事人真实合同目的,以当事人真实合同目的来解释有争议的合同条款。

(4)习惯解释:是指对合同所使用的文字词语有疑义时,应参照"交易习惯"解释。交易习惯一是指合同当事人之间已确立的习惯做法,包括之前的一系列交易中所确立的做法;二是指在交易中行业内普遍接受的,在某一行业或领域中长期、反复实践的交易规则。

(5)诚信解释和公平解释:诚信解释是指按照"诚实信用原则"确定合同的真实意思,诚信解释是法官正确解释合同的修正工具;公平解释是指根据合同法的公平原则,兼顾当事人双方利益,平衡双方的权利义务。公平解释主要体现在格式条款的解释,同时也根据合同是否有偿而侧重不同:若是无偿合同,应按对债务人义务较轻的含义解释;若是有偿合同,应按双方均较公平的含义解释。

诚信解释和公平解释是以判决结果为导向的价值判断,如果合同出现漏洞,优先用诚信解释填补,公平解释仅在特定情况下适用。

(6)合同解释的顺序是有先后的,先事实判断定性,然后进行价值判断修正补充。即先文义解释,再体系解释,最后目的解释,诚信解释做修正和补充,公平解释在特定情况下适用。

二、合同性质界定

合同法尊重当事人意思自治,允许当事人在不违反法律强制性规范、不违背社会公德的情况下,自行约定合同内容。依照法律是否设有规范并赋予一个特定名称为分类标准,可以将合同分为有名合同与无名合同。有名合同,顾名思义,是指法律上设有规范,并赋予了特定名称的合同。反之,法律上没有特别规定,也没有赋予一定名称的合同称为无名合同。最狭义的无名合同是指纯无名合同,即合同内容和有名合同毫无关联的合同。广义的无名合同即指混合合同,合同的构成是由两个以上的有名合同条款,或有名合同条款与无名合同条款的结合所成立的合同。

因为现实生活合同的名称与其内容并非是严格对应的,所以需要先认定合同纠纷类型,以便于寻找相应类型合同纠纷所据以裁判的法律依据。在具体的个案中,合同的法律性质应当以该合同约定的权利义务内容确定合同性质。

确定合同的类型是确定法律适用的前提。对于纯无名合同的法律适用做简单介绍:首先,纯无名合同的法律适用应当优先考虑适用《合同法》总则的规定。《合同法》第124条规定:"本法分则或者其他法律没有明文规定的合同,适用本法总则的规定,并可以参照本法分则或者其他法律最相类似的规定。"这是无名合同适用法律最直接的依据。其次,中国《民法总则》有关法律行为的规定适用于所有合同,同样适用于无名合同。此外,在当事人的约定不违反法律的强制性规定的情况下,遵循意思自治原则,根据合同约定的内容来做出裁判结果。准确认定合同的性质是人民法院或仲裁机构依法对合同纠纷案件行使管辖权,正确适用法律,依法审理案件的前提。

(一)演艺经纪合同性质

演艺经纪合同属于一种具有鲜明行业特征的商事合同,演艺经纪合同内容涵盖演艺工作的独家经纪、作品著作权代理等各项事宜中的权利义务,在法律上具有著作权、委托、代理、行纪等多种合同的性质,演艺经纪合同属于一种具有鲜明行业特征属性的商事合同,兼具居间、委托、代理、行纪、服务的综合属性,构建了经纪公司与艺人之间的特殊合作共赢关系,因此演艺经纪合同并不能简单归类为合同法分则的某种固定类型合同,而是兼具多重性质的一种新型合同。对于无名合同,双方均应当依据合同法的相关规定及其合同的约定行使权利和承担义务。

在司法实践中,近半数演艺经纪合同纠纷以合同纠纷为案由起诉,另有委托合同纠纷、行纪合同纠纷、劳动争议纠纷等案由。仅针对演艺经纪合同纠纷就有如此多的案由分类,可见实务审判中对演艺经纪合同的性质也存在多种理解。

司法实践中,仅仅因演艺经纪合同兼具有委托合同性质,进而主张享有单方解除权的诉讼请求,难以得到审判机构支持。如蒋劲夫与天津唐人影视股份有限公司(下称唐人影视公司)合同纠纷一案,法院认为:涉案经理人合约系唐人影视公司与蒋劲夫所签订的关于发展蒋劲夫未来演艺事业的多种权利义务关系相结合的综合性合同,其中包含了委托、行纪、居间、劳动、著作权等多种法律关系,属于具有综合属性的演出经纪合同。此类合同并非单纯的委托代理或行纪性质,因此不能依据《合同法》中关于委托代理合同或行纪合同的规定享有单方任意解除权,仍应适用《合同法》第94条关于行使合同解除权的一般性法律规定。[①]

---

① 北京市第三中级人民法院(2016)京03民终13936号判决书。

（二）直播合同性质辨析

实践中，直播平台和主播间的合同属于劳动合同还是商业合作协议也存在较多争议。直播行业中，不乏网红主播年入上千万元的收入；也有按照公司管理规定，上班打卡努力完成固定直播时长，按月领取工资收入的主播。直播平台和主播之间签订的合同，版本名称各异，如经纪合同、合作协议、解说合作协议、直播主播独家合作协议等。

由于主播与直播平台签约大部分形成工作关系，并非传统意义上的劳动关系，因此属于新兴"自雇型"劳动者范畴。与分享经济的其他领域类似，对于这种新兴的用工关系还存在争议，平台责任界定模糊，主播的社会保障还处于灰色地带。一般而言，主播与直播平台签合同后，主播一般按约定在自主选择的场所直播，不用接受平台的行政管理和人事制度，且协议中约定酬劳多数是按比例的提成，商事合作性质明显，充分说明了双方系合作关系，因此，这种模式不应按照劳动关系来处理，而应依《合同法》处理。个人提供劳动服务给用人单位，用人单位支付报酬的协议，具有商事交易的性质，本质上属于服务合同范畴，不同于劳动合同。①

从协议约定的内容来看，主播不受直播平台规章制度的约束，亦不接受直播平台的管理，双方系平等主体之间的民事合同关系，受合同法及相关法律的调整，双方均应当按照合作协议约定和法律规定行使权利并履行义务。

无名合同所引发的纠纷，给法律适用带来一定的难度。当事人在订立合同时应当尽可能以准确的合同语言、清晰的合同条款约定法律关系，以免日后对当事人的权利义务规范以及合同解释造成不便。

三、合同解除权

所谓解除权，是指合同订立后尚未履行或者尚未完全履行之前，基于法定或者约定的事由，通过当事人单方意思表示即可使合同自始不发生效力的权利。解除权在性质上是一种形成权，即仅凭一方当事人依法定事由做出的意思表示即可使现成的法律关系消灭的权利，其行使无须征得对方当事人的同意。一般来讲，法律对权利行使的合法性的审查是从实体与程序两方面进行的。

实体上，就合同的约定解除来说，由于约定的部分本身就是意思表示一致的结果，因此理论上对合同的实体要求完全适用于约定解除；对于法定解除而言，将违约行为

---

① 广东省高级人民法院、广东省劳动人事争议仲裁委员会发布了《关于劳动人事争议仲裁与诉讼衔接若干意见》，其中规定："网络平台经营者与相关从业人员之间的用工关系性质，原则上按约定处理。如双方属于自负盈亏的承包关系或已订立经营合同、投资合同等，建立了风险共担、利益共享的分配机制的，不应认定双方存在劳动关系。实际履行与约定不一致或双方未约定的，以实际履行情况认定。"

性质的严重与否作为合同能否解除标准。这里所谓的根本违约,只有违约行为实际上剥夺了非违约方根据该合同规定有权期待得到的东西,以致其合同目的不能实现时,违约方的解除行为才会获得支持。

(一)合同解除权的分类

依合同解除权产生的条件不同,可将其分为约定解除权和法定解除权。

(1)约定解除权。即指通过当事人约定于一定事由发生时,一方或双方享有解除合同的权利。约定解除权的产生是基于双方当事人的约定,而非单方所能决定。这种约定可以在订立合同时在合同中约定,也可以在订立合同后另行约定。根据《合同法》第93条第2款的规定,当事人在约定解除权时,对此种权利的行使可以附加一定的条件,如解除权的发生情形、行使条件以及行使解除权的效力等。值得注意的是,当发生符合行使约定解除权的事由时,并不当然出现合同解除的后果,而是必须经由解除权人在解除期限内向对方发出解除合同的意思表示。通常情况下,解除合同既可在诉讼外提出,也可在诉讼中提出。而如有解除权行使方法特殊约定的,则应依其约定。

例如,演艺经纪合同中对相关的权利义务有明细化的约定,经纪公司在报酬、演出次数等做出承诺时,艺人可以以此行使约定解除权主张经纪公司违约,从而解除合同;经纪公司同样可以对艺人提出各种较强人身属性的要求,如果艺人未按照合同约定,经纪公司可以主张解除合同,并且要求支付违约金。但值得注意的是,行使约定解除权时,如何通过证据证明是否达到约定解除的条件至关重要。

(2)法定解除权。即指由法律直接加以规定,当一定事由发生时,一方当事人享有解除合同的权利。《合同法》第94条规定,单方当事人行使合同法定解除权的情形有下列五种:

①因不可抗力不能实现合同目的的。不可抗力是指不能预见、不能避免、不能克服的客观现象。不可抗力事件的发生,只有其致使合同目的完全不能实现时,则任何一方当事人均享有合同解除权。

②因拒绝履行主要债务不能实现合同目的的。这是指在履行期限届满之前,当事人一方明确表示或者以自己的行为表明不履行主要债务。对于这种情况,另一方可不履行催告义务,径直行使解除权。

③因迟延履行主要债务致使不能实现合同目的的。债务人无正当理由,若对于未约定履行期限,在债权人催告后仍未履行的,债权人便可享有合同解除权;若在合同履行期间届满仍未履行合同主要债务,则债权人可不催告即享有解除权。

④因迟延履行或有其他违约情形不能实现合同目的的。致使合同目的无法实现的违约形态有多种,包括迟延履行、不完全履行,以及履行地点不符合合同约定等。在

此情况下,债权人可不经催告而直接解除合同。

⑤法律规定的其他解除情形。这是一个概括性的规定,当以上情形都没有出现,而法律规定其他情形合同也应该解除时,合同就解除。此项规定主要是指两方面的情形:一方面是指合同法分则包含的各类具体合同中,根据合同的性质和合同当事人的特殊地位而特有的合同解除情形[如《合同法》不定期租赁合同(第232条);承揽合同(第268条);货运合同(第308条);标的已公开的技术开发合同(第337条);保管合同(第376条);委托合同(第410条)]。在这些情形下,合同的解除不以合同当事人之间的协议、约定或违约为条件。另一方面,该项规定还指各违约形态下的合同解除问题。这实际为将来法律的发展留足了空间,同时也防止了法律出现漏洞。

从法理上探讨解除权的行使,一方当事人在条件成熟时,向对方发出解除合同的通知,通知送达之时,合同即可解除,完全无须法院裁决。当事人不发出通知,而直接起诉至法院,违反合同法关于解除权以通知为必要程序的规定。由此从法律规定看,中国现行法律、司法解释有明确规定的情况下,当事人可以直接请求人民法院解除合同。合同解除权在法定解除的情形下,不适合由违约方享有解除权。虽然《合同法》第94条规定的"当事人可以解除合同"并没有明确当事人是守约方还是违约方,但从《合同法》公平原则的指导下,如违约方可以解除合同,则守约方的利益将严重处于不稳定状态。由于合同解除制度之意旨在将解除权赋予守约方,违约方不享有基于催告对方仍不履行而产生的合同解除权。中国的《合同法》在实践运用过程中存在明显的世俗倾向,即以维护市场交易持续为目的,兼顾社会效益,如判决能为社会创造较大的经济效益,则往往考虑从违约责任等方面给予守约方以利益保护,而非生硬地适用法律。

但在因不可抗力导致合同目的不能实现的情况下,不应剥夺存在违约行为一方解除合同的权利。

(二)法院判决解除合同的考量因素

根据《合同法》第107条的规定,当违约情况发生时,继续履行是令违约方承担责任的首选方式。法律之所以这样规定,是因为继续履行比采取补救措施、赔偿损失或者支付违约金,更有利于实现合同目的。

在合同目的可以实现的情况下,一方当事人积极排除履行障碍,且合同履行达到一定程度,解除合同反而成本过高,则继续履行是更为经济合理的解决方式,这些因素都将是法院裁判的重要考量因素,比起探究到底一方是否享有解除权,是更为核心的诉讼策略。

演艺经纪合同虽具备人身依附属性,但在实践中,法院经常会对单方解除权进行必要的、合理的限制。如在新画面诉窦骁一案中①,法院认为:本案合同具有居间、代理、行纪的综合属性,属于演出经纪合同。此类合同既非代理性质亦非行纪性质,而是各类型相结合的综合性合同,因此不能依据合同法关于代理合同或行纪合同的规定由合同相对方单方行使解除权。为了体现合同自愿、公平以及诚实信用等基本原则,在该类合同权利义务关系终止的确定上应当主要遵循双方约定、按照合同法的规定界定,不能在任何情况下都赋予当事人单方合同解除权。因为在演艺行业中,相关从业人员(即艺人)的价值与其自身知名度、影响力紧密相关,而作为该行业从业人员的经纪公司,在艺人的初期培养、宣传以及知名度的积累上必然付出商业代价,同时艺人是否能够达到市场的影响力存在不确定性,由此经纪公司在艺人的培养过程中存在一定风险。在艺人具有市场知名度后,经纪公司对其付出投入的收益将取决于旗下艺人在接受商业活动中的利润分配,故若允许艺人行使单方解除权,将使经纪公司在此类合同的履行中处于不对等的合同地位,而且也违背诚实信用的基本原则,同时会鼓励成名艺人为了追求高额收入而恶意解除合同,不利于演艺行业的整体运营秩序的建立,因此在演艺合同中单方解除权应当予以合理限制。

本案中,虽然涉案合同的履行属于具有人身依赖关系性质的合同,合同的履行需要当事人主观自愿配合,但是否此类合同在一方当事人明确表示不再履行时,即能依法解除。对此法院认为,作为从事演艺工作的人员,其主要生活来源基本来自参加的各类商业活动,若经纪公司本身不予安排活动或者恶意阻却活动的成立,将不仅导致演艺人员在合同期内不能出现在公众面前,无法接受任何商业活动,而且可能面临基本的生存困境。在此情况下,从合同的基本属性及人身权利的基本内涵出发,解除相关合同具有合理性。

然而,涉案合同第三条规定,窦骁对所有演艺活动具有自己选择决定权。同时,其他条款亦未规定在窦骁自行参加演艺活动后,需要承担何种合同违约责任。由此本案中窦骁不仅具有自主选择权,而且其参加非新画面公司安排的演艺活动仅需承担支付

---

① 北京市高级人民法院(2013)高民终字第1164号民事判决书认定的事实是:2010年新画面公司与窦骁签订了合同。该合同约定:新画面公司从2010年3月23日至2018年3月22日,作为窦骁的演艺工作代理方。对于窦骁参加的所有演艺活动,新画面公司按比例收取酬金。此后,新画面公司为窦骁安排了电影《山楂树之恋》和《金陵十三钗》的出演机会和其他13场商业活动,但窦骁认为上述活动并非新画面公司所安排。新画面公司主张,窦骁未经其许可,在合同期内擅自参加了59场演艺活动,且未向新画面公司支付酬金。窦骁承认其确实参加了相关活动,并表示关于Zegna(杰尼亚)品牌及佳洁士品牌代言带有商业性质,但相关酬金已经向新画面公司支付。窦骁在一审诉讼中认为新画面公司并未依约履行合同,并且涉案合同的订立存在违法情形,故起诉要求确认涉案合同无效或解除。新画面公司不同意窦骁的诉讼请求,认为其已经依法履约,不存在违法情形,同时认为窦骁存在违约行为,故提起反诉,要求:确认涉案合同有效;判令窦骁向新画面公司交付其擅自与第三方签约参加演艺活动的全部合同原件并说明履行情况;判令窦骁赔偿因其违约行为给新画面公司造成的经济损失494万元;判令窦骁继续履行涉案合同;如判令解除涉案合同,则请求判令窦骁赔偿因其违约行为给新画面公司造成的经济损失494万元,以及因窦骁毁约给新画面公司造成的经济损失2 000万元。

相应酬金的违约责任,并不存在直接损害其人身权的情况。同时根据在案证据,新画面公司亦不存在任何过错及违约行为,并已履行了为窦骁安排演出、商业代言及市场推广等合同义务。

否定明星演艺经纪合同中的单方解除权将是司法审判的趋势,与此同时,考虑到明星经纪合同的履行具有人身属性,合同的履行需要当事人主观自愿配合,法院可能仍然会判决解除经纪合同,违约的一方支付经济赔偿款。

(三)合同解除权的建议

为满足商业发展的需求,实践中存在大量的无名合同,该种合同既包含了如委托合同关系等具有任意解除权的法律关系要素,又包含了其他不具备任意解除权要素的法律关系要素。合同中法律关系比重影响无名合同性质的认定,而合同性质的确定成为解除权的产生基础。

一般来讲,法律对权利行使的合法性的审查是从实体与程序两方面进行的。结合目前的市场环境,越是重大交易,其法律关系往往越为错综复杂。一个合同项下包含多种法律关系已经成为常态。如果优势相对方希望对合同的解除加以控制,则应当充分利用《合同法》第93条的约定解除权,在合同中通过约定设立客观的、可量化的解除条件,进而满足对合同解除权的把控。同时在合同的起草和审查过程中也应当尤其注意对该种风险条款的审查。

在程序上注意通知的形式和有效送达。合同法未对通知形式做特殊要求,因此通知可以包括书面、口头或其他形式,如国际上惯用的声明、请求或特定情况下的传真、电子邮件等。但为避免争议产生,建议采取书面形式。对于法律规定或当事人约定采取书面形式的合同,在合同解除时,也应采取书面通知的形式。不管采取哪种方式,只要通知有效送达对方,即可发生合同解除的法律效力。

四、违约责任承担

中国《合同法》第107条规定:当事人一方不履行合同义务或者履行合同义务不符合约定的,应当承担继续履行合同、采取补救措施或者赔偿损失等违约责任。《民法总则》第111条规定,当事人一方不履行合同义务或者履行合同义务不符合约定条件的,另一方有权要求履行或者采取补救措施,并有权要求赔偿损失。因此,继续履行合同、采取补救措施、赔偿损失属于法律规定的承担违约责任的基本方式。

(一)继续履行

《合同法》第107条规定,当违约情况发生时,继续履行是令违约方承担责任的首选方式。法律之所以这样规定,是因为继续履行比采取补救措施、赔偿损失或者支付违约金,更有利于实现合同目的。在合同目的可以实现的情况下,一方当事人积极排除履行障碍,且合同履行达到一定程度,解除合同反而成本过高,则继续履行是更为经济合理的解决方式。

继续履行作为违约责任承担的方式之一,赋予了守约方除《合同法》第 111 条规定的情形之外的强制继续履行请求权,体现合同法的"依合同履行义务"之原则。在实务中,无论是金钱债务,还是非金钱债务,强制继续履行请求权一般在债务人不履行合同所约定的作为义务时提出。

合同义务包括作为和不作为,那么强制继续履行请求权的实现,理论上也应当包括继续作为和继续不作为。但是针对强制继续履行的情形,合同法也做了例外性的规定,这就是《合同法》第 110 条所规定的三种情形:法律上或者事实上不能履行;债务的标的不适于强制履行或者履行费用过高;债权人在合理期限内未要求履行。上述规定虽然未明确指明针对的是作为义务还是不作为义务,但是其内容多是指作为义务而言。由于强制继续履行并非债权的内容,因此并非所有的作为义务都适用继续履行的责任方式。同样,继续履行作为违反不作为义务的违约责任方式,也应当具有一定的条件。首先,当事人合同明确约定了不作为的义务;其次,不作为义务具有一定的持续性;再次,要求继续履行不作为义务符合合同的履行利益;从次,权利人在合理期限内提出请求;最后,判决继续履行合同义务具有可执行性。

在《芈月传》合同纠纷一案中[①],法院裁判认为双方约定对小说版《芈月传》出版、发行时间的限制,即蒋胜男在一定期限内负有不作为的义务,目的在于避免因受众阅读小说后导致电视剧观众的流失。在蒋胜男违反约定,提前出版、发行小说版《芈月传》的情况下,花儿影视公司要求其停止出版、发行并继续履行合同,符合双方约定的合同利益。因此,本案在一审审理终结前,电视剧版《芈月传》尚未播出,故补充协议中对小说版《芈月传》出版发行的时间限制处于持续履行中。花儿影视公司要求蒋胜男继续按照约定履行合同义务,正是指向停止出版、发行小说版《芈月传》直至电视剧播出。因此,一审法院判令蒋胜男立即停止小说《芈月传》的出版、发行具有法律上的正当性。一审判决做出后,2015 年 11 月 30 日,《芈月传》已经进行了公映,小说版《芈月传》的出版、发行时间限制条件消除。因此,一审判决所依据的事实发生重大变化,一审判决关于停止出版、发行小说的判项已不具有可执行性,而判决的可执行性直接影响着判决的权威性。为此,二审不能予以维持。

在互联网时代,网络直播平台要求主播继续履行合同的诉求现实中也很难得到法院的支持。原因在于,由于合同履行过程中出现了违约行为,双方产生的矛盾可能难

---

① 蒋胜男与东阳市乐视花儿影视文化有限公司委托创作合同纠纷二审民事判决书,见北京知识产权法院(2016)京 73 民终 18 号。

以调和,合同双方已经不具备互相信任的基础;如果一方已经明确表示了终止履行合同的意愿,仍裁决继续履行合同,事实上可能已经不利于双方的利益。除此之外,直播平台和主播之间的协议具有一定的人身属性。在主播违约的情况下,判决主播继续履行缺乏可操作性,因此法院裁判一般不再坚持继续履行合同,而是要求违约者赔偿的裁判思路,判令违约的主播向直播平台支付违约金,以此弥补直播平台的损失。例如《白金主播》合作合同纠纷案中[①],原告广州华多网络科技有限公司(以下简称"华多公司")诉被告戴士,要求法院判决戴士继续履行合同。法院判决认为:协议的履行内容是戴士在华多公司旗下的YY平台进行游戏直播解说,具有强烈的人身依赖性,而不属于金钱债务的履行,戴士亦明确表示不履行合同,故涉案协议已不适宜强制继续履行。

(二)违约金

根据《合同法》第110条规定,有违约行为的一方当事人请求解除合同,没有违约行为的另一方当事人要求继续履行合同,当违约方继续履约所需的财力、物力超过合同双方基于合同履行所能获得的利益,合同已不具备继续履行的条件时,为平衡双方当事人利益,可以允许违约方解除合同,但必须由违约方向对方承担赔偿责任,以保证对方当事人的利益不因合同解除而减少。

1. 演艺经纪合同违约金的适用

通常演艺经纪合同中约定的违约金是非常高的,因为经纪公司为了保证合同的履行,倾向于通过高额违约金震慑艺人,以期达到合同的按约履行。演艺经纪合同中高额违约条款比较常见。其有两方面原因,一方面,演艺经纪合同由演艺经纪公司单方提供,艺人没有太多话语权,即使了解合同中不利于己方的条款也无力改变。演艺经纪公司处在一个有利的位置,除了约定一个具体的违约金数额外,基本上不约定违约金的具体计算方式。[②] 另一方面,演艺公司概括性地将违约金和损害赔偿混为一谈,艺人违约解除合同应向经纪公司支付的金额中包括违约金、前期培养艺人的费用以及后续公司的期待利益。

关于违约责任的承担,不仅可以依据合同约定条款确定,亦可根据守约方的实际损失确定。实际损失的确定包括合同履行后可以获得的利益,但不得超过违反合同一方订立合同时预见到或者应当预见到的因违反合同可能造成的损失。

在艺人成名之前,演艺经纪公司往往已经对演艺人员投入大量培训、包装及宣传推广等费用,演艺经纪合同受演员自身发展规律的影响,其主要经济利益往往产生于

---

① 广州市天河区人民法院(2014)穗天法民二初字第4713号。
② 实践中,演艺经纪公司逐渐清楚单纯约定巨额违约金不利于索赔。现阶段的演艺经纪合同违约责任条款趋向于约定违约金计算方式。——笔者注

合同履行期限的后期,为锁定收益防止艺人提前解约,经纪公司通常约定巨额的单方违约金。故一旦演艺人员违约,公司即提出高额的违约金赔偿请求。依照合同法原理,赔偿金适用填平原则。解除合同的赔偿金金额应相当于解约行为给经纪公司造成的直接损失和预期利益损失。直接损失是指经纪公司对艺员进行培训、宣传及其他为其垫付的款项等。该部分有账目可查,主要考虑的是这些实际损失经纪公司是否已经收回,已收回部分则不能重复索赔;预期利益损失的计算依据如具备一定合理性,也通常能够得到审判机构的支持。① 实践中,根据《合同法》第114条第1款:相对于直接约定巨额违约金,约定因违约产生的损失赔偿额的计算方法,更具有可期待性。例如公司对艺人的培养、投入情况,合同解除公司已经为艺人商定的合作的损失情况等。

在案件审理中,演艺人员通常会请求法院依据合同法的相关规定,对高额的违约金提出异议。法院在判决时,则主要考虑双方意思自治,综合考虑合同的签订期限、违约时间、双方履行合同权利义务情况、违约程度、违约行为给一方带来的后果、主观过错程度等诸多因素。

如"张雨绮诉华孚公司其他合同纠纷一案"中,法院基于艺人的违约事实以及双方在合同中约定的"合约因艺人违反有关禁止私自与第三方接洽、缔约的约定而被解约,艺人所要赔偿的金额已有约定,以艺人于合约被终止(解除)前12个月总收入的3倍,或300万港元,则两者金额较高者为最终赔偿金",并考虑艺人在双方合同解除前的实际收入以及经纪公司所尽经纪人义务的具体情况,判令艺人承担违约金300万港元。

2. 直播平台和主播间合同纠纷

为增加主播的违约成本,直播平台往往在合同中约定巨额违约金锁定独家签约主播。当然,依据《合同法》第114条规定,约定的违约金低于造成的损失的,当事人可以请求人民法院或者仲裁机构予以增加;约定的违约金过分高于造成的损失的,当事人可以请求人民法院或者仲裁机构予以适当减少。在主张违约金时,主播抗辩违约金过高,而直播公司很难拿出直接损失证据。随着主播跳槽违约案频发,法院会充分考虑直播行业的特殊性,在认定违约损失时较大程度地参考合作的费用和合同的履行情况,而并不再局限于有直接证据支持的损失。

斗鱼诉董超违约案中,武汉中院认为,斗鱼公司系新型的互联网企业,对于互联网企业,提升访问流量是企业扩大市场份额、实现盈利的重要途径。斗鱼公司的直播平台依靠主播吸引人气获得访问流量,因此主播系斗鱼公司获得流量的核心资源。本案中,从解说合作协议约定了较高的合作费用以及高额的违约金来看,董超系斗鱼公司的优质主播。其不履行在斗鱼公司平台的直播义务,到与该公司存在竞争关系的第三

---

① 蒋凯:《中国音乐著作权管理与诉讼》,知识产权出版社2008年版,第230—231页。

方平台直播,斗鱼公司因直播平台固定受众流失,访问流量降低,发生损失显而易见。如前所述,斗鱼公司并非如传统企业通过生产、贸易、服务等方式直接获取利润,故董超的违约行为导致该公司的损失难以通过直接证据进行计算,但解说合作协议中约定的合作费用可以体现主播的商业价值及协议履行后商业回报的大小。因此合作费用以及协议的履行程度可以作为考量因违约而造成的损失的参考依据。[1]

直播平台公司属于新型的互联网企业,企业的市场份额、盈利通过访问流量实现。签约主播是直播平台吸引人气、获得流量的核心资源。直播平台公司获利模式与传统企业通过生产、贸易、服务等方式直接获取利润不同,主播违约行为导致该公司的损失难以通过直接证据计算。

在实践中,审判机关在按照合同法及相关的司法解释[2]综合考量之后,还会依照直播行业特点考量直播公司对主播所做的宣传与发行推广费用、协议中约定的合作费用、主播的商业价值及协议履行情况。因此,合作费用及协议的履行程度可以作为考量因违约而造成损失的参考依据。

第二节　娱乐侵权纠纷

近年来,随着娱乐产业日益繁荣,以著作权、商标权为核心的数字文化娱乐内容发展迅速。在巨大的潜在经济利益诱惑下,娱乐侵权现象频发,由此引发大量涉及商标、版权、不正当竞争等纠纷,甚至诉讼。本节分别从商标侵权、著作权侵权、不正当竞争等视角讨论娱乐行业侵权纠纷。

一、商标侵权纠纷

近年来,涉网商标侵权案件的数量正逐年递增,尤其是新兴、草创阶段的中小娱乐公司普遍缺乏商标意识,导致自己的商标保护处于"裸奔"状态,被恶意抢注商标的商标猎人"围猎"风险加大;同时,一些创业者为追求短期效益,抓取用户眼球、"搭便车"、赚快钱,不惜采用攀附、模仿他人商标等非法手段开拓市场,并因此陷入商标侵权的泥沼而不自知。这种商标品牌和法律意识的缺乏,也是造成商标侵权纠纷数量普遍增多

---

[1] 武汉市中级人民法院(2017)鄂01民终4576号。
[2] 《合同法》第114条第2款规定,约定的违约金低于造成的损失的,当事人可以请求人民法院或者仲裁机构予以增加;约定的违约金过分高于造成的损失的,当事人可以请求人民法院或者仲裁机构予以适当减少。同时,《最高人民法院关于适用〈中华人民共和国合同法〉若干问题的解释(二)》第29条第1款规定,当事人主张约定的违约金过高请求予以适当减少的,人民法院应当以实际损失为基础,兼顾合同的履行情况、当事人的过错程度以及预期利益等综合因素,根据公平原则和诚实信用原则予以衡量,并做出裁决。

的重要原因。

(一)商标侵权案件的特点

(1)商标侵权案件总体法律问题较为复杂,当事人难以对结果稳定预期。如关键词竞价是否构成商标性使用、App应用名称的服务类别如何判断、团购网站是否尽到注意义务并及时采取必要措施等问题较为专业,对于是否构成侵权、侵权责任如何承担发挥了重要影响,往往需要运用专业司法技术来明确双方权利和行为边界,而双方对此又缺乏笃定的预期,为追求各自利益最大化,互不妥协,宁愿等待判决也不愿通过调解解决问题。

(2)商标指示商品和服务来源,对商业利益及经营策略影响巨大。在网络环境下,商品、服务在全球范围内广泛流通。商标的权属认定、侵权构成、损害赔偿等问题,不仅涉及前期商业投入能否收回、市场占有份额的变化,更涉及双方商业策略的安排及市场和相关公众对双方商誉的是非评价。因此在巨额商业利益的诱惑下,即便发生纠纷,双方亦不会轻易放弃业已占有的商标资源,而更倾向于厮杀到底、背水一战。

(3)网络商标侵权成本低、收益高,经济计算使得当事人愿意"以时间换市场"。网络商标侵权行为的隐蔽性强、成本低,被发现并被追究责任的比例较低,而与之相反,侵权收益却很高。且由于诉讼时间较长,较之调解后需立即停止侵权、赔偿损失而言,侵权者更希望通过时间上的拖延以获取更多的法外利益。这种情况在手机游戏、团购、App侵权等案件中表现得尤其突出,较低的成本和高额的获利预期,使得侵权人不愿调解,更愿意经历一二审而获取侵权红利。这更凸显了网络商标侵权案件中诉前、诉中行为保全的重要性。[1]

(二)商标侵权的构成要件

1. 商标侵权行为具有违法性

即行为人客观上使用注册商标,既没有取得商标权利人的许可,也没有其他法律依据,其行为具有违法性。行为人一开始使用商标时没有取得商标注册人的授权或许可,但事后得到其许可或追认,或者是商标注册人在得知这一情况后不理不问、表示默认,则这种行为不存在违法。

2. 商标侵权行为存在损害事实

商标权是一种无形的知识产权,对其造成的损害结果既可能是有形的物质损害,也可能是无形的经济损失,或者是两者兼而有之。具体可表现为商标权利人的产品销量的下降,利润的减少,因制止侵权而造成生产成本的增加,以及商标信誉度降低、遭

---

[1] 北京市海淀区人民法院课题组:《有关网络商标侵权案件的调研报告》,《中国审判》2016年第20期,第80页。

到消费者投诉等。

3. 商标侵权行为有因果关系

即损害后果是由违法行为直接造成的。这种因果关系具有多样性,有直接的因果关系,如假冒注册商标的行为;也有间接的因果关系,如为侵权行为提供仓储、运输、邮寄、隐匿等便利条件。如果损害结果是由一系列行为所共同造成的,即多因一果的情形,如行为人伪造商标标识、中间人负责运输、销售商销售假冒注册商标的商品,行为实施者均有可能成为侵权人,构成共同商标侵权。

4. 商标侵权行为存在过错

过错包括故意和过失两种。故意是指行为人主观上明知他人的商标已经核准注册自己无权使用,仍在相同或者类似商品上使用与他人注册商标相同或近似的商标;过失是指行为人在主观上应当知道他人的商标已经核准注册的情况下,仍在相同或者类似商品上使用与他人注册商标相同或相近似的商标。

根据中国商标法规定,注册商标的专用权,以核准注册的商标和核定使用的商品/服务为限。未经商标注册人的许可,在同一种商品/服务上使用与其注册商标相同的商标,属于侵犯注册商标专用权的行为;在同一种商品/服务上使用与其注册商标近似的商标,或者在类似商品/服务上使用与其注册商标相同或近似的商标,容易导致混淆的,亦构成侵权。

鉴于商标在商业流通中发挥识别作用的本质,商标法所要保护的,并非仅以注册行为所固化的商标标识本身,而是商标所具有的识别和区分商品/服务来源的功能。我们认为,认定相关标识是否构成商标侵权的关键在于以下几点:(1)是否属于商标性使用;(2)是否与注册商标相同或近似;(3)两者服务是否相同或类似;(4)是否容易引起相关公众的混淆误认。

商标法保护的是商标所具有的识别和区分来源功能,故必须考虑涉案注册商标的显著性与知名度,在确定其保护范围与保护强度的基础上,考虑相关公众混淆、误认的可能性。在"非诚勿扰"商标权纠纷一案[①]中,判断被诉"非诚勿扰"标识是否属于商标性使用,关键在于相关标识的使用是否为了指示相关商品/服务的来源,起到使相关公众区分不同商品/服务的提供者的作用。

(1)江苏电视台对被诉标识的使用是否属于商标性使用

江苏电视台主张其对被诉"非诚勿扰"标识未起到识别来源的作用,不属于商标性使用。对此本院认为,相关标识具有节目名称的属性并不能当然排斥该标识作为商标

---

① 江苏省广播电视总台与金阿欢侵害商标权纠纷一案再审广东省高级人民法院(2016)粤民再447号民事判决书。

的可能性,而被诉标识在电视节目上的显示位置及样式是否固定、使用的同时是否还使用了其他标识,亦非否定被诉标识作为商标性使用的充分理据。判断被诉"非诚勿扰"标识是否属于商标性使用,关键在于相关标识的使用是否为了指示相关商品/服务的来源,起到使相关公众区分不同商品/服务的提供者的作用。

本案中,"非诚勿扰"原是江苏电视台为了区分其台下多个电视栏目而命名的节目名称,但从本案的情况来看,江苏电视台对被诉"非诚勿扰"标识的使用,并非仅仅为概括具体电视节目内容而进行的描述性使用,而是反复多次、大量地在其电视、官网、招商广告、现场宣传等商业活动中单独使用或突出使用,使用方式上具有持续性与连贯性,其中标识更在整体呈现方式上具有一定独特性,这显然超出对节目或者作品内容进行描述性使用所必需的范围和通常认知,具备了区分商品/服务的功能。江苏电视台在播出被诉节目同时标注"江苏卫视"台标的行为,客观上并未改变"非诚勿扰"标识指示来源的作用和功能,反而促使相关公众更加紧密地将"非诚勿扰"标识与江苏电视台下属频道"江苏卫视"相联系。随着该节目持续热播及广告宣传,被诉"非诚勿扰"标识已具有较强显著性,相关公众看到被诉标识,将联想到该电视节目及其提供者江苏电视台下属江苏卫视,客观上起到了指示商品/服务来源的作用。

(2)被诉标识与涉案商标是否相同或近似

该两被诉标识与金阿欢涉案注册商标的显著部分与核心部分均为"非诚勿扰",文字相同,整体结构相似,在自然组成要素上相近似。但客观要素的近似并不等同于商标法意义上的近似。商标法所要保护的,并非仅以注册行为所固化的商标标识本身,而是商标所具有的识别和区分商品/服务来源的功能。如果被诉行为并非使用在相同或类似商品/服务上,或者并未损害涉案注册商标的识别和区分功能,亦未因此导致市场混淆后果的,不应认定构成商标侵权。

(3)服务类别是否相同或类似

对于被诉节目是否与第45类中的"交友服务、婚姻介绍"服务相同或类似,不能仅看其题材或表现形式来简单判定,应当根据商标在商业流通中发挥识别作用的本质,结合相关服务的目的、内容、方式、对象等方面情况并综合相关公众的一般认识,进行综合考量。如前所述,江苏电视台经过长期对《非诚勿扰》节目及标识的宣传和使用,已使社会公众将该标识与被诉节目、江苏电视台下属频道江苏卫视相联系。而这种使用,从相关服务的目的、内容、方式、对象等方面情况来看,正是典型地使用在电视文娱节目上。具体言之,被诉《非诚勿扰》节目系一档以相亲、交友为题材的电视文娱节目,其借助相亲、交友场景中现代未婚男女的言行举止,结合现场点评嘉宾及主持人的评论及引导,通过剪辑编排成电视节目予以播放,使社会公众在娱乐、放松、休闲的同时,了解当今社会交友现象及相关价值观念,引导树立健康向上的婚恋观与人生观。其服务目的在于向社会公众提供旨在娱乐、消遣的文化娱乐节目,凭节目的收视率与关注度获取广告赞助等经济收入;服务的内容和方式为通过电视广播这一特定渠道和大众传媒向社会提供和传播文娱节目;服务对象是不特定的广大电视观众等。而第45类中的"交友服务、婚姻介绍"系为满足特定个人的婚配需求而提供的中介服务,服务目的系通过提供促成婚恋配对的服务来获取经济收入;服务内容和方式通常包括管理相关需求人员信息、提供咨询建议、传递意向信息等中介服务;服务对象为特定的有婚恋需求的未婚男女。故两者无论是在服务目的、内容、方式和对象上均区别明显。以相关公众的一般认知,能够清晰区分电视文娱节目的内容与现实中的婚介服务活动,不会误以为两者具有某种特定联系,两者不构成相同服务或类似服务。

退一步而言,即使如金阿欢所主张,认为江苏电视台提供的被诉《非诚勿扰》节目与"交友服务、婚姻介绍"服务类似,但因被诉行为不会导致相关公众对服务来源产生混淆误认,也不构成商标侵权。如前所述,商标法保护的系商标所具有的识别和区分来源功能,故必须考虑涉案注册商标的显著性与知名度,在确定其保护范围与保护强度的基础上考虑相关公众混淆、误认的可能性。本案中,金阿欢涉案注册商标中的"非诚勿扰"文字本系商贸活动中的常见词汇,用于婚姻介绍服务领域的显著性较低,其亦未经过金阿欢长期、大量的使用而获得后天的显著性。故本案对该注册商标的保护范围和保护强度,应与金阿欢对该商标的显著性和知名度所做出的贡献相符。反观被诉《非诚勿扰》节目,其将"非诚勿扰"作为相亲、交友题材节目的名称具有一定合理性,经过长期热播,作为娱乐、消遣的综艺性文娱电视节目为公众所熟知。即使被诉节目涉及交友方面的内容,相关公众也能够对该服务来源做出清晰区分,不会产生误认和混淆,不构成商标侵权。

综上,虽然被诉"非诚勿扰"标识与金阿欢涉案注册商标在客观要素上相似,但两者用于不同的服务类别,也不会使相关公众产生混淆误认,江苏电视台在电视文娱节目上使用被诉"非诚勿扰"标识,并不构成对金阿欢涉案第7199523号注册商标的侵权。

在判断此类电视节目是否与某一服务类别相同或类似时,不能简单、孤立地将某种表现形式或某一题材内容从整体节目中割裂开来,片面、机械地做出认定,而应当综合考察节目的整体和主要特征,把握其行为本质,做出全面、合理、正确的审查认定,并紧扣商标法宗旨,从相关公众的一般认识出发充分考察被诉行为是否导致混淆误认,恰如其分地做出侵权与否的判断,在维护保障商标权人正当权益与合理维护广播电视行业的繁荣和发展之间取得最佳平衡。

二、著作权侵权行为

著作权的权利范围是法定的,一种利益是否属于著作权法的利益完全取决于著作权法对于著作权权利内容的规定。在此前提下,所有归入《著作权法》第 10 条所规定的方式使用作品的行为对著作权人所造成的损害,均属于对著作权利益造成的损害。除此之外,即便与作品有关,甚至属于直接使用作品的行为,其为使用人带来的利益亦不在著作权法保护的范畴。

著作权法不是万能法,它仅调整基于作品所产生的受著作权法保护的利益,对于无法用著作权法调整的利益,其是否可获得保护,以及如何保护,只能依据其他相关法律规定具体判断,而不能当然地认为应适用著作权法调整。

(一)著作权侵权构成要件

1. 作品是否具有独创性

中国《著作权法实施条例》规定:"作品是指文学、艺术和科学领域内具有独创性并能以某种有形形式复制的智力成果。"可见,独创性是作品受到著作权法保护的必要前提。独创性首先要求该表达系作者独立完成,即表达源于作者;其次要求表达要有创造性,体现出作者的个性。在游戏侵犯著作权案件中,游戏作品整体或元素的独创性越高,越容易受到著作权法的保护,如不具有独创性或由内容性质决定而表达方式有限,则不能或很难受到著作权法的保护。

2. 侵权人是否曾接触过作品

判断被诉行为是否侵犯权利人的著作权,通常需要满足接触和实质性相似两个要件。所谓接触,是指被诉侵权人有机会接触、了解或者感受到权利人享有著作权的作品。在实践中,接触可以是一种推定行为。权利人的作品通过刊登、展览、广播、表演、放映等方式公开,可以视为将作品公之于众,是发表行为的一种形式;被诉侵权人依据社会通常情况具有获知权利人作品的机会和可能,可以被推定为接触。

在琼瑶诉于正侵权案中,法院认定根据剧本《梅花烙》拍摄的电视剧《梅花烙》早已在中国大陆地区公开播放,电视剧《梅花烙》是对剧本《梅花烙》内容的视听化。比对陈喆提供的剧本《梅花烙》打印文本所载内容与电视剧《梅花烙》内容,两者高度一致,相关公众通过观看电视剧《梅花烙》即可获知剧本《梅花烙》的内容,尤其是结合陈喆在本院诉讼中提交的证据,于正微博中的表述清楚地表明其观看过电视剧《梅花烙》,由此更可以印证于正已经知悉电视剧《梅花烙》的内容。因此,电视剧《梅花烙》的公开播放可以视为剧本《梅花烙》的发表,并可据此推定于正、湖南经视公司、东阳欢娱公司、万达公司、东阳星瑞公司接触了剧本《梅花烙》。①

3. 实质性相似

著作权的客体是作品,但并非作品中的任何要素都受到著作权法的保护,思想与表达二分法是区分作品中受保护的要素和不受保护的要素的基本原则,其内涵是著作权法保护思想的表达而不保护思想本身。若被诉侵权作品与权利人的作品构成实质性相似,应当是表达构成实质性相似。表达不仅指文字、色彩、线条等符号的最终形式,当作品的内容被用于体现作者的思想、情感时,内容也属于受著作权法保护的表达,但创意、素材或公有领域的信息、创作形式、必要场景和唯一或有限表达则被排除在著作权法的保护范围之外。判断是否构成实质性相似时,需首先判断权利人主张的作品要素是否属于著作权法保护的表达。

(1)思想与表达二分法

首先应予明确的是著作权法所保护的是原创性的智力成果所形成的表达,而不保护表达所反映的思想或事实。作品之思想可以采取不同的表达方式。所谓思想,是作者对概念的理解、审美思想和个人观点的融合。思想只有通过"表达"才能为人所知,但新思想的传播会促进社会整体的进步和发展,因此从利益平衡角度考虑,思想不应得到保护。著作权法一直贯彻"思想表达二分法",对于抽象、难以固定的思想并不提供保护。

实践中,思想与表达界线难以划分并没有统一标准。在司法实践中,权衡思想与表达之标准,法官主要利用"整体到具体法"识别,即如某内容在整体上仅限于一般性、概括的叙事,则不足以成为表达,如该内容具体到足以让人感知作品的来源,并能对其与作者之间的构思产生特定联想,则足以成为表达。②

文学作品的表达不仅表现为文字性的表达,也包括文字所表述的故事内容,但人物设置及其相互的关系,以及由具体事件的发生、发展和先后顺序等构成的情节,只有具体到一定程度,即文学作品的情节选择、结构安排、情节推进设计反映出作者独特的选择、判断、取舍,才能成为著作权法保护的表达。如时间、地点、人物、事件起因、经过、结果等细节,则可以成为著作权法保护的表达,且不属于唯一或有限表达以及公知领域的素材。对于人物关系和人物设置,应对人物与情节的相互结合互动形成的表达比对。如果事件次序和人物互动均来源于在先权利作品,则构成实质性相似。

在琼瑶诉于正案中,原审法院对于人物设置和人物关系的相关认定,均系结合人物与情节的互动及情节的推进来比对的,并进而在构成表达的层面对两部作品比对。

---

① 琼瑶诉于正侵权案,(2015)北京市高级人民法院京民终字315号判决书。
② 左海峰:《著作权中思想与表达的区分方法及其适用》,《吉林工商学院学报》2016年第1期。

虽然剧本《宫锁连城》中的人物设置更为丰富,故事线索更为复杂,但由于其包含了剧本《梅花烙》的主要人物设置和人物关系,故原审法院认定剧本《宫锁连城》的人物设置和人物关系是在涉案作品的基础上进行改编及再创作。

文学作品的情节的前后衔接、逻辑顺序将全部情节紧密贯穿为完整的个性化表达,这种足够具体的人物设置、情节结构、内在逻辑关系的有机结合体可以成为著作权法保护的表达。如果被诉侵权作品中包含足够具体的表达,且这种紧密贯穿的情节设置在被诉侵权作品中达到一定数量、比例,可以认定为构成实质性相似;或者被诉侵权作品中包含的紧密贯穿的情节设置已经占到了权利作品足够的比例,即使其在被诉侵权作品中所占比例不大,也足以使受众感知到来源于特定作品时,可以认定为构成实质性相似。

(2) 创意不受著作权法保护

一般认为,创意属于思想范畴,无法得到著作权法的保护,即模仿者是以完全不同的表达方式体现创意,则无法构成著作权意义上的侵权。如两部游戏如果仅是规则、玩法、题材大致相同,并不一定构成侵权,侵权的认定需要全面分析比对游戏的内容及表达。由于创意属于思想的范畴,而表达方式有时又是有限的,因此法院会非常谨慎地分析相同表达是否因思想的相同、表达方式的有限而产生。如在暴风公司诉上海游易著作权侵权及不正当竞争纠纷一案(以下简称炉石传说案)中,法院认定游戏中卡牌与套牌的组合系思想,拒绝给予著作权法上的保护。[1]

4. 侵权人的抗辩理由

中国《著作权法》第 22 条中规定了合理使用的 12 种情形,当事人主要援引该条中第二项"为介绍、评论某一作品或者说明某一问题,在作品中适当引用他人已经发表的作品"。对此应从以下几个方面考量:(1)对公有领域信息的吸收与使用不构成侵权。大型游戏场景多、人物情节和对话数量繁多且复杂,为保障创作者的自由,应允许创作者对事实信息的吸取与使用,对事实信息的使用具有合法性与正当性,否则将会不适当地扩大著作权的保护范围,并可能损害创作者对公有信息的使用,给创作造成困难。而如何确定相关信息系公有领域的信息应当由抗辩方举证证明,如其不能举证,则承担不利后果。(2)使用的性质和目的并非单纯地再现原作本身,而是利用原作的艺术价值。(3)对原作的使用不构成影响。美国版权法中认定合理使用应当考虑的四个要素之一是"转换性使用",指对原作品的使用并非为了单纯地再现原作品本身的文学、艺术价值或者实现其内在功能或目的,而是通过增加新的美学内容、新的视角、新的理念或者通过其他方式,使原作品在被使用中具有了新的价值、功能或性质,从而改变了

---

[1] 参见上海市第一中级人民法院(2014)沪一中民(知)初字第 22 号民事判决节。

原先的功能或目的。美国 1976 年《版权法》第 107 条规定了"合理使用"的"一般范围",即以评论、注释、新闻报道、教学(包括教学复制)、学术与研究为限。第三款为法官确定合理使用范围提供了四项事实依据:(1)使用的目的与性质——商业性或非营利教学目的;(2)版权作品的性质;(3)版权作品作为一个整体来看,被使用的篇幅及实质性内容;(4)对版权作品潜在市场及价值的影响。中国司法实践中对此加以借鉴,如在"全民武侠"一案中,法院认为该游戏使用与涉案 11 部小说相同或相似的装备、武功、人物、情节的数量较大,超出合理使用的范围,构成对小说内容的改编。

三、不正当竞争

不正当竞争是指经营者违反本法规定,损害其他经营者的合法权益,扰乱社会经济秩序的行为。① 不正当竞争行为本质上违反了市场交易中的基本原则,如交易的平等、公平、诚实信用等,从而也违反商业道德。

由于著作权法的局限性、思想与表达区分难度大、相关权利的保护规则不够明晰等原因,原告为确保能够得到胜诉判决,常常采取将侵犯著作权与侵犯商标权、不正当竞争等案由放在同一诉讼中,作为预备案由或并行案由主张的诉讼策略。这一方面是为了规避著作权侵权举证难度大、判赔额较低、侵权认定难等困难;另一方面,在权利人有关著作权、商标权侵权的主张无法获得支持的情况下,其还可依据反不正当竞争法的兜底规定,通过法定保护形式获得法院的部分胜诉判决。②

现阶段娱乐行业侵权手段呈现出多样化、复杂化、隐蔽性强等新特点。以游戏娱乐产业为例,现行游戏侵权行为从最初简单的抄袭、照搬源代码,发展到现在更高级、复杂的重写源代码、换皮、变换表达方式、IP 山寨搭便车,相关权利人经常面临举证困难、著作权或商标侵权构成难满足等客观障碍。以侵害商标专有权而言,首先需要确定的是被告在其游戏上的使用是否属于"商标意义上的使用",然后再判断是否在相同、类似商品或服务上使用相同或类似商标,是否会造成用户混淆。在不少案件中,由于被告的使用方式并非标明商品或服务来源的"商标意义上的使用",而是说明、指示游戏内容的名称意义上的使用,从上市时间等因素考虑难以造成游戏用户的"混淆",导致原告商标侵权的诉由难以成立。另外,由于游戏权利人可能未将游戏名称、主要人物名称等进行商标注册,山寨游戏开发商又经常将商标与其他游戏中的知名元素一

---

① 《中华人民共和国反不正当竞争法》(简称《反不正当竞争法》)第 2 条规定,"经营者在市场交易中,应当遵循自愿、平等、公平、诚实信用的原则,遵守公认的商业道德。本法所称的不正当竞争,是指经营者违反本法规定,损害其他经营者的合法权益,扰乱社会经济秩序的行为。"

② 《关于网络游戏侵犯知识产权案件的调研报告(上)》,http://www.zwjkey.com/onews.asp?ID=17965,最后访问日期:2019 年 9 月 27 日。

起使用，如权利人仅通过商标侵权的维权路径，难以有效保护其合法权利。再者，商标侵权案件中，法院一般仅会判决被告赔偿经济损失、消除影响、停止使用商标或关键词推广等侵权行为，而不会勒令整个游戏停止运营，救济力度并不大。而主张著作权侵权首先需要判断是否构成"接触＋实质性相似"。对实质性相似性的判断由于现在的游戏侵权已改变了之前"直接拿来主义"的做法，一般都会进行简单修改甚至改头换面，使得被告的游戏名称、人物形象、技能装备、背景场景等与权利人的作品或游戏存在一定差别，产生比对上认定"实质性相似"的困难。在游戏侵犯改编权的案件中，更是存在情节、人物关系、场景描写等相似在"数量"上的要求，及需要排除合理使用的情形，这导致对改编的认定非常困难。同时，著作权法仅保护表达不保护思想，这导致游戏规则、游戏名称、人物名称、装备技能名称等通常无法受到著作权法的保护。而考虑到游戏也是一种文化市场上的特殊商品或服务，通过反不正当竞争法作为兜底保护，进行游戏规则、人物形象、装备技能等多元素的整体考察、竞争分析，考虑原告付出的创造性努力，法官比较容易得出被告使用他人作品是为了"搭便车"造成游戏消费者误认、混淆，从而瓜分市场、争夺商业机会的结论。通过主张被告行为构成不正当竞争，因被告存在"搭便车"、虚假宣传等行为，举证上更加简便，胜算可能性更大。因此通过反不正当竞争法来保护权益的诉讼策略越来越受到原告的青睐，成为他们的经常性或替代性选择。

反不正当竞争法中并未规定任何法定权利，其强调的是对违反诚实信用原则的不正当竞争行为的禁止，以及对良好竞争秩序的维护。因此，此类案件并不涉及权利范围的确定，不需要首先判断被诉行为是否落入原告权利范围，而更多着眼于被诉行为本身的正当性，强调被告的主观恶意。

(一)不正当竞争构成要件

1. 主体层面：原被告构成竞争关系

《反不正当竞争法》禁止经营者的不正当竞争行为，保护合法经营者的利益。该法第2条第3款规定："本法所称的经营者，是指从事商品经营或者营利性服务(以下所称商品包括服务)的法人、其他经济组织和个人。"实践中，只要行为主体从事经营活动，无论其是否具备相应的法律主体资格，都属于经营者的范畴。在司法实践中，竞争关系的认定出现了由狭义的同业竞争关系向广义的竞争关系演进的过程。换言之，即便竞争者并非同一行业、竞争者的服务不具有同质性，如果二者在市场竞争中存在一定的交叉或关联，也可以从广义上认定其具有竞争关系。

在互联网市场中，竞争的本质是通过竞争策略影响消费者的决策进而争取更多的交易机会。许多互联网经营者看似经营领域完全不同，但其经营的商品或者提供的服务存在交叉或关联关系，就应该判定其具有广义上的竞争关系。竞争关系必须以竞争主体为夺取市场中的优势地位、获取经济利益为目的,而不正当竞争行为最终不当干扰,甚至破坏了其他经营网站的商业运作模式,削弱其竞争力,最终损害的是其他经营者的利益及良性市场秩序。如果行为本身不以获取经济利益为目的,也就不能判定其构成竞争关系。

2. 行为层面:构成不正当竞争行为的相关事实

(1)原告具有合法权益可诉诸法律保护

反不正当竞争法所禁止的是不当干扰了其他经营者,影响了其他经营者正当经营利益,损害其获得合法收益的商业模式。判断商业模式是否具有正当性,需要结合具体行业公认标准和通行惯例认定。

在市场经营活动中,相关行业协会或者自律组织为规范特定领域的竞争行为和维护竞争秩序,有时会结合其行业特点和竞争需求,在总结归纳其行业内竞争现象的基础上,以自律公约等形式制定行业内的从业规范,以约束行业内的企业行为或为其提供行为指引。这些行业性规范常常反映和体现行业内的公认商业道德和行为标准,往往成为人民法院发现和认定行业惯常行为标准和公认商业道德的重要渊源之一。换言之,只要商业模式不违反反不正当竞争法的原则精神和禁止性规定,经营者以此谋求商业利益的行为即应受到保护,他人不得以不正当干扰方式损害其正当权益。任何经营者以用户需要为借口,利用自己的角色优势,任意评判其他经营者经营模式的优劣,不当干扰乃至破坏其他经营者的正常经营模式的,均构成不正当竞争。

(2)被告是否有不正当竞争行为

网络环境下的仿冒、虚假宣传、侵犯商业秘密、商业诋毁等各类具体的不正当竞争行为由于有类型化条款规定行为特点和构成要件,因此一般较容易判断被告行为是否落入类型化条款的规制范围。对于只能适用一般条款(指《反不正当竞争法》第2条)判断的被告行为是否构成不正当竞争,需要结合个案分析。

(3)原告的实际损害

对于被诉行为是否具有不正当性需结合各种因素来认定,其中被告获益和原告损失因素对被诉行为正当性的认定产生重要影响。查明获益和损失情况,需要充分查明经营者的市场规模、经营业绩。比如,温瑞安诉玩蟹公司关于《大掌门》游戏侵犯著作权及不正当竞争一案中,原告主张被告"搭便车",将被告游戏借原告"四大名捕"小说之名在各大平台推广宣传,构成虚假宣传。但法院发现这些文章署名非被告,也未在被告网站和平台上发布,在被告否认的情况下,无法直接推断为被告的行为,最后并未支持此项诉讼请求。此类情形在各种网络游戏案件以及社交软件案件中尤为突出。

3. 因果关系层面:不正当竞争行为与损害结果之间是否存在因果关系

在不正当竞争纠纷中,只有被告所实施的不正当竞争行为危及原告提供的竞争产品或服务时，才有制止被告行为的必要。因此，在司法实践中，对被告的行为是否导致原告无法公平地从事竞争行为并获得利益，就是应当审查的重点。

在华旗公司诉光线传媒、徐峥一案中，就《人再囧途之泰囧》的行为是否构成了不正当竞争[①]，法院审理认为："人在囧途"与"人再囧途之泰囧"这两个名称的含义确有近似，而且前者在放映后获得了良好的评价和商业声誉，现在也已着手筹拍《人在囧途2》。徐峥在退出后另行筹拍后者，并在制作、发行、宣传期间，其相关人员多次提及是前者的"升级版"，并在各种媒体上大肆宣传，利用了前者的在线商誉，损害了华旗公司的商业利益，违背了公认的商业道德，构成虚假宣传的不正当竞争。

(二)赔偿数额的认定

赔偿数额确定一直都是娱乐行业案件的难点，原因在于这里涉及侵权法上的解决与反不正当竞争解决的竞合问题。根据《反不正当竞争法司法解释》第17条的规定，类型化的仿冒、虚假宣传、商业诋毁行为等不正当竞争行为的损害赔偿额，可以参照商标侵权的损害赔偿额的方法计算，但对于适用一般的不正当竞争行为，其赔偿额的计算方式则依据《反不正当竞争法》第20条，根据经营者的损失或侵权人的获利酌定。

根据著作权法及商标法的规定，侵犯他人著作权、商标权的，主要有以下三种损害赔偿计算方法：一是通过权利人实际损失计算；二是在实际损失难以计算的前提下按照侵权人违法所得给予赔偿；三是以上两种都不能确定的，由人民法院适用法定赔偿。涉及商标侵权的，还可参照商标许可使用费的倍数合理确定。

第一种方式：按照权利人实际损失确定赔偿数额。通过此种方法确定赔额，对权利人即原告的举证要求较高。知识产权的判赔额度不高是老问题，权利人的举证不利也是导致判赔数额较低的重要原因之一。在具体案件中，权利人可能向法院提供被告侵权游戏上线或者开服后己方被侵权游戏营业收入减少的证据，但是被告往往会通过抗辩该证据不具有真实性，特别是在原告提出巨额赔偿时，法院也很难凭借一份孤立的证据就认定权利人的实际损失，最后不得不又适用法定赔偿，使得权利人的利益不能受到充分的保障。同时，根据商标法规定，赔付金额还可参照商标许可使用费的倍数合理确定，这一方法也可适用于著作权侵权案件，权利人可以就自己获得授权或授权他人的许可费用举证（一般可提供与他方签订的授权许可使用协议等），将其作为己方损失的一种形式，依据许可使用费来确定赔偿数额。

第二种方式：按照侵权人违法所得确定赔额。权利人也可尽力举证证明侵权人的违法所得。另外，权利人也可使用与侵权方类似规模或者类似运营状况的主体的经营情况作为证明侵权方违法所得的参考依据。若权利人的举证涉及侵权人的财务账册、

[①] 中华人民共和国最高人民法院(2015)民三终字第4号民事判决书。

财务数据、产品库存量等由侵权人持有的证据,法院可按照最高人民法院《关于民事诉讼证据的若干规定》第 75 条规定及《商标法》第 63 条第 2 款规定,要求侵权方提供相应证据,若侵权方不提供相应证据或者提交了不完整或者虚假的证据时,应当推定权利人主张的赔偿数额成立。

在具体案件中,容易出现侵权方不愿意提供相关证据证明己方损失的情形。原因在于根据最高法《关于办理侵犯知识产权刑事案件具体应用法律若干问题的解释》规定,非法经营额 5 万元以上或者违法所得 3 万元以上就会受到刑事处罚,由此导致即使权利人主张侵权方违法所得数额大于 3 万元,但是为了规避犯罪风险,侵权方一般不会自证其违法所得超过 3 万元或者认可原告提供的证据。《商标法》第 63 条与刑事追诉条款的并存,必然导致在商标侵权案件中很难按照侵权人违法所得确定赔偿额的结果。此外,在确定侵权人违法所得时,还应当考虑适用"禁反言"原则。若侵权人在推广或者宣传过程中向公众宣传己方获利情况或者运营规模等状况,权利人以此作为证据证明侵权方违法所得的,除非侵权人有充分、有效的证据推翻其在先言论,否则,法院应当对权利人提出的证据予以采纳。

第三种方式:适用法定赔偿。现行法律规定的法定赔偿额度(《著作权法》规定的上限是 50 万元,《商标法》规定的上限为 300 万元)相比投入成本来说过低,一般来说,若权利人的实际损失难以查明,但有证据证明该损失明显超过法定赔偿最高限额的,可以在法定最高限额以上合理确定赔偿额。适用法定赔偿,也要求当事人对被侵权作品的相关问题举证,如知名度(例如涉案游戏的报道、游戏获奖情况、行业排名等证据)、是否支付巨额版权费、侵权方经营规模、侵权方侵权时间长短和主观过错程度等。

目前,不正当竞争案件的赔偿方式参照著作权和商标案件,但由于不正当竞争案件极具个性化,因此赔偿标准在司法实践中需要根据每个案件的具体情况确定。不正当竞争行为导致损失的数额很难量化,这就需要专业人士花很多的时间收集各种证据,依据行业特点充分论证说明主张赔偿数额的合理性等问题。

在"奇迹 MU"一案[①]中,基于原告对网络游戏高收入背景及原告授权第三方授权金标准等的初步举证,法院认定被告行为必然给原告造成损失。由于原告实际损失及被告侵权获利均不能确定,法院以二被告侵犯著作权行为造成的损失为基础,结合不正当竞争行为所造成的损失,综合考虑以下因素:(1)原告游戏的商业价值和知名度较高;(2)被告明知原告游戏具有较高知名度,仍大量抄袭原告游戏画面,使用与原告游戏名称相似的名称,并捆绑原告游戏进行宣传,主观故意明显,侵权行为较为全面;

[①] 上海耀宇文化传媒有限公司与广州斗鱼网络科技有限公司侵害著作权纠纷、不正当竞争纠纷一审民事判决书,(2015)浦民三(知)初字第 529 号民事判决书。

(3)被告游戏通过玩家充值获利,开服数量较多,且在原告起诉后仍继续实施侵权行为、增开新服务器,主观故意明显,侵权造成的影响范围继续扩大;(4)原告许可案外人将《奇迹MU》改编为网页游戏,虽在使用方式、使用时间等方面与二被告行为不同,但可在考虑不同的基础上参考许可费确定赔偿数额。根据原告实际从对外授权中所获得的经济利益,可以证明两被告的涉案侵权行为给原告造成的损失已超过了法定赔偿的最高限额。[①]

从奇迹MU案的判决理由,可知法院做出以上判赔数额并非纯粹的"拍脑门"酌定,而是建立在原告对被告侵权行为危害性、主观恶意、获利可能、许可费等方面的有力举证,以及法官对举证责任的正确分配上。原告应尽力提供有助于证明损失、非法获利情况的证据,其可通过审计、鉴定等方式确定其自身的损失,也可通过向法庭提交具体的计算方式、参考因素等方式完成对损失的初步举证。对于与侵权行为相关的账簿、游戏流水分成记录等主要由侵权人掌握的证据,法官可责令侵权人在限期内提供。对于被告,法院通过有效的证据开示程序,合理加大其证据披露义务,如其拒不提供,则应做不利推定;对被告仅做简单否认而未提供任何反证或有力反驳理由,而原告能够合理说明赔偿计算方式合理依据的,应直接支持原告的合理诉求。如果被告拒不提供或提供虚假、不全面的账簿、分成资料,则法院应根据《最高人民法院关于民事诉讼证据的若干规定》第75条"有证据证明一方当事人持有证据无正当理由拒不提供,如果对方当事人主张该证据的内容不利于证据持有人,可以推定该主张成立"的规定,参考权利人的主张和证据,综合考虑各种影响性因素,对损害赔偿数额做出酌定。[②]

第三节 盗版及其解决

一、传统出版业盗版

当前,各种类型的图书,从教材教辅、工具书,到畅销榜上的常客均有盗版存在,甚至有知名网站公开售卖盗版书籍。当当、亚马逊、京东均售六折以上的图书,拼多多却两折在售,而出版社却表示事先毫不知情。[③] 随着技术的进步,高精仿盗版书几乎与

[①] 被告广州斗鱼网络科技有限公司赔偿原告上海耀宇文化传媒有限公司经济损失人民币100万元和维权的合理开支人民币10万元,合计人民币110万元。

[②] 《停止侵权、损害赔偿的具体承担方式—网络侵权系列之五》,http://www.360doc.com/content/17/0428/23/542605_649478310.shtml,最后访问日期:2020年1月14日。

[③] 《盗版侵权屡禁不止 拼多多陷入与出版社车轮大战》https://baijiahao.baidu.com/s?id=1610077322628185510&wfr=spider&for=pc,最后访问日期:2020年1月14日。

正版没有差异,高精仿盗版书的纸张质量甚至超过正版。随着市场的不断发展,盗版书商愈发专业,甚至有些盗版书商也拥有专门的宣传策划团队和编辑团队。

伴随数字出版浪潮的发展,盗版书已不局限于盗版印刷;除了三大运营商及正规阅读类App,各种云盘、博客中的未授权复制分发严格说来都属于盗版。盗版书也产生了一种新形态,即电子书盗版。这种盗版形式借助网络传播,比纸质书的盗版成本更低,打击难度更大。以盗版网络文学为例,当正规文学网站开始付费阅读时,盗版电子书网站以免费吸引用户群体,虽然其网站大多制作粗劣,骚扰广告不时自动弹出,但在免费诱惑下仍有数目可观的用户群体访问阅读。

虽然正规文学网站采取文字阅读页面插入java语言、通过编程手段禁止用户复制文字内容等措施来预防盗版,但盗版商依靠网友扫描自制、软件破解加密、人工手动录入文档等方式,几乎与正版付费网站同步更新。艾瑞咨询给出的数据显示,2015年盗版给网络文学带来的损失高达79.7亿元,其中移动端付费阅读收入损失达43.6亿元。2016年损失为79.8亿元,其中移动端付费阅读收入损失达50.2亿元。与2015年相比,2016年移动端用户阅读盗版网络文学的渠道变化以搜索引擎的显著增长为主,增长幅度在8%左右,而盗版网络文学App的渠道上升也十分明显。一些公司或个人打着"技术中立"和"避风港原则"的旗号,通过聚合器阅读App和"移动转码技术"直接向用户提供盗版网络文学内容。还有用户表示,自己遇到过在盗版网络App上也需要付费才能阅读相关内容的情况,这给网络文学版权保护工作带来了巨大的挑战。[①]

盗版产生原因有以下几种:

1. 高额利益驱动

盗版书之所以泛滥成灾,根本原因是利益驱动。在盗版产业链中,盗版书商、印刷厂、物流公司、图书批发商和零售商、购买者等都是盗版的参与者,也是利益相关方。盗版书商无需支付作者版权费用,没有税收,其制作成本仅为纸张费、印制费,有些盗版书一折售卖甚至按斤计价。出版业低迷和图书市场竞争激烈等因素导致出版行业利润低,有些印刷厂、图书批发商及零售商或多或少通过兼售盗版盈利;部分图书消费者认为只要不影响阅读,价格当然越低越好——这些都导致了盗版书的大行其道。[②]

2. 违法成本低

盗版书泛滥的另外一个原因是违法成本较小。根据中国《刑法》第217条规定:

[①] 《艾瑞咨询发布〈中国网络文学版权,保护白皮书〉》http://www.chinawriter.com.cn/n1/2017/0629/c404023-29371710.html,最后访问日期,2018年9月23日。

[②] 《盗版:出版业的"沉疴"》,http://www.360doc.com/content/16/0806/07/7694270_581153590.shtml,最后访问日期:2019年9月19日。

"以营利为目的,有下列侵犯著作权情形之一,违法所得数额较大或者有其他严重情节的,处三年以下有期徒刑或者拘役,并处或者单处罚金;违法所得数额巨大或者有其他特别严重情节的,处三年以上七年以下有期徒刑,并处罚金。"但由于对于盗版所得的非法收入难以计算,往往只能对盗版书的销售者行政处罚,造成销售盗版书违法成本极低而利润巨大。各出版社打击盗版的力度和决心都不小,维权诉讼成本过高,耗费大量人力物力但成效甚微。[1]

国家相关部门不断加大对盗版的打击力度,2010年起开展"剑网行动"以来,盗版之风得到有效遏制。2014年剑网专项行动共查处各类盗版侵权案件440起,移送司法机关66起,罚款人民币352万余元,关闭网站750家。在广东"3·24"网络批销盗版图书案中,专案组抓获了多名销售商和供货商,共计打掉8家黑仓库、4家物流公司、1家网络销售点,收缴盗版书500余种、15万余册……针对网络盗版,国家版权局通知要求网盘服务商应主动屏蔽、移除侵权作品,防止用户违法上传、存储并分享他人作品。严格网盘监管,打击盗版。

行政、民事、刑事综合运用的维权模式。盗版存在的根源在于市场需求,消费者缺乏尊重版权的意识。因此,有必要培育读者的版权观念,引导读者树立正确的消费观。

二、数字版权与盗版

数字版权与盗版问题一直是纠纷频繁发生的领域,游戏、音乐、网剧等领域都是盗版维权的"重灾区"。

(一)数字版权盗版现状

1. 音乐盗版

与全球的音乐产业生态相似,中国的音乐产业也在服务提供商环节分成三条子产业链:唱片音乐链、音乐版权链、音乐演出链。发达国家音乐产业主要收益来源于音乐版权,日本和韩国占比分别为70%和90%,中国音乐版权方每年收益仅占音乐行业产值的2%左右。[2] 由于音乐版权饱受盗版侵害,音乐演出链反而成为支撑整个中国音乐产业的最主要盈利来源。

从全球的经验来看,音乐唱片和音乐版权是整个音乐产业中市场集中度最高、影响力最大的产业链条。全球影响力的大型跨国音乐公司和音乐分发渠道的"新贵",都集中在这两个链条当中。音乐演出本身既不参与创作音乐作品,也不参与制造音乐明

---

[1] 周贺:《盗版:出版业的"沉疴"!》,《出版商务周报》2015年10月26日。
[2] 天星研究:《音乐产业破茧重生,拥抱亿元新声态(上)》,https://mp.weixin.qq.com/s?__biz=MjM5ODA1MTE2NQ%3D%3D&idx=1&mid=2652741900&sn=404315374a7f1fb349f116a1466bf802,最后访问日期:2019年9月19日。

星,在很大程度上只是在原有基础上的再消费。从数据上看中国音乐产业规模,2013年实体唱片加数字音乐行业总规模为447.2亿元。如果按照国际通行的统计标准,不将电信运营商的流量费用计入音乐产业收入,这一数字将大幅减少到50.7亿元。相比之下,环球唱片一家2013年的营收就达到48.6亿欧元,约合人民币398.5亿元,几乎相当于整个中国唱片业行业收入总和的7.9倍。[①]

就盗版的危害而言,如果说盗版可能毁了中国音乐,这种论断并不夸张。原因在于盗版直接影响原创,没有原创就没有新的作品。在这个意义上,盗版毁掉中国音乐一点也不为过。面对盗版的侵害,盗版产品对于C2C型独立音乐的冲击较B2C型唱片公司模式更大。大的唱片公司往往兼营经纪业务,可以通过演出等其他渠道交叉补贴亏损的音乐制作业务。在反盗版音乐的斗争中,独立音乐人往往束手无策。可以说盗版对独立音乐的挤压,伤及音乐创作创新的根本。这很可能是盗版音乐猖獗的国家和地区难以出现具有国际影响力的音乐、音乐人、唱片公司的重要原因。

造成盗版音乐产品在国内的泛滥的原因大致有两类:一类是经济性因素。相对于基础设施等外在的硬件条件,法律制度、消费习惯的改变有较大难度。此外,音乐产品是典型的信息产品,复制成本低、创作成本高,高度依赖社会大环境的改善来抑制盗版滋生。另一类是制度因素。音乐版权保护机制不完善,反盗版的途径主要有二,其一是诉讼;其二是行政处罚。音乐侵权举证较难,赔偿数额较低,诉讼维权成本高导致得不偿失。行政处罚的执行效率较高,但是目前行政处罚的最高限额是25万元,相对于盗版所带来的丰厚的非法所得,处罚力度明显不足,因而,行政处罚尚难以有效遏制盗版。

音乐版权保护已成为全社会共识。2015年7月9日,国家版权局通知要求网络音乐服务商在2015年7月31日之前下线所有未经授权的音乐作品;对7月31日后继续传播盗版音乐的行为,将依法从严查处;涉嫌构成犯罪的,移送司法机关追究刑事责任;对传播侵权盗版音乐作品的无备案网站,协调通信主管部门予以关闭。据数据显示,截至2015年7月31日,16家直接提供内容的网络音乐服务商主动下线未经授权音乐作品达220余万首。[②]

2. 影视剧盗版

电影市场化以来,在正规发行渠道之外,利益驱使的"地下院线"从来没有放过任何一种榨取黑钱的手段。从风靡一时的录像厅、现已绝迹的VCD、逐渐失宠的DVD,

---

[①] 腾讯研究院:《2015年音乐产业发展报告》,http://www.199it.com/archives/342243.html,最后访问时间:2018年9月10日。

[②] 国家版权局于2015年7月8日下发《关于责令网络音乐服务商停止未经授权传播音乐作品的通知》,要求各网络音乐服务商应于7月31日前将未经授权传播的音乐作品全部下线。

到时下流行的云端存储、互联网机顶盒以及 P2P 交互平台，花样翻新的盗版影视生产、传播、销售黑产业链一直侵害着中国影视产业。尽管政府机构、行业组织、电影企业始终致力于打击电影盗版，但无奈侵权主体数量庞大、盗版生意无孔不入，使得侵犯电影著作权的行为难以得到明显抑制。

在数字媒体时代，BAT 等视频网站的热门影视剧和综艺节目成为网站争取访问流量的核心资源，用户观看需要充值购买 VIP 会员。然而影视盗版资源通过各种社交平台大肆传播，各大影视剧制作方深受其害。《陈二狗的妖孽人生》制片人潘飞宇描述，该剧在腾讯视频上线不到一个小时，该剧贴吧中就有超过 50 页盗版链接。[①] 相较于一些大制作影视剧，纯网剧收益直接与网剧的播放量和付费用户的增量挂钩，盗版对纯网剧伤害显而易见。

电影出品方亦深受盗版危害。业界评分极高的黑马电影《湄公河行动》上映首日便有大量网络盗版资源流出。《湄公河》损失的票房高达 3 亿～5 亿元。而对一些上映日期早于国内的好莱坞引进大片而言，高清资源在上映前便已经流出早已是常态，《你的名字》《萨利机长》《佩小姐的奇幻城堡》《神奇动物在哪里》等影片无一不面临被盗版"截胡"票房的窘境。

在第四届中国互联网新型版权问题研讨会上，腾讯研究院给出了一组数据：根据科学测算，网络视频盗版引发的直接损失为 21.0 亿元，间接损失高达 130.3 亿元，合计 151.3 亿元；盗版引发的损失已超过行业市场规模的 35%，其数额超过"广告＋视频增值"收入的 50%。[②]

3. 游戏盗版

现在中国的游戏市场相比原来受到更多重视，2015 年游戏市场规模达到 222 亿美元（约 1 420 亿元人民币），正式超越美国，成为全球最大的游戏市场。与之相对应的是，软件盗版也更加猖獗。

盗版游戏问题一直都是游戏厂商的心头之患。一款游戏成为热门必然面临"山寨"盗版的爆发。游戏盗版商破解或者盗用抄袭游戏美术素材或游戏玩法，然后再次打包压缩、插入广告后在新的平台上线。游戏盗版商伪造相关证书，使得各种破解版游戏、山寨游戏、侵权游戏通过应用市场网站审核。应用平台方对此并无有效监管规则，网站平台只对证明材料开展形式审核，盗版游戏得以顺利上线。在这种模式下，平

[①] 《〈陈二狗的妖孽人生〉开播，腾讯视频独播剧如何在电视上观看》，见 http://www.tvhome.com/article/31331.html，最后访问日期：2019 年 9 月 19 日。

[②] 《盗版影视剧资源流出事件层出不穷，竟已形成产业链》，https://mp.weixin.qq.com/s?__biz=MjM5NjEyOTM3MQ%3D%3D&idx=3&mid=2649825239&sn=efaedf5b1e3944ab5ebe1c54d0ac14f4，最后访问日期：2019 年 9 月 19 日。

台方获得访问流量,盗版开发商获得暴利。

当前盗版游戏的传播更加隐蔽,网盘、贴吧、淘宝店铺成为主要传播渠道。对于大多数中小厂商而言,诉诸法律需要大量的时间精力以及成本负担,而一般加密手段面对破解软件则形同虚设。目前业内有效防治游戏盗版的方法是 Denuvo 加密或要求游戏时刻在线,专业的 Denuvo 加密成本较高,小型厂商根本难以负担;而要求时刻在线则会影响玩家游戏体验。这都使得防治游戏盗版面临严峻挑战。

(二)平台是否构成盗版侵权的认定

盗版的音乐、影视和游戏软件往往可以在网络平台找到下载链接,相关权利人将盗版软件出现的责任指向平台商和运营商。在判断平台是否构成盗版侵权可以参照"避风港"原则。

鉴于"避风港"原则是侵权责任认定的前提,应先对其适用的标准予以评述。

《信息网络传播权保护条例》第 23 条规定,"网络服务提供者为服务对象提供搜索或者链接服务,在接到权利人的通知后,根据本条例规定断开与侵权的作品、表演、录音录像制品的链接的,不承担赔偿责任;但是明知或者应知所链接的作品、表演、录音录像制品侵权的,应当承担共同侵权责任"。

中国《信息网络传播权保护条例》第 20 条至第 23 条规定了对网络服务提供者的免责条件,该系列免责条件简称为"避风港"原则,其规定渊源为美国 1998 年《千禧年数字版权法》(以下简称 DMCA)所首创并为各国著作权立法普遍采用的"避风港"以及"通知与移除"规则。

从《信息网络传播权保护条例释义》等相关立法资料可知,中国之所以设置"避风港"原则,是为了网络环境下著作权保护中平衡著作权人与网络服务提供者之间利益,鼓励网络服务提供者提供各种正当服务。因为网络信息传播是内容提供者和网络服务提供者共同作用的结果,网络服务提供者是为各类开放性网络提供信息传播中介服务的主体,它通过网络为信息传输提供存储、链接、搜索等功能,对用户利用网络浏览、上传或下载信息起着重要作用。因此,虽然其是按照用户的选择传输或接收信息,本身并不编辑所传播的信息,但是作为信息在网络上传输的媒介,其计算机系统或其他设施不可避免地要复制、存储和发送信息,或者为他人借助其计算机系统、其他设施传输信息,因而必然会涉及对他人作品的使用,涉及著作权中的复制权、信息网络传播权等权利,必然从事可能使其承担侵犯著作权责任的许多行为,从而在法律上产生责任风险。而网络服务提供者具有相应的管理能力和控制义务,立法当然要对其提出责任要求,以保护版权人的合法利益。但是网络服务提供者对于促进信息网络技术创新和商业模式发展具有极其重要的作用,对其行为的控制也应当遵循比例原则,防止不适当妨碍技术的发展创新,并为相关互联网产业的发展留下空间。因此,既让网络服务提供者承担相应的责任,但又避免使其过重地承担责任,是网络环境下著作权保护中平衡著作权人与网络服务提供者之间利益的基本原则。"避风港"规则一方面使网络服务提供者明确知晓在什么情况下应当承担责任,便于其调整产业模式,保证互联网的健康发展;另一方面,网络服务提供者满足"避风港"原则的要求,制止重复侵权、接到通知后即删除、提供通畅的投诉机制等,实质上是与权利人合作,共同抵制网络侵权。因此,"避风港"规则的立法本意便是要明确网络服务提供者的责任标准,使责任风险具有较强的可预见性,而且要对网络服务提供者的责任加以适当限制,使其责任负担符合其能力范围,不能设置过高的注意义务使得服务提供者无法免责。

"避风港"原则的责任认定应严守过错归责的基本原则,从个案出发综合判断,把握利益平衡的尺度。结合上述法律规定以及"避风港"制度相关法理,可以认为,对于"避风港"原则的适用应立足于过错的归责原则,合理平衡权利人与网络服务商之间的利益,而不应要求后者承担过高的注意义务。

是否构成侵权,应通过"避风港"原则的免责要求判断,并考虑其应承担的合理注意义务,该注意义务不应超出其预见,超出其控制能力和控制范围,使其承担显著过高的预防成本。目前大部分平台商都在界面上提供了投诉侵权与盗版的通道,开发者和用户可以提供反馈。

三、盗版的救济

盗版侵权发生后,权利人的救济手段不只有民事诉讼一种,还有行政投诉、刑事立案、渠道维权等多种选择。

(一)平台投诉维权

权利人可以向平台商有效通知、进行投诉,提供盗版侵权游戏名称及链接,要求平台商对涉嫌盗版的作品进行下架处理、断开链接等。平台服务商在接到权利通知函后,应审核相应的权属,由平台商作为中间方通知、调解,根据情况及时采取删除、下架等处理方式。同时,针对盗版商习惯性利用社交媒体分享链接的情况,联合其他平台一同封锁住链接的出口,比如对关键词屏蔽。而对于聚合盗链类 App、盗版小网站和非法资源站也可以向国家版权局绿色通道举报,经由工信部审核通过后可以关停这些小网站。

(二)民事诉讼

权利人可以选择提起民事诉讼的方式,要求侵权人承担停止侵权、消除影响、赔偿损失等民事责任。准备诉讼之前应当注重前期取证,必要时向人民法院申请证据保全。详见娱乐侵权纠纷章节,不再赘述。

(三) 行政处罚

对于那些尚未与刑法犯罪构成形成充要条件的盗版侵权行为,如果符合中国《著作权法》《信息网络传播权保护条例》的有关规定,构成违法行为的,将由行政执法机构给予行政处罚。① 在近两年国家版权局公布的年度打击侵权盗版十大案件中,侵犯电影著作权的行政处罚案件均有上榜。

2014年国家版权局公布的"2014年度打击侵权盗版十大案件",其中有4个案件都是对盗版行为进行行政处罚。2014年发生的上海"射手网"侵犯著作权案,就是典型的盗版行政处罚案。2014年9月,根据权利人投诉,上海市文化市场行政执法总队调查了"射手网"。经查,"该网站"经营者自2013年5月起,未经权利人许可,复制他人电影作品并通过网站销售,供用户购买和使用;此外,于同期在"射手网"登载《驯龙高手》等未经授权电影作品的字幕。最终,侵权行为人被处以罚款人民币10万元的行政处罚。② 尽管没有刑罚的强制力和震慑效果,行政执法仍可制止盗版侵权行为的蔓延。

(四) 刑事处罚

进入21世纪的第二个十年,借助网络转播渠道,侵犯电影著作权的犯罪呈现出规模化、产业化、隐蔽化的趋势。而随着司法领域对此类犯罪危害认识的提高,打击力度不断加大,刑事判例也多次见诸报端。

以"思路网"盗版数字高清电影案为例,2014年由北京市文化执法总队联合公安机关破获的、当时最大的国内高清蓝光盗版犯罪案,经法院审理,该案主犯周某某因犯侵犯著作权罪被判处有期徒刑5年,并处罚金人民币100万元,其他同案犯也被分别判处有期徒刑及罚金。该案中,主犯周某某及其雇员在2009~2013年间,未经著作权人许可,将大量电影作品上传至其经营的思路网站,采取会员制管理方式,并通过广告、销售网站注册邀请码和VIP会员资格营利。此外,同案犯寇某某伙同他人,未经著作权人许可,大量复制电影拷贝并通过网络电商平台销售牟利。这个号称当时"中国最大的数字高清门户网站"的影视平台,同时也是最"著名"的盗版高清电影网站。该案的宣判不但标志着中国首例国内高清数字网站侵犯高清数字电影著作权刑事案

---

① 2006年11月国家版权局在《关于查处著作权侵权案件如何理解适用损害公共利益有关问题的复函》中称,依据《中华人民共和国著作权法》规定,第47条(修改后的第48条)所列侵权行为,均有可能侵犯公共利益。就一般原则而言,向公众传播侵权作品,构成不正当竞争,损害经济秩序就是损害公共利益的具体表现。在"2002年WTO过渡性审议"中,国家版权局也曾明确答复"构成不正当竞争,危害经济秩序的行为即可认定为损害公共利益"。此答复得到了全国人大法工委、国务院法制办、最高人民法院的认可。据此推论,除了传播范围固定而有限、影响显著不大的情形,著作权管理部门对于盗版侵权行为一般均拥有行政立案调查及决定处罚的权力。

② http://www.ncac.gov.cn/chinacopyright/contents/483/249909.html,最后访问日期:2018年10月20日。

件的成功审结,更为此后打击网络盗版犯罪提供了颇具参考意义的判例。[1]

第五节　娱乐纠纷与ADR

在娱乐产业的纠纷解决中,始终存在这样一个问题,就是哪一种机构才是最合适的娱乐纠纷的解决机构。到底是通过诉讼来解决纠纷,还是依靠第三方机构来解决纠纷,始终是当事人很难做出的选择。自20世纪后半叶以来,随着ADR在全球的兴起,娱乐领域纠纷通过ADR解决,已成为一种必然选择。

一、协商

协商是纠纷当事人尝试自行解决纠纷而不需要第三方帮助的一种纠纷解决机制。协商是一种双方之间的事务,当事人尝试着说服对方确立一个讨论的基点,经过一系列的妥协达成纠纷解决方案。"成功的协商需要一个基本前提:当事人双方的诉求不能膨胀,不能求助于第三方。"[2]

协商的优势在于当事人之间的关系得以维持,当事人不用担心因纠纷解决带来的不利影响或负担。"协商解决的一个优点是当事人不需要在社会的正常秩序上留下任何印迹。由于此次纠纷的解决不会成为以后类似纠纷解决的先例,因此双方不用担心纠纷解决的一般性后果。"[3]

事实上,几乎所有的纠纷都经历过协商解决这个阶段。多数冲突都在协商过程中解决了,真正走到纠纷阶段的冲突,在整个民商事交往中所占的比例要小得多。因而几乎所有的民商事合同的纠纷解决条款,都会约定"因本合同履行过程中发生的任何争议,应由双方协商解决"的内容。

二、调解

（一）调解的概念

调解是法治社会中出现的一种新型纠纷解决方式,也是自古流传至今的一种纠纷解决方式。现代调解是指20世纪70年代发端于美国,80年代出现于澳大利亚和英

---

[1] 华谊兄弟:《盗版毒瘤如何铲除——聊聊中国电影著作权的司法保护》,http://www.sohu.com/a/122847740_555689,最后访问日期:2019年9月27日。
[2] 斯蒂文·瓦戈:《法律与社会》,梁坤、刑朝国译,中国人民大学出版社2011年版,第206页。
[3] Vilhelm Aubert,"Competition and Dissensus: Two Types of Conflict and Conflict Resolution", *Journal of Conflict Resolution*, Vol. 7, No. 1, 1969, p. 284.

国,90 年代拓展至欧洲大陆法国家和南非的一场运动。随着现代调解制度的发展,世界上一些主要国家都已经全面建立起调解制度,比如美国、英国、加拿大、法国、德国、澳大利亚、日本等。中国也已建立起了发达的人民调解制度。

调解是第三方协助当事人达成纠纷解决协议的一种纠纷解决方式。[1] 也有学者把调解定义成纠纷解决的过程。"调解指的是中立的第三人根据当事人的需求和利益在两方或多方当事人之间促进沟通交流的过程。"[2]

根据调解的机理,在调解制度中,纠纷解决的最终协议条款只能由当事人双方制定。如果当事人双方都对一个合理的纠纷解决方案感兴趣,那么调解会是许多纠纷解决最有效的途径,并且其结果往往比其他的纠纷解决方式更具可操作性。总而言之,调解通常始于合意,合意没有对抗性,其基调是当事人双方采取合作而非对抗的立场来处理纠纷。

随着现代调解制度的发展,调解已经制度化,甚至在一些国家也出现了调解的职业化取向。[3] 在加拿大,"对于如何提供调解,调解的实践正在变得日益职业化和标准化""大部分调解服务由法律规定,并且由受过扎实专业教育的人来提供的。"[4]在这种制度化、职业化发展模式下,调解员可能是由纠纷当事人选择的,也可能是由某个调解机构委任的。在传统社会中,调解员的选择,"可能是根据其社会身份、地位、声誉、财富或者宣称具有代表神灵或者一些其他超凡力量来施加约束的权力"[5]。

(二)调解的优势

在纠纷解决的诸多方式中,人们为什么会倾向于通过调解来解决纠纷?这主要取决于调解特有的一些优势,这些优势又恰恰是纠纷当事各方特别看重的。为了比较清晰地理解调解所具有的优势,通常把调解与诉讼加以对比。

首先,通过诉讼解决纠纷,当事人通常把相对方视为竞争对手,甚至是敌人,各方当事人在诉讼程序中仅关注个体权利,通常忽略了彼此之间的相关性;在调解机制下,当事人不把对方看作敌人,而是看作合作者,调解的重心放在当事各方个体利益上,而不是彼此的权利上,从而鼓励当事人寻找个体利益与共同利益之间的平衡点。澳大利亚学者把这一优势作为调解的一个目标,即在调解机制中,"它的关注点不在于个人的

---

[1] 如根据澳大利亚的标准,"调解是指一种纠纷解决程序,在这种程序中,当事人在纠纷解决从业者(调解员)的帮助下,认清争议焦点,提出选择方案,考虑替代方案,然后达成一致。"娜嘉·亚历山大:《全球调解趋势》,王福华等译,中国法制出版社 2011 年版,第 43 页。
[2] 娜嘉·亚历山大:《全球调解趋势》,王福华等译,中国法制出版社 2011 年版,第 2 页。
[3] 调解的职业化主要是指调解制度呈现出一种职业化的调解取向,在这种模式中,调解已经机构化,调解员要接受系统培训,调解员要遵循调解的伦理规则,从事调解已经成为谋生之道。
[4] 娜嘉·亚历山大:《全球调解趋势》,王福华等译,中国法制出版社 2011 年版,第 96 页。
[5] 斯蒂文·瓦戈:《法律与社会》,梁坤、刑朝国译,中国人民大学出版社 2011 年版,第 207 页。

利益,而在于当事人之间的关系。通过一个彼此认同和赋权的过程,为当事人提供机会来改变他们彼此相处的方式。转变目标中隐含着这样一种理念:当事人会超越自己的利益而接受能够彼此联系在一起的'元利益'(meta-interest)。换言之,当事人的目标指向创建相互理解的关系状态,这种关系状态会改变当事人之间彼此交往的方式"[1]。

其次,从结果意义上看,在诉讼过程中,各方当事人都试图说服法官,让法官确信本方所说的是真实的,由此让法官做出对本方有利的裁决,以此压制另一方。在调解机制下,各方当事人的说法或主张都被认为是有道理的、可被接受的;因而,鼓励当事人相信自己对事实的说法很重要,但同时强调要听取另一方的意见,由此在双方当事人之间寻求双赢。

再次,从参与者来说,诉讼的参与者除了双方当事人之外,由于诉讼的专业性,当事人往往没有专业知识,因而寻找专业律师参与到诉讼过程已成为常态;与此不同,在调解进程中,调解的原则是当事人自己解决纠纷,当事人自己参与到调解过程中,参与讨价还价,并做出调解协议。

最后,从执行的意义上说,在诉讼条件下,败诉一方可能会发现很难接受裁判结果,不愿意自愿履行法院的判决,由此就会引发法院的强制执行问题;在调解机制下,由于当事人参与了解决方案的制定,调解协议是当事人自愿签署的,因而当事人自愿履行调解协议的概率普遍提升。[2] 意思是说,在调解机制下,由于调解协议是当事人自愿签署的,协议是在各方同意的情况下达成的,因而,有利于协议的履行。

当然,作为一种替代性纠纷解决机制,调解之所以能够成为一种全球浪潮,一个重要原因是其对效率的追求。"富有效率地解决纠纷是许多调解项目最为显著的目标。效率意味着减少法院积案、法官的工作量、当事人的成本、国家司法体系的成本以及所有纠纷参与者的实践。"[3]

除此之外,调解的保密性也是其被普遍认可的重要理由,保密性是调解程序的基本要求。在调解过程中,"调解员会利用与各方当事人单方会见的机会寻求纠纷解决的根本利益,创造一种当事人可以自由表达他们的利益并提出进一步的建议或要求的气氛,尽力使谈判重回正轨""调解员和当事人都要在调解开始时通过签署一项协议使自己恪守保密义务。"[4]

---

[1] 娜嘉·亚历山大:《全球调解趋势》,王福华等译,中国法制出版社2011年版,第10页。
[2] 丹麦哥本哈根大学教授维贝克·温德莱伍认为,除了本书中提到的几个优势之外,调解重视纠纷解决的过程,而诉讼关注结果。"调解被描述为以过程为首要目标,以结果为次要目标;而法院纠纷解决方式则以结果为目标"。引自娜嘉·亚历山大:《全球调解趋势》,王福华等译,中国法制出版社2011年版,第126—127页。
[3] 娜嘉·亚历山大:《全球调解趋势》,王福华等译,中国法制出版社2011年版,第9页。
[4] 同上,第268页。

(三)娱乐纠纷的调解

娱乐纠纷与调解的结合应当是应有之道。这主要是由商事调解的行业性特征所决定的。比如,在澳大利亚,"很多工业部门都设立了纠纷解决制度,其目的就在于为消费者对产品或者服务投诉提供低成本(或者免费的)、有效的和相对迅速的解决途径"[1]。

调解是娱乐产业常见的纠纷解决方式,也是对各方最有利的解决方式。在娱乐产业领域的纠纷中存在这么一个问题,就是哪一个机构才是最合适的娱乐纠纷解决方式,意思是说,在娱乐领域内产生的法律纠纷的当事各方,寻求特定救济的可能性及其恰当选择。由于娱乐产业领域的玩家都非常重视"名声","明星"之所以被称之为明星,主要是其"好名声"具有极大的商业价值,因此,所有的明星都极其看重其"名声"。维持好的名声的目标,客观地要求娱乐产业的玩家与其他娱乐产业的玩家保持一种合作关系,而不是对抗关系。

不仅如此,娱乐产业玩家的文化相似性也是他们选择调解解决纠纷的原因。同一群体中的纠纷则可能呈现出大致相同的解决方式。"纠纷的类型和回应纠纷的方式,在不同的社会中会呈现出不同的特点——事实上,即便在同一个社会中,不同的群体之间也会存在差异。最基础的社会价值(fundamental social values)乃至文化认同(cultural identify)决定了纠纷的本质、恰当的纠纷状况回应方式以及合适的救济途径。"[2]同为娱乐产业的玩家,由于其文化的相似性,也会导致他们选择大体相同的解决方式,而调解就是他们的首选。

三、仲裁

(一)仲裁的概念

仲裁(arbitration)是一种解决民商事纠纷的重要途径,在世界各国被广泛采用。作为一个法律术语,仲裁是指纠纷双方当事人在争议发生前或发生后达成协议,自愿将纠纷交由中立的第三方审理并做出对争议双方均产生约束力的裁决的一种纠纷解决方式。

相对于替代性纠纷解决的其他机制,仲裁更为规范,其程序性要求更高,可执行性更强。世界上许多国家和地区已经解决了仲裁裁决的强制执行问题,比如中国仲裁法。意思是说,为了确保仲裁的有效性以及仲裁裁决的可执行性,通过法律规范把仲裁与法院执行制度衔接起来,确保仲裁裁决的可执行性。

---

[1] 娜嘉·亚历山大:《全球调解趋势》,王福华等译,中国法制出版社2011年版,第47页。
[2] 西蒙·罗伯茨、彭文浩:《纠纷解决过程》,刘哲玮、李佳佳、于春露译,北京大学出版社2011年版,第1页。

正是由于这样的原因,在各国的仲裁实践中,仲裁规范普遍存在。所谓仲裁规范,是指以仲裁关系、仲裁协议、仲裁组织、仲裁程序以及仲裁裁决为基本内容的法律、法规以及其他规范性文件的总和。具体包括以下几种表现形式:仲裁立法和其他关于仲裁的规范性文件。仲裁立法是国家制定的调整仲裁活动的专门法律规范;仲裁规范性文件,是指不具有立法权的机构制定的调整仲裁活动的规范。仲裁规范性文件通常由常设仲裁机构、仲裁协会等制定。这类仲裁规范在效力上比仲裁法律规范要低,但具有约束力,仲裁机构及仲裁参与人都应当遵守。比如,国际商会的仲裁规则、中国经济贸易仲裁委员会的仲裁规则,就是这种性质的规范。

(二)仲裁的特征

仲裁既不同于调解解决纠纷方式,也不同于诉讼解决纠纷方式,其具有自身的特性。首先,仲裁强调当事人的自愿性。与诉讼相比,仲裁制度强调当事人自治原则,表现为对当事人意愿的充分尊重。具体体现在以下几个方面:在签订合同时是否在合同中约定仲裁条款由当事人决定;纠纷发生后是否通过仲裁方式解决由争议双方协商确定;由哪个仲裁机构裁决案件由双方协商选定;仲裁庭的组成形式以及仲裁员的选择由当事人决定;甚至仲裁适用的程序规则以及实体规范也可由当事人协商确定(涉外仲裁)。

其次,仲裁的民间性。综观各国的仲裁制度,仲裁是作为民间解决纠纷的形式而存在的。作为民商事仲裁主持者的仲裁机构不是官方机构,而具有民间性。根据《中华人民共和国仲裁法》(以下简称《仲裁法》)第14条的规定,仲裁机构与行政机关没有隶属关系,仲裁机构之间也没有隶属关系。因此,中国的民商事仲裁制度也是一种民间自治的纠纷解决方式,它由属于民间组织的仲裁委员会主持,具体承担案件审理的仲裁员大多是法律专家或行业里的专业人士。

再次,仲裁具有快速、灵活、高效的特点。仲裁实行一裁终局制,不像诉讼制度那样实行两审终审制,这就决定了仲裁制度具有快速、高效的特征,有利于当事人迅速终结纠纷,及时解决冲突。同时,由于仲裁充分尊重当事人的意愿,这种尊重在仲裁程序上,就表现为仲裁程序不像诉讼程序那么严格,当事人在一定范围内可以选择仲裁程序,如开庭或不开庭审理案件,甚至可以协商裁决书中不写仲裁裁决的理由。

此外,仲裁具有国际性。众所周知,联合国商事仲裁示范法已成为全世界70多个国家的国内仲裁立法的典范。该示范法是联合国国际贸易法委员会于1985年主持制定的,不具有强制执行力,仅供各成员国制定国内法时参考。国际商事仲裁是解决国际经贸纠纷的主要方式,由于《纽约公约》的存在,仲裁裁决得到世界各国的普遍认可和执行。正是由于这一特性,国际上主要商事仲裁机构的仲裁员都普遍强调仲裁员的国际性。仲裁制度的这一特性是其他纠纷解决机制所欠缺的,因而,也是仲裁机制的一个优势。

最后,仲裁裁决具有法律上的强制力。与其他民间解决纠纷的方式相比,仲裁裁决具有法律上的强制约束力。根据仲裁法的规定,仲裁裁决一经做出即发生法律效力,承担义务的一方当事人应当在指定的期限内履行其义务,否则,权利人可以依据生效的仲裁裁决向法院申请强制执行,通过国家的司法权保障裁决的实现,以维护仲裁的权威性。

(三)娱乐法上的仲裁

仲裁所具有的当事人自治原则、保密原则等,为仲裁与娱乐业的融合提供了天然的"沃土"。长沙仲裁委员会影视产业仲裁的实践显示,"近年来,影视娱乐领域的纠纷在湖南与日俱增。近两年湖南审理了这个领域的案件近30多件,标的达5 000多万元,涉及广告合同、经纪合同、节目制作合同、投资合同和合作合同等领域的纠纷,特别是陈楚生、尚雯婕、苏醒与上海天娱传媒等,这些纠纷得到了有效处理,为长沙仲裁委员会处理影视娱乐文化领域的纠纷积累了丰富的经验"。[①]

不仅如此,由于娱乐、体育等的专业性,也促成了娱乐与仲裁的结合。以体育产业为例,体育仲裁已成为处理体育纠纷的一种主要形式。1983年国际奥林匹克大会期间,因为预见到体育界将会出现越来越多的纠纷,在前任国际奥委会主席萨马兰奇先生和国际法院前副院长莫巴耶法官的共同倡议下,根据国际奥委会的一项决定建立国际体育仲裁法庭。该决定提出后,以国际奥委会委员姆巴伊为首的工作小组即开始筹备。1984年6月,国际体育仲裁法庭作为国际奥委会的一个下属机构正式成立。[②]

20世纪90年代以后,随着体育商业化程度的加深,体育领域内出现纠纷的种类和数量越来越多,国际奥委会与其他体育组织之间也经常出现一些利益冲突。1994年国际奥委会和其他一些国际体育组织改革了仲裁法庭,成立国际体育仲裁理事会(International Council of Arbitration of Sport)。该理事会由社会知名人士和体育界人士共同组成,在人员组成上减少了由国际奥委会指定的人数,增加了诸如运动员委员会这样的组织指定的人数,使该法庭具有更广泛的代表性。

思考题

1. 简述娱乐法上的纠纷。

[①] http://www.sohu.com/a/214507428_804478,最后访问日期:2018年10月30日。

[②] 根据创立时的《国际体育仲裁法庭条例》,国际体育仲裁法庭是一个独立的机构,由60名成员组成,但该法庭的主席要由国际奥委会主席从法庭的组成人员中指定,而且该人必须是国际奥委会委员。一切支出由国际奥委会负担。

2. 简述娱乐法上商标侵权纠纷的特点。
3. 简述著作权侵权的判断标准。
4. 简述娱乐法上的不正当竞争。
5. 简述娱乐法上的仲裁制度。

后　记

娱乐法是一个新兴的法学研究领域,也是法律服务行业不断细分的市场。随着娱乐产业的蓬勃发展,娱乐法律服务的市场亟须专门的法律人才,而国内娱乐法专门人才的培养明显滞后甚至阙如,出现了国内娱乐公司所需要的法律服务长期以来被外资律师事务所主导的局面。不仅如此,娱乐法专门人才的培养又是一个系统工程,既需要娱乐法人才培养的项目,也需要设置相应的娱乐法课程,支撑娱乐法项目与课程的基础则是娱乐法领域的著作,本书正是在这一背景下产生的。

2018年对娱乐产业而言,喜忧参半。"喜"在娱乐产业全产业在2018年均创了新高,如2018年电影票房达到610亿美元,同比增长9.06%;[1]2019年4月2日,国际唱片协会发布了《2019年全球音乐产业报告》,报告显示,中国继2017年首次进入全球前十大音乐市场后,2018年排名攀升至第七位,实现了短期之内的快速增长。而中国音乐市场的繁荣也离不开数字音乐的助推力,根据艾瑞咨询所发布的《2019年中国数字音乐产业研究报告》显示,2018年中国数字音乐市场规模已达76.3亿元,同比增长接近60%。[2] 这些数据都富有说服力地证明,中国娱乐产业发展整体向好趋势没有改变。"忧"在2018年电影产业因"阴阳合同"事件的发酵,整个娱乐产业,尤其是电影行业遭遇了"寒冬"。[3] 在这个过程中,除了一些艺人卷入之外,更为重要的是直接影响娱乐行业的发展,比如涉及娱乐产业的上市公司股票遭遇大幅下跌,娱乐行业投资遇冷等。

娱乐产业的健康发展需要法律规制,任何不按法律出牌的野蛮生长,都必将在娱乐产业发展到一定阶段时像大浪淘沙那样被"淘"出局。但类似事件并不会影响娱乐产业的进一步发展。原因在于娱乐是人们的刚性需求,这种需求可能会受到某些突发事件的影响,但这种影响都只能是暂时的,因为人们的娱乐需求是持续的、永恒的。除

---

[1] 《2019年中国电影产业发展现状及市场趋势分析》,参见 https://bg.qianzhan.com/report/detail/300/190419-68c2e963.html,最后访问日期:2020年1月14日。
[2] https://www.xianjichina.com/news/details_109836.html,最后访问日期:2019年9月27日。
[3] 这里"寒冬"的意思主要集中在"阴阳合同"对行业的消极影响而言,从另一个角度看,其作用可能正相反。

此之外,对投资者而言,娱乐行业一直是一个真正盈利的产业,基于追逐利益的考虑,投资娱乐行业既可以满足投资家逐利的目的,同时也会促成娱乐需求的满足。从投资的视角看,与其他行业相比,投资娱乐产业的确是一种有利可图的选择。

娱乐产业遭遇到的暂时困难及其解决,涉及娱乐法的多个领域,直接关系到娱乐产业的各方参与者及其利益,涉及国家对娱乐产业的政策。从娱乐产业的参加者视角看,娱乐产业遇到的阴阳合同、逃税等问题,他们是实际的操作者,他们的实践在遭遇合法性危机时,理性的选择是回应官方的合法性诉求,改变行业已经形成的一些惯例,把这些不合法的惯例统辖在法律规则之下,唯有如此,才能谋求娱乐产业的进一步发展。从官方立场上说,国家将支持和促进娱乐产业发展的政策并不会因为这些事件而改变,文化产业将成为中国经济的支柱产业的定位,决定了娱乐产业发展潜力巨大,只要娱乐产业全行业能够正视当下遇到的问题,按照法治的思路解决它,娱乐产业仍然是一个朝阳产业。

本书由上海大学法学院娱乐法研究中心和上海信和安律师事务所的律师联合编写。在编写过程中,参编人员分工合作,李清伟撰写前言、第一章和后记;余能军撰写第二、四章;李玉洁撰写第三、十一章;杨悦撰写第五、八章;祝亭亭撰写第六、七章;李琰炜撰写第九章;王钦正撰写第十章第一、二节,第十三章第二、三、四节;鲁榛子撰写第十章第三、四、五节;邢彤晖和方辰璐撰写第十二章;周平撰写第十三章第一、五节。全书由李清伟和邢彤晖统稿定稿,李清伟任主编,李琰炜、余能军担任副主编。

在编写过程中,娱乐法是一个法律实践这一想法贯穿全书,因而,除本书第一章理论阐述部分之外,其他各章都紧紧围绕我国现行娱乐产业法律、行政法规、行政规章的现行规定,并结合司法实践中的判例以及行业惯例展开。之所以这样安排,旨在给读者提供一种便于操作、理论和实践相结合的娱乐法参考。

娱乐法是一个新事物,国内对娱乐法的研究资料比较少,在编写过程中,虽尽力试图使本书能够贴近中国娱乐产业的实际,但由于我国娱乐法发展滞后,在娱乐产业的相应领域中存在着法律规则供应不足的现实,因此,本书成书过程中也吸收和借鉴了他国相应的做法,以期对我国娱乐产业起到规范引领作用。本书在写作过程中,得到了上海财经大学出版社社长金福林先生、责任编辑李成军先生的大力支持,以致谢忱。

由于作者水平所限,加之娱乐产业法律规范和行业习惯比较分散,研究过程中可能存在疏漏和不足,敬请读者在阅读过程中不吝指正。

参考文献

中文：

1. 安妮·雅克:《英美两国娱乐法概论:有关演员声望和名次的法律的产生》,《环球法律评论》1999年第1期。
2. 白晶:《从美国电视剧盈利模式展望中国电视剧盈利新渠道》,《记者摇篮》2009年第2期。
3. 北京市律师协会:《影视合同范本与风险防范》,北京大学出版社2012年版。
4. 鲍明晓:《国外体育产业形成与发展》,《体育科技文献通报》2006年第1期。
5. 博西格诺:《法律门前》,邓之滨译,华夏出版社2004年版。
6. 布鲁诺·莱奥尼等:《自由与法律》,秋风译,吉林人民出版社2004年版。
7. 布热津斯基:《大失控与大混乱》,潘嘉玢、刘瑞祥译,中国社会科学出版社1995年版。
8. 寿步、陈跃华:《网络游戏法律政策研究》,上海交通大学出版社2005年版。
9. 曹毅梅:《世界电影史概论》,河南大学出版社2010年版。
10. 陈焱:《好莱坞模式:美国电影产业研究》,北京联合出版公司2016年版。
11. 陈岳:《大屏之困:智能手机阴影下的电视业》,《新闻研究导刊》2019年第5期。
12. 程刚、熊忠辉:《"非诚勿扰"的话题背销》,《视听界》2010年第3期。
13. 戴娜·阿普尔顿、丹尼尔·杨科利维兹:《好莱坞怎样谈生意:电影、电视及新媒体的谈判技巧与合同模板》,刘范译,北京联合出版社2016年版。
14. 杜惠:《论中国电影的海外发行之路》,《潍坊学院学报》2008年第2期。
15. 范愉:《多元化纠纷解决机制》,厦门大学出版社2005年版。
16. 高惠贞、王辉:《网络出版:对著作权合理使用的影响和挑战》,《中山大学学报论丛》2007年第8期。
17. 郭莉:《电视剧投资盛宴还缺哪一环》,《投资北京》2007年第9期。
18. 郭文妍:《我国图书发行行业的发展战略研究——借鉴国外图书发行行业经验》,《经济研究导刊》2017年第18期。
19. 黄春平:《五管齐下 正本清源——美国商业广播电视内容监管》,《传媒》2010年第6期。
20. 蒋凯:《中国音乐著作权管理与诉讼》,知识产权出版社2008年版。
21. 金冠军、王玉明:《电影产业概论》,复旦大学出版社2012年版。
22. 凯斯·R.桑斯坦:《权利革命之后:重塑规制国》,钟瑞华等译,中国人民大学出版社2008年版。

23. 克莉丝汀·汤普森、大卫·波德维尔:《世界电影史》,陈旭光、何一薇译,北京大学出版社 2004 年版。

24. 蓝凡:《电影类型新论》,《艺术百家》2012 年第 6 期。

25. 李丹林:《电视剧法律问题研究》,中国传媒大学出版社 2007 年版。

26. 李梦佳:《论商品化权的基本概念、性质及分类》,《山东科技大学学报》2019 年第 1 期。

27. 李清伟:《娱乐法四题》,《上海大学学报》(社会科学版)2019 年第 1 期。

28. 李少白:《电影历史及理论》,文化艺术出版社 1991 年版。

29. 李石:《互联网融资模式在电影制片行业中的应用》,《上海金融》2016 年第 8 期。

30. 李小华、王曙光:《论侵权法上不作为的因果关系》,《法学杂志》2008 年第 5 期。

31. 李宗辉:《职业运动员转会中的法律问题探析》,《天津体育学院学报》2015 年第 4 期。

32. 梁慧星:《为中国民法典而奋斗》,法律出版社 2002 年版。

33. 林晖:《从商标法视角看著名影视作品名称的商标保护》,《法制与社会》2012 年 11 期。

34. 罗结珍:《法国民法典民事诉讼法典》,国际文化出版公司 1997 年版。

35. 刘承韪:《中国影视娱乐法论纲》,《法学杂志》2016 年第 12 期。

36. 罗杰·科特瑞尔:《法理学的政治分析》,张晓宇译,北京大学出版社 2013 年版。

37. 路明涛:《开掘电视版权的富矿——兼论电视媒体的版权管理》,《南方电视学刊》2014 年第 5 期。

38. 马长山:《NGO 的民间治理与转型期的法治秩序》,《法学研究》2005 年第 5 期。

39. 苗月:《电视节目版式的著作权法保护模式与商业秘密法保护模式的分析》,《传播与版权》2016 年第 8 期。

40. 梅峰、李二仕、钟大丰:《电影审查:你一直想知道却没处问的事儿》,北京联合出版公司 2016 年版。

41. 娜嘉·亚历山大:《全球调解趋势》,王福华等译,中国法制出版社 2011 年版。

42. 彭祝斌:《中国电视内容产业链成长研究》,新华出版社 2010 年版。

43. 秦成德、陈静:《网络游戏中的法律问题研究》,《西安邮电学院学报》2009 年第 2 期。

44. 邵牧君:《西方电影史概论》,中国电影出版社 1982 年版。

45. 邵奇:《中国电影制作融资渠道的策略分析》,《当代电影》2006 年第 6 期。

46. 沈宗灵:《法理学》,北京大学出版社 2014 年版。

47. 舒尔茨、菲利普·J.凯奇:《全球整合营销传播》,黄鹏、何西等译,机械工业出版社 2012 年版。

48. 斯蒂文·瓦戈:《法律与社会》,梁坤、邢朝国译,中国人民大学出版社 2011 年版。

49. 司若:《影视蓝皮书:中国影视产业发展报告(2017)》,社会科学文献出版社 2017 年版。

50. 宋超:《从委托合同视角看演艺经纪合同的性质》,《法制与经济》2010 年第 5 期。

51. 宋海燕:《娱乐法》,北京大学出版社 2014 年版。

52. 宋杰:《电影与法律:现状、规范、理论》,中国电影出版社 1993 年版。

53. 孙豪:《夯实游戏角色动画基础知识,掌握常用技巧(上)——评〈游戏角色动画设计〉》,《中国教育学刊》2017年第11期。

54. 孙笑侠：《论行业法》，《中国法学》2013年第1期。

55. 唐世鼎等：《制播体制改革与电视业发展问题研究》，中国传媒大学出版社2005年版。

56. 汤天甜、张梦妮：《从文化产业视角看电视节目衍生品的发展机遇与开发策略》，《声屏世界》2017年第7期。

57. 屠士超：《契约视角下的行业自治研究——基于政府与市场关系的展开》，经济科学出版社2011年版。

58. 王东、王爽：《中国电影产业融资方式发展研究》，《北京电影学院学报》2009年第1期。

59. 王军、司诺：《中国影视法律实务与商务宝典》，中国电影出版社2017年版。

60. 王利明：《隐私权概念的再界定》，《法学家》2012年第1期。

61. 王利明：《论人格权商品化》，《法律科学(西北政法大学学报)》2013年第4期。

62. 王天霜：《内容资产版权的多重盈利空间》，《视听界》2014年第2期。

63. 王秀哲：《人权及宪法规范中的隐私权》，《河南省政法管理干部学院学报》2011年第5－6期。

64. 王云骏：《论行业协会权力的获取和权利的保障》，《江海学刊》2005年第5期。

65. 王颖：《电子图书出版模式及其版权保护的探析》，《教育教学论坛》2016年9月第38期。

66. 魏永征、李丹林：《影视法导论》，复旦大学出版社2005年版。

67. 邬靖洲：《陌生化理论与电视娱乐节目创意研究》，《现代交际》2017年第1期。

68. 吴汉东：《知识产权法学》，北京大学出版社2005年版。

69. 吴义华：《英美法律国家体育立法概述》，《河北体育学院学报》2010年第20期。

70. 西蒙·罗伯茨、彭文浩：《纠纷解决过程》，刘哲玮、李佳佳、于春露译，北京大学出版社2011年版。

71. 肖晓琳：《一个飞跃性、浓缩性的历程——中国电视产业发展简述》，《电视研究》2002年第8期。

72. 熊波：《新媒体时代中国电视产业发展研究》，武汉大学博士学位论文，2013年。

73. 谢丽·L.柏尔：《娱乐法》，李清伟等译，上海财经大学出版社2018年版。

74. 许建方、于良：《融媒体语境下的广电音频视频版权保护与开发》，《电视指南》2019年第6期。

75. 许正林：《新媒体的崛起与大众文化新症候》，《徐州工程学院学报(社会科学版)》第26卷第5期。

76. 徐海龙：《文化经纪人概论》，北京大学出版社2010年版。

77. 薛刚凌：《社会自治规则探讨——兼论社会自治规则与国家法律的关系》，《行政法研究》2006年第1期。

78. 严剑漪：《"大富翁"争讼"盛大富翁"——沪首例引发"通用名称"争议的商标侵权案原告一审落败》，《中国审判》2008年第2期。

79. 杨旦修：《规制与发展——中国电视剧产业化进程研究》，南京大学博士学位论文，2011年。

80. 阳东辉:《我国音乐版权证券化的法律困境及其破解之道——基于美国经验的启示》,《法商研究》2014 年第 1 期。

81. 叶明、王岩:《人工智能创作物法律属性三题》,《人民法院报》2019 年 2 月 28 日,第 005 版。

82. 叶永胜、张公善:《电影:理论与鉴赏》,合肥工业大学出版社 2006 年版。

83. 余锋:《中国娱乐法》,北京大学出版社 2017 年版。

84. 张慧娟:《美国文化产业发展的历程及启示》,《中国党政干部论坛》2011 年第 10 期。

85. 余永龙:《沪、浙、粤三省市行业协会改革与发展的调查》,《中国民政》2005 年第 5 期。

86. 张耕等:《商业秘密法》,厦门大学出版社 2012 年版。

87. 张华、李素艳:《影视运营》,中国传媒大学出版社 2015 年版。

88. 张会军、吉亚太、张樵:《电影前期制作方略》,《北京电影学院学报》2018 年第 1 期。

89. 张今:《中国文化产业合同案例精选与评析》,知识产权出版社 2011 年版。

90. 张立波、赵雅兰:《基于"互联网＋"的电影发行模式创新》,《中国海洋大学学报》(社会科学版)2016 年第 3 期。

91. 张玲玲、张传磊:《改编权相关问题及其侵权判定方法》,《知识产权》2015 年第 8 期。

92. 张平:《版权、文化产业、娱乐法》,《中国版权》2003 年第 4 期。

93. 张新宝:《中国侵权行为法》,中国社会科学出版社 1998 年版。

94. 赵丹、宋培义:《电视剧项目投融资模式与风险控制对策》,《电视研究》2018 年第 1 期。

95. 赵沛:《中国音乐产业的概念界定及其发展现状》,《华中师范大学研究生学报》2008 年第 4 期。

96. 周俊武:《星路律程》,法律出版社 2008 年版。

97. 周星:《中国电影艺术史》,北京大学出版社 2005 年版。

98. 周雪梅、张晶:《在审美与娱乐之间》,《现代传播》2003 年第 1 期。

99. 周艳敏、宋慧献:《文化法学导论》,北京大学出版社 2017 年版。

100. 朱海波:《娱乐法基本问题研究——以美国法为参照》,《宁波广播电视大学学报》2008 年第 4 期。

101. 朱亮:《中国大陆第一条电视商业广告》,《装饰》2008 年第 3 期。

102. 左海峰:《著作权中思想与表达的区分方法及其适用》,《吉林工商学院学报》2016 年第 1 期。

英文:

1. Adrian A. Kragen, Law and the Entertainment Industry: an Introduction, *California Law Review*, Vol. 42, 1954.

2. Albert W. Jr. Harris, Censorship and the Supreme Court: What Next, 42 *California Law Review*, 122, 1954。

3. Harold L. Vogel. *Entertainment Industry Economics: A Guide for Financial Analysis*. Cambridge: Cambridge University Press, 2015.

4. Ken Auletta, *Media Man*, New York: W. W. Norton, 2004, p. 63.

5. Jennifer Holt, *Empires of Entertainment*, Rutgers University Press, 2011.

6. Jon M. Garon, Entertainment Law, *Tulane Law Review*, Vol. 76, 2002.

7. Joh Siok Tian Wilso: *Talent Agents as Producers: A Historical Perspective of Screen Actors Guild Regulation and the Rising Conflict with Managers.* 21 Loy. L. A. Ent. L. Rev. 2010.

8. Justice Brandeis, *Ideas are as free as the air.* See Int'l News Serv. V. Associated Press, 248 U. S. 215(1918).

9. Melvin Simensky, Defining Entertainment Law, *Entertainment and Sports Lawyer*, Vol. 4, 1986.

10. Paul C. W Eiler: *Entertainment Media and The Law*, Minnesota: West Academic. 2006.

11. Vilhelm Aubert, Competition and Dissensus: Two Types of Conflict and Conflict Resolution, *Journal of Conflict Resolution*, Vol. 7, No. 1, 1969.

12. William A. Birdthistle: *A Contested Ascendancy: Problems with Personal Managers Acting As Producers*, Loy. L. A. Ent. L. Rev. 493. 2000.

13. X. M. Frascogna, Jr., Shawnassey B. Howell, and H. Lee Hetherington, *Entertainment Law for the General Practitioner*, American Bar Association, 2011.